# NCS
## NH농협손해보험

### 필기전형

# NCS NH농협손해보험

## 필기전형

초판 인쇄    2021년 11월 10일
초판 발행    2021년 11월 12일

편 저 자 ｜ 취업적성연구소
발 행 처 ｜ ㈜서원각
등록번호 ｜ 1999-1A-107호
주    소 ｜ 경기도 고양시 일산서구 덕산로 88-45(가좌동)
교재주문 ｜ 031-923-2051
팩    스 ｜ 031-923-3815
교재문의 ｜ 카카오톡 플러스 친구[서원각]
영상문의 ｜ 070-4233-2505
홈페이지 ｜ www.goseowon.com
책임편집 ｜ 정유진
디 자 인 ｜ 이규희

# PREFACE

NH농협손해보험은 농협공제가 보험사로서의 전문성을 강화하고 장기적인 성장 기반을 마련하기 위해 2012년에 새롭게 출범한 전문 손해보험사입니다. 근로자가 연고지 및 희망지에서 지역사회발전을 위해 일할 수 있고, 공익 지향적 사업을 추구하므로 일에 대한 가치와 보람도 느낄 수 있다는 장점이 있습니다. 또한 비교적 안정적인 직장이라는 인식에 농협은 취업준비생들에게 큰 매력을 느끼게 해줍니다.

NH농협손해보험은 지원자의 유연한 대처능력을 평가하고, 유능한 자질을 갖춘 인재를 선발하고자 1차 서류전형 이후에 2차 필기전형, 3차 면접전형으로 실시합니다. 특히 농협손해보험 5급 채용에 있어서는 학력, 연령, 전공, 학점, 어학 점수의 제한이 없으며, 특별한 자격을 요구하지 않기 때문에 2차 필기전형에서 높은 성적을 거두어야 합니다.

NH농협손해보험 5급의 경우 서류전형과 필기전형(인·적성평가, 직무능력평가, 직무상식평가, 논술평가), 면접 등을 통해 신규직원을 채용합니다.

본서는 NH농협손해보험 5급을 대비하기 위한 필독서로 필기전형의 유형을 분석하여 핵심적인 내용을 체계적으로 구성하였습니다.

신념을 가지고 도전하는 사람은 반드시 그 꿈을 이룰 수 있습니다.
도서출판 시원각은 농협인을 꿈꾸는 수험생 여러분을 항상 응원합니다.

# STRUCTURE

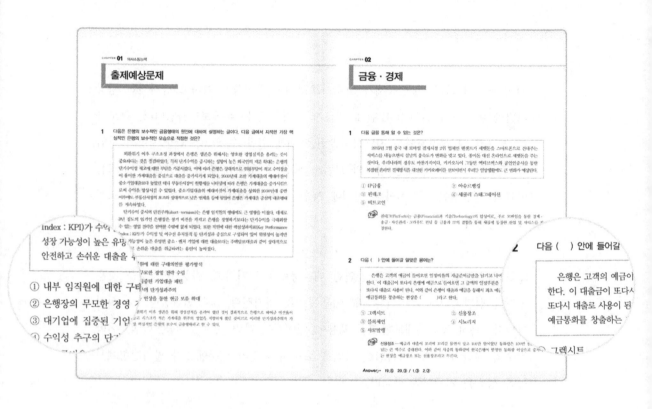

### 직무능력평가

최근 기출유형을 분석하여 자주 출제되는 내용을 중심으로 영역별 핵심이론을 정리하였다. 기출유형분석을 통해 출제예상문제를 구성하고 상세한 해설을 덧붙임으로써 출제된 문제의 핵심개념을 파악할 수 있도록 구성하였다.

### 직무상식평가

농업·농촌, 금융·경제 분야 및 IT 관련 직무상식을 수록하여 필기전형에 완벽히 대비하도록 하였다.

# CONTENTS

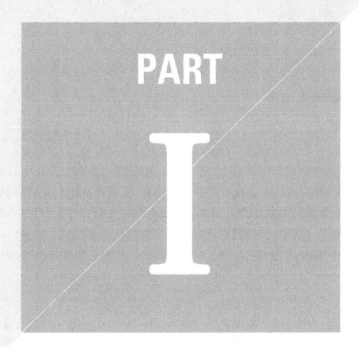

# PART

# I

# NH농협손해보험 소개

## 1 NH농협손해보험 소개

### (1) 개요

NH농협손해보험은 농협공제가 2012년, 보험사로서 전문성을 강화하고 장기적 성장기반을 마련하기 위해 새롭게 출범한 전문 손해보험사이다. 출범 후 공제사업에서 보험사업으로의 변화를 도모하면서 지속 성장을 위한 사업과 조직 안정화는 물론, 금융위원회가 지정한 혁신금융서비스인 'On-Off 해외여행보험', '모바일 보험상품권' 출시 등 보험산업 혁신을 선도하기 위해 노력하고 있다. 또한 '헤아림' 브랜드를 개발 및 선포하여 고객의 행복 동반자로서의 기틀을 마련해 가고 있다.

그 외에 장기보험과 일반보험 상품은 물론, 농업정책보험, 풍수해보험 등 고객중심의 다양한 상품을 개발하여 각종 위험으로부터 고객의 안전과 재산 보호에 앞장서고 있으며, 축사화재 예방 캠페인, 농기계 교통사고 예방 캠페인 등 기업의 사회적 역할에도 힘쓰고 있다.

NH농협손해보험은 협동조합의 정체성을 가지고 있는 보험사로서, 농업인과 고객의 삶의 질 향상에 기여하며, 금융안전망 구축에 힘써 고객중심의 기업으로 성장, 발전해 갈 것이다.

### (2) 비전 및 핵심가치

① 비전 2025 … 따뜻한 동행, 함께 만드는 미래
② 핵심가치
   ㉠ 고객의 마음을 헤아리는 고객중심
   ㉡ 구성원 간 신뢰와 소통
   ㉢ 공정한 평가 기반의 성과중심
   ㉣ 격변하는 미래에 대비하기 위한 도전과 변화
③ 전략 Agenda
   ㉠ 채널전략 : 농축협 채널효율 극대화, GA 공격적 확대 추진(단계적), FC 점진적 확대&정예화, 법인영업 신시장 발굴&시너지 강화
   ㉡ 상품PF전략 : 장기보장성 공격적 성장 전략, 장기저축성 축소 지속, 농업보험 최적 규모 물량 추진, 순일반 신규시장 선제대응
   ㉢ 자산운용 및 리스크 전략 : ALM 기조 下 자산배분, ALM체계 고도화

ⓔ **경영인프라 개선 전략** : Digital-'20 DT 전략 충실 이행, 상품조직-중견 민보사 수준 역량 확보, U/W-EUS 구축 前 탄력적 운용

④ **금융소비자보호강령**

하나, 항상 금융소비자의 입장에서 생각하고 행동한다.

하나, 제반 법규를 준수하고 끊임없는 경영혁신과 상품개발로 최상의 금융서비스를 제공한다.

하나, 금융소비자에 대한 불합리한 차별행위를 사전에 예방하고 피해구제에 최선을 다한다.

하나, 금융소비자의 정보를 소중히 여기며, 건전한 금융거래 활성화에 힘쓴다.

## 2 채용안내

### (1) 채용분야 및 인원

| 채용직급 | 채용분야 | 인원 | 직무내용 |
|---|---|---|---|
| 5급(일반직) | 일반 | ○○명 | 경영기획, 상품·계리, 마케팅(영업), 인수/지급심사 등 |
| | 디지털 | ○명 | 디지털 채널 전략, 제휴마케팅 등 |
| 5급(전산직) | IT | ○명 | 시스템 유지보수, IT개발, ICT신기술 등 |

### (2) 지원자격

| 구분 | 내용 |
|---|---|
| 일반 | • 연령, 학력, 전공, 학점, 어학점수에 따른 지원 제한 없음 |
| 디지털* | • 컴퓨터·통신 및 산업공학, 통계학 계열 전공 학사 이상 학위 소지자 |
| IT** | • 정보처리(전산) 관련 기사 이상 자격증 소지자 |
| 공통 | • 병역필 또는 면제자에 한함(복무 중인 경우 '21.11.30.까지 병역필 가능한 자 포함)<br>• 채용 분야별 중복지원 불가<br>• 중앙회 및 계열사 간 중복지원 불가<br>• 신규직원 교육('22.1월 예정) 입교 및 이후 계속 근무 가능한 자<br>• 당사 내규상 신규채용 결격사유가 없는 자 |

* 디지털 분야 전공 사항은 이중전공(복수전공) 포함, 부전공 및 전문학사 제외
 - 관련 학과 학위 소지자 기준 : 교육부 2020 학과(전공) 분류자료집 준용
 - 해당 전공 학위 소지자는 2022년 2월말 졸업예정자를 포함
** 다음 자격증 보유자에 한하며, 접수마감일('21. 11. 3.)까지의 취득분에 한하여 인정
 - 전자계산기기사, 전자계산기기술사, 전자계산기조직응용기사, 전자계산기조직응용기술사, 컴퓨터시스템응용기술사, 정보처리기사, 정보관리기술사, 정보통신기사, 정보통신기술사, 정보보안기사, 공인정보시스템감사사(CISA), 공인정보시스템 보안전문가(CISSP)

## (3) 채용일정 및 절차

| 1차(서류) 전형 | 2차(필기) 전형 | 3차(면접) 전형 |
|---|---|---|
| 합격자 발표 : 2021. 11. 24 | 2021. 11. 28. | 2021. 12. 15. |
| • 온라인 인·적성(Lv1) 평가<br>• 자기소개서 검사<br>• 자기소개서 평가 | • 인·적성(Lv2) 평가<br>• 직무능력·직무상식 평가<br>• 논술평가<br>• 코딩테스트(IT분야 한함) | • 집단면접(공통)<br>• 심층면접(공통)<br>• PT·토의면접(일반)<br>• PT면접(디지털/IT) |

### ① 2차 전형(필기)

| 교시 | 구분 | 문항수 | 시간 | 출제범위 |
|---|---|---|---|---|
| 1 | 인·적성평가<br>(Level 2) | 325문항<br>(객관식) | 45분 | • 조직적합성, 성취잠재력 등 |
| 2 | 직무능력평가 | 50문항<br>(객관식) | 70분 | • 의사소통, 수리, 문제해결, 정보, 자원관리능력 등 |
| 2 | 직무상식평가 | 30문항<br>(객관식) | 25분 | • 공통 : 농업, 농촌관련 시사, 디지털 상식<br>• 일반 : 금융·경제 분야 및 보험, 시사상식 등<br>• 디지털 : 디지털 기술, 동향 및 IT지식 등<br>• IT : 데이터베이스, 운영체제, 전자계산기 구조, 소프트웨어공학, 데이터통신 등 |
| 3 | 논술평가 | (약술형)<br>1문항<br>(논술형)<br>1문항 | 40분 | • (약술형) 농업·농촌 관련 시사<br>• (논술형) 일반 : 금융·경제<br>　　　　　디지털·IT : IT·디지털 관련 시사 |

### ② 3차 전형(면접)

- 집단면접(공통) : 지원자 3~4명 1개조를 대상으로 실시(多對多면접)
- 심층면접(공통) : 지원자 1인에 대해 개별 실시(多對一면접)
- PT·토의면접(일반) : 제시된 주제에 대한 PT 및 상호 토의 실시(多對多면접)
- PT면접(디지털·IT) : 제시된 주제 검토 후 개별 PT 작성 및 발표 실시(多對一면접)
  ※ 면접유형별 조별인원 등은 상황에 따라 변동가능

## (4) 우대사항

| 구분 | 내용 |
|---|---|
| 공통 | • 「국가유공자 등 예우 및 지원에 관한 법률」에 의한 취업지원대상자<br>• 「장애인 고용촉진 및 직업재활법」에 의거 장애인복지법상 등록장애인 또는 상이등급이 기재된 국가유공자증명서 소지자<br>• 「농협장학생 봉사단 우수활동자」, 「NH농협 NewHope 아이디어 공모전」 수상자<br>• 「NH 영 서포터즈 우수활동자」, 「2016 농협보험 대학생 논문 공모전」 수상자, 「농협보험 대학생 비전 및 발전전략 공모전」 수상자 |
| 일반* | • 해당 전문자격 및 금융·보험 관련 자격증 소지자<br>– 전문자격증 : 공인회계사, 변호사, 세무사, 공인노무사<br>– 금융전문자격증 : 국제재무분석사(CFA), 국제재무위험관리사(FRM)<br>– 보험전문자격증 : 보험계리사, 손해사정사(재물, 신체), 미국손해보험언더라이터(CPCU) |
| 디지털 | • ADP, ADsP, DAP, DAsP, SQLP, SQLD, 빅데이터분석기사, 정보처리기사 자격 소지자 |
| IT | • 해당없음 |

\* 전문자격증 소지자 우대사항
 – 공인회계사(KICPA) : 2021년 최종(2차)시험 합격자 포함 / KICPA(한국공인회계사 주관만 해당)
 – 변호사 : 변호사(사법연수원 수료자, 법학전문대학원 졸업자로서 변호사시험 합격자 중 실무수습을 마친 자
  〈2021.11.30. 이전 마칠 예정인자 포함〉)
 – 세무사, 공인노무사 : 해당 자격증 소지자
 – 국제재무분석사(CFA) : Level 3 합격자에 한함
 – 국제재무위험관리사(FRM) : GARP주관 시험 합격자(partⅡ 합격자에 한함, 실무경험 관계없음)
 – 손해사정사 : 최종 시험합격자(1차 시험 합격자 제외), 실무경력/수습 불요
  ※ 재물, 신체손해사정사만 가능(舊 1~4종 중 3종 대물은 제외)
 – 보험계리사 : 최종 시험합격자(1차 시험 합격자 제외), 실무경력 불요
 – CPCU (Chartered Property Casualty Underwriter) : 최종 시험합격자, 실무경력 불요
 – 기타 자격증 부분합격 불인정(일정 실무경력 후 부여되는 자격증의 경우 합격증으로 대체 가능)
 – 우대사항 관련 자격증은 지원서 접수마감일('21. 11. 3.)까지의 취득분에 한하여 인정

## (5) 제출서류

2차(필기) 전형 합격자에 한하여 3차(면접) 전형 시 원본 지참 제출

① 2차 전형 합격자

  ㉠ **공통** : 주민등록 초본 1부〈필수〉

  • 남자는 병적사항 상세 기재분 (미기재분 제출시 병적증명서 추가 제출)

  ※ 상세 기재분 : 역종, 군별, 군번, 입영일, 전역일자 등 명시

  • 군복무 중인 자의 경우 복무만료예정 확인서류(전역예정증명서 등) 추가제출

  ㉡ **해당자**

  • 필수(IT)/우대(일반, 디지털) 자격증 : 자격증 원본 및 사본1부 제출(원본은 확인 후 반환)

  • 경력증명서, 취업지원대상증명서, 수상내역증명서, 장애인증명서 또는 상이등급이 기
    재된 국가유공자 증명서 사본

  ※ 장애인증명서, 취업지원대상자증명서는 정부24(www.gov.kr) 온라인 발급분만 제출(제출처 : NH농
    협손해보험)

  • 최종학교 졸업(예정)증명서 : 디지털 분야 지원자에 한함

  * 졸업예정자의 경우에는 '22년 2월말까지 가능분에 한함

  ※ 1. 「해당자」 제출서류는 입사지원서 작성내용 기준 (미 작성사항 제출 불요)

    2. 제출서류는 주민번호 뒷자리(첫째자리는 표시가능)가 '*' 표(또는 삭제) 처리된 것을 제출

    3. 제출서류는 제출일 기준 1개월 이내 발급분만 가능

② **최종 합격자** … 최종합격 시 별도 안내

  • 최종학교 졸업(예정)증명서(석사 이상은 학부 졸업증명서 포함)

  ※ 제출서류는 채용여부 확정된 이후 채용서류 반환 청구서로 반환을 청구하는 경우 최종합격자 발표
    일 이후 14일 이내 신청시 본인 확인 후 반환 (반환비용 당사 부담)

  ※ 제출서류의 보관기간은 최종합격자 발표일 이후 30일이며, 기간 이후 파기

# 관련기사

## NH농협손해보험, 수확기 농작물 피해조사 신속 실시

– 지난 1일, 경기 충청 지역에 발생한 강풍 우박 등으로 농작물 피해 속출

NH농협손해보험(대표이사 최창수)은 지난 1일 경기, 충청 지역에 발생한 갑작스런 강풍과 우박으로 인한 농작물 피해 조사를 신속하게 실시하고 있다고 4일 밝혔다.

이번 농작물 피해는 지난 1일 밤 10시경부터 2일 새벽 사이에 경기도와 충청 일부지역에 발생한 우박과 호우를 동반한 강풍에서 비롯된 것으로, 경기도 안성은 300㏊(헥타르)이상, 충남 천안은 약 800㏊(헥타르)의 면적에서 벼, 과수 등의 농작물이 피해를 본 것으로 확인되고 있다.

NH농협손해보험은 지난 2일부터 이들 지역의 피해현황을 파악하고 조기에 손해평가를 마무리할 수 있도록 신속하게 현장조사를 진행하고 있다. 특히 배 과수원의 경우 금번 피해가 수확기에 발생한 만큼 빠른 조사를 통해 농가의 복구를 돕겠다는 방침이다.

한편 지난 3일 경기도 안성과 평택 피해 현장에 방문한 최창수 NH농협손해보험 대표는 "수확기에 갑작스럽게 발생한 자연재해로 농가의 시름이 더욱 클 것"이라며 "이번 주도 비 예보가 많은 만큼 피해 농가의 빠른 회복을 위해 농식품부와 함께 손해조사에 최선을 다하겠다"고 밝혔다.

2021. 10. 4.

---

**면접질문** • 당사의 상품에서 자연재해로 피해를 보았을 시에 가장 실효성 있는 상품을 알고 있다면 말해보시오.

## NH농협손해보험, UN 지속가능보험원칙(PSI) 가입

NH농협손해보험(대표이사 최창수)은 유엔환경계획 금융이니셔티브(UNEP FI)가 선포한 지속가능보험원칙(PSI, Principles for Sustainable Insurance)에 가입했다고 1일 밝혔다.

지속가능보험원칙(PSI)은 기후변화 대응과 지속가능한 보험경영문화 확산을 위해 보험사의 경영전반에 지속가능성과 관련된 요소를 접목시키는 내용을 담고 있으며, 전 세계 120여개 보험사가 가입하고 있다.

농협손해보험은 지난달 30일 서울 서대문구 본사에서 제 3차 ESG(환경·사회·지배구조)자문위원회를 열고 지속가능보험원칙에 가입한 사실을 알리는 한편, △ESG 투자 방안 △ESG 상품전략 △친환경 경영문화 확산방안 △사회적 책임경영 등 ESG 경영전반에 대한 추진현황을 자문위원들과 함께 점검하고 주요 현안을 논의하였다.

농협손보 최창수 대표는 "지속가능보험원칙 가입을 계기로 농협손해보험의 ESG경영을 확고하게 다져나가겠다"며, "ESG보험상품 및 서비스 확대, 녹색금융 투자 강화, 국제협약 참여 및 교류확대 등에 더욱 힘쓰겠다"고 밝혔다.

한편, 농협손보는 지난 7월 손해보험업계 최초로 ESG채권을 발행한 바 있으며, 농협금융의 ESG추진전략에 발맞춰 △온실가스 배출량 측정 및 관리체계 구축 △고에너지효율 IT 인프라 교체·증설 △친환경 사회공헌활동 확대 등을 추진하고 있다.

2021. 10. 1.

---

**면접질문**
- 현재 우리나라의 보험의 문제점이 있다면 어떤 것이 있을지 말해 보시오.
- 당사의 ESG보험 상품에는 어떤 것이 있는지 말해 보시오.

## NH농협손해보험, 노숙인무료급식소에 농산물 기부

– 추석 명절을 맞아 '안나의 집'에 쌀 2,000kg 전달

NH농협손해보험(대표이사 최창수)은 추석명절을 앞둔 지난 7일, 경기도 성남 소재 '안나의 집'에 쌀 20kg 100포를 전달했다고 8일 밝혔다.

'안나의 집'은 노숙인의 자활을 돕고, 경제적으로 어려운 청소년의 자립을 돕는 등의 다양한 활동을 펼치고 있는 곳이다. 이날 농협손보가 전달한 쌀 2,000kg은 '안나의 집'에서 운영하는 무료급식소에서 사용될 예정이다.

NH농협손해보험 최창수 대표이사는 "코로나19 장기화로 인해 무료급식소를 찾는 이웃들이 늘어 물품이 부족하다는 이야기를 들었다"며, "안나의 집처럼 어려운 이웃이 많이 모이는 곳에 보탬이 될 수 있도록 다양한 활동을 펼치겠다"라고 밝혔다.

한편 농협손보는 ESG경영 정책에 따라 '방역물품 전달', 온라인수업을 위한 '태블릿PC 나눔', 화훼 소비촉진을 위한 '꽃 나눔 행사', 폭염 극복을 위한 '냉방물품 기부' 등 다양한 사회공헌 활동을 펼치고 있다.

2021. 9. 8.

**면접질문** • 당사가 할 수 있는 ESG경영 정책의 일환으로서의 사회적 책임 활동에는 어떤 것이 있을지 아이디어가 있다면 말해 보시오.

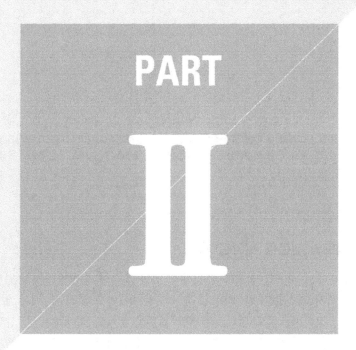

# 인 · 적성평가(Level 2)

# 01 인·적성평가의 개요

---

**⊘ 보충설명**

본인의 성향을 물어보는 질문이 주어지고 그 중 자신에게 해당되는 경우 Yes 그렇지 않을 경우 No를 고르는 유형이다. 인·적성평가 시 가장 유의해야 할 부분은 '솔직함'이다. 기업이 원하는 인재상에 맞추고자 자신의 성격과는 상관없이 좋은 인상만을 남기기 위해 허위로 선택하는 것보다는 최대한 솔직하게, 그리고 일관적으로 응답하는 것이 관건이라고 할 수 있다.

---

## 1 허구성 척도의 질문을 파악한다.

인·적성평가의 질문에는 허구성 척도를 측정하기 위한 질문이 숨어있음을 유념해야 한다. 예를 들어 '나는 지금까지 거짓말을 한 적이 없다.', '나는 한 번도 화를 낸 적이 없다.', '나는 남을 헐뜯거나 비난한 적이 한 번도 없다.' 이러한 질문이 있다고 가정해보자. 상식적으로 보통 누구나 태어나서 한번은 거짓말을 한 경험은 있을 것이며 화를 낸 경우도 있을 것이다. 또한 대부분의 구직자가 자신을 좋은 인상으로 포장하는 것도 자연스러운 일이다. 따라서 허구성을 측정하는 질문에 다소 거짓으로 '그렇다'라고 답하는 것은 전혀 문제가 되지 않는다. 하지만 지나치게 좋은 성격을 염두에 두고 허구성을 측정하는 질문에 전부 '그렇다'고 대답을 한다면 허구성 척도의 득점이 극단적으로 높아지며 이는 검사항목전체에서 구직자의 성격이나 특성이 반영되지 않았음을 나타내 불성실한 답변으로 신뢰성이 의심받게 되는 것이다. 다시 한 번 인·적성평가의 문항은 각 개인의 특성을 알아보고자 하는 것으로 절대적으로 옳거나 틀린 답이 없으므로 결과를 지나치게 의식하여 솔직하게 응답하지 않으면 과장 반응으로 분류될 수 있음을 기억하자!

## 2 '대체로', '가끔' 등의 수식어를 확인한다.

'대체로', '종종', '가끔', '항상', '대개' 등의 수식어는 대부분의 인·적성평가에서 자주 등장한다. 이러한 수식어가 붙은 질문을 접했을 때 구직자들은 조금 고민하게 된다. 하지만 아직 답해야 할 질문들이 많음을 기억해야 한다. 다만, 앞에서 '가끔', '때때로'라는 수식어가 붙은 질문이 나온다면 뒤에는 '항상', '대체로'의 수식어가 붙은 내용은 똑같은 질문이 이어지는 경우가 많다. 따라서 자주 사용되는 수식어를 적절히 구분할 줄 알아야 한다.

### 3 솔직하게 있는 그대로 표현한다.

인·적성평가는 평범한 일상생활 내용들을 다룬 짧은 문장과 어떤 대상이나 일에 대한 선호를 선택하는 문장으로 구성되었으므로 평소에 자신이 생각한 바를 너무 골똘히 생각하지 말고 문제를 보는 순간 떠오른 것을 표현한다. 또한 간혹 반복되는 문제들이 출제되기 때문에 일관성 있게 답하지 않으면 감점될 수 있으므로 유의한다.

### 4 모든 문제를 신속하게 대답한다.

인·적성평가는 일반적으로 시간제한이 많은 것이 원칙이지만 농협에서는 일정한 시간제한(50분)을 두고 있다. 인·적성평가는 개인의 성격과 자질을 알아보기 위한 검사이기 때문에 정답이 없다. 다만, 기업체에서 바람직하게 생각하거나 기대되는 결과가 있을 뿐이다. 따라서 시간에 쫓겨서 대충 대답을 하는 것은 바람직하지 못하다.

### 5 자신의 성향과 사고방식을 미리 정리한다.

기업의 인재상을 기초로 하여 일관성, 신뢰성, 진실성 있는 답변을 염두에 두고 꼼꼼히 풀다보면 분명 시간의 촉박함을 느낄 것이다. 따라서 각각의 질문을 너무 골똘히 생각하거나 고민하지 말자. 대신 시험 전에 여유 있게 자신의 성향이나 사고방식에 대해 정리해보는 것이 필요하다.

### 6 마지막까지 집중해서 검사에 임한다.

장시간 진행되는 검사에 지칠 수 있으므로 마지막까지 집중해서 정확히 답할 수 있도록 해야 한다.

CHAPTER

# 02 실전 인 · 적성평가 1

(인 · 적성평가는 응시자의 인성을 파악하기 위한 시험이므로 별도의 정답이 존재하지 않습니다).

※ 다음 질문에 대해서 평소 자신이 생각하고 있는 것이나 행동하고 있는 것에 대해 박스에 주어진 응답요령에 따라 답하시오. 【1～65】

---

응답 Ⅰ : 제시된 문항들을 읽은 다음 각각의 문항에 대해 자신이 동의하는 정도를 ① 전혀 그렇지 않다 ② 그렇지 않다 ③ 보통이다 ④ 그렇다 ⑤ 매우 그렇다 중 하나에 표시하면 된다.

응답 Ⅱ : 제시된 문항들을 비교하여 상대적으로 자신의 성격과 가장 가까운 문항 하나와 가정 거리가 먼 문항 하나를 선택하여야 한다. 응답 Ⅱ의 응답은 가깝다 1개, 멀다 1개, 무응답 3개이어야 한다.

---

**1**

| SET 1 | 문항 | 응답 Ⅰ | | | | | 응답 Ⅱ | |
|---|---|---|---|---|---|---|---|---|
| | | 전혀 그렇지 않다 | 그렇지 않다 | 보통 이다 | 그렇다 | 매우 그렇다 | 가깝다 | 멀다 |
| 1 | 조금이라도 나쁜 소식은 절망의 시작이라고 생각해 버린다. | ○ | ○ | ○ | ○ | ○ | ○ | ○ |
| 2 | 언제나 실패가 걱정이 되어 어쩔 줄 모른다. | ○ | ○ | ○ | ○ | ○ | ○ | ○ |
| 3 | 다수결의 의견에 따르는 편이다. | ○ | ○ | ○ | ○ | ○ | ○ | ○ |
| 4 | 혼자서 커피숍에 들어가는 것은 전혀 두려운 일이 아니다. | ○ | ○ | ○ | ○ | ○ | ○ | ○ |
| 5 | 승부근성이 강하다. | ○ | ○ | ○ | ○ | ○ | ○ | ○ |

**2**

| SET 2 | 문항 | 응답 Ⅰ | | | | | 응답 Ⅱ | |
|---|---|---|---|---|---|---|---|---|
| | | 전혀 그렇지 않다 | 그렇지 않다 | 보통 이다 | 그렇다 | 매우 그렇다 | 가깝다 | 멀다 |
| 6 | 지금까지 살면서 타인에게 폐를 끼친 적이 없다. | ○ | ○ | ○ | ○ | ○ | ○ | ○ |
| 7 | 소곤소곤 이야기하는 것을 보면 자기에 대해 험담하고 있는 것으로 생각된다. | ○ | ○ | ○ | ○ | ○ | ○ | ○ |
| 8 | 자주 흥분해서 침착하지 못하다. | ○ | ○ | ○ | ○ | ○ | ○ | ○ |
| 9 | 무엇이든지 자기가 나쁘다고 생각하는 편이다. | ○ | ○ | ○ | ○ | ○ | ○ | ○ |
| 10 | 자신을 변덕스러운 사람이라고 생각한다. | ○ | ○ | ○ | ○ | ○ | ○ | ○ |

**3**

| SET 3 | 문항 | 응답 I | | | | | 응답 II | |
|---|---|---|---|---|---|---|---|---|
| | | 전혀 그렇지 않다 | 그렇지 않다 | 보통이다 | 그렇다 | 매우 그렇다 | 가깝다 | 멀다 |
| 11 | 고독을 즐기는 편이다. | ○ | ○ | ○ | ○ | ○ | ○ | ○ |
| 12 | 자존심이 강하다고 생각한다. | ○ | ○ | ○ | ○ | ○ | ○ | ○ |
| 13 | 금방 흥분하는 성격이다. | ○ | ○ | ○ | ○ | ○ | ○ | ○ |
| 14 | 지금까지 한 번도 거짓말을 한 적이 없다. | ○ | ○ | ○ | ○ | ○ | ○ | ○ |
| 15 | 신경질적인 편이다. | ○ | ○ | ○ | ○ | ○ | ○ | ○ |

**4**

| SET 4 | 문항 | 응답 I | | | | | 응답 II | |
|---|---|---|---|---|---|---|---|---|
| | | 전혀 그렇지 않다 | 그렇지 않다 | 보통이다 | 그렇다 | 매우 그렇다 | 가깝다 | 멀다 |
| 16 | 끙끙대며 고민하는 타입이다. | ○ | ○ | ○ | ○ | ○ | ○ | ○ |
| 17 | 나는 감정적인 사람이라고 생각한다. | ○ | ○ | ○ | ○ | ○ | ○ | ○ |
| 18 | 자신만의 신념을 가지고 있다. | ○ | ○ | ○ | ○ | ○ | ○ | ○ |
| 19 | 다른 사람을 바보 같다고 생각한 적이 있다. | ○ | ○ | ○ | ○ | ○ | ○ | ○ |
| 20 | 금방 말해버리는 편이다. | ○ | ○ | ○ | ○ | ○ | ○ | ○ |

**5**

| SET 5 | 문항 | 응답 I | | | | | 응답 II | |
|---|---|---|---|---|---|---|---|---|
| | | 전혀 그렇지 않다 | 그렇지 않다 | 보통이다 | 그렇다 | 매우 그렇다 | 가깝다 | 멀다 |
| 21 | 나를 싫어하는 사람이 없다. | ○ | ○ | ○ | ○ | ○ | ○ | ○ |
| 22 | 대재앙이 오지 않을까 항상 걱정을 한다. | ○ | ○ | ○ | ○ | ○ | ○ | ○ |
| 23 | 쓸데없는 고생을 하는 일이 많다. | ○ | ○ | ○ | ○ | ○ | ○ | ○ |
| 24 | 자주 생각이 바뀌는 편이다. | ○ | ○ | ○ | ○ | ○ | ○ | ○ |
| 25 | 문제를 해결하기 위해 여러 사람과 상의한다. | ○ | ○ | ○ | ○ | ○ | ○ | ○ |

**6**

| SET 6 | 문항 | 응답 I | | | | | 응답 II | |
|---|---|---|---|---|---|---|---|---|
| | | 전혀 그렇지 않다 | 그렇지 않다 | 보통 이다 | 그렇다 | 매우 그렇다 | 가깝다 | 멀다 |
| 26 | 내 방식대로 일을 한다. | ○ | ○ | ○ | ○ | ○ | ○ | ○ |
| 27 | 영화를 보고 운 적이 많다. | ○ | ○ | ○ | ○ | ○ | ○ | ○ |
| 28 | 어떤 것에 대해서도 화낸 적이 없다. | ○ | ○ | ○ | ○ | ○ | ○ | ○ |
| 29 | 사소한 충고에도 걱정을 한다. | ○ | ○ | ○ | ○ | ○ | ○ | ○ |
| 30 | 자신은 도움이 안 되는 사람이라고 생각한다. | ○ | ○ | ○ | ○ | ○ | ○ | ○ |

**7**

| SET 7 | 문항 | 응답 I | | | | | 응답 II | |
|---|---|---|---|---|---|---|---|---|
| | | 전혀 그렇지 않다 | 그렇지 않다 | 보통 이다 | 그렇다 | 매우 그렇다 | 가깝다 | 멀다 |
| 31 | 금방 싫증을 내는 편이다. | ○ | ○ | ○ | ○ | ○ | ○ | ○ |
| 32 | 개성 있는 사람이라고 생각한다. | ○ | ○ | ○ | ○ | ○ | ○ | ○ |
| 33 | 자기주장이 강한 편이다. | ○ | ○ | ○ | ○ | ○ | ○ | ○ |
| 34 | 뒤숭숭하다는 말을 들은 적이 있다. | ○ | ○ | ○ | ○ | ○ | ○ | ○ |
| 35 | 학교를 쉬고 싶다고 생각한 적이 한 번도 없다. | ○ | ○ | ○ | ○ | ○ | ○ | ○ |

**8**

| SET 8 | 문항 | 응답 I | | | | | 응답 II | |
|---|---|---|---|---|---|---|---|---|
| | | 전혀 그렇지 않다 | 그렇지 않다 | 보통 이다 | 그렇다 | 매우 그렇다 | 가깝다 | 멀다 |
| 36 | 사람들과 관계 맺는 것을 잘하지 못한다. | ○ | ○ | ○ | ○ | ○ | ○ | ○ |
| 37 | 사려 깊은 편이다. | ○ | ○ | ○ | ○ | ○ | ○ | ○ |
| 38 | 몸을 움직이는 것을 좋아한다. | ○ | ○ | ○ | ○ | ○ | ○ | ○ |
| 39 | 끈기가 있는 편이다. | ○ | ○ | ○ | ○ | ○ | ○ | ○ |
| 40 | 신중한 편이라고 생각한다. | ○ | ○ | ○ | ○ | ○ | ○ | ○ |

**9**

| SET 9 | 문항 | 응답 I | | | | | 응답 II | |
|---|---|---|---|---|---|---|---|---|
| | | 전혀 그렇지 않다 | 그렇지 않다 | 보통 이다 | 그렇다 | 매우 그렇다 | 가깝다 | 멀다 |
| 41 | 인생의 목표는 큰 것이 좋다. | ○ | ○ | ○ | ○ | ○ | ○ | ○ |
| 42 | 어떤 일이라도 바로 시작하는 타입이다. | ○ | ○ | ○ | ○ | ○ | ○ | ○ |
| 43 | 낯가림을 하는 편이다. | ○ | ○ | ○ | ○ | ○ | ○ | ○ |
| 44 | 생각하고 나서 행동하는 편이다. | ○ | ○ | ○ | ○ | ○ | ○ | ○ |
| 45 | 쉬는 날은 밖으로 나가는 경우가 많다. | ○ | ○ | ○ | ○ | ○ | ○ | ○ |

**10**

| SET 10 | 문항 | 응답 I | | | | | 응답 II | |
|---|---|---|---|---|---|---|---|---|
| | | 전혀 그렇지 않다 | 그렇지 않다 | 보통 이다 | 그렇다 | 매우 그렇다 | 가깝다 | 멀다 |
| 46 | 시작한 일은 반드시 완성시킨다. | ○ | ○ | ○ | ○ | ○ | ○ | ○ |
| 47 | 면밀한 계획을 세운 여행을 좋아한다. | ○ | ○ | ○ | ○ | ○ | ○ | ○ |
| 48 | 야망이 있는 편이라고 생각한다. | ○ | ○ | ○ | ○ | ○ | ○ | ○ |
| 49 | 활동력이 있는 편이다. | ○ | ○ | ○ | ○ | ○ | ○ | ○ |
| 50 | 많은 사람들과 왁자지껄하게 식사하는 것을 좋아하지 않는다. | ○ | ○ | ○ | ○ | ○ | ○ | ○ |

**11**

| SET 11 | 문항 | 응답 I | | | | | 응답 II | |
|---|---|---|---|---|---|---|---|---|
| | | 전혀 그렇지 않다 | 그렇지 않다 | 보통 이다 | 그렇다 | 매우 그렇다 | 가깝다 | 멀다 |
| 51 | 돈을 허비한 적이 없다. | ○ | ○ | ○ | ○ | ○ | ○ | ○ |
| 52 | 어릴 적에 운동회를 아주 좋아하고 기대했다. | ○ | ○ | ○ | ○ | ○ | ○ | ○ |
| 53 | 하나의 취미에 열중하는 타입이다. | ○ | ○ | ○ | ○ | ○ | ○ | ○ |
| 54 | 모임에서 리더에 어울린다고 생각한다. | ○ | ○ | ○ | ○ | ○ | ○ | ○ |
| 55 | 입신출세의 성공이야기를 좋아한다. | ○ | ○ | ○ | ○ | ○ | ○ | ○ |

**12**

| SET 12 | 문항 | 응답 I | | | | | 응답 II | |
|---|---|---|---|---|---|---|---|---|
| | | 전혀 그렇지 않다 | 그렇지 않다 | 보통 이다 | 그렇다 | 매우 그렇다 | 가깝다 | 멀다 |
| 56 | 어떠한 일도 의욕을 가지고 임하는 편이다. | O | O | O | O | O | O | O |
| 57 | 학급에서는 존재가 희미했다. | O | O | O | O | O | O | O |
| 58 | 항상 무언가를 생각하고 있다. | O | O | O | O | O | O | O |
| 59 | 스포츠는 보는 것보다 하는 게 좋다. | O | O | O | O | O | O | O |
| 60 | '참 잘했네요'라는 말을 자주 듣는다. | O | O | O | O | O | O | O |

**13**

| SET 13 | 문항 | 응답 I | | | | | 응답 II | |
|---|---|---|---|---|---|---|---|---|
| | | 전혀 그렇지 않다 | 그렇지 않다 | 보통 이다 | 그렇다 | 매우 그렇다 | 가깝다 | 멀다 |
| 61 | 흐린 날은 반드시 우산을 가지고 간다. | O | O | O | O | O | O | O |
| 62 | 주연상을 받을 수 있는 배우를 좋아한다. | O | O | O | O | O | O | O |
| 63 | 공격하는 타입이라고 생각한다. | O | O | O | O | O | O | O |
| 64 | 리드를 받는 편이다. | O | O | O | O | O | O | O |
| 65 | 너무 신중해서 기회를 놓친 적이 있다. | O | O | O | O | O | O | O |

**14**

| SET 14 | 문항 | 응답 I | | | | | 응답 II | |
|---|---|---|---|---|---|---|---|---|
| | | 전혀 그렇지 않다 | 그렇지 않다 | 보통 이다 | 그렇다 | 매우 그렇다 | 가깝다 | 멀다 |
| 66 | 시원시원하게 움직이는 타입이다. | O | O | O | O | O | O | O |
| 67 | 야근을 해서라도 업무를 끝낸다. | O | O | O | O | O | O | O |
| 68 | 누군가를 방문할 때는 반드시 사전에 확인한다. | O | O | O | O | O | O | O |
| 69 | 노력해도 결과가 따르지 않으면 의미가 없다. | O | O | O | O | O | O | O |
| 70 | 무조건 행동해야 한다. | O | O | O | O | O | O | O |

**15**

| SET 15 | 문항 | 응답 I | | | | | 응답 II | |
|---|---|---|---|---|---|---|---|---|
| | | 전혀<br>그렇지<br>않다 | 그렇지<br>않다 | 보통<br>이다 | 그렇다 | 매우<br>그렇다 | 가깝다 | 멀다 |
| 71 | 유행에 둔감하다고 생각한다. | ○ | ○ | ○ | ○ | ○ | ○ | ○ |
| 72 | 정해진 대로 움직이는 것은 시시하다. | ○ | ○ | ○ | ○ | ○ | ○ | ○ |
| 73 | 꿈을 계속 가지고 있고 싶다. | ○ | ○ | ○ | ○ | ○ | ○ | ○ |
| 74 | 질서보다 자유를 중요시하는 편이다. | ○ | ○ | ○ | ○ | ○ | ○ | ○ |
| 75 | 혼자서 취미에 몰두하는 것을 좋아한다. | ○ | ○ | ○ | ○ | ○ | ○ | ○ |

**16**

| SET 16 | 문항 | 응답 I | | | | | 응답 II | |
|---|---|---|---|---|---|---|---|---|
| | | 전혀<br>그렇지<br>않다 | 그렇지<br>않다 | 보통<br>이다 | 그렇다 | 매우<br>그렇다 | 가깝다 | 멀다 |
| 76 | 직관적으로 판단하는 편이다. | ○ | ○ | ○ | ○ | ○ | ○ | ○ |
| 77 | 영화나 드라마를 보면 등장인물의 감정에 이입된다. | ○ | ○ | ○ | ○ | ○ | ○ | ○ |
| 78 | 시대의 흐름에 역행해서라도 자신을 관철하고 싶다. | ○ | ○ | ○ | ○ | ○ | ○ | ○ |
| 79 | 다른 사람의 소문에 관심이 없다. | ○ | ○ | ○ | ○ | ○ | ○ | ○ |
| 80 | 창조적인 편이다. | ○ | ○ | ○ | ○ | ○ | ○ | ○ |

**17**

| SET 17 | 문항 | 응답 I | | | | | 응답 II | |
|---|---|---|---|---|---|---|---|---|
| | | 전혀<br>그렇지<br>않다 | 그렇지<br>않다 | 보통<br>이다 | 그렇다 | 매우<br>그렇다 | 가깝다 | 멀다 |
| 81 | 비교적 눈물이 많은 편이다. | ○ | ○ | ○ | ○ | ○ | ○ | ○ |
| 82 | 융통성이 있다고 생각한다. | ○ | ○ | ○ | ○ | ○ | ○ | ○ |
| 83 | 친구의 휴대전화 번호를 잘 모른다. | ○ | ○ | ○ | ○ | ○ | ○ | ○ |
| 84 | 스스로 고안하는 것을 좋아한다. | ○ | ○ | ○ | ○ | ○ | ○ | ○ |
| 85 | 정이 두터운 사람으로 남고 싶다. | ○ | ○ | ○ | ○ | ○ | ○ | ○ |

**18**

| SET 18 | 문항 | 응답 I | | | | | 응답 II | |
|---|---|---|---|---|---|---|---|---|
| | | 전혀 그렇지 않다 | 그렇지 않다 | 보통 이다 | 그렇다 | 매우 그렇다 | 가깝다 | 멀다 |
| 86 | 조직의 일원으로 별로 안 어울린다. | ○ | ○ | ○ | ○ | ○ | ○ | ○ |
| 87 | 세상의 일에 별로 관심이 없다. | ○ | ○ | ○ | ○ | ○ | ○ | ○ |
| 88 | 변화를 추구하는 편이다. | ○ | ○ | ○ | ○ | ○ | ○ | ○ |
| 89 | 업무는 인관관계로 선택한다. | ○ | ○ | ○ | ○ | ○ | ○ | ○ |
| 90 | 환경이 변하는 것에 구애되지 않는다. | ○ | ○ | ○ | ○ | ○ | ○ | ○ |

**19**

| SET 19 | 문항 | 응답 I | | | | | 응답 II | |
|---|---|---|---|---|---|---|---|---|
| | | 전혀 그렇지 않다 | 그렇지 않다 | 보통 이다 | 그렇다 | 매우 그렇다 | 가깝다 | 멀다 |
| 91 | 불안감이 강한 편이다. | ○ | ○ | ○ | ○ | ○ | ○ | ○ |
| 92 | 인생은 살 가치가 없다고 생각한다. | ○ | ○ | ○ | ○ | ○ | ○ | ○ |
| 93 | 의지가 약한 편이다. | ○ | ○ | ○ | ○ | ○ | ○ | ○ |
| 94 | 다른 사람이 하는 일에 별로 관심이 없다. | ○ | ○ | ○ | ○ | ○ | ○ | ○ |
| 95 | 사람을 설득시키는 것은 어렵지 않다. | ○ | ○ | ○ | ○ | ○ | ○ | ○ |

**20**

| SET 20 | 문항 | 응답 I | | | | | 응답 II | |
|---|---|---|---|---|---|---|---|---|
| | | 전혀 그렇지 않다 | 그렇지 않다 | 보통 이다 | 그렇다 | 매우 그렇다 | 가깝다 | 멀다 |
| 96 | 심심한 것을 못 참는다. | ○ | ○ | ○ | ○ | ○ | ○ | ○ |
| 97 | 다른 사람을 욕한 적이 한 번도 없다. | ○ | ○ | ○ | ○ | ○ | ○ | ○ |
| 98 | 금방 낙심하는 편이다. | ○ | ○ | ○ | ○ | ○ | ○ | ○ |
| 99 | 다른 사람에게 어떻게 보일지 신경을 쓴다. | ○ | ○ | ○ | ○ | ○ | ○ | ○ |
| 100 | 다른 사람에게 의존하는 경향이 있다. | ○ | ○ | ○ | ○ | ○ | ○ | ○ |

**21**

| SET 21 | 문항 | 응답 I | | | | | 응답 II | |
|---|---|---|---|---|---|---|---|---|
| | | 전혀<br>그렇지<br>않다 | 그렇지<br>않다 | 보통<br>이다 | 그렇다 | 매우<br>그렇다 | 가깝다 | 멀다 |
| 101 | 그다지 융통성이 있는 편이 아니다. | ○ | ○ | ○ | ○ | ○ | ○ | ○ |
| 102 | 다른 사람이 내 의견에 간섭하는 것이 싫다. | ○ | ○ | ○ | ○ | ○ | ○ | ○ |
| 103 | 낙천적인 편이다. | ○ | ○ | ○ | ○ | ○ | ○ | ○ |
| 104 | 숙제를 잊어버린 적이 안 번도 없다. | ○ | ○ | ○ | ○ | ○ | ○ | ○ |
| 105 | 밤길에는 발소리가 들리기만 해도 불안하다. | ○ | ○ | ○ | ○ | ○ | ○ | ○ |

**22**

| SET 22 | 문항 | 응답 I | | | | | 응답 II | |
|---|---|---|---|---|---|---|---|---|
| | | 전혀<br>그렇지<br>않다 | 그렇지<br>않다 | 보통<br>이다 | 그렇다 | 매우<br>그렇다 | 가깝다 | 멀다 |
| 106 | 상냥하다는 말을 들은 적이 있다. | ○ | ○ | ○ | ○ | ○ | ○ | ○ |
| 107 | 자신은 유치한 사람이다. | ○ | ○ | ○ | ○ | ○ | ○ | ○ |
| 108 | 잡담을 하는 것보다 책을 읽는 것이 낫다. | ○ | ○ | ○ | ○ | ○ | ○ | ○ |
| 109 | 나는 영업에 적합한 타입이라고 생각한다. | ○ | ○ | ○ | ○ | ○ | ○ | ○ |
| 110 | 술자리에서 술을 마시지 않아도 흥을 돋을 수 있다. | ○ | ○ | ○ | ○ | ○ | ○ | ○ |

**23**

| SET 23 | 문항 | 응답 I | | | | | 응답 II | |
|---|---|---|---|---|---|---|---|---|
| | | 전혀<br>그렇지<br>않다 | 그렇지<br>않다 | 보통<br>이다 | 그렇다 | 매우<br>그렇다 | 가깝다 | 멀다 |
| 111 | 한 번도 병원에 간 적이 없다. | ○ | ○ | ○ | ○ | ○ | ○ | ○ |
| 112 | 나쁜 일은 걱정이 되어 어쩔 줄을 모른다. | ○ | ○ | ○ | ○ | ○ | ○ | ○ |
| 113 | 금세 무기력해지는 편이다. | ○ | ○ | ○ | ○ | ○ | ○ | ○ |
| 114 | 비교적 고분고분한 편이라고 생각한다. | ○ | ○ | ○ | ○ | ○ | ○ | ○ |
| 115 | 독자적으로 행동하는 편이다. | ○ | ○ | ○ | ○ | ○ | ○ | ○ |

**24**

| SET 24 | 문항 | 응답 I | | | | | 응답 II | |
|---|---|---|---|---|---|---|---|---|
| | | 전혀<br>그렇지<br>않다 | 그렇지<br>않다 | 보통<br>이다 | 그렇다 | 매우<br>그렇다 | 가깝다 | 멀다 |
| 116 | 적극적으로 행동하는 편이다. | ○ | ○ | ○ | ○ | ○ | ○ | ○ |
| 117 | 금방 감격하는 편이다. | ○ | ○ | ○ | ○ | ○ | ○ | ○ |
| 118 | 어떤 것에 대해서도 불만을 가진 적이 없다. | ○ | ○ | ○ | ○ | ○ | ○ | ○ |
| 119 | 밤에 잠을 잘 못잘 때가 많다. | ○ | ○ | ○ | ○ | ○ | ○ | ○ |
| 120 | 자주 후회하는 편이다. | ○ | ○ | ○ | ○ | ○ | ○ | ○ |

**25**

| SET 25 | 문항 | 응답 I | | | | | 응답 II | |
|---|---|---|---|---|---|---|---|---|
| | | 전혀<br>그렇지<br>않다 | 그렇지<br>않다 | 보통<br>이다 | 그렇다 | 매우<br>그렇다 | 가깝다 | 멀다 |
| 121 | 쉽게 뜨거워지고 쉽게 식는다. | ○ | ○ | ○ | ○ | ○ | ○ | ○ |
| 122 | 자신만의 세계를 가지고 있다. | ○ | ○ | ○ | ○ | ○ | ○ | ○ |
| 123 | 많은 사람 앞에서도 긴장하는 일은 없다. | ○ | ○ | ○ | ○ | ○ | ○ | ○ |
| 124 | 말하는 것을 아주 좋아한다. | ○ | ○ | ○ | ○ | ○ | ○ | ○ |
| 125 | 인생을 포기하는 마음을 가진 적이 한 번도 없다. | ○ | ○ | ○ | ○ | ○ | ○ | ○ |

**26**

| SET 26 | 문항 | 응답 I | | | | | 응답 II | |
|---|---|---|---|---|---|---|---|---|
| | | 전혀<br>그렇지<br>않다 | 그렇지<br>않다 | 보통<br>이다 | 그렇다 | 매우<br>그렇다 | 가깝다 | 멀다 |
| 126 | 어두운 성격이다. | ○ | ○ | ○ | ○ | ○ | ○ | ○ |
| 127 | 금방 반성한다. | ○ | ○ | ○ | ○ | ○ | ○ | ○ |
| 128 | 활동범위가 넓은 편이다. | ○ | ○ | ○ | ○ | ○ | ○ | ○ |
| 129 | 자신을 끈기 있는 사람이라고 생각한다. | ○ | ○ | ○ | ○ | ○ | ○ | ○ |
| 130 | 좋다고 생각하더라도 좀 더 검토하고 나서 실행한다. | ○ | ○ | ○ | ○ | ○ | ○ | ○ |

**27**

| SET 27 | 문항 | 응답 I | | | | | 응답 II | |
|---|---|---|---|---|---|---|---|---|
| | | 전혀 그렇지 않다 | 그렇지 않다 | 보통 이다 | 그렇다 | 매우 그렇다 | 가깝다 | 멀다 |
| 131 | 위대한 인물이 되고 싶다. | ○ | ○ | ○ | ○ | ○ | ○ | ○ |
| 132 | 한 번에 많은 일을 떠맡아도 힘들지 않다. | ○ | ○ | ○ | ○ | ○ | ○ | ○ |
| 133 | 사람과 만날 약속은 부담스럽다. | ○ | ○ | ○ | ○ | ○ | ○ | ○ |
| 134 | 질문을 받으면 충분히 생각하고 나서 대답하는 편이다. | ○ | ○ | ○ | ○ | ○ | ○ | ○ |
| 135 | 머리를 쓰는 것보다 땀을 흘리는 일이 좋다. | ○ | ○ | ○ | ○ | ○ | ○ | ○ |

**28**

| SET 28 | 문항 | 응답 I | | | | | 응답 II | |
|---|---|---|---|---|---|---|---|---|
| | | 전혀 그렇지 않다 | 그렇지 않다 | 보통 이다 | 그렇다 | 매우 그렇다 | 가깝다 | 멀다 |
| 136 | 결정한 것에는 철저히 구속받는다. | ○ | ○ | ○ | ○ | ○ | ○ | ○ |
| 137 | 외출 시 문을 잠갔는지 몇 번을 확인한다. | ○ | ○ | ○ | ○ | ○ | ○ | ○ |
| 138 | 이왕 할 거라면 일등이 되고 싶다. | ○ | ○ | ○ | ○ | ○ | ○ | ○ |
| 139 | 과감하게 도전하는 타입이다. | ○ | ○ | ○ | ○ | ○ | ○ | ○ |
| 140 | 자신은 사교적이 아니라고 생각한다. | ○ | ○ | ○ | ○ | ○ | ○ | ○ |

**29**

| SET 29 | 문항 | 응답 I | | | | | 응답 II | |
|---|---|---|---|---|---|---|---|---|
| | | 전혀 그렇지 않다 | 그렇지 않다 | 보통 이다 | 그렇다 | 매우 그렇다 | 가깝다 | 멀다 |
| 141 | 무심코 도리에 대해서 말하고 싶어진다. | ○ | ○ | ○ | ○ | ○ | ○ | ○ |
| 142 | 건강하다는 소릴 자주 듣는다. | ○ | ○ | ○ | ○ | ○ | ○ | ○ |
| 143 | 단념하면 끝이라고 생각한다. | ○ | ○ | ○ | ○ | ○ | ○ | ○ |
| 144 | 예상하지 못한 일은 하고 싶지 않다. | ○ | ○ | ○ | ○ | ○ | ○ | ○ |
| 145 | 파란만장하더라도 성공하는 인생을 걸고 싶다. | ○ | ○ | ○ | ○ | ○ | ○ | ○ |

**30**

| SET 30 | 문항 | 응답 I | | | | | 응답 II | |
|---|---|---|---|---|---|---|---|---|
| | | 전혀 그렇지 않다 | 그렇지 않다 | 보통 이다 | 그렇다 | 매우 그렇다 | 가깝다 | 멀다 |
| 146 | 활기찬 편이라고 생각한다. | ○ | ○ | ○ | ○ | ○ | ○ | ○ |
| 147 | 소극적인 편이라고 생각한다. | ○ | ○ | ○ | ○ | ○ | ○ | ○ |
| 148 | 무심코 평론가가 되어 버린다. | ○ | ○ | ○ | ○ | ○ | ○ | ○ |
| 149 | 자신은 성급하다고 생각한다. | ○ | ○ | ○ | ○ | ○ | ○ | ○ |
| 150 | 꾸준히 노력하는 타입이라고 생각한다. | ○ | ○ | ○ | ○ | ○ | ○ | ○ |

**31**

| SET 31 | 문항 | 응답 I | | | | | 응답 II | |
|---|---|---|---|---|---|---|---|---|
| | | 전혀 그렇지 않다 | 그렇지 않다 | 보통 이다 | 그렇다 | 매우 그렇다 | 가깝다 | 멀다 |
| 151 | 내일의 계획이라도 메모한다. | ○ | ○ | ○ | ○ | ○ | ○ | ○ |
| 152 | 리더십이 있는 사람이 되고 싶다. | ○ | ○ | ○ | ○ | ○ | ○ | ○ |
| 153 | 열정적인 사람이라고 생각한다. | ○ | ○ | ○ | ○ | ○ | ○ | ○ |
| 154 | 다른 사람 앞에서 이야기를 잘 하지 못한다. | ○ | ○ | ○ | ○ | ○ | ○ | ○ |
| 155 | 통찰력이 있는 편이다. | ○ | ○ | ○ | ○ | ○ | ○ | ○ |

**32**

| SET 32 | 문항 | 응답 I | | | | | 응답 II | |
|---|---|---|---|---|---|---|---|---|
| | | 전혀 그렇지 않다 | 그렇지 않다 | 보통 이다 | 그렇다 | 매우 그렇다 | 가깝다 | 멀다 |
| 156 | 엉덩이가 가벼운 편이다. | ○ | ○ | ○ | ○ | ○ | ○ | ○ |
| 157 | 여러 가지로 구애됨이 있다. | ○ | ○ | ○ | ○ | ○ | ○ | ○ |
| 158 | 돌다리도 두들겨보고 건너는 쪽이 좋다. | ○ | ○ | ○ | ○ | ○ | ○ | ○ |
| 159 | 자신에게는 권력욕이 있다. | ○ | ○ | ○ | ○ | ○ | ○ | ○ |
| 160 | 업무를 할당받으면 기쁘다. | ○ | ○ | ○ | ○ | ○ | ○ | ○ |

**33**

| SET 33 | 문항 | 응답 I | | | | | 응답 II | |
|---|---|---|---|---|---|---|---|---|
| | | 전혀 그렇지 않다 | 그렇지 않다 | 보통 이다 | 그렇다 | 매우 그렇다 | 가깝다 | 멀다 |
| 161 | 사색적인 사람이라고 생각한다. | ○ | ○ | ○ | ○ | ○ | ○ | ○ |
| 162 | 비교적 개혁적이다. | ○ | ○ | ○ | ○ | ○ | ○ | ○ |
| 163 | 좋고 싫음으로 정할 때가 많다. | ○ | ○ | ○ | ○ | ○ | ○ | ○ |
| 164 | 전통에 구애되는 것은 버리는 것이 적절하다. | ○ | ○ | ○ | ○ | ○ | ○ | ○ |
| 165 | 교제 범위가 좁은 편이다. | ○ | ○ | ○ | ○ | ○ | ○ | ○ |

**34**

| SET 34 | 문항 | 응답 I | | | | | 응답 II | |
|---|---|---|---|---|---|---|---|---|
| | | 전혀 그렇지 않다 | 그렇지 않다 | 보통 이다 | 그렇다 | 매우 그렇다 | 가깝다 | 멀다 |
| 166 | 발상의 전환을 할 수 있는 타입이라고 생각한다. | ○ | ○ | ○ | ○ | ○ | ○ | ○ |
| 167 | 너무 주관적이어서 실패한다. | ○ | ○ | ○ | ○ | ○ | ○ | ○ |
| 168 | 현실적이고 실용적인 면을 추구한다. | ○ | ○ | ○ | ○ | ○ | ○ | ○ |
| 169 | 내가 어떤 배우의 팬인지 아무도 모른다. | ○ | ○ | ○ | ○ | ○ | ○ | ○ |
| 170 | 현실보다 가능성이다. | ○ | ○ | ○ | ○ | ○ | ○ | ○ |

**35**

| SET 35 | 문항 | 응답 I | | | | | 응답 II | |
|---|---|---|---|---|---|---|---|---|
| | | 전혀 그렇지 않다 | 그렇지 않다 | 보통 이다 | 그렇다 | 매우 그렇다 | 가깝다 | 멀다 |
| 171 | 마음이 담겨 있으면 선물은 아무 것이나 좋다. | ○ | ○ | ○ | ○ | ○ | ○ | ○ |
| 172 | 여행은 마음대로 다니는 것이 좋다. | ○ | ○ | ○ | ○ | ○ | ○ | ○ |
| 173 | 추상적인 일에 관심이 있는 편이다. | ○ | ○ | ○ | ○ | ○ | ○ | ○ |
| 174 | 결정은 대담하게 하는 편이다. | ○ | ○ | ○ | ○ | ○ | ○ | ○ |
| 175 | 괴로워하는 사람을 보면 우선 동정한다. | ○ | ○ | ○ | ○ | ○ | ○ | ○ |

**36**

| SET 36 | 문항 | 응답 I | | | | | 응답 II | |
|---|---|---|---|---|---|---|---|---|
| | | 전혀 그렇지 않다 | 그렇지 않다 | 보통 이다 | 그렇다 | 매우 그렇다 | 가깝다 | 멀다 |
| 176 | 가치기준은 자신의 안에 있다고 생각한다. | ○ | ○ | ○ | ○ | ○ | ○ | ○ |
| 177 | 조용하고 조심스러운 편이다. | ○ | ○ | ○ | ○ | ○ | ○ | ○ |
| 178 | 상상력이 풍부한 편이라고 생각한다. | ○ | ○ | ○ | ○ | ○ | ○ | ○ |
| 179 | 의리, 인정이 두터운 상사를 만나고 싶다. | ○ | ○ | ○ | ○ | ○ | ○ | ○ |
| 180 | 인생의 앞날은 알 수 없어 재미있다. | ○ | ○ | ○ | ○ | ○ | ○ | ○ |

**37**

| SET 37 | 문항 | 응답 I | | | | | 응답 II | |
|---|---|---|---|---|---|---|---|---|
| | | 전혀 그렇지 않다 | 그렇지 않다 | 보통 이다 | 그렇다 | 매우 그렇다 | 가깝다 | 멀다 |
| 181 | 밝은 성격이다. | ○ | ○ | ○ | ○ | ○ | ○ | ○ |
| 182 | 별로 반성하지 않는다. | ○ | ○ | ○ | ○ | ○ | ○ | ○ |
| 183 | 활동범위가 좁은 편이다. | ○ | ○ | ○ | ○ | ○ | ○ | ○ |
| 184 | 좋다고 생각하면 바로 행동한다. | ○ | ○ | ○ | ○ | ○ | ○ | ○ |
| 185 | 좋은 사람이 되고 싶다. | ○ | ○ | ○ | ○ | ○ | ○ | ○ |

**38**

| SET 38 | 문항 | 응답 I | | | | | 응답 II | |
|---|---|---|---|---|---|---|---|---|
| | | 전혀 그렇지 않다 | 그렇지 않다 | 보통 이다 | 그렇다 | 매우 그렇다 | 가깝다 | 멀다 |
| 186 | 한 번에 많은 일을 떠맡는 것은 골칫거리라고 생각한다. | ○ | ○ | ○ | ○ | ○ | ○ | ○ |
| 187 | 사람과 만날 약속은 즐겁다. | ○ | ○ | ○ | ○ | ○ | ○ | ○ |
| 188 | 질문을 받으면 그때의 느낌으로 대답하는 편이다. | ○ | ○ | ○ | ○ | ○ | ○ | ○ |
| 189 | 땀을 흘리는 것보다 머리를 쓰는 일이 좋다. | ○ | ○ | ○ | ○ | ○ | ○ | ○ |
| 190 | 한번 결정한 일에는 그다지 구속받지 않는다. | ○ | ○ | ○ | ○ | ○ | ○ | ○ |

**39**

| SET 39 | 문항 | 응답 I | | | | | 응답 II | |
|---|---|---|---|---|---|---|---|---|
| | | 전혀 그렇지 않다 | 그렇지 않다 | 보통 이다 | 그렇다 | 매우 그렇다 | 가깝다 | 멀다 |
| 191 | 외출 시 문을 잠갔는지 별로 확인하지 않는다. | ○ | ○ | ○ | ○ | ○ | ○ | ○ |
| 192 | 사람은 지위에 어울려야 한다. | ○ | ○ | ○ | ○ | ○ | ○ | ○ |
| 193 | 안전책을 고르는 타입이다. | ○ | ○ | ○ | ○ | ○ | ○ | ○ |
| 194 | 자신은 사교적이라고 생각한다. | ○ | ○ | ○ | ○ | ○ | ○ | ○ |
| 195 | 도리는 상관없다. | ○ | ○ | ○ | ○ | ○ | ○ | ○ |

**40**

| SET 40 | 문항 | 응답 I | | | | | 응답 II | |
|---|---|---|---|---|---|---|---|---|
| | | 전혀 그렇지 않다 | 그렇지 않다 | 보통 이다 | 그렇다 | 매우 그렇다 | 가깝다 | 멀다 |
| 196 | 침착하다는 소릴 자주 듣는다. | ○ | ○ | ○ | ○ | ○ | ○ | ○ |
| 197 | 단념도 중요하다고 생각한다. | ○ | ○ | ○ | ○ | ○ | ○ | ○ |
| 198 | 예상하지 못한 일도 해보고 싶다. | ○ | ○ | ○ | ○ | ○ | ○ | ○ |
| 199 | 평범하고 평온하게 행복한 인생을 살고 싶다. | ○ | ○ | ○ | ○ | ○ | ○ | ○ |
| 200 | 모임에서 늘 리더의 역할만 했다. | ○ | ○ | ○ | ○ | ○ | ○ | ○ |

**41**

| SET 41 | 문항 | 응답 I | | | | | 응답 II | |
|---|---|---|---|---|---|---|---|---|
| | | 전혀 그렇지 않다 | 그렇지 않다 | 보통 이다 | 그렇다 | 매우 그렇다 | 가깝다 | 멀다 |
| 201 | 착실한 노력으로 성공한 이야기를 좋아한다. | ○ | ○ | ○ | ○ | ○ | ○ | ○ |
| 202 | 어떠한 일에도 의욕적으로 임하는 편이다. | ○ | ○ | ○ | ○ | ○ | ○ | ○ |
| 203 | 피곤한 날에는 무엇이든지 귀찮아하는 편이다. | ○ | ○ | ○ | ○ | ○ | ○ | ○ |
| 204 | 이것저것 남들의 이야기를 평가하는 것이 싫다. | ○ | ○ | ○ | ○ | ○ | ○ | ○ |
| 205 | 나는 성급하다. | ○ | ○ | ○ | ○ | ○ | ○ | ○ |

**42**

| SET 42 | 문항 | 응답 I | | | | | 응답 II | |
|---|---|---|---|---|---|---|---|---|
| | | 전혀 그렇지 않다 | 그렇지 않다 | 보통 이다 | 그렇다 | 매우 그렇다 | 가깝다 | 멀다 |
| 206 | 협동심이 강한 사람이 되고 싶다. | ○ | ○ | ○ | ○ | ○ | ○ | ○ |
| 207 | 나는 열정적인 사람이 아니다. | ○ | ○ | ○ | ○ | ○ | ○ | ○ |
| 208 | 다른 사람들 앞에서 이야기를 잘 한다. | ○ | ○ | ○ | ○ | ○ | ○ | ○ |
| 209 | 말보다 행동력이 강한 타입이다. | ○ | ○ | ○ | ○ | ○ | ○ | ○ |
| 210 | 엉덩이가 무겁다는 소릴 자주 듣는다. | ○ | ○ | ○ | ○ | ○ | ○ | ○ |

**43**

| SET 43 | 문항 | 응답 I | | | | | 응답 II | |
|---|---|---|---|---|---|---|---|---|
| | | 전혀 그렇지 않다 | 그렇지 않다 | 보통 이다 | 그렇다 | 매우 그렇다 | 가깝다 | 멀다 |
| 211 | 특별히 가리는 음식이 없다. | ○ | ○ | ○ | ○ | ○ | ○ | ○ |
| 212 | 나에게는 권력에 대한 욕구는 없는 것 같다. | ○ | ○ | ○ | ○ | ○ | ○ | ○ |
| 213 | 업무를 할당받으면 불안감이 먼저 든다. | ○ | ○ | ○ | ○ | ○ | ○ | ○ |
| 214 | 나는 진보보다는 보수이다. | ○ | ○ | ○ | ○ | ○ | ○ | ○ |
| 215 | 무슨 일이든 손해인지 이득인지를 먼저 생각한다. | ○ | ○ | ○ | ○ | ○ | ○ | ○ |

**44**

| SET 44 | 문항 | 응답 I | | | | | 응답 II | |
|---|---|---|---|---|---|---|---|---|
| | | 전혀 그렇지 않다 | 그렇지 않다 | 보통 이다 | 그렇다 | 매우 그렇다 | 가깝다 | 멀다 |
| 216 | 전통을 고수하는 것은 어리석은 짓이다. | ○ | ○ | ○ | ○ | ○ | ○ | ○ |
| 217 | 나는 교제의 범위가 넓은 편이다. | ○ | ○ | ○ | ○ | ○ | ○ | ○ |
| 218 | 나는 상식적인 판단을 할 수 있는 사람이다. | ○ | ○ | ○ | ○ | ○ | ○ | ○ |
| 219 | 객관적인 판단을 거부하는 편이다. | ○ | ○ | ○ | ○ | ○ | ○ | ○ |
| 220 | 나는 연예인을 매우 좋아한다. | ○ | ○ | ○ | ○ | ○ | ○ | ○ |

**45**

| SET 45 | 문항 | 응답 I | | | | | 응답 II | |
|---|---|---|---|---|---|---|---|---|
| | | 전혀 그렇지 않다 | 그렇지 않다 | 보통 이다 | 그렇다 | 매우 그렇다 | 가깝다 | 멀다 |
| 221 | 가능성을 보고 현실을 직시하는 편이다. | ○ | ○ | ○ | ○ | ○ | ○ | ○ |
| 222 | 구체적인 일에 관심이 없다. | ○ | ○ | ○ | ○ | ○ | ○ | ○ |
| 223 | 매사 나를 기준으로 일을 처리한다. | ○ | ○ | ○ | ○ | ○ | ○ | ○ |
| 224 | 나는 생각이 개방적이다. | ○ | ○ | ○ | ○ | ○ | ○ | ○ |
| 225 | 나는 이성적으로 판단을 잘 한다. | ○ | ○ | ○ | ○ | ○ | ○ | ○ |

**46**

| SET 46 | 문항 | 응답 I | | | | | 응답 II | |
|---|---|---|---|---|---|---|---|---|
| | | 전혀 그렇지 않다 | 그렇지 않다 | 보통 이다 | 그렇다 | 매우 그렇다 | 가깝다 | 멀다 |
| 226 | 공평하고 정직한 사람이 되고 싶다. | ○ | ○ | ○ | ○ | ○ | ○ | ○ |
| 227 | 일 잘하고 능력이 강한 상사를 만나고 싶다. | ○ | ○ | ○ | ○ | ○ | ○ | ○ |
| 228 | 사람들과 적극적으로 유대관계를 유지한다. | ○ | ○ | ○ | ○ | ○ | ○ | ○ |
| 229 | 몸을 움직이는 일은 별로 즐기기 않는다. | ○ | ○ | ○ | ○ | ○ | ○ | ○ |
| 230 | 모든 일에 쉽게 질리는 편이다. | ○ | ○ | ○ | ○ | ○ | ○ | ○ |

**47**

| SET 47 | 문항 | 응답 I | | | | | 응답 II | |
|---|---|---|---|---|---|---|---|---|
| | | 전혀 그렇지 않다 | 그렇지 않다 | 보통 이다 | 그렇다 | 매우 그렇다 | 가깝다 | 멀다 |
| 231 | 경솔하게 판단하여 후회를 하는 경우가 많다. | ○ | ○ | ○ | ○ | ○ | ○ | ○ |
| 232 | 인생의 목표는 가능한 크게 잡는다. | ○ | ○ | ○ | ○ | ○ | ○ | ○ |
| 233 | 무슨 일도 좀처럼 시작하지 못한다. | ○ | ○ | ○ | ○ | ○ | ○ | ○ |
| 234 | 초면인 사람과도 바로 친해질 수 있다. | ○ | ○ | ○ | ○ | ○ | ○ | ○ |
| 235 | 행동을 하고 나서 생각을 하는 편이다. | ○ | ○ | ○ | ○ | ○ | ○ | ○ |

**48**

| SET 48 | 문항 | 응답 I | | | | | 응답 II | |
|---|---|---|---|---|---|---|---|---|
| | | 전혀 그렇지 않다 | 그렇지 않다 | 보통 이다 | 그렇다 | 매우 그렇다 | 가깝다 | 멀다 |
| 236 | 쉬는 날에는 늘 집에 있다. | ○ | ○ | ○ | ○ | ○ | ○ | ○ |
| 237 | 일을 마무리 짓기 전에 포기하는 경우가 많다. | ○ | ○ | ○ | ○ | ○ | ○ | ○ |
| 238 | 나는 욕심이 없다. | ○ | ○ | ○ | ○ | ○ | ○ | ○ |
| 239 | 아무 이유 없이 불안할 때가 많다. | ○ | ○ | ○ | ○ | ○ | ○ | ○ |
| 240 | 자존심이 매우 강하다. | ○ | ○ | ○ | ○ | ○ | ○ | ○ |

**49**

| SET 49 | 문항 | 응답 I | | | | | 응답 II | |
|---|---|---|---|---|---|---|---|---|
| | | 전혀 그렇지 않다 | 그렇지 않다 | 보통 이다 | 그렇다 | 매우 그렇다 | 가깝다 | 멀다 |
| 241 | 주변 사람들의 의견을 무시하는 경우가 많다. | ○ | ○ | ○ | ○ | ○ | ○ | ○ |
| 242 | 내가 지금 잘하고 있는지 생각할 때가 많다. | ○ | ○ | ○ | ○ | ○ | ○ | ○ |
| 243 | 생각 없이 함부로 말하는 경우가 많다. | ○ | ○ | ○ | ○ | ○ | ○ | ○ |
| 244 | 정리가 되지 않은 방 안에 있어도 불안하지 않다. | ○ | ○ | ○ | ○ | ○ | ○ | ○ |
| 245 | 위기를 모면하기 위해 거짓말을 한 적이 있다. | ○ | ○ | ○ | ○ | ○ | ○ | ○ |

**50**

| SET 50 | 문항 | 응답 I | | | | | 응답 II | |
|---|---|---|---|---|---|---|---|---|
| | | 전혀 그렇지 않다 | 그렇지 않다 | 보통 이다 | 그렇다 | 매우 그렇다 | 가깝다 | 멀다 |
| 246 | 슬픈 영화나 드라마를 보면서 눈물을 흘린 적이 있다. | ○ | ○ | ○ | ○ | ○ | ○ | ○ |
| 247 | 나 자신은 충분히 신뢰할 수 있다고 생각한다. | ○ | ○ | ○ | ○ | ○ | ○ | ○ |
| 248 | 노래를 흥얼거리는 것을 좋아한다. | ○ | ○ | ○ | ○ | ○ | ○ | ○ |
| 249 | 나만이 할 수 있는 일을 찾고 싶다. | ○ | ○ | ○ | ○ | ○ | ○ | ○ |
| 250 | 나는 내 자신을 과소평가하는 버릇이 있다. | ○ | ○ | ○ | ○ | ○ | ○ | ○ |

**51**

| SET 51 | 문항 | 응답 I | | | | | 응답 II | |
|---|---|---|---|---|---|---|---|---|
| | | 전혀 그렇지 않다 | 그렇지 않다 | 보통 이다 | 그렇다 | 매우 그렇다 | 가깝다 | 멀다 |
| 251 | 나의 책상이나 서랍은 늘 잘 정리가 되어 있다. | ○ | ○ | ○ | ○ | ○ | ○ | ○ |
| 252 | 건성으로 대답을 할 때가 많다. | ○ | ○ | ○ | ○ | ○ | ○ | ○ |
| 253 | 남의 험담을 해 본 적이 없다. | ○ | ○ | ○ | ○ | ○ | ○ | ○ |
| 254 | 쉽게 화를 내는 편이다. | ○ | ○ | ○ | ○ | ○ | ○ | ○ |
| 255 | 초조하면 손을 떨고 심장박동이 빨라지는 편이다. | ○ | ○ | ○ | ○ | ○ | ○ | ○ |

**52**

| SET 52 | 문항 | 응답 I | | | | | 응답 II | |
|---|---|---|---|---|---|---|---|---|
| | | 전혀 그렇지 않다 | 그렇지 않다 | 보통 이다 | 그렇다 | 매우 그렇다 | 가깝다 | 멀다 |
| 256 | 다른 사람과 말싸움으로 져 본 적이 없다. | ○ | ○ | ○ | ○ | ○ | ○ | ○ |
| 257 | 다른 사람의 아부에 쉽게 넘어가는 편이다. | ○ | ○ | ○ | ○ | ○ | ○ | ○ |
| 258 | 주변 사람이 나의 험담을 하고 다닌다고 생각이 든다. | ○ | ○ | ○ | ○ | ○ | ○ | ○ |
| 259 | 남들보다 못하다는 생각이 자주 든다. | ○ | ○ | ○ | ○ | ○ | ○ | ○ |
| 260 | 이론만 내세우는 사람을 보면 짜증이 난다. | ○ | ○ | ○ | ○ | ○ | ○ | ○ |

**53**

| SET 53 | 문항 | 응답 I | | | | | 응답 II | |
|---|---|---|---|---|---|---|---|---|
| | | 전혀 그렇지 않다 | 그렇지 않다 | 보통 이다 | 그렇다 | 매우 그렇다 | 가깝다 | 멀다 |
| 261 | 다른 사람과 대화를 하다가도 금방 싸움이 되는 경우가 많다. | ○ | ○ | ○ | ○ | ○ | ○ | ○ |
| 262 | 내 맘대로 안 되면 소리를 지르는 경우가 많다. | ○ | ○ | ○ | ○ | ○ | ○ | ○ |
| 263 | 상처를 주는 일도 받는 일도 싫다. | ○ | ○ | ○ | ○ | ○ | ○ | ○ |
| 264 | 매일 매일 하루를 반성하는 편이다. | ○ | ○ | ○ | ○ | ○ | ○ | ○ |
| 265 | 매사 메모를 잘 하는 편이다. | ○ | ○ | ○ | ○ | ○ | ○ | ○ |

**54**

| SET 54 | 문항 | 응답 I | | | | | 응답 II | |
|---|---|---|---|---|---|---|---|---|
| | | 전혀<br>그렇지<br>않다 | 그렇지<br>않다 | 보통<br>이다 | 그렇다 | 매우<br>그렇다 | 가깝다 | 멀다 |
| 266 | 사람들이 나 때문에 즐거워하는 것을 즐긴다. | ○ | ○ | ○ | ○ | ○ | ○ | ○ |
| 267 | 아무 것도 하지 않고 하루 종일을 보낼 수 있다. | ○ | ○ | ○ | ○ | ○ | ○ | ○ |
| 268 | 지각을 하느니 차라리 결석을 하는 것이 낫다고 생각한다. | ○ | ○ | ○ | ○ | ○ | ○ | ○ |
| 269 | 이 세상에 보이지 않는 세계가 존재한다고 믿는다. | ○ | ○ | ○ | ○ | ○ | ○ | ○ |
| 270 | 하기 싫은 일은 죽어도 하기 싫다. | ○ | ○ | ○ | ○ | ○ | ○ | ○ |

**55**

| SET 55 | 문항 | 응답 I | | | | | 응답 II | |
|---|---|---|---|---|---|---|---|---|
| | | 전혀<br>그렇지<br>않다 | 그렇지<br>않다 | 보통<br>이다 | 그렇다 | 매우<br>그렇다 | 가깝다 | 멀다 |
| 271 | 남에게 안 좋게 보일까봐 일부러 열심히 하는 척 행동한 적이 있다. | ○ | ○ | ○ | ○ | ○ | ○ | ○ |
| 272 | 세상에는 못 할 일이 없다고 생각한다. | ○ | ○ | ○ | ○ | ○ | ○ | ○ |
| 273 | 착한 사람이라는 말을 자주 듣는다. | ○ | ○ | ○ | ○ | ○ | ○ | ○ |
| 274 | 나는 개성적인 스타일을 추구한다. | ○ | ○ | ○ | ○ | ○ | ○ | ○ |
| 275 | 동호회 활동을 하고 있다. | ○ | ○ | ○ | ○ | ○ | ○ | ○ |

**56**

| SET 56 | 문항 | 응답 I | | | | | 응답 II | |
|---|---|---|---|---|---|---|---|---|
| | | 전혀<br>그렇지<br>않다 | 그렇지<br>않다 | 보통<br>이다 | 그렇다 | 매우<br>그렇다 | 가깝다 | 멀다 |
| 276 | 나는 갖고 싶은 물건이 생기면 반드시 손에 넣어야 한다. | ○ | ○ | ○ | ○ | ○ | ○ | ○ |
| 277 | 세상의 모든 사람들은 나를 싫어한다. | ○ | ○ | ○ | ○ | ○ | ○ | ○ |
| 278 | 스트레스를 해소하는 나만의 방법이 있다. | ○ | ○ | ○ | ○ | ○ | ○ | ○ |
| 279 | 모든 일은 계획을 세워 행동한다. | ○ | ○ | ○ | ○ | ○ | ○ | ○ |
| 280 | 나의 계획에 맞지 않으면 화가 난다. | ○ | ○ | ○ | ○ | ○ | ○ | ○ |

**57**

| SET 57 | 문항 | 응답 I | | | | | 응답 II | |
|---|---|---|---|---|---|---|---|---|
| | | 전혀 그렇지 않다 | 그렇지 않다 | 보통 이다 | 그렇다 | 매우 그렇다 | 가깝다 | 멀다 |
| 281 | 남의 일에 참견을 잘한다. | ○ | ○ | ○ | ○ | ○ | ○ | ○ |
| 282 | 이성친구가 많다. | ○ | ○ | ○ | ○ | ○ | ○ | ○ |
| 283 | 생각했던 일이 뜻대로 되지 않으면 불안하다. | ○ | ○ | ○ | ○ | ○ | ○ | ○ |
| 284 | 생각한 일은 반드시 행동으로 옮긴다. | ○ | ○ | ○ | ○ | ○ | ○ | ○ |
| 285 | 친구가 적으나 깊게 사귄다. | ○ | ○ | ○ | ○ | ○ | ○ | ○ |

**58**

| SET 58 | 문항 | 응답 I | | | | | 응답 II | |
|---|---|---|---|---|---|---|---|---|
| | | 전혀 그렇지 않다 | 그렇지 않다 | 보통 이다 | 그렇다 | 매우 그렇다 | 가깝다 | 멀다 |
| 286 | 남들과의 경쟁에서는 절대 지는 꼴을 못 본다. | ○ | ○ | ○ | ○ | ○ | ○ | ○ |
| 287 | 내일해도 되는 일도 오늘 끝내는 편이다. | ○ | ○ | ○ | ○ | ○ | ○ | ○ |
| 288 | 머릿속의 모든 생각을 글로 표현할 수 있다. | ○ | ○ | ○ | ○ | ○ | ○ | ○ |
| 289 | 말보다는 글로 나의 의견을 전달하는 것이 편하다. | ○ | ○ | ○ | ○ | ○ | ○ | ○ |
| 290 | 배려가 깊다는 소릴 자주 듣는다. | ○ | ○ | ○ | ○ | ○ | ○ | ○ |

**59**

| SET 59 | 문항 | 응답 I | | | | | 응답 II | |
|---|---|---|---|---|---|---|---|---|
| | | 전혀 그렇지 않다 | 그렇지 않다 | 보통 이다 | 그렇다 | 매우 그렇다 | 가깝다 | 멀다 |
| 291 | 게으른 사람이라는 소릴 들어본 적이 있다. | ○ | ○ | ○ | ○ | ○ | ○ | ○ |
| 292 | 나에게 주어진 기회는 반드시 잡는다. | ○ | ○ | ○ | ○ | ○ | ○ | ○ |
| 293 | 외출을 할 때 옷차림에 신경을 쓰는 편이다. | ○ | ○ | ○ | ○ | ○ | ○ | ○ |
| 294 | 약속시간이 다가와도 머리나 옷이 맘에 안 들면 늦더라도 반드시 고쳐야 한다. | ○ | ○ | ○ | ○ | ○ | ○ | ○ |
| 295 | 모임이나 동호회에서 바로 친구를 사귈 수 있다. | ○ | ○ | ○ | ○ | ○ | ○ | ○ |

**60**

| SET 60 | 문항 | 응답 I | | | | | 응답 II | |
|---|---|---|---|---|---|---|---|---|
| | | 전혀 그렇지 않다 | 그렇지 않다 | 보통 이다 | 그렇다 | 매우 그렇다 | 가깝다 | 멀다 |
| 296 | 쉽게 포기를 잘 한다. | ○ | ○ | ○ | ○ | ○ | ○ | ○ |
| 297 | 위험을 무릅쓰고 성공을 해야 한다고 생각한다. | ○ | ○ | ○ | ○ | ○ | ○ | ○ |
| 298 | 학창시절 체육시간이 가장 즐거웠다. | ○ | ○ | ○ | ○ | ○ | ○ | ○ |
| 299 | 휴일에는 어디든 나가야 직성이 풀린다. | ○ | ○ | ○ | ○ | ○ | ○ | ○ |
| 300 | 작은 일에도 쉽게 몸이 지친다. | ○ | ○ | ○ | ○ | ○ | ○ | ○ |

**61**

| SET 61 | 문항 | 응답 I | | | | | 응답 II | |
|---|---|---|---|---|---|---|---|---|
| | | 전혀 그렇지 않다 | 그렇지 않다 | 보통 이다 | 그렇다 | 매우 그렇다 | 가깝다 | 멀다 |
| 301 | 매사 유연하게 대처하는 편이다. | ○ | ○ | ○ | ○ | ○ | ○ | ○ |
| 302 | 나의 능력이 어느 정도인지 확실하게 알고 있다. | ○ | ○ | ○ | ○ | ○ | ○ | ○ |
| 303 | 어려운 상황에 처하면 늘 누군가가 도와줄 거란 희망을 가지고 있다. | ○ | ○ | ○ | ○ | ○ | ○ | ○ |
| 304 | 내가 저지른 일을 나 혼자 해결하지 못한 경우가 많다. | ○ | ○ | ○ | ○ | ○ | ○ | ○ |
| 305 | 나는 친구가 없다. | ○ | ○ | ○ | ○ | ○ | ○ | ○ |

**62**

| SET 62 | 문항 | 응답 I | | | | | 응답 II | |
|---|---|---|---|---|---|---|---|---|
| | | 전혀 그렇지 않다 | 그렇지 않다 | 보통 이다 | 그렇다 | 매우 그렇다 | 가깝다 | 멀다 |
| 306 | 건강하고 활발한 사람을 보면 부럽다. | ○ | ○ | ○ | ○ | ○ | ○ | ○ |
| 307 | 세상의 모든 일을 경험해 보고 싶다. | ○ | ○ | ○ | ○ | ○ | ○ | ○ |
| 308 | 스트레스를 해소하기 위해 운동을 한다. | ○ | ○ | ○ | ○ | ○ | ○ | ○ |
| 309 | 기한이 정해진 일은 반드시 기한 내에 끝낸다. | ○ | ○ | ○ | ○ | ○ | ○ | ○ |
| 310 | 결론이 나더라도 계속 생각을 하는 편이다. | ○ | ○ | ○ | ○ | ○ | ○ | ○ |

**63**

| SET 63 | 문항 | 응답 I | | | | | 응답 II | |
|---|---|---|---|---|---|---|---|---|
| | | 전혀<br>그렇지<br>않다 | 그렇지<br>않다 | 보통<br>이다 | 그렇다 | 매우<br>그렇다 | 가깝다 | 멀다 |
| 311 | 내가 하고 싶은 대로 일이 이루어지지 않으면<br>화가 난다. | ○ | ○ | ○ | ○ | ○ | ○ | ○ |
| 312 | 말과 행동이 일치하지 않을 때가 많다. | ○ | ○ | ○ | ○ | ○ | ○ | ○ |
| 313 | 항상 내 기분대로 행동을 한다. | ○ | ○ | ○ | ○ | ○ | ○ | ○ |
| 314 | 무슨 일이든 도전하는 것을 좋아한다. | ○ | ○ | ○ | ○ | ○ | ○ | ○ |
| 315 | 세상을 알기 위해 여행은 필수라고 생각한다. | ○ | ○ | ○ | ○ | ○ | ○ | ○ |

**64**

| SET 64 | 문항 | 응답 I | | | | | 응답 II | |
|---|---|---|---|---|---|---|---|---|
| | | 전혀<br>그렇지<br>않다 | 그렇지<br>않다 | 보통<br>이다 | 그렇다 | 매우<br>그렇다 | 가깝다 | 멀다 |
| 316 | 자동차에 대해 관심이 많다. | ○ | ○ | ○ | ○ | ○ | ○ | ○ |
| 317 | 월 초가 되면 늘 달력을 놓고 이번 달의 스케줄을<br>확인한다. | ○ | ○ | ○ | ○ | ○ | ○ | ○ |
| 318 | 사물에 대해 가볍게 생각하는 편이다. | ○ | ○ | ○ | ○ | ○ | ○ | ○ |
| 319 | 나는 사교성이 제로이다. | ○ | ○ | ○ | ○ | ○ | ○ | ○ |
| 320 | 등산을 하려면 먼저 완벽한 장비를 갖추어야<br>한다. | ○ | ○ | ○ | ○ | ○ | ○ | ○ |

**65**

| SET 65 | 문항 | 응답 I | | | | | 응답 II | |
|---|---|---|---|---|---|---|---|---|
| | | 전혀<br>그렇지<br>않다 | 그렇지<br>않다 | 보통<br>이다 | 그렇다 | 매우<br>그렇다 | 가깝다 | 멀다 |
| 321 | 잘 모르는 분야도 아는 척을 하는 편이다. | ○ | ○ | ○ | ○ | ○ | ○ | ○ |
| 322 | 한 번 시작한 일은 절대 도중에 포기하지 않는다. | ○ | ○ | ○ | ○ | ○ | ○ | ○ |
| 323 | 나만의 특별한 취미를 하나 정도 가지고 있다. | ○ | ○ | ○ | ○ | ○ | ○ | ○ |
| 324 | 잘 다룰 수 있는 악기가 하나 정도는 있다. | ○ | ○ | ○ | ○ | ○ | ○ | ○ |
| 325 | 친구의 애인을 뺏은 적이 있다. | ○ | ○ | ○ | ○ | ○ | ○ | ○ |

# 실전 인 · 적성평가 2

※ 다음 (     ) 안에 당신에게 적합하다면 YES, 그렇지 않다면 NO를 선택하시오. 【1 ~ 325】

(인 · 적성평가는 응시자의 인성을 파악하기 위한 시험이므로 별도의 정답이 존재하지 않습니다).

|  | YES | NO |
|---|---|---|
| 1. 모임에서 리더에 어울리지 않는다고 생각한다. ( )( ) | | |
| 2. 사람들이 착실한 노력으로 성공한 이야기를 좋아한다. ( )( ) | | |
| 3. 어떠한 일에도 항상 의욕적으로 임하는 편이다. ( )( ) | | |
| 4. 학창시절 학급에서 존재가 두드러졌다. ( )( ) | | |
| 5. 아무것도 생각하지 않을 때가 많다. ( )( ) | | |
| 6. 스포츠는 하는 것보다 보는 것을 더 좋아한다. ( )( ) | | |
| 7. 나 자신이 게으른 편이라고 생각한다. ( )( ) | | |
| 8. 비가 오지 않아도 날씨가 흐리면 우산을 챙겨 외출을 한다. ( )( ) | | |
| 9. 1인자 보다 조력자의 역할이 어울린다고 생각한다. ( )( ) | | |
| 10. 의리를 중요하게 생각한다. ( )( ) | | |
| 11. 모임에서 주로 리드를 하는 편이다. ( )( ) | | |
| 12. 신중함이 부족해서 후회한 적이 많다. ( )( ) | | |
| 13. 모든 일에 여유 있게 대비하는 타입이다. ( )( ) | | |
| 14. 업무를 진행하다가도 퇴근 시간이 되면 바로 퇴근할 것이다. ( )( ) | | |
| 15. 타인을 만날 경우 반드시 약속을 하고 만난다. ( )( ) | | |
| 16. 노력하는 과정은 중요하나 결과는 중요하다고 생각하지 않는다. ( )( ) | | |
| 17. 매사 무리해서 일을 진행하지는 않는다. ( )( ) | | |
| 18. 유행에 민감한 편이다. ( )( ) | | |
| 19. 정해진 틀에 의해 움직이는 것이 좋다. ( )( ) | | |
| 20. 현실을 직시하는 편이다. ( )( ) | | |
| 21. 자유보다 질서를 중요시하게 생각한다. ( )( ) | | |
| 22. 친구들과 수다를 떠는 것을 좋아한다. ( )( ) | | |

| | YES | NO |
|---|---|---|

23. 모든 일을 결정할 때 항상 경험에 비추어 판단하는 편이다. ……………………( )( )

24. 영화를 볼 때 각본의 완성도나 화면의 구성에 주목한다. …………………( )( )

25. 타인의 일에는 별로 관심이 없다. ………………………………………………( )( )

26. 다른 사람의 소문에 관심이 많다. ………………………………………………( )( )

27. 정이 많다는 소릴 자주 듣는다. …………………………………………………( )( )

28. 독단적인 것보다 협동하여 일을 하는 것이 편하다. ……………………………( )( )

29. 친구들의 휴대전화 번호를 모두 외운다. ………………………………………( )( )

30. 일의 순서를 정해놓고 진행하는 것을 좋아한다. ………………………………( )( )

31. 이성적인 사람보다 감성적인 사람이 더 좋다. …………………………………( )( )

32. 조직의 일원보다는 경영자가 되고 싶다. ………………………………………( )( )

33. 세상 돌아가는 일에 관심이 많다. ………………………………………………( )( )

34. 인생은 한 방이라고 생각한다. …………………………………………………( )( )

35. 사람은 환경이 중요하다고 생각한다. …………………………………………( )( )

36. 하루하루 그날의 일을 반성하는 편이다. ………………………………………( )( )

37. 활동범위가 좁은 편이다. …………………………………………………………( )( )

38. 나는 시원시원한 사람이다. ………………………………………………………( )( )

39. 하고 싶은 일은 다른 일을 제쳐두고 라도 반드시 해야 한다. ………………( )( )

40. 다른 사람들에게 좋은 모습만 보여주고 싶다. …………………………………( )( )

41. 한 번에 많은 일을 떠맡는 것은 골칫거리라고 생각한다. ……………………( )( )

42. 사람들과 만날 약속을 하는 것은 늘 즐거운 일이다. …………………………( )( )

43. 질문을 받으면 바로바로 대답을 할 수 있다. …………………………………( )( )

44. 육체적인 노동보다는 머리를 쓰는 일이 더 편하다. ……………………………( )( )

45. 이미 결정된 일에는 절대 반박을 하지 않는다. …………………………………( )( )

46. 외출 시 항상 문을 잠갔는지 두 번 이상 확인하여야 한다. …………………( )( )

47. 회사에서 지위를 얻는 것을 좋아한다. …………………………………………( )( )

48. 빨리 가는 길보다 안전한 길을 선택한다. ………………………………………( )( )

49. 나는 사교적이라고 생각한다. ……………………………………………………( )( )

50. 주위 사람들로부터 착하다는 소릴 자주 듣는다. ………………………………( )( )

51. 모든 일에 빨리 단념을 하는 편이다. …………………………………………( )( )

YES  NO

52. 누구도 예상하지 못한 일을 하고 싶다. ····································( )( )

53. 평범하고 평온하게 인생을 살고 싶다. ····································( )( )

54. 나는 소극적인 사람이다. ····································( )( )

55. 이것저것 남의 일에 평하는 사람을 싫어한다. ····································( )( )

56. 나는 성격이 매우 급하다. ····································( )( )

57. 꾸준하게 무엇인가를 해 본 적이 없다. ····································( )( )

58. 내일의 계획은 항상 머릿속에 있다. ····································( )( )

59. 협동심이 강한 편이다. ····································( )( )

60. 나는 매우 열정적인 사람이다. ····································( )( )

61. 다른 사람들 앞에서 이야기를 잘한다. ····································( )( )

62. 말보다 행동이 더 강한 편이다. ····································( )( )

63. 한 번 자리에 앉으면 오래 앉아 있는 편이다. ····································( )( )

64. 남의 말에 구애받지 않는다. ····································( )( )

65. 나는 권력보다 돈이 더 중요하다. ····································( )( )

66. 업무를 할당받으면 늘 부담스럽다. ····································( )( )

67. 나는 한 시라도 집 안에 있는 것은 참을 수 없다. ····································( )( )

68. 나는 보수적인 성향을 가지고 있다. ····································( )( )

69. 모든 일에 계산적이다. ····································( )( )

70. 규칙은 지키라고 정해 놓은 것이라 생각한다. ····································( )( )

71. 나는 한 번도 교통법규를 위반한 적이 없다. ····································( )( )

72. 나는 운전을 잘 한다고 생각한다. ····································( )( )

73. 교제의 범위가 넓어 외국인 친구도 있다. ····································( )( )

74. 판단을 할 때에는 상식 밖의 생각은 하지 않는다. ····································( )( )

75. 주관적인 판단을 할 때가 많다. ····································( )( )

76. 가능성을 생각하기 보다는 현실을 추구하는 편이다. ····································( )( )

77. 나는 다른 사람들에게 반드시 필요한 사람이라고 생각한다. ····································( )( )

78. 누군가를 죽도록 미워해 본 적이 있다. ····································( )( )

79. 누군가가 잘 되지 않도록 기도해 본 적이 있다. ····································( )( )

80. 여행을 떠날 때면 반드시 계획을 하고 떠나야 맘이 편하다. ····································( )( )

81. 일을 할 때에는 집중력이 매우 강해진다. ·······················································( )( )

82. 주위에서 괴로워하는 사람을 보면 그 이유가 무엇인지 궁금해진다. ·······( )( )

83. 나는 가치 기준이 확고하다. ···································································( )( )

84. 다른 사람들보다 개방적인 성향이다. ···················································( )( )

85. 현실타협을 잘 하지 않는다. ···································································( )( )

86. 공평하고 공정한 상사가 좋다. ·······························································( )( )

87. 단 한 번도 죽음을 생각해 본 적이 없다. ············································( )( )

88. 내 자신이 쓸모없는 존재라고 생각해 본 적이 있다. ···························( )( )

89. 사람들과 이야기를 하다가 이유 없이 흥분한 적이 있다. ····················( )( )

90. 내 말이 무조건 맞다고 우겨본 일이 많다. ··········································( )( )

91. 작은 일에도 분석적이고 논리적으로 생각한다. ···································( )( )

92. 나에게 도움이 되지 않는 일에는 절대 관여하지 않는다. ····················( )( )

93. 사물에 대해서는 매사 가볍게 생각하는 경향이 강하다. ·····················( )( )

94. 계획을 정확하게 세워서 행동을 하려고 해도 한 번도 지켜본 적이 없다. ·······( )( )

95. 주변 사람들은 힘든 일이 있을 때마다 나를 찾아와 조언을 구한다. ·······( )( )

96. 한 번 결심한 일은 절대 변경하지 않는다. ··········································( )( )

97. 친한 친구 외에는 만나지 않는다. ·························································( )( )

98. 활발한 사람을 보면 부럽다. ···································································( )( )

99. 학창시절 암기과목 보다 체육을 가장 잘했다. ····································( )( )

100. 모든 일은 결과보다 과정이 중요하다고 생각한다. ·····························( )( )

101. 나의 능력 밖에 일은 절대 하지 못한다. ············································( )( )

102. 새로운 사람들을 만날 때면 항상 떨리며 용기가 필요하다. ···············( )( )

103. 차분하고 사려 깊은 사람을 배우자로 맞이하고 싶다. ························( )( )

104. 글을 쓸 때에는 항상 내용을 결정하고 쓴다. ····································( )( )

105. 남들이 하지 못한 새로운 일들을 경험하고 싶다. ·····························( )( )

106. 스트레스를 받으면 식욕이 왕성해진다. ··············································( )( )

107. 기한 내에 정해진 일을 끝내지 못한 경우가 많다. ····························( )( )

108. 스트레스를 받으면 반드시 술을 마셔야 한다. ···································( )( )

109. 혼자서 술집에서 술을 마셔본 적이 있다. ··········································( )( )

110. 여러 사람들 만나는 것보다 한 사람과 만나는 것이 더 좋다. ································(   )(   )

111. 무리한 도전을 할 필요가 없다고 생각한다. ································(   )(   )

112. 남의 앞에 나서는 것을 별로 좋아하지 않는다. ································(   )(   )

113. 내가 납득을 하지 못하는 일이 생기면 화부터 난다. ································(   )(   )

114. 약속시간은 반드시 여유 있게 도착한다. ································(   )(   )

115. 약속시간에 늦는 사람을 보면 이해를 할 수가 없다. ································(   )(   )

116. 사람들과 대화를 할 때 한 번도 흥분해 본 적이 없다. ································(   )(   )

117. 이성을 만날 때면 항상 마음이 두근거린다. ································(   )(   )

118. 휴일에는 반드시 집에 있어야 한다. ································(   )(   )

119. 위험을 무릅쓰면서 성공을 해야 한다고 생각하지는 않는다. ································(   )(   )

120. 어려운 일에 봉착하면 늘 다른 사람들이 도와줄 것이라 생각한다. ································(   )(   )

121. 한 번 결론을 지어도 다시 여러 번 생각하는 편이다. ································(   )(   )

122. 항상 다음 날에 무슨 일이 생기지 않을까 늘 불안하다. ································(   )(   )

123. 반복적인 일은 정말 하기 싫다. ································(   )(   )

124. 오늘 할 일을 내일로 미루어 본 적이 있다. ································(   )(   )

125. 독서를 많이 하는 편이다. ································(   )(   )

126. 사람이 자신이 할 도리는 반드시 해야 한다고 생각한다. ································(   )(   )

127. 갑작스럽게 발생한 일에도 유연하게 대처하는 편이다. ································(   )(   )

128. 쇼핑을 하는 것을 좋아한다. ································(   )(   )

129. 나 자신을 위해 무언가를 사는 일은 늘 즐겁다. ································(   )(   )

130. 운동을 하는 것보다 게임을 하는 것이 더 즐겁다. ································(   )(   )

131. 어려움이 닥치면 늘 그 원인부터 파악해야 한다. ································(   )(   )

132. 돈이 없으면 외출을 하지 않는다. ································(   )(   )

133. 한 가지 일에 매달리는 사람을 보면 한심하다. ································(   )(   )

134. 주위 사람들에 비해 손재주가 있는 편이다. ································(   )(   )

135. 규칙을 벗어나는 사람들을 보면 도와주고 싶지 않다. ································(   )(   )

136. 세상은 규칙을 지키지 않는 사람들 때문에 망가지고 있다고 생각한다. ································(   )(   )

137. 일부러 위험한 일에 끼어들지 않는다. ································(   )(   )

138. 남들의 주목을 받고 싶다. ································(   )(   )

YES　NO

139. 조금이라도 나쁜 소식을 들으면 절망적인 생각이 먼저 든다. ·········( 　)( 　)

140. 언제나 실패가 걱정이 되어 새로운 일을 시작하는 것이 어렵다. ········( 　)( 　)

141. 다수결의 의견을 존중하는 편이다. ·····································( 　)( 　)

142. 혼자 식당에 들어가서 밥을 먹어본 적이 없다. ····················( 　)( 　)

143. 승부근성이 매우 강하다. ···········································( 　)( 　)

144. 작은 일에도 흥분을 잘 하는 편이다. ·····························( 　)( 　)

145. 지금까지 살면서 남에게 폐를 끼친 적이 없다. ····················( 　)( 　)

146. 다른 사람들이 귓속말을 하면 나의 험담을 하는 것이 아닌가라는 생각을 한다. ·········( 　)( 　)

147. 무슨 일이 생기면 항상 내 잘못이 아닌가라는 생각을 먼저 한다. ·······( 　)( 　)

148. 나는 변덕스러운 사람이다. ·········································( 　)( 　)

149. 고독을 즐긴다. ·····················································( 　)( 　)

150. 자존심이 매우 강해 남들의 원성을 산 적이 있다. ················( 　)( 　)

151. 지금까지 한 번도 남을 속여 본 일이 없다. ·······················( 　)( 　)

152. 매우 예민하여 신경질적이라는 말을 들어본 적이 있다. ···········( 　)( 　)

153. 무슨 일이 생기면 늘 혼자 끙끙대며 고민하는 타입이다. ··········( 　)( 　)

154. 내 입장을 다른 사람들에게 말해 본 적이 없다. ···················( 　)( 　)

155. 다른 사람들을 바보 같다 라고 생각해 본 적이 있다. ·············( 　)( 　)

156. 빨리 결정하고 빨리 일을 해야 하는 성격이다. ···················( 　)( 　)

157. 전자기계를 잘 다루는 편이다. ·····································( 　)( 　)

158. 문제를 해결하기 위해 여러 사람들과 상의를 하는 편이다. ········( 　)( 　)

159. 나는 나만의 일처리 방식을 가지고 있다. ·························( 　)( 　)

160. 영화를 보면서 눈물을 흘린 적이 있다. ···························( 　)( 　)

161. 나는 한 번도 남에게 화를 낸 적이 없다. ·························( 　)( 　)

162. 유행을 따라하는 것보다 개성을 추구하는 것을 좋아한다. ·········( 　)( 　)

163. 쓸데없이 자존심이 강한 사람을 보면 불쌍한 생각이 든다. ········( 　)( 　)

164. 한 번 사람을 의심하면 절대 풀어지지 않는다. ···················( 　)( 　)

165. 건강보다 일이 더 중요하다고 생각한다. ·························( 　)( 　)

166. 일을 하지 않는 사람은 먹을 자격도 없다고 생각한다. ···········( 　)( 　)

167. 성공을 하려면 반드시 남을 밟아야 한다고 생각한다. ·············( 　)( 　)

168. 인생의 목표는 클수록 좋다. ·····································(   )(   )

169. 이중적인 사람은 정말 싫다. ·····································(   )(   )

170. 과거의 일에 연연하는 사람은 정말 어리석다고 생각한다. ·········(   )(   )

171. 싫어하는 사람한테도 잘 대해주는 편이다. ·····················(   )(   )

172. 좋고 싫음이 얼굴에 확연히 들어나는 편이다. ·················(   )(   )

173. 일을 하다고 혼자 중얼거리는 일이 많다. ·····················(   )(   )

174. 한 번 시작한 일을 정확하게 끝내 본 적이 없다. ·············(   )(   )

175. 남들의 이야기를 들으면 비판적인 의견만 나온다. ·············(   )(   )

176. 감수성이 매우 풍부하다. ·······································(   )(   )

177. 나는 적어도 하나 이상의 취미를 가지고 있다. ···············(   )(   )

178. '개천에서 용 난다.'는 말은 현실이 아니라고 생각한다. ·······(   )(   )

179. 뉴스를 보면 늘 한숨만 나온다. ·······························(   )(   )

180. 비가 오는 날 일부러 비를 맞아본 일이 있다. ···············(   )(   )

181. 외모에 대해서 걱정을 해 본 적이 없다. ·····················(   )(   )

182. 공격적인 성향의 사람을 보면 나도 공격적이 된다. ···········(   )(   )

183. 너무 신중해서 기회를 놓친 적이 있다. ·······················(   )(   )

184. 세상에서 가장 중요한 것은 돈이라고 생각한다. ·············(   )(   )

185. 세상에서 가장 중요한 것은 건강이라고 생각한다. ···········(   )(   )

186. 세상에서 가장 중요한 것은 부모님이라고 생각한다. ·········(   )(   )

187. 야근을 해서 일을 끝내는 것은 비효율적이라 생각한다. ·······(   )(   )

188. 신상품이 나오면 반드시 구입해야 한다. ·····················(   )(   )

189. 자유분방한 삶을 살고 싶다. ·····································(   )(   )

190. 영화나 드라마를 보다가 주인공의 감정에 쉽게 이입된다. ·····(   )(   )

191. 조직에서 사안을 결정할 때 내 의견이 반영되면 행복하다. ·····(   )(   )

192. 다른 사람들이 나를 어떻게 생각할까 걱정해 본 적이 있다. ···(   )(   )

193. 틀에 박힌 생각을 거부하는 편이다. ···························(   )(   )

194. 눈물이 많은 편이다. ···········································(   )(   )

195. 가족들의 휴대전화 번호를 외우지 못한다. ···················(   )(   )

196. 변화와 혁신을 추구하는 일이 좋다. ···························(   )(   )

197. 환경이 변하는 것에 구애받지 않는다. ································································ (   )(   )

198. 사회생활에서는 인간관계가 제일 중요하다고 생각한다. ··································· (   )(   )

199. 다른 사람들 설득시키는 일은 어려운 일이 아니다. ········································· (   )(   )

200. 조금이라도 심심한 것은 못 참는다. ······························································ (   )(   )

201. 나보다 나이가 많은 사람에게는 의지하는 편이다. ··········································· (   )(   )

202. 다른 사람이 내 의견에 간섭하는 것이 정말 싫다. ··········································· (   )(   )

203. 부정적인 사람보다 낙천적인 사람이 성공할 거라 생각한다. ······························ (   )(   )

204. 자기 기분대로 행동하는 사람을 보면 화가 난다. ············································ (   )(   )

205. 버릇없이 행동하는 사람을 보면 그 부모의 잘못이라고 생각한다. ······················ (   )(   )

206. 융통성이 있는 편이 아니다. ·········································································· (   )(   )

207. 사무직보다 영업직이 나에게 어울린다고 생각한다. ········································· (   )(   )

208. 술자리에서 술을 마시지 않다고 흥이 난다. ···················································· (   )(   )

209. 일주일 적어도 세 번 이상은 술자리를 갖는다. ··············································· (   )(   )

210. 쉽게 무기력해지는 편이다. ·········································································· (   )(   )

211. 감격을 잘 하는 편이다. ··············································································· (   )(   )

212. 후회를 자주 하는 편이다. ············································································ (   )(   )

213. 쉽게 뜨거워지고 쉽게 식는 편이다. ······························································ (   )(   )

214. 나만의 세계에 살고 있다는 말을 자주 듣는다. ··············································· (   )(   )

215. 말하는 것보다 듣는 것을 더 좋아한다. ·························································· (   )(   )

216. 성격이 어둡다는 말을 들어본 적이 있다. ······················································ (   )(   )

217. 누군가에게 얽매이는 것은 정말 싫다. ···························································· (   )(   )

218. 한 번에 많은 일을 떠맡으면 심리적으로 너무 힘들다. ····································· (   )(   )

219. 즉흥적으로 행동하는 편이다. ······································································· (   )(   )

220. 모든 일에 꼭 1등이 되어야 한다고 생각한다. ················································ (   )(   )

221. 건강을 관리하기 위해 약을 복용한다. ···························································· (   )(   )

222. 한 번 단념한 일은 끝이라고 생각한다. ·························································· (   )(   )

223. 남들이 부러워하는 삶을 살고 싶다. ······························································ (   )(   )

224. 다른 사람들의 행동을 주의 깊게 관찰하는 편이다. ········································· (   )(   )

225. 습관적으로 메모를 하는 편이다. ··································································· (   )(   )

226. 나는 통찰력이 강한 사람이다. ·································( )( )

227. 처음 보는 사람 앞에서는 말을 잘 하지 못한다. ···········( )( )

228. 누군가를 죽도록 사랑해 본 적이 있다. ·····················( )( )

229. 선물은 가격보다 마음이라고 생각한다. ·····················( )( )

230. 나의 주변은 항상 정리가 잘 되어 있다. ····················( )( )

231. 주변이 어지럽게 정리가 되어 있지 않으면 늘 불안하다. ···( )( )

232. 나는 충분히 신뢰할 수 있는 사람이다. ·····················( )( )

233. 나는 술을 마시면 반드시 노래방에 가야 한다. ············( )( )

234. 나만이 할 수 있는 일이 있다고 생각한다. ·················( )( )

235. 나의 책상 위나 서랍은 늘 깔끔하다. ·······················( )( )

236. 남의 이야기에 건성으로 대답해 본 적이 있다. ············( )( )

237. 초조하면 손이 떨리고, 심장박동이 빨라진다. ·············( )( )

238. 다른 사람과 말싸움에서 한 번도 진 적이 없다. ··········( )( )

239. 문학 분야 보다 예술 분야에 관심이 더 많다. ·············( )( )

240. 일처리를 항상 깔끔하게 처리한다는 말을 자주 듣는다. ···( )( )

241. 일을 시작할 때는 항상 결정하기 위해 고민하는 시간이 길다. ···( )( )

242. 독단적으로 일하는 것이 더 효율적이다. ···················( )( )

243. 나는 나의 능력 이상의 일을 해낸다. ·······················( )( )

244. 이 세상에 없는 새로운 세계가 존재할 것이라고 믿는다. ···( )( )

245. 하기 싫은 일을 하게 되면 반드시 사고를 치게 된다. ·····( )( )

246. 다른 사람과 경쟁을 하면 늘 흥분이 된다. ·················( )( )

247. 무슨 일이든 나를 헤쳐 나갈 수 있다고 믿는다. ··········( )( )

248. 나는 착한 사람보다는 성공한 사람으로 불리고 싶다. ·····( )( )

249. 나는 다른 사람들보다 뛰어난 능력을 가지고 있다고 생각한다. ···( )( )

250. 주변 사람들을 잘 챙기는 편이다. ···························( )( )

251. 주어진 목표를 달성하기 위해서라면 불법도 저지를 수 있다. ···( )( )

252. 나에게 주어진 기회를 한 번도 놓쳐본 적이 없다. ········( )( )

253. 남들이 생각지도 못한 생각을 할 때가 많다. ··············( )( )

254. 모르는 것이 있으면 스스로 찾아서 해결한다. ·············( )( )

YES NO

255. 한 번도 부모님에게 의지해 본 적이 없다. ·······································( )( )

256. 친구가 많은 편이다. ·································································( )( )

257. 직감이 강하다. ····································································( )( )

258. 남들보다 촉이 발달한 것 같다. ·················································( )( )

259. 나의 예감은 한 번도 틀린 적이 없다. ············································( )( )

260. 공상과학영화를 매우 좋아한다. ·················································( )( )

261. 다른 사람들과 다툼이 발생해도 조율을 잘 하는 편이다. ·····················( )( )

262. 모든 일은 빠르게 처리하는 편이다. ·············································( )( )

263. 논리적인 원칙을 따져 가며 말하는 것을 좋아한다. ···························( )( )

264. 질문을 받으면 충분히 생각하고 나서 대답하는 편이다. ·····················( )( )

265. 이유 없이 화를 낼 때가 많다. ·················································( )( )

266. 나는 단호하며 통솔력이 강하다. ···············································( )( )

267. 남들에게 복잡한 문제도 나에게는 간단한 일이 될 때가 많다. ···············( )( )

268. 타인의 감정에 쉽게 동요되는 편이다. ···········································( )( )

269. 고집이 세다. ······································································( )( )

270. 원리원칙을 중요시하여 남들과 대립할 때가 많다. ···························( )( )

271. 나는 겸손한 사람이다. ···························································( )( )

272. 유머감각이 뛰어난 사람을 보면 늘 유쾌하다. ································( )( )

273. 나는 나이에 비해 성숙한 편이다. ···············································( )( )

274. 나는 철이 없다는 소릴 들어본 적이 많다. ······································( )( )

275. 다른 사람의 의견이나 생각은 중요하지 않다. ································( )( )

276. 쓸데없이 동정심이 많다는 소릴 자주 듣는다. ································( )( )

277. 나는 지식에 대한 욕구가 강하다. ···············································( )( )

278. 나는 조직 내 분위기 메이커이다. ···············································( )( )

279. 자기 표현력이 강한 사람이다. ···················································( )( )

280. 나는 조금이라도 손해를 보는 행동을 하지 않는 편이다. ·····················( )( )

281. 나는 불의를 보면 못 참는다. ···················································( )( )

282. 나는 불이익을 당하면 못 참는다. ···············································( )( )

283. 위기의 상황에서 나는 순간 대처능력이 강하다. ·······························( )( )

284. 새로운 것보다는 검증되고 안전한 것을 선택하는 경향이 강하다. ·················(   )(   )

285. 항상 상황에 정면으로 맞서서 도전하는 것을 즐긴다. ··························(   )(   )

286. 약자를 괴롭히는 사람들 보면 참을 수 없다. ·······························(   )(   )

287. 강자에게 아부하는 사람을 보면 참을 수 없다. ····························(   )(   )

288. 머리는 좋은데 노력을 안 한다는 소릴 들어본 적이 있다. ···················(   )(   )

289. 권위나 예의를 따지는 것보다 격의 없이 지내는 것이 좋다. ················(   )(   )

290. 이해력이 빠른 편이다. ···························································(   )(   )

291. 다른 사람에게 좋은 인상을 주기 위해 이미지에 많이 신경을 쓰는 편이다. ·······(   )(   )

292. 나는 공사구분이 확실한 편이다. ···············································(   )(   )

293. 나는 무슨 일이든 미리미리 준비를 하는 편이다. ·····························(   )(   )

294. 나는 모든 분야에 전문가적인 수준의 지식과 식견을 가지고 있다. ···········(   )(   )

295. 대를 위해 소를 희생하는 것은 당연하다고 생각한다. ·······················(   )(   )

296. 회사를 위해 직원들이 희생하는 것은 옳지 않다고 생각한다. ···············(   )(   )

297. 나는 이해심이 넓은 편이다. ·····················································(   )(   )

298. 나는 객관적이고 공정한 사람이다. ·············································(   )(   )

299. 피곤하더라도 웃으면서 행동하는 편이다. ·····································(   )(   )

300. 다른 사람들의 부탁을 쉽게 거절하지 못하는 편이다. ·······················(   )(   )

301. 아직 일어나지도 않은 일에 대처하는 편이다. ·······························(   )(   )

302. 다른 동료보다 돋보이는 사람이 되고자 노력한다. ·························(   )(   )

303. 상사가 지시하는 일은 무조건 복종해야 한다고 생각한다. ·················(   )(   )

304. 다른 사람을 쉽게 믿는 편이다. ···············································(   )(   )

305. 세상은 아직 살만하다고 생각한다. ···········································(   )(   )

306. 낯가림이 심한 편이다. ·························································(   )(   )

307. 일주일에 월요일은 항상 피곤하다. ···········································(   )(   )

308. 사람들이 붐비는 장소에는 가지 않는다. ·····································(   )(   )

309. 악몽을 자주 꾸는 편이다. ·····················································(   )(   )

310. 나는 귀신을 본 적이 있다. ···················································(   )(   )

311. 나는 사후세계가 있다고 믿는다. ·············································(   )(   )

312. 다른 사람들의 대화에 끼어드는 걸 좋아한다. ·····························(   )(   )

313. 정치인들은 모두 이기적이라고 생각한다. ·····················································(   )(   )

314. 나의 노후에 대해 생각해 본 적이 없다. ··········································(   )(   )

315. 나의 노후생활에 대한 대비책을 준비하고 있다. ································(   )(   )

316. 누군가 나에 대해 험담을 하면 참을 수 없다. ··································(   )(   )

317. 밤길을 혼자 걸으면 늘 불안하다. ················································(   )(   )

318. 나는 유치한 사람이 싫다. ···························································(   )(   )

319. 잡담을 하는 것보다 독서를 하는 것이 낫다고 생각한다. ·····················(   )(   )

320. 나는 태어나서 한 번도 병원에 간 적이 없다. ··································(   )(   )

321. 나의 건강상태를 잘 파악하는 편이다. ···········································(   )(   )

322. 쉽게 무기력해지는 편이다. ·························································(   )(   )

323. 나는 매사 적극적으로 행동하려고 노력한다. ··································(   )(   )

324. 나는 한 번도 불만을 가져본 적이 없다. ········································(   )(   )

325. 밤에 잠을 잘 못잘 때가 많다. ·····················································(   )(   )

# 04 실전 인·적성평가 3

※ 다음 제시된 문항을 읽고 자신의 성격에 해당되는 정도를 '① 전혀 그렇지 않다, ② 그렇지 않다, ③ 그렇다, ④ 매우 그렇다' 중 선택하시오. 【1 ~ 325】

(인·적성평가는 응시자의 인성을 파악하기 위한 시험이므로 별도의 정답이 존재하지 않습니다).

1. 나는 식욕이 좋다. ································································································· ① ② ③ ④

2. 아침에 일어나면 대개 상쾌하고 밤새 잘 쉬었다는 기분이 든다. ·················· ① ② ③ ④

3. 나의 아버지는 좋은 사람이다. ··········································································· ① ② ③ ④

4. 범죄에 관한 신문기사 읽기를 좋아한다. ····························································· ① ② ③ ④

5. 나의 일상생활은 흥미로운 일로 가득 차 있다. ··················································· ① ② ③ ④

6. 목에 무언가 걸린 것 같은 때가 많다. ································································· ① ② ③ ④

7. 탐정소설이나 추리소설을 좋아한다. ··································································· ① ② ③ ④

8. 변비로 고생하지는 않는다. ··············································································· ① ② ③ ④

9. 상당한 긴장 속에서 일하고 있다. ······································································· ① ② ③ ④

10. 차마 입 밖에 꺼낼 수 없을 정도로 나쁜 생각을 할 때가 가끔 있다. ·············· ① ② ③ ④

11. 확실히 내 팔자는 사납다. ··············································································· ① ② ③ ④

12. 때때로 도저히 참을 수 없는 웃음이나 울음이 터져 나오곤 한다. ·················· ① ② ③ ④

13. 나에게 나쁜 짓을 하는 사람에게는 할 수만 있다면 보복을 해야 한다. ··········· ① ② ③ ④

14. 이따금 집을 몹시 떠나고 싶다. ········································································· ① ② ③ ④

15. 아무도 나를 이해해 주지 않는 것 같다. ····························································· ① ② ③ ④

16. 곤경에 처했을 때는 입을 다물고 있는 것이 상책이다. ······································· ① ② ③ ④

17. 일주일에 몇 번이나 위산과다나 소화불량으로 고생한다. ··································· ① ② ③ ④

18. 며칠에 한 번씩 악몽으로 시달린다. ··································································· ① ② ③ ④

19. 남들이 하지 못한 아주 기이하고 이상한 경험을 한 적이 있다. ························· ① ② ③ ④

20. 건강에 대해 거의 염려하지 않는다. ··································································· ① ② ③ ④

21. 어렸을 때 가끔 물건을 훔친 적이 있다. ····························································· ① ② ③ ④

22. 언제나 진실만을 말하지는 않는다. ··································································· ① ② ③ ④

23. 심장이나 가슴이 아파 고생한 적이 거의 없다. ··················································· ① ② ③ ④

24. 한 가지 일에 너무 몰두하여 남들이 내게 참을성을 잃는 때가 가끔 있다. ·········①②③④

25. 거의 어느 때나 무언가를 하기보다는 가만히 앉아 공상에 잠기는 편이다. ··········①②③④

26. 나는 매우 사교적인 사람이다. ·········①②③④

27. 나만큼 알지 못하는 사람들로부터 명령을 받아야 할 때가 종종 있다. ·········①②③④

28. 매일 신문의 모든 사설을 읽지는 않는다. ·········①②③④

29. 올바른 삶을 살아오지 못했다. ·········①②③④

30. 가족들이 내가 앞으로 하고자 하는 일을 좋아하지 않는다. ·········①②③④

31. 나도 남들만큼 행복했으면 좋겠다. ·········①②③④

32. 부모님은 내 친구들을 좋아하지 않는다. ·········①②③④

33. 타인으로부터 동정이나 도움을 얻기 위해 자기들의 불행을 과장하는 사람이 많다. ·····①②③④

34. 나는 중요한 사람이다. ·········①②③④

35. 가끔 동물을 못살게 군다. ·········①②③④

36. 대부분의 법률은 없애버리는 편이 더 낫다. ·········①②③④

37. 연애 소설을 즐겨 읽는다. ·········①②③④

38. 가끔 기분이 좋지 않을 때 나는 짜증을 낸다. ·········①②③④

39. 남들이 놀려도 개의치 않는다. ·········①②③④

40. 나는 논쟁에서 쉽사리 궁지에 몰린다. ·········①②③④

41. 요즈음은 가치 있는 사람이 될 것이라는 희망을 지탱해 나가기가 어렵다. ·········①②③④

42. 나는 확실히 자신감이 부족하다. ·········①②③④

43. 사람들에게 진실을 납득시키기 위해서 토론이나 논쟁을 많이 해야 한다. ·········①②③④

44. 이따금 오늘 해야 할 일을 내일로 미룬다. ·········①②③④

45. 후회할 일을 많이 한다. ·········①②③④

46. 대부분의 사람들은 남보다 앞서기 위해서라면 거짓말도 할 것이다. ·········①②③④

47. 어떤 사람들은 너무나 이래라 저래라 해대서 그들이 옳다는 것을 알면서도 일부러 해
    달라는 것과는 정반대의 일을 하고 싶어진다. ·········①②③④

48. 집안 식구들과 거의 말다툼을 하지 않는다. ·········①②③④

49. 여자도 남자와 같이 성의 자유를 누려야 한다. ·········①②③④

50. 때로 해롭거나 충격적인 일을 하고 싶은 충동을 강하게 느낀다. ·········①②③④

51. 떠들썩하게 놀 수 있는 파티나 모임에 가는 것을 좋아한다. ·········①②③④

52. 선택의 여지가 너무 많아 마음의 결정을 내리지 못한 상황에 처한 적이 있었다. ·········①②③④

53. 살찌지 않기 위해 가끔 난 먹은 것을 토해낸다. ································ ① ② ③ ④

54. 나에게 가장 힘든 싸움은 나 자신과의 싸움이다. ···························· ① ② ③ ④

55. 나는 아버지를 사랑한다. ····································································· ① ② ③ ④

56. 경기나 게임은 내기를 해야 더 재미있다. ··································· ① ② ③ ④

57. 나에게 무슨 일이 일어나건 상관하지 않는 편이다. ··················· ① ② ③ ④

58. 내 주위에 있는 사람들만큼 나도 유능하고 똑똑한 것 같다. ········· ① ② ③ ④

59. 마치 내가 나쁜 일을 저지른 것처럼 느껴지는 때가 많다. ············ ① ② ③ ④

60. 거의 언제나 나는 행복하다. ····························································· ① ② ③ ④

61. 누군가 나에게 악의를 품고 있거나 나를 해치려고 한다고 생각한다. ···· ① ② ③ ④

62. 스릴을 맛보기 위해 위험한 행동을 해본 적이 한 번도 없다. ········ ① ② ③ ④

63. 학교 다닐 때 나쁜 짓을 하여 가끔 교무실에 불려 갔었다. ············ ① ② ③ ④

64. 소화불량, 신트림 등 위장과 관련된 장애가 많다. ······················ ① ② ③ ④

65. 대부분의 사람들은 이득이 된다면 다소간 부당한 수단도 쓸 것이다. ·· ① ② ③ ④

66. 능력도 있고 열심히 일하기만 한다면 누구나 성공할 가능성이 크다. ·· ① ② ③ ④

67. 누구 때문에 내가 이런 곤경에 빠져 있는지를 알 수 있다. ·········· ① ② ③ ④

68. 피를 봐도 놀라거나 역겹지 않다. ··················································· ① ② ③ ④

69. 종종 내가 왜 그렇게 짜증을 내거나 뚱해 있었는지 도무지 이해할 수 없다. ···· ① ② ③ ④

70. 나는 영화보다 연극을 더 좋아한다. ················································ ① ② ③ ④

71. 입장료를 내지 않고 극장에 들어가도 들킬 염려만 없다면 나는 아마 그렇게 할 것이다. ·· ① ② ③ ④

72. 꽃이나 화초를 가꾸는 것을 좋아한다. ············································ ① ② ③ ④

73. 옳다고 생각하는 일은 밀고 나가야 할 필요가 있다고 자주 생각한다. ·· ① ② ③ ④

74. 거의 매일 밤 쉽게 잠든다. ······························································ ① ② ③ ④

75. 피를 토하거나 피가 섞인 기침을 한 적이 없다. ·························· ① ② ③ ④

76. 누군가 내게 잘해 줄 때는 뭔가 숨은 의도가 있을 것이라고 종종 생각한다. ··········· ① ② ③ ④

77. 나는 사후의 세계가 있다고 믿는다. ················································ ① ② ③ ④

78. 때때로 생각이 너무 빨리 떠올라서 그것을 말로 다 표현할 수 없다. ···· ① ② ③ ④

79. 결정을 빨리 내리지 못해서 종종 기회를 놓쳐 버리곤 했다. ·········· ① ② ③ ④

80. 중요한 일을 하고 있을 때 남들이 조언을 하거나 다른 일로 나를 방해하면 참을성을
    잃고 만다. ·················································································· ① ② ③ ④

81. 초등학교 때부터 지금까지 매일 일기를 쓴다. ································ ① ② ③ ④

82. 법률은 지켜져야 하며 어긴 사람은 벌 받아 마땅하다. ············①②③④

83. 비판이나 꾸지람을 들으면 속이 몹시 상한다. ············①②③④

84. 음식 만들기를 좋아한다. ············①②③④

85. 내 행동은 주로 주위 사람들의 행동에 의해 좌우된다. ············①②③④

86. 때때로 나는 정말 쓸모없는 인간이라고 느낀다. ············①②③④

87. 어렸을 때 어려움이 닥쳐도 의리를 지키려고 하는 친구들 무리와 어울려 지냈다. ·······①②③④

88. 누군가가 나를 해칠 음모를 꾸미고 있다고 느낀다. ············①②③④

89. 게임에서 지기보다는 이기고 싶다. ············①②③④

90. 누군가에게 주먹다짐을 하고 싶을 때가 이따금 있다. ············①②③④

91. 정신은 멀쩡하지만 갑자기 몸을 움직일 수도 말을 할 수도 없었던 적이 있다. ·······①②③④

92. 누가 내 뒤를 몰래 따라다닌다고 생각한다. ············①②③④

93. 이유도 없이 자주 벌 받았다고 느낀다. ············①②③④

94. 나는 작은 일에도 쉽게 운다. ············①②③④

95. 나는 지난 10동안 체중이 늘지도 줄지도 않았다. ············①②③④

96. 나는 건강하다고 생각한다. ············①②③④

97. 거의 두통을 느끼지 않는다. ············①②③④

98. 지루할 때면 뭔가 신나는 일을 벌이고 싶다. ············①②③④

99. 술을 마시거나 마약을 사용하는 사람들은 문제가 있다고 믿는다. ············①②③④

100. 나도 모르게 속았다는 것을 인정해야 할 때 나는 분노하게 된다. ············①②③④

101. 쉽게 피곤해지지 않는다. ············①②③④

102. 현기증이 나는 일이 거의 없다. ············①②③④

103. 나의 기억력은 괜찮은 것 같다. ············①②③④

104. 이유없이 졸도한 적이 없다. ············①②③④

105. 높은 곳에서 아래를 보면 겁이 난다. ············①②③④

106. 가족들 중 누가 법적인 문제에 말려든다 해도 별로 긴장하지 않을 것이다. ············①②③④

107. 뱀을 그다지 무서워하지 않는다. ············①②③④

108. 남이 나를 어떻게 생각하든 신경 쓰지 않는다. ············①②③④

109. 파티나 모임에서 장기 자랑을 하는 게 불편하다. ············①②③④

110. 학창시절 학교를 가는 것을 좋아했다. ············①②③④

111. 수줍음을 탄다는 것을 나타내지 않으려고 자주 애써야 한다. ············①②③④

112. 나는 누군가를 독살하고 싶을 때가 있다. ·····················································① ② ③ ④

113. 나는 글을 읽거나 조사하는 것을 좋아한다. ·············································① ② ③ ④

114. 거지에게 돈을 주는 것을 반대한다. ·····························································① ② ③ ④

115. 여러 종류의 놀이와 오락을 즐긴다. ·····························································① ② ③ ④

116. 오랫동안 글을 읽어도 눈이 피로해지지 않는다. ·····································① ② ③ ④

117. 처음 만나는 사람과 대화하기가 어렵다. ·················································① ② ③ ④

118. 행동한 후에 내가 무엇을 했었는지 몰랐던 때가 있었다. ·····················① ② ③ ④

119. 손 놀리기가 거북하거나 어색한 때가 없다. ·········································① ② ③ ④

120. 정신이 나가거나 자제력을 잃을까봐 두렵다. ·········································① ② ③ ④

121. 당황하면 땀이 나서 몹시 불쾌할 때가 가끔 있다. ·······························① ② ③ ④

122. 무엇을 하려고 하면 손이 떨릴 때가 많다. ·············································① ② ③ ④

123. 내 정신 상태에 뭔가 문제가 있는 것 같다. ···········································① ② ③ ④

124. 꽃가루 알레르기나 천식이 없다. ·······························································① ② ③ ④

125. 거의 언제나 온몸에 기운이 없다. ·······························································① ② ③ ④

126. 내가 아는 모든 사람을 다 좋아하지는 않는다. ·····································① ② ③ ④

127. 나는 때때로 자살에 대해 생각한다. ·························································① ② ③ ④

128. 심장이 두근거리거나 숨이 찰 때가 거의 없다. ·····································① ② ③ ④

129. 걸어가면서 몸의 균형을 유지하는 데 어려움이 없다. ·························① ② ③ ④

130. 농담이나 애교로 이성의 관심을 사고 싶다. ·········································① ② ③ ④

131. 가족이나 친척들은 나를 어린애 취급한다. ·············································① ② ③ ④

132. 나의 어머니는 좋은 사람이다. ·································································① ② ③ ④

133. 분명히 내 귀도 남들만큼 밝다. ·······························································① ② ③ ④

134. 공상에 잠기는 적이 거의 없다. ·······························································① ② ③ ④

135. 너무 수줍어하지 않았으면 좋겠다. ·····························································① ② ③ ④

136. 건축업자가 하는 일을 좋아할 것 같다. ·················································① ② ③ ④

137. 신체적인 이상 때문에 여가 생활을 즐길 수 없다. ·······························① ② ③ ④

138. 과학을 좋아한다. ·······················································································① ② ③ ④

139. 비록 보답할 수 없더라도 친구의 도움을 청하는 것이 그리 어렵지 않다. ·······① ② ③ ④

140. 나는 독립성이 강하고 가족의 규율에 얽매임 없이 자유롭게 행동한다. ·····················① ② ③ ④

141. 가끔 남에 대한 험담이나 잡담을 조금 한다. ·······································① ② ③ ④

142. 길을 걸을 때 길바닥의 금을 밟지 않으려고 매우 신경 쓴다. ····················① ② ③ ④

143. 가족 중에 몹시 나를 괴롭히고 성가시게 하는 버릇을 가진 이가 있다. ·············① ② ③ ④

144. 다른 집에 비해 우리 가정은 사랑과 우애가 거의 없다. ····························① ② ③ ④

145. 무엇인가에 대해 나는 자주 걱정을 한다. ·······································① ② ③ ④

146. 나는 남들보다 더 불안하거나 초조해 하지는 않는다. ····························① ② ③ ④

147. 전에 한 번도 가본 적이 없는 곳에 가는 것을 좋아한다. ·························① ② ③ ④

148. 나는 내 인생을 설계할 때 해야 할 도리나 의무를 우선으로 삼았고, 지금까지 그것을
     잘 지켜 왔다. ····································································① ② ③ ④

149. 간혹 지저분한 농담에 웃곤 한다. ················································① ② ③ ④

150. 내가 어울려 지내는 친구들을 부모님이 종종 탐탁지 않게 여기셨다. ·············① ② ③ ④

151. 고민을 털어버리지 못하고 계속 집착한다. ·······································① ② ③ ④

152. 친척들은 거의 다 나와 의견을 같이 한다. ·······································① ② ③ ④

153. 한 곳에 오래 앉아 있기 힘들 정도로 안절부절 못할 때가 있다. ·················① ② ③ ④

154. 때때로 범인의 영리한 행동을 보고 흥이 나서 그가 잡히지 않고 잘 빠져나가기를 바란
     적이 있다. ······································································① ② ③ ④

155. 나의 외모에 대해 결코 걱정하지 않는다. ·······································① ② ③ ④

156. 누구한테도 말할 수 없고 혼자만 간직해야 할 꿈을 자주 꾼다. ·················① ② ③ ④

157. 성에 대해 이야기하는 것을 좋아한다. ···········································① ② ③ ④

158. 아픈 데가 거의 없다. ····························································① ② ③ ④

159. 나의 일하는 방식은 다른 사람들로부터 오해를 사기 쉽다. ·····················① ② ③ ④

160. 가끔 아무 이유도 없이 혹은 일이 잘못되어 갈 때조차도 "세상을 내 손 안에 다 넣은
     것"처럼 굉장히 행복하다. ·······················································① ② ③ ④

161. 나는 쉽게 화내고 쉽게 풀어진다. ················································① ② ③ ④

162. 집을 나설 때 문단속이 잘 되었는지 걱정하지 않는다. ··························① ② ③ ④

163. 부모님은 정말로 나를 사랑하지 않는다. ·········································① ② ③ ④

164. 누군가 내 것을 빼앗아 가려고 한다. ············································① ② ③ ④

165. 서로 농담을 주고받는 사람들과 함께 있는 것이 좋다. ··························① ② ③ ④

166. 나는 학교에서 남보다 늦게 깨우치는 편이다. ····································① ② ③ ④

167. 지금의 내 생긴 모습 그대로에 만족한다. ·······································① ② ③ ④

168. 신선한 날에도 곧잘 땀을 흘린다. ················································① ② ③ ④

169. 귀가 윙윙거리거나 울리는 일이 거의 없다. ································· ① ② ③ ④

170. 가게 물건이나 남의 것을 훔치지 않고는 못 견딜 때가 가끔 있다. ········· ① ② ③ ④

171. 내가 기자라면 스포츠에 대한 기사를 쓰고 싶다. ····················· ① ② ③ ④

172. 일주일에 한 번 혹은 그 이상 나는 몹시 흥분이 된다. ················· ① ② ③ ④

173. 이 세상에서 무엇이든지 다 손에 넣으려고 하는 사람을 나는 탓하지 않는다. ·········· ① ② ③ ④

174. 내 생각이나 아이디어를 훔치려는 자가 종종 있다. ··················· ① ② ③ ④

175. 갑자기 멍해져서 아무 것도 할 수 없고 내 주위의 일이 어떻게 돌아가는 지 알 수 없는
    때가 있었다. ···················································· ① ② ③ ④

176. 잘못된 행동을 하는 사람과도 나는 친해질 수 있다. ··················· ① ② ③ ④

177. 허술하고 어수룩한 사람을 이용하는 자를 나는 탓하지 않는다. ··········· ① ② ③ ④

178. 나는 무슨 일이든 시작하기가 어렵다. ····························· ① ② ③ ④

179. 여러 사람이 함께 곤경에 처했을 때 최상의 해결책은 한 가지 이야기에 입을 맞춰
    끝까지 밀고 가는 것이다. ········································· ① ② ③ ④

180. 매일 물을 상당히 많이 마신다. ··································· ① ② ③ ④

181. 사람들은 대개 자신에게 도움이 될 것 같으니까 친구를 사귄다. ··········· ① ② ③ ④

182. 평소에는 내가 사랑하는 가족들이 이따금 미워지기도 한다. ············· ① ② ③ ④

183. 아무도 믿지 않는 것이 가장 안전하다. ····························· ① ② ③ ④

184. 남에게 무슨 일이 일어나든 아무도 상관하지 않는다. ················· ① ② ③ ④

185. 여러 사람들과 있을 때 적절한 화제 거리를 생각해 내기가 어렵다. ········· ① ② ③ ④

186. 울적할 때 뭔가 신나는 일이 생기면 기분이 훨씬 나아진다. ············· ① ② ③ ④

187. 많은 사람 앞에서 내가 잘 아는 분야에 관해 토론을 시작하거나 의견을 발표하라고
    하면 당황하지 않고 잘 할 수 있다. ································· ① ② ③ ④

188. 귀중품을 아무 데나 내버려두어서 유혹을 느끼게 하는 사람도 그것을 훔치는 사람만큼
    도난에 책임이 있다고 생각한다. ··································· ① ② ③ ④

189. 나는 술을 너무 많이 마시곤 한다. ································· ① ② ③ ④

190. 곤경에서 빠져 나오기 위해 누구라도 거짓말을 한다. ················· ① ② ③ ④

191. 나는 남들보다 민감하다. ········································· ① ② ③ ④

192. 나쁜 짓을 해서 학교에서 정학 당한 적이 있다. ····················· ① ② ③ ④

193. 낯선 사람들이 비판의 눈초리로 나를 쳐다보고 있는 것을 종종 느낀다. ······ ① ② ③ ④

194. 아무 음식이나 맛이 다 똑같다. ··································· ① ② ③ ④

195. 나는 대부분의 사람들보다 더 감정적이다. ……………………………………① ② ③ ④

196. 누구를 사랑해 본 적이 없다. ……………………………………………………① ② ③ ④

197. 칼 혹은 아주 날카롭거나 뾰족한 것을 사용하기가 두렵다. ……………………① ② ③ ④

198. 나는 거의 꿈을 꾸지 않는다. ……………………………………………………① ② ③ ④

199. 다른 사람 앞에 나가 이야기하는 것이 무척 어렵다. ………………………………① ② ③ ④

200. 나는 어머니를 사랑한다. …………………………………………………………① ② ③ ④

201. 사람들과 함께 있을 때에도 나는 늘 외로움을 느낀다. …………………………① ② ③ ④

202. 나는 남들로부터 이해와 관심을 받을 만큼 받는다. ……………………………① ② ③ ④

203. 잘하지 못하는 게임은 아예 하지도 않는다. ……………………………………① ② ③ ④

204. 나도 다른 사람들처럼 쉽게 친구를 사귀는 것 같다. ……………………………① ② ③ ④

205. 주위에 사람이 있는 것이 싫다. …………………………………………………① ② ③ ④

206. 남이 내게 말을 걸어오기 전에는 내가 먼저 말을 하지 않는 편이다. ……………① ② ③ ④

207. 법적인 일로 말썽이 난 적이 없다. ………………………………………………① ② ③ ④

208. 사람들은 남을 돕는 것을 속으로는 싫어한다. …………………………………① ② ③ ④

209. 가끔 중요하지도 않은 생각이 마음을 스치고 지나가 며칠이고 나를 괴롭힌다. ……① ② ③ ④

210. 사람들은 남의 권리를 존중해 주기보다는 남들이 자신의 권리를 존중해주기를 더
바란다고 생각한다. ………………………………………………………………① ② ③ ④

211. 돈 걱정을 자주 한다. ……………………………………………………………① ② ③ ④

212. 인형을 가지고 놀고 싶었던 때가 한 번도 없었다. ………………………………① ② ③ ④

213. 거의 언제나 인생살이가 나에게는 힘이 든다. …………………………………① ② ③ ④

214. 어떤 문제에 대해서는 이야기조차 할 수 없을 정도로 과민하다. ………………① ② ③ ④

215. 몸에 마비가 오거나 근육이 이상하게 약해진 적이 없다. ………………………① ② ③ ④

216. 감기에 걸리지 않아도 가끔 목이 잠겨 소리를 낼 수 없거나 목소리가 변한다. ……① ② ③ ④

217. 나는 갈등해소와 극복을 위해 노력한다. ………………………………………① ② ③ ④

218. 이따금 이상한 냄새를 맡을 때가 있다. …………………………………………① ② ③ ④

219. 한 가지 일에 마음을 집중할 수 없다. …………………………………………① ② ③ ④

220. 내가 하고 싶은 일도 남이 대단치 않게 여기면 포기해 버린다. …………………① ② ③ ④

221. 어떤 것이나 어떤 사람에 대해서 거의 언제나 불안을 느낀다. …………………① ② ③ ④

222. 가족들 중 누가 한 일로 인해 무서웠던 적이 있다. ………………………………① ② ③ ④

223. 죽어 버렸으면 하고 바랄 때가 많다. ……………………………………………① ② ③ ④

224. 너무 흥분이 되어 잠을 이루기 힘든 때가 가끔 있다. ······································ ① ② ③ ④

225. 다른 사람에 비해 나는 걱정거리가 많다. ················································· ① ② ③ ④

226. 소리가 너무 잘 들려 괴로울 때가 가끔 있다. ············································ ① ② ③ ④

227. 나는 쉽게 당황한다. ········································································ ① ② ③ ④

228. 길을 걷다가 어떤 사람과 마주치는 게 싫어 길을 건너가 버릴 때가 종종 있다. ········ ① ② ③ ④

229. 모든 것이 현실이 아닌 것처럼 느껴질 때가 자주 있다. ·································· ① ② ③ ④

230. 파티와 사교 모임을 좋아한다. ······························································ ① ② ③ ④

231. 별로 중요하지도 않은 것들을 세어보는 버릇이 있다. ·································· ① ② ③ ④

232. 사람들이 나에 관해 모욕적이고 상스러운 말을 한다. ·································· ① ② ③ ④

233. 기대 이상으로 친절하게 구는 사람을 경계하는 편이다. ································ ① ② ③ ④

234. 나는 이상하고 기이한 생각을 가지고 있다. ············································· ① ② ③ ④

235. 잠깐이라도 집을 나서야 할 때는 불안하고 당황하게 된다. ···························· ① ② ③ ④

236. 특별한 이유도 없이 몹시 명랑한 기분이 들 때가 있다. ································ ① ② ③ ④

237. 혼자 있을 때면 이상한 소리가 들린다. ···················································· ① ② ③ ④

238. 어떤 사물이나 사람이 나를 해치지 않는다는 것을 알면서도 그것들을 두려워한다. ···· ① ② ③ ④

239. 사람들이 이미 모여서 이야기하고 있는 방에 불쑥 나 혼자 들어가는 것이 두렵지 않다. ·· ① ② ③ ④

240. 나는 사람들에 대해 쉽게 참을성을 잃는다. ············································· ① ② ③ ④

241. 사랑하는 사람을 괴롭히는 것이 즐거울 때가 가끔 있다. ······························ ① ② ③ ④

242. 성급하다는 소리를 자주 듣는다. ··························································· ① ② ③ ④

243. 나는 다른 사람들보다 정신을 집중하기가 더 어렵다. ·································· ① ② ③ ④

244. 내 능력이 보잘 것 없다고 생각했기 때문에 일을 포기한 적이 여러 번 있다. ········· ① ② ③ ④

245. 나쁜 말이나 종종 끔찍한 말들이 떠올라 머릿속에서 떠나지 않는다. ················· ① ② ③ ④

246. 사람들이 내게 한 말을 금방 잊어버린다. ·················································· ① ② ③ ④

247. 거의 매일 나를 소스라치게 하는 일들이 생긴다. ········································ ① ② ③ ④

248. 나는 사소한 일이라도 대개는 행동하기 전에 일단 멈추어 생각해 보아야 한다. ······· ① ② ③ ④

249. 안 좋은 일이 생기면 민감하게 반응하는 성향이 있다. ································· ① ② ③ ④

250. 기차나 버스에서 종종 낯선 사람과 이야기를 한다. ····································· ① ② ③ ④

251. 나는 꿈을 이해하려고 노력하며, 꿈이 알려 주는 지시나 경고를 받아들인다. ··········· ① ② ③ ④

252. 파티나 모임에서 여러 사람들과 어울리기보다는 혼자 있거나 단둘이 있는 때가 많다. ·· ① ② ③ ④

253. 어떤 일을 모면하기 위해 꾀병을 부린 적이 있다. ······································ ① ② ③ ④

254. 어려움이 너무 커서 도저히 이겨낼 수 없다고 느껴질 때가 가끔 있다. ·················· ① ② ③ ④

255. 일이 잘못되어 갈 때는 금방 포기하고 싶어진다. ········································· ① ② ③ ④

256. 보통 때보다 머리가 잘 안 돌아가는 것 같을 때가 있다. ····························· ① ② ③ ④

257. 사랑하는 사람으로부터 상처받는 것을 가끔 즐긴다. ································· ① ② ③ ④

258. 나는 아이들을 좋아한다. ························································ ① ② ③ ④

259. 적은 돈을 걸고 하는 노름을 즐긴다. ············································· ① ② ③ ④

260. 기회만 주어진다면 세상에 큰 도움이 될 만한 일을 해 낼 수 있을 것 같다. ········· ① ② ③ ④

261. 나보다 별로 낫지도 않으면서 전문가로 불리는 사람들을 종종 만난다. ············· ① ② ③ ④

262. 내가 잘 알고 있는 사람이 성공했다는 소식을 들으면 나 자신이 마치 실패자처럼

느껴진다. ································································· ① ② ③ ④

263. 다시 어린아이로 되돌라갔으면 하고 바랄 때가 종종 있다. ························· ① ② ③ ④

264. 혼자 있을 때가 가장 행복하다. ················································· ① ② ③ ④

265. 기회만 주어진다면 나는 훌륭한 지도자가 될 것이다. ······························· ① ② ③ ④

266. 힘이 넘칠 때가 가끔 있다. ······················································ ① ② ③ ④

267. 내가 사교 모임을 좋아하는 이유는 단지 사람들과 어울리고 싶어서이다. ·········· ① ② ③ ④

268. 누군가 나에게 최면을 걸어서 어떤 일을 하게끔 한다고 느낀 적이 한두 번 있었다. ·· ① ② ③ ④

269. 일단 시작한 일에서 잠깐 동안이라도 손을 떼기가 어렵다. ························· ① ② ③ ④

270. 친구나 가족들이 내게 어떻게 살아야 하는지에 대해 충고하면 화가 난다. ·········· ① ② ③ ④

271. 나는 낯선 사람과 만나는 것을 개의치 않는다. ··································· ① ② ③ ④

272. 사람들은 종종 나를 실망시킨다. ················································ ① ② ③ ④

273. 명랑한 친구들과 있으면 근심이 사라져버리는 것 같다. ····························· ① ② ③ ④

274. 춤추러 가는 것을 좋아한다. ····················································· ① ② ③ ④

275. 내가 어떻게 생각하고 있는지 남에게 알려주고 싶다. ································· ① ② ③ ④

276. 술에 취했을 때만 솔직해질 수 있다. ············································· ① ② ③ ④

277. 기운이 넘쳐흘러 며칠이고 자지 않아도 괜찮을 때가 있다. ························· ① ② ③ ④

278. 집을 영원히 떠날 수 있는 때가 오기를 간절히 바란다. ····························· ① ② ③ ④

279. 내 친구들은 종종 말썽을 일으킨다. ·············································· ① ② ③ ④

280. 물을 무서워하지 않는다. ······················································· ① ② ③ ④

281. 지금의 나 자신에게 만족하지 않는다. ············································· ① ② ③ ④

282. 비싼 옷을 입어보고 싶다. ······················································· ① ② ③ ④

283. 확 트인 곳에 혼자 있는 것이 두렵다. ································ ① ② ③ ④

284. 실내에 있으면 불안하다. ···························· ① ② ③ ④

285. 신문에서 재미있는 부분은 단지 만화뿐이다. ···················· ① ② ③ ④

286. 내 가족 한두 사람에게 질투를 느끼는 데는 나름대로의 이유가 있다. ······ ① ② ③ ④

287. 살찌지 않기 위해 가끔 나는 설사약을 복용한다. ················ ① ② ③ ④

288. 나는 쉽게 남들이 나를 두려워하게 할 수 있고 또 가끔은 재미삼아 그렇게 한다. ····· ① ② ③ ④

289. 쉽사리 화를 내지 않는다. ························· ① ② ③ ④

290. 나는 과거에 아무에게도 말하지 못할 나쁜 짓을 저질렀다. ·········· ① ② ③ ④

291. 개인적인 질문을 받으면 나는 초조하고 불안해진다. ·············· ① ② ③ ④

292. 장래 계획을 세울 수 없을 것 같다. ···················· ① ② ③ ④

293. 군중 속에서 느끼게 되는 흥분감을 즐긴다. ················· ① ② ③ ④

294. 짜증내거나 투덜대고 난 후 후회하는 일이 종종 있다. ············ ① ② ③ ④

295. 실제로 법을 어기지 않는 한, 법을 슬쩍 피해 가는 것도 괜찮다. ······· ① ② ③ ④

296. 남들의 인생철학을 듣고 싶지 않다. ···················· ① ② ③ ④

297. 친한 사람들과 심각하게 의견이 대립될 때가 자주 있다. ··········· ① ② ③ ④

298. 주변에서 일어나는 일 때문에 종종 기분이 상한다. ·············· ① ② ③ ④

299. 일이 아주 안 풀릴 때 가족으로부터 도움을 받을 수 있다는 것을 안다. ····· ① ② ③ ④

300. 매를 많이 맞은 적이 있다. ························· ① ② ③ ④

301. 되도록 사람이 많은 곳에 가기를 피한다. ·················· ① ② ③ ④

302. 내가 한 말이 남의 마음을 상하게 하지 않았나 하는 걱정을 그만했으면 좋겠다. ······ ① ② ③ ④

303. 내가 계획한 일이 너무 어려워 보여서 포기해야 할 때가 자주 있었다. ····· ① ② ③ ④

304. 모든 일이 잘 되어 갈 때라도 무엇이 어떻게 되어버리든 상관하지 않을 때가 종종 있다. ··· ① ② ③ ④

305. 나는 보통 침착하고 쉽게 감정적으로 되지 않는다. ·············· ① ② ③ ④

306. 실망하면 그 타격이 너무 커서 그것을 떨쳐버릴 수가 없다. ·········· ① ② ③ ④

307. 종종 새치기하려는 사람을 보면 아주 불쾌해져서 당사자에게 한 마디 해준다. ········ ① ② ③ ④

308. 때때로 나는 전혀 쓸모없는 인간이라고 생각한다. ·············· ① ② ③ ④

309. 학교에 가야 하는데도 가지 않은 적이 종종 있다. ·············· ① ② ③ ④

310. 무례하고 성가시게 구는 사람에게 때때로 거칠게 대해야 했던 적이 있다. ······· ① ② ③ ④

311. 닥칠지도 모르는 불행에 대해서 걱정을 많이 한다. ·············· ① ② ③ ④

312. 남들로부터 칭찬을 받으면 불편해 진다. ··················· ① ② ③ ④

313. 내가 잘할 것 같지 않다고 남들이 생각하면 하고 싶은 일도 쉽게 그만두어 버린다. ┄① ② ③ ④

314. 갑자기 우울해지는 적이 거의 없다. ┄┄┄┄┄┄┄┄┄┄┄┄┄┄┄┄┄① ② ③ ④

315. 궁지에 몰렸을 때 나에게 불리한 것은 말하지 않는다. ┄┄┄┄┄┄┄┄┄┄① ② ③ ④

316. 신경 쓰지 않아도 되는 일보다는 정신을 바짝 차려야 되는 일이 더 좋다. ┄┄┄┄① ② ③ ④

317. 내 장래는 희망이 없는 것 같다. ┄┄┄┄┄┄┄┄┄┄┄┄┄┄┄┄① ② ③ ④

318. 남들이 나를 재촉하면 화가 난다. ┄┄┄┄┄┄┄┄┄┄┄┄┄┄┄① ② ③ ④

319. 무서운 일이 일어날 것만 같은 느낌이 일주일에 몇 번 든다. ┄┄┄┄┄┄① ② ③ ④

320. 과학에 관한 글을 읽는 것을 좋아한다. ┄┄┄┄┄┄┄┄┄┄┄┄┄① ② ③ ④

321. 가끔가다가 미칠 것만 같은 기분이 든다. ┄┄┄┄┄┄┄┄┄┄┄┄① ② ③ ④

322. 내가 가장 따르고 존경하는 사람은 어머니이다. ┄┄┄┄┄┄┄┄┄┄① ② ③ ④

323. 어떤 이들은 내가 가까이하기 힘든 사람이라고 생각한다. ┄┄┄┄┄┄┄① ② ③ ④

324. 나는 신문사설을 즐겨 읽는다. ┄┄┄┄┄┄┄┄┄┄┄┄┄┄┄┄① ② ③ ④

325. 여유 시간을 거의 혼자서 보낸다. ┄┄┄┄┄┄┄┄┄┄┄┄┄┄┄① ② ③ ④

PART

Ⅲ

# 직무능력평가

# CHAPTER 01 의사소통능력

## 1 의사소통과 의사소통능력

### (1) 의사소통

① **개념** … 사람들 간에 생각이나 감정, 정보, 의견 등을 교환하는 총체적인 행위로, 직장생활에서의 의사소통은 조직과 팀의 효율성과 효과성을 성취할 목적으로 이루어지는 구성원 간의 정보와 지식 전달 과정이라고 할 수 있다.

② **기능** … 공동의 목표를 추구해 나가는 집단 내의 기본적 존재 기반이며 성과를 결정하는 핵심 기능이다.

③ **의사소통의 종류**
  ㉠ 언어적인 것 : 대화, 전화통화, 토론 등
  ㉡ 문서적인 것 : 메모, 편지, 기획안 등
  ㉢ 비언어적인 것 : 몸짓, 표정 등

④ **의사소통을 저해하는 요인** … 정보의 과다, 메시지의 복잡성 및 메시지 간의 경쟁, 상이한 직위와 과업지향형, 신뢰의 부족, 의사소통을 위한 구조상의 권한, 잘못된 매체의 선택, 폐쇄적인 의사소통 분위기 등

### (2) 의사소통능력

① **개념** … 의사소통능력은 직장생활에서 문서나 상대방이 하는 말의 의미를 파악하는 능력, 자신의 의사를 정확하게 표현하는 능력, 간단한 외국어 자료를 읽거나 외국인의 의사표시를 이해하는 능력을 포함한다.

② **의사소통능력 개발을 위한 방법**
  ㉠ 사후검토와 피드백을 활용한다.
  ㉡ 명확한 의미를 가진 이해하기 쉬운 단어를 선택하여 이해도를 높인다.
  ㉢ 적극적으로 경청한다.
  ㉣ 메시지를 감정적으로 곡해하지 않는다.

의사소통능력을 구성하는 하위능력

### (1) 문서이해능력

① 문서와 문서이해능력

    ㉠ 문서 : 제안서, 보고서, 기획서, 이메일, 팩스 등 문자로 구성된 것으로 상대방에게 의사를 전달하여 설득하는 것을 목적으로 한다.

    ㉡ 문서이해능력 : 직업현장에서 자신의 업무와 관련된 문서를 읽고, 내용을 이해하고 요점을 파악할 수 있는 능력을 말한다.

---

**예제 1**

다음은 신용카드 약관의 주요내용이다. 규정 약관을 제대로 이해하지 못한 사람은?

> **[부가서비스]**
> 카드사는 법령에서 정한 경우를 제외하고 상품을 새로 출시한 후 1년 이내에 부가서비스를 줄이거나 없앨 수가 없다. 또한 부가서비스를 줄이거나 없앨 경우에는 그 세부내용을 변경일 6개월 이전에 회원에게 알려주어야 한다.
>
> **[중도 해지 시 연회비 반환]**
> 연회비 부과기간이 끝나기 이전에 카드를 중도해지하는 경우 남은 기간에 해당하는 연회비를 계산하여 10 영업일 이내에 돌려줘야 한다. 다만, 카드 발급 및 부가서비스 제공에 이미 지출된 비용은 제외된다.
>
> **[카드 이용한도]**
> 카드 이용한도는 카드 발급을 신청할 때에 회원이 신청한 금액과 카드사의 심사 기준을 종합적으로 반영하여 회원이 신청한 금액 범위 이내에서 책정되며 회원의 신용도가 변동되었을 때에는 카드사는 회원의 이용한도를 조정할 수 있다.
>
> **[부정사용 책임]**
> 카드 위조 및 변조로 인하여 발생된 부정사용 금액에 대해서는 카드사가 책임을 진다. 다만, 회원이 비밀번호를 다른 사람에게 알려주거나 카드를 다른 사람에게 빌려주는 등의 중대한 과실로 인해 부정사용이 발생하는 경우에는 회원이 그 책임의 전부 또는 일부를 부담할 수 있다.

① 혜수 : 카드사는 법령에서 정한 경우를 제외하고는 1년 이내에 부가서비스를 줄일 수 없어.

② 진성 : 카드 위조 및 변조로 인하여 발생된 부정사용 금액은 일괄 카드사가 책임을 지게 돼.

③ 영훈 : 회원의 신용도가 변경되었을 때 카드사가 이용한도를 조정할 수 있어.

④ 영호 : 연회비 부과기간이 끝나기 이전에 카드를 중도해지하는 경우에는 남은 기간에 해당하는 연회비를 카드사는 돌려줘야 해.

**[출제의도]**
주어진 약관의 내용을 읽고 그에 대한 상세 내용의 정보를 이해하는 능력을 측정하는 문항이다.
**[해설]**
② 부정사용에 대해 고객의 과실이 있으면 회원이 그 책임의 전부 또는 일부를 부담할 수 있다.

**답 ②**

② 문서의 종류

    ㉠ **공문서** : 정부기관에서 공무를 집행하기 위해 작성하는 문서로, 단체 또는 일반회사에서 정부기관을 상대로 사업을 진행할 때 작성하는 문서도 포함된다. 엄격한 규격과 양식이 특징이다.

    ㉡ **기획서** : 아이디어를 바탕으로 기획한 프로젝트에 대해 상대방에게 전달하여 시행하도록 설득하는 문서이다.

    ㉢ **기안서** : 업무에 대한 협조를 구하거나 의견을 전달할 때 작성하는 사내 공문서이다.

    ㉣ **보고서** : 특정한 업무에 관한 현황이나 진행 상황, 연구·검토 결과 등을 보고하고자 할 때 작성하는 문서이다.

    ㉤ **설명서** : 상품의 특성이나 작동 방법 등을 소비자에게 설명하기 위해 작성하는 문서이다.

    ㉥ **보도자료** : 정부기관이나 기업체 등이 언론을 상대로 자신들의 정보를 기사화 되도록 하기 위해 보내는 자료이다.

    ㉦ **자기소개서** : 개인이 자신의 성장과정이나, 입사 동기, 포부 등에 대해 구체적으로 기술하여 자신을 소개하는 문서이다.

    ㉧ **비즈니스 레터(E-mail)** : 사업상의 이유로 고객에게 보내는 편지다.

    ㉨ **비즈니스 메모** : 업무상 확인해야 할 일을 메모형식으로 작성하여 전달하는 글이다.

③ **문서이해의 절차** … 문서의 목적 이해 → 문서 작성 배경·주제 파악 → 정보 확인 및 현안 문제 파악 → 문서 작성자의 의도 파악 및 자신에게 요구되는 행동 분석 → 목적 달성을 위해 취해야 할 행동 고려 → 문서 작성자의 의도를 도표나 그림 등으로 요약·정리

**(2) 문서작성능력**

① 작성되는 문서에는 대상과 목적, 시기, 기대효과 등이 포함되어야 한다.

② **문서작성의 구성요소**

    ㉠ 짜임새 있는 골격, 이해하기 쉬운 구조

    ㉡ 객관적이고 논리적인 내용

    ㉢ 명료하고 설득력 있는 문장

    ㉣ 세련되고 인상적인 레이아웃

③ 문서의 종류에 따른 작성방법
　㉠ 공문서
　　• 육하원칙이 드러나도록 써야 한다.
　　• 날짜는 반드시 연도와 월, 일을 함께 언급하며, 날짜 다음에 괄호를 사용할 때는 마침표를 찍지 않는다.
　　• 대외문서이며, 장기간 보관되기 때문에 정확하게 기술해야 한다.
　　• 내용이 복잡할 경우 '−다음−', '−아래−'와 같은 항목을 만들어 구분한다.
　　• 한 장에 담아내는 것을 원칙으로 하며, 마지막엔 반드시 '끝'자로 마무리 한다.
　㉡ 설명서
　　• 정확하고 간결하게 작성한다.
　　• 이해하기 어려운 전문용어의 사용은 삼가고, 복잡한 내용은 도표화 한다.
　　• 명령문보다는 평서문을 사용하고, 동어 반복보다는 다양한 표현을 구사하는 것이 바람직하다.
　㉢ 기획서
　　• 상대를 설득하여 기획서가 채택되는 것이 목적이므로 상대가 요구하는 것이 무엇인지 고려하여 작성하며, 기획의 핵심을 잘 전달하였는지 확인한다.
　　• 분량이 많을 경우 전체 내용을 한눈에 파악할 수 있도록 목차구성을 신중히 한다.
　　• 효과적인 내용 전달을 위한 표나 그래프를 적절히 활용하고 산뜻한 느낌을 줄 수 있도록 한다.
　　• 인용한 자료의 출처 및 내용이 정확해야 하며 제출 전 충분히 검토한다.

ⓔ 보고서
- 도출하고자 한 핵심내용을 구체적이고 간결하게 작성한다.
- 내용이 복잡할 경우 도표나 그림을 활용하고, 참고자료는 정확하게 제시한다.
- 제출하기 전에 최종점검을 하며 질의를 받을 것에 대비한다.

---

### 예제 3

다음 중 공문서 작성에 대한 설명으로 가장 적절하지 못한 것은?

① 공문서나 유가증권 등에 금액을 표시할 때에는 한글로 기재하고 그 옆에 괄호를 넣어 숫자로 표기한다.
② 날짜는 숫자로 표기하되 년, 월, 일의 글자는 생략하고 그 자리에 온점(.)을 찍어 표시한다.
③ 첨부물이 있는 경우에는 붙임 표시문 끝에 1자 띄우고 "끝."이라고 표시한다.
④ 공문서의 본문이 끝났을 경우에는 1자를 띄우고 "끝."이라고 표시한다.

---

④ 문서작성의 원칙
　ⓐ 문장은 짧고 간결하게 작성한다. → 간결체 사용
　ⓑ 상대방이 이해하기 쉽게 쓴다.
　ⓒ 불필요한 한자의 사용을 자제한다.
　ⓓ 문장은 긍정문의 형식을 사용한다.
　ⓔ 간단한 표제를 붙인다.
　ⓕ 문서의 핵심내용을 먼저 쓰도록 한다. → 두괄식 구성

⑤ 문서작성 시 주의사항
　ⓐ 육하원칙에 의해 작성한다.
　ⓑ 문서 작성시기가 중요하다.
　ⓒ 한 사안은 한 장의 용지에 작성한다.
　ⓓ 반드시 필요한 자료만 첨부한다.
　ⓔ 금액, 수량, 일자 등은 기재에 정확성을 기한다.
　ⓕ 경어나 단어사용 등 표현에 신경 쓴다.
　ⓖ 문서작성 후 반드시 최종적으로 검토한다.

⑥ 효과적인 문서작성 요령
　　㉠ **내용이해** : 전달하고자 하는 내용과 핵심을 정확하게 이해해야 한다.
　　㉡ **목표설정** : 전달하고자 하는 목표를 분명하게 설정한다.
　　㉢ **구성** : 내용 전달 및 설득에 효과적인 구성과 형식을 고려한다.
　　㉣ **자료수집** : 목표를 뒷받침할 자료를 수집한다.
　　㉤ **핵심전달** : 단락별 핵심을 하위목차로 요약한다.
　　㉥ **대상파악** : 대상에 대한 이해와 분석을 통해 철저히 파악한다.
　　㉦ **보충설명** : 예상되는 질문을 정리하여 구체적인 답변을 준비한다.
　　㉧ **문서표현의 시각화** : 그래프, 그림, 사진 등을 적절히 사용하여 이해를 돕는다.

### (3) 경청능력

① **경청의 중요성** … 경청은 다른 사람의 말을 주의 깊게 들으며 공감하는 능력으로 경청을 통해 상대방을 한 개인으로 존중하고 성실한 마음으로 대하게 되며, 상대방의 입장에 공감하고 이해하게 된다.

② **경청을 방해하는 습관** … 짐작하기, 대답할 말 준비하기, 걸러내기, 판단하기, 다른 생각하기, 조언하기, 언쟁하기, 옳아야만 하기, 슬쩍 넘어가기, 비위 맞추기 등

③ 효과적인 경청방법
　　㉠ **준비하기** : 강연이나 프레젠테이션 이전에 나누어주는 자료를 읽어 미리 주제를 파악하고 등장하는 용어를 익혀둔다.
　　㉡ **주의 집중** : 말하는 사람의 모든 것에 집중해서 적극적으로 듣는다.
　　㉢ **예측하기** : 다음에 무엇을 말할 것인가를 추측하려고 노력한다.
　　㉣ **나와 관련짓기** : 상대방이 전달하고자 하는 메시지를 나의 경험과 관련지어 생각해 본다.
　　㉤ **질문하기** : 질문은 듣는 행위를 적극적으로 하게 만들고 집중력을 높인다.
　　㉥ **요약하기** : 주기적으로 상대방이 전달하려는 내용을 요약한다.
　　㉦ **반응하기** : 피드백을 통해 의사소통을 점검한다.

**| 예제 4**

다음은 면접스터디 중 일어난 대화이다. 민아의 고민을 해소하기 위한 조언으로 가장 적절한 것은?

> 지섭 : 민아씨, 어디 아파요? 표정이 안 좋아 보여요.
> 민아 : 제가 원서 넣은 공단이 내일 면접이어서요. 그동안 스터디를 통해서 면접 연습을 많이 했는데도 벌써부터 긴장이 되네요.
> 지섭 : 민아씨는 자기 의견도 명확히 피력할 줄 알고 조리 있게 설명을 잘 하시니 걱정 안하셔도 될 것 같아요. 아, 손에 꽉 쥐고 계신 건 뭔가요?
> 민아 : 아, 제가 예상 답변을 정리해서 모아둔거예요. 내용은 거의 외웠는데 이렇게 쥐고 있지 않으면 불안해서..
> 지섭 : 그 정도로 준비를 철저히 하셨으면 걱정할 이유 없을 것 같아요.
> 민아 : 그래도 압박면접이거나 예상치 못한 질문이 들어오면 어떻게 하죠?
> 지섭 : _____

① 시선을 적절히 처리하면서 부드러운 어투로 말하는 연습을 해보는 건 어때요?
② 공식적인 자리인 만큼 옷차림을 신경 쓰는 게 좋을 것 같아요.
③ 당황하지 말고 질문자의 의도를 잘 파악해서 침착하게 대답하면 되지 않을까요?
④ 예상 질문에 대한 답변을 좀 더 정확하게 외워보는 건 어떨까요?

[출제의도]
상대방이 하는 말을 듣고 질문 의도에 따라 올바르게 답하는 능력을 측정하는 문항이다.
[해설]
민아는 압박질문이나 예상치 못한 질문에 대해 걱정을 하고 있으므로 침착하게 대응하라고 조언을 해주는 것이 좋다.

답 ③

### (4) 의사표현능력

① 의사표현의 개념과 종류
 ㉠ 개념 : 화자가 자신의 생각과 감정을 청자에게 음성언어나 신체언어로 표현하는 행위이다.
 ㉡ 종류
  • 공식적 말하기 : 사전에 준비된 내용을 대중을 대상으로 말하는 것으로 연설, 토의, 토론 등이 있다.
  • 의례적 말하기 : 사회·문화적 행사에서와 같이 절차에 따라 하는 말하기로 식사, 주례, 회의 등이 있다.
  • 친교적 말하기 : 친근한 사람들 사이에서 자연스럽게 주고받는 대화 등을 말한다.

② 의사표현의 방해요인
 ㉠ 연단공포증 : 연단에 섰을 때 가슴이 두근거리거나 땀이 나고 얼굴이 달아오르는 등의 현상으로 충분한 분석과 준비, 더 많은 말하기 기회 등을 통해 극복할 수 있다.
 ㉡ 말 : 말의 장단, 고저, 발음, 속도, 쉼 등을 포함한다.
 ㉢ 음성 : 목소리와 관련된 것으로 음색, 고저, 명료도, 완급 등을 의미한다.
 ㉣ 몸짓 : 비언어적 요소로 화자의 외모, 표정, 동작 등이다.

ⓜ 유머 : 말하기 상황에 따른 적절한 유머를 구사할 수 있어야 한다.

③ 상황과 대상에 따른 의사표현법

    ㉠ **잘못을 지적할 때** : 모호한 표현을 삼가고 확실하게 지적하며, 당장 꾸짖고 있는 내용에만 한정한다.

    ㉡ **칭찬할 때** : 자칫 아부로 여겨질 수 있으므로 센스 있는 칭찬이 필요하다.

    ㉢ **부탁할 때** : 먼저 상대방의 사정을 듣고 응하기 쉽게 구체적으로 부탁하며 거절을 당해도 싫은 내색을 하지 않는다.

    ㉣ **요구를 거절할 때** : 먼저 사과하고 응해줄 수 없는 이유를 설명한다.

    ㉤ **명령할 때** : 강압적인 말투보다는 'ㅇㅇ을 이렇게 해주는 것이 어떻겠습니까?'와 같은 식으로 부드럽게 표현하는 것이 효과적이다.

    ㉥ **설득할 때** : 일방적으로 강요하기보다는 먼저 양보해서 이익을 공유하겠다는 의지를 보여주는 것이 좋다.

    ㉦ **충고할 때** : 충고는 가장 최후의 방법이다. 반드시 충고가 필요한 상황이라면 예화를 들어 비유적으로 깨우쳐주는 것이 바람직하다.

    ㉧ **질책할 때** : 샌드위치 화법(칭찬의 말 + 질책의 말 + 격려의 말)을 사용하여 청자의 반발을 최소화 한다.

---

**예제 5**

당신은 팀장님께 업무 지시내용을 수행하고 결과물을 보고 드렸다. 하지만 팀장님께서는 "최대리 업무를 이렇게 처리하면 어떡하나? 누락된 부분이 있지 않은가."라고 말하였다. 이에 대해 당신이 행할 수 있는 가장 부적절한 대처 자세는?

① "죄송합니다. 제가 잘 모르는 부분이라 이수혁 과장님께 부탁을 했는데 과장님께서 실수를 하신 것 같습니다."

② "주의를 기울이지 못해 죄송합니다. 어느 부분을 수정보완하면 될까요?"

③ "지시하신 내용을 제가 충분히 이해하지 못하였습니다. 내용을 다시 한 번 여쭤보아도 되겠습니까?"

④ "부족한 내용을 보완하는 자료를 취합하기 위해서 하루정도가 더 소요될 것 같습니다. 언제까지 재작성하여 드리면 될까요?"

[출제의도]
상사가 잘못을 지적하는 상황에서 어떻게 대처해야 하는지를 묻는 문항이다.
[해설]
상사가 부탁한 지시사항을 다른 사람에게 부탁하는 것은 옳지 못하며 설사 그렇다고 해도 그 일의 과오에 대해 책임을 전가하는 것은 지양해야 할 자세이다.

**답** ①

④ 원활한 의사표현을 위한 지침
　　㉠ 올바른 화법을 위해 독서를 하라.
　　㉡ 좋은 청중이 되라.
　　㉢ 칭찬을 아끼지 마라.
　　㉣ 공감하고, 긍정적으로 보이게 하라.
　　㉤ 겸손은 최고의 미덕임을 잊지 마라.
　　㉥ 과감하게 공개하라.
　　㉦ 뒷말을 숨기지 마라.
　　㉧ 첫마디 말을 준비하라.
　　㉨ 이성과 감성의 조화를 꾀하라.
　　㉩ 대화의 룰을 지켜라.
　　㉪ 문장을 완전하게 말하라.

⑤ 설득력 있는 의사표현을 위한 지침
　　㉠ 'Yes'를 유도하여 미리 설득 분위기를 조성하라.
　　㉡ 대비 효과로 분발심을 불러 일으켜라.
　　㉢ 침묵을 지키는 사람의 참여도를 높여라.
　　㉣ 여운을 남기는 말로 상대방의 감정을 누그러뜨려라.
　　㉤ 하던 말을 갑자기 멈춤으로써 상대방의 주의를 끌어라.
　　㉥ 호칭을 바꿔서 심리적 간격을 좁혀라.
　　㉦ 끄집어 말하여 자존심을 건드려라.
　　㉧ 정보전달 공식을 이용하여 설득하라.
　　㉨ 상대방의 불평이 가져올 결과를 강조하라.
　　㉩ 권위 있는 사람의 말이나 작품을 인용하라.
　　㉪ 약점을 보여 주어 심리적 거리를 좁혀라.
　　㉫ 이상과 현실의 구체적 차이를 확인시켜라.
　　㉬ 자신의 잘못도 솔직하게 인정하라.
　　㉭ 집단의 요구를 거절하려면 개개인의 의견을 물어라.
　　ⓐ 동조 심리를 이용하여 설득하라.
　　ⓑ 지금까지의 노고를 치하한 뒤 새로운 요구를 하라.
　　ⓒ 담당자가 대변자 역할을 하도록 하여 윗사람을 설득하게 하라.
　　ⓓ 겉치레 양보로 기선을 제압하라.
　　ⓔ 변명의 여지를 만들어 주고 설득하라.
　　ⓕ 혼자 말하는 척하면서 상대의 잘못을 지적하라.

(5) 기초외국어능력

① 기초외국어능력의 개념과 필요성
　　㉠ 개념 : 기초외국어능력은 외국어로 된 간단한 자료를 이해하거나, 외국인과의 전화응대
　　　　와 간단한 대화 등 외국인의 의사표현을 이해하고, 자신의 의사를 기초외국어로 표현
　　　　할 수 있는 능력이다.
　　㉡ 필요성 : 국제화·세계화 시대에 다른 나라와의 무역을 위해 우리의 언어가 아닌 국제
　　　　적인 통용어를 사용하거나 그들의 언어로 의사소통을 해야 하는 경우가 생길 수 있다.

② 외국인과의 의사소통에서 피해야 할 행동
　　㉠ 상대를 볼 때 흘겨보거나, 노려보거나, 아예 보지 않는 행동
　　㉡ 팔이나 다리를 꼬는 행동
　　㉢ 표정이 없는 것
　　㉣ 다리를 흔들거나 펜을 돌리는 행동
　　㉤ 맞장구를 치지 않거나 고개를 끄덕이지 않는 행동
　　㉥ 생각 없이 메모하는 행동
　　㉦ 자료만 들여다보는 행동
　　㉧ 바르지 못한 자세로 앉는 행동
　　㉨ 한숨, 하품, 신음소리를 내는 행동
　　㉩ 다른 일을 하며 듣는 행동
　　㉪ 상대방에게 이름이나 호칭을 어떻게 부를지 묻지 않고 마음대로 부르는 행동

③ 기초외국어능력 향상을 위한 공부법
　　㉠ 외국어공부의 목적부터 정하라.
　　㉡ 매일 30분씩 눈과 손과 입에 밸 정도로 반복하라.
　　㉢ 실수를 두려워하지 말고 기회가 있을 때마다 외국어로 말하라.
　　㉣ 외국어 잡지나 원서와 친해져라.
　　㉤ 소홀해지지 않도록 라이벌을 정하고 공부하라.
　　㉥ 업무와 관련된 주요 용어의 외국어는 꼭 알아두자.
　　㉦ 출퇴근 시간에 외국어 방송을 보거나, 듣는 것만으로도 귀가 트인다.
　　㉧ 어린이가 단어를 배우듯 외국어 단어를 암기할 때 그림카드를 사용해 보라.
　　㉨ 가능하면 외국인 친구를 사귀고 대화를 자주 나눠 보라.

# 출제예상문제

**1** 다음은 은행의 보수적인 금융행태의 원인에 대하여 설명하는 글이다. 다음 글에서 지적한 가장 핵심적인 은행의 보수적인 모습으로 적절한 것은?

> 외환위기 이후 구조조정 과정에서 은행은 생존을 위해서는 양호한 경영실적을 올리는 것이 중요하다는 것을 절감하였다. 특히 단기수익을 중시하는 성향이 높은 외국인의 지분 확대는 은행의 단기수익성 제고에 대한 부담을 가중시켰다. 이에 따라 은행은 상대적으로 위험부담이 적고 수익창출이 용이한 가계대출을 중심으로 대출을 증가시키게 되었다. 2000년대 초반 가계대출의 예대마진이 중소기업대출보다 높았던 데다 부동산시장이 활황세를 나타냄에 따라 은행은 가계대출을 증가시킴으로써 수익을 향상시킬 수 있었다. 중소기업대출의 예대마진이 가계대출을 상회한 2000년대 중반 이후에도 부동산시장의 호조와 상대적으로 낮은 연체율 등에 힘입어 은행은 가계대출 중심의 대출행태를 지속하였다.
>
> 단기수익 중시의 단견주의(short-termism)는 은행 임직원의 행태에도 큰 영향을 미쳤다. 대체로 3년 정도의 임기인 은행장은 장기 비전을 가지고 은행을 경영하기보다는 단기수익을 극대화할 수 있는 영업 전략을 선택할 수밖에 없게 되었다. 또한 직원에 대한 핵심성과지표(Key Performance Index : KPI)가 수익성 및 여수신 유치실적 등 단기성과 중심으로 구성되어 있어 위험성이 높지만 성장 가능성이 높은 유망한 중소·벤처 기업에 대한 대출보다는 주택담보대출과 같이 상대적으로 안전하고 손쉬운 대출을 취급하려는 유인이 높아졌다.

① 내부 임직원에 대한 구태의연한 평가방식
② 은행장의 무모한 경영 전략 수립
③ 대기업에 집중된 기업대출 패턴
④ 수익성 추구의 단기성과주의
⑤ 지급준비율 인상을 통한 현금 보유 확대

> (Tip) 외환위기 이후 생존을 위해 경영실적을 올려야 했던 것이 결과적으로 은행으로 하여금 마진율이 높고 리스크가 적은 가계대출 위주의 영업을 지향하게 했던 것이므로 이러한 단기성과주의가 가장 핵심적인 은행의 보수적 금융행태라고 할 수 있다.

**2** NH농협은행 상담 직원은 인터넷 뱅킹 관련 고객과 상담을 진행 중이다. 다음과 같은 고객의 말을 듣고 직원이 응답한 다음의 내용 중, 바람직한 경청의 자세에 입각한 응대 내용이 아닌 것은?

> 고객 : 전 왜 인터넷 뱅킹을 그렇게 많이들 하고 있는지 도무지 이해할 수가 없어요. 돈과 관련된
> 일은 창구에 와서 직원에게 직접 의뢰를 해야지 어떻게 기계에 의존한다는 거지요? 그러다가
> 실수나 오작동이라도 하는 날엔 내 돈을 어디 가서 찾는단 말이오? 
> 다른 건 몰라도 돈 문제는 사람이 해결하는 게 맞는 방법이라고 봅니다.
> 직원 : (                                                )

① "그렇게 생각하실 수 있습니다. 그럼 고객님께서는 오늘도 창구에서 송금 업무를 보실 거란 말씀이지요?"

② "저도 처음에 실수한 경험이 있어서 고객님 마음 이해가 됩니다."

③ "그러시군요. 그러면 혹시 지금 스마트폰도 사용하지 않으신가요? 인터넷을 이용한 쇼핑 같은 것도 잘 안 하실 것 같은데..."

④ "물론 고객님 말씀하시는 문제가 충분히 발생할 수 있기는 합니다."

⑤ "그럼 고객님, 혹시 인터넷 뱅킹의 편리한 점에 대해서는 알아보신 적 있으신지 여쭤도 될까요?"

> (Tip) ③ 올바른 경청을 방해하는 대표적 요인 중 하나가 상대방 의견을 듣고 섣부른 판단을 하는 일이다. 직원은 고객의 의견을 듣고 다른 일까지 넘겨짚어 판단하고 있으므로 바람직한 경청의 자세에 부합되지 않는다고 볼 수 있다.
> ① 상대방 말의 내용을 요약하는 자세
> ② 나의 상황과 관련지어 생각하는 자세
> ④ 상대방의 주장에 일단 긍정하는 반응을 보이는 자세
> ⑤ 상대방의 주장을 듣고 질문하는 자세

*Answer*↴ 1.④ 2.③

**3** 다음은 농협은행의 각종 인사제도와 관련한 내용이다. 이를 통해 알 수 없는 제도는?

> 여성 채용에 있어서 남녀평등을 실현하기 위해 노력한 결과, 전체 인원대비 여성비율과 여성관리자 비율이 점차 증가하고 있습니다. 2015년 말 현재 여직원 구성 비율은 41.1%입니다. 이와 더불어 지역에 연고를 둔 우수한 인재를 채용하여 지역사회의 발전에도 기여하고, 지역 밀착도를 높임으로써 영업활동의 경제적 성과를 제고하기 위해 지역별로 채용인원을 할당하여 선발하는 인력채용 제도를 운영하고 있습니다. NH농협은행은 영업활동과 경제적 성과가 지역사회와 밀접하게 관련되어 있고 지역에 거주하는 우수한 인재들을 통해 달성될 수 있기 때문에 총 선발인원의 절반가량을 지역별로 할당하여 신규직원을 채용하고 있습니다.
>
> NH농협은행 직원의 보상체계는 기본급과 성과급으로 크게 구분되며, 성과급 지급은 공정하고 객관적인 평가과정을 거쳐 운영되고 있습니다. 임원의 경우, 기본급 산정은 직원과 동일한 체계를 갖고 있으나, 성과급여제도는 경영성과 평가를 반영하여 운영되고 있습니다.
>
> 산전·후 휴가제도를 통해 직원이 임신 16주 이후에 출산(조산, 사산, 유산 포함)한 경우와 16주 미만에 유산한 경우로 나누어 각각에 휴가를 부여하고 있습니다. 실근무기간이 1년 이상인 직원이 만 9세 이하 또는 초등학교 3학년 이하의 자녀를 양육할 수 있도록 육아휴직 제도를 운영하고 있습니다.
>
> 종업원들에게 안정적인 작업장을 만들어주기 위해 NH농협은행은 1년 이상 근속한 전 임직원이 일시에 퇴직할 경우에 퇴직금지급규정과 임원퇴직금지급규정에 따라 지급할 퇴직금 총 추계액을 '퇴직급여충당부채'로 대차대조표에 계상하고 있습니다. 아울러 대차대조표일 현재 임직원의 퇴직금 수급권을 보장하기 위해 퇴직보험에 가입하였습니다.

① 퇴직연금제도
② 모성보호제도
③ 복리후생제도
④ 보상제도
⑤ 고용제도

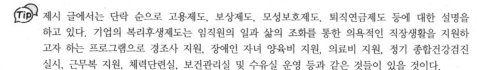 제시 글에서는 단락 순으로 고용제도, 보상제도, 모성보호제도, 퇴직연금제도 등에 대한 설명을 하고 있다. 기업의 복리후생제도는 임직원의 일과 삶의 조화를 통한 의욕적인 직장생활을 지원하고자 하는 프로그램으로 경조사 지원, 장애인 자녀 양육비 지원, 의료비 지원, 정기 종합건강검진 실시, 근무복 지원, 체력단련실, 보건관리실 및 수유실 운영 등과 같은 것들이 있을 것이다.

**4** 다음 내용을 참고할 때, 빈 칸에 들어갈 알맞은 사자성어는?

> 국내 최고 경영자들에게 '오늘이 있기까지 가장 마음에 새기는 사자성어는 무엇인가'라고 물었더니, 가장 많은 사람이 '입술이 없으면 이가 시리다'라는 뜻의 (          )을/를 선택했다고 한다. 이 말은 '서로 도움으로써 성립되는 밀접한 관계'를 비유하는 말이다.

① 순망치한(脣亡齒寒)
② 이열치열(以熱治熱)
③ 상부상조(相扶相助)
④ 유유상종(類類相從)
⑤ 상선약수(上善若水)

> Tip ① **순망치한**: 이가 없으면 이가 시리다
> ② **이열치열**: 열을 열로써 다스림
> ③ **상부상조**: 서로 의지하고 서로 도움
> ④ **유유상종**: 같은 성격이나 성품을 가진 무리끼리 모이고 사귀는 모습
> ⑤ **상선약수**: 최고의 선은 물과 같다. 물을 세상에서 으뜸가는 선으로 삼는다는 의미

**5** 다음에서 밑줄 친 단어와 의미상의 쓰임새가 다른 것은?

> 전동차를 운행하던 기관사는 출입문 바깥쪽에 녹이 <u>생긴</u> 걸 알게 되었다.

① 선로 공사를 하다가 바닥 자갈 더미에 커다란 구멍이 <u>생기게</u> 되었다.
② 서울역 앞길에는 어제 밤 내린 눈으로 거대한 빙판길이 <u>생겼다</u>.
③ 지난주에는 2등에 당첨되었어도 큰돈이 <u>생기지는</u> 않았을 것이다.
④ 열차 한 대가 갑자기 정지하니 뒤따르던 다른 열차 운행 계획에도 차질이 <u>생겼다</u>.
⑤ 화재 시의 행동요령 매뉴얼이 없으면 자칫 대형 사고가 <u>생길</u> 수 있다.

> Tip ①②④⑤ 모두 '없던 것이 새로 있게 되다.'는 의미로 쓰인 '생기다'이다. '문제, 사고, 얼룩, 흉터, 아이, 버릇 등이 생기다와 같은 의미이다.
> ③ '자기의 소유가 아니던 것이 자기의 소유가 되다'의 의미로 쓰인 '생기다'이다. '돈이나 땅이 새로 생기다'의 경우에 쓰인다.

Answer → 3.③  4.①  5.③

**6** 다음 글의 단락 ㈎~㈐ 중, 전체 글의 맨 마지막에 위치시키기에 가장 적절한 단락은?

㈎ 생명의 기원에 대해서는 이제까지 인류 문명에서 매우 다양한 방식으로 설명되어 왔다. 18세기 이후 근대 과학이 등장하기 이전까지만 해도 생명의 기원에 관한 설명은 늘 종교 혹은 신화의 영역이었고, 이러한 설명은 문화와 민족의 다양성에도 불구하고 어느 문화권에서나 발견되는 상존 영역이었다. 이것은 인간이 늘 자신의 기원, 나아가서는 자신을 둘러싸고 있는 생명의 기원에 대해 항상 관심을 갖고 있으며 그러한 질문에서 자유로울 수 없었다는 점을 의미한다.

㈏ 우리에게도 잘 알려져 있는 그리스 로마 신화는 이러한 인간의 노력을 보여주는 중요한 문화유산이다. 현대의 어느 누구도 더 이상 그리스 신화를 종교로 보고 그 신들을 숭배하지는 않지만 여전히 그리스 신화는 매력적인 탐구의 대상이고 서양 문명을 지탱해 온 중요한 문화유산이다.

㈐ 역사의 진행, 그리고 사유의 발전에 따라 우리는 어디에서 왔는가 하는 질문은 종교와 신화의 영역에서 점차 철학의 영역이 되었다. 이것은 인간은 어떤 존재인가 하는 질문과도 맞닿아 있을 뿐 아니라 인간의 삶의 의미는 과연 어디에서 찾을 수 있는가 하는 질문과도 연결된다. 누구나 인정할 수 있는 명쾌한 답을 찾기는 어려울 것처럼 보이는 이러한 질문에 대해 과학은 나름의 합리성을 가지고 대답할 태세를 갖춘 것처럼 보인다. 그것은 소위 빅뱅 이론이다. 약 137억년에 우주의 어느 한 지점에서 대폭발이 일어난 후 엄청난 속도로 우주가 팽창하였다는 이 이론은 과학 특유의 합리성을 내세우며 제시되었고 지금도 많은 논란 속에 발전이 진행 중이다.

㈑ 그러나 현재 시점에서 가장 진일보한 것으로 여겨지는 과학 이론 역시 완전하다고 말할 수는 없다. 과학 내부에서만 보더라도 빅뱅 우주론의 대안으로 정상 우주론이 제안되었다. 뉴턴의 역학이 아인슈타인의 상대성 이론에 의해 전복되고 아인슈타인의 이론 역시 현대 물리학의 발전 속에 계속적으로 수정 보완되는 것처럼 빅뱅 이론 역시 계속적으로 진화 중이고 이를 뒤집는 혁신적 이론이 나올 수도 있다.

㈒ 다만 중요한 것은 사람들은 이와 같이 당장 해결하지 않아도 사는 것에 큰 지장이 없는 것처럼 보이는 이러한 추상적인 질문, "우주는 어디에서 왔는가?", "생명의 기원은 어디에서 찾을 수 있는가?"라는 질문에 대한 대답을 찾기 위해 지칠 줄 모르고 계속 노력하고 있고 고민하고 있다는 점이다. 이것은 인간이 자신의 존재의미를 찾기 위해 끝없이 탐구하고 있다는 것을, 그리고 인간은 그러한 의미를 스스로 부여해야만 살 수 있는 존재임을 보여준다. 인간은 우주에 그냥 던져진 존재가 아니라는 점을 스스로에게 증명하고 싶어 하고, 그럴 때에만 살 수 있는 존재인 셈이다.

① ㈎
② ㈏
③ ㈐
④ ㈑
⑤ ㈒

Tip ㈏ 단락이 맨 뒤로 가면 나머지 문단들은 자연스러운 문맥의 흐름을 유지한다. 생명의 기원에 대한 해석 방식을 시대적으로 설명하며 후반부에서는 그러한 해석의 시도가 곧 인간의 존재론적인 의미를 부여해 준다고 주장한다.
㈏ 단락이 말미에 위치함으로써, 이 글의 뒤에서 그리스 신화에 대한 언급이 추가될 것을 암시하고 있다고 볼 수 있다.

**7** 유네스코에서는 '문화다양성' 보호와 증진을 위한 8개의 원칙을 설정하여 당사국들이 이에 따른 권리와 의무를 다할 것을 요구하고 있다. 다음에 제시되는 8가지 원칙에 나타나지 않은 원칙은?

---

1) 국제법에 의해 보장된 인권을 침해하거나 그 범위를 제한할 목적으로 본 협약의 조항을 인용해서는 안 된다. 문화적 다양성은 표현정보 교환의사소통의 자유를 비롯하여 문화적 표현방식을 자유로이 선택하는 개인의 능력 등과 같은 기본적 자유가 보장될 때에만 보호받고 증진될 수 있다.

2) 유엔헌장과 국제법 원칙에 의거하여 국가는 자국의 영토 내에서 문화적 표현의 다양성을 보호하고 증진하기 위한 정책과 방안을 채택할 주권을 지닌다.

3) 문화적 표현의 다양성을 보호하고 증진하는 일은 소수 민족이나 토착민의 문화를 포함하여 모든 문화가 동등한 존엄성을 지니며 동일하게 존중되어야 한다는 사실을 전제로 한다.

4) 국제적 협력과 연대는 각국 특히 개발도상국이 초기단계에 있거나 이미 확립된 자국의 문화산업을 포함하여 문화적 표현수단을 형성하고 강화할 수 있도록 하는 국내외적 노력을 목적으로 해야 한다.

5) 문화는 발전의 원동력이기 때문에 발전의 문화적 측면은 그 경제적 측면만큼이나 중요하여 개인이나 민족은 이에 참여하고 향유할 기본적인 권리를 지닌다.

6) 문화다양성은 개인과 사회에 풍부한 자산이 된다. 현재와 미래세대가 혜택을 누릴 수 있도록 지속가능한 발전을 이루기 위해 반드시 필요한 조건은 문화다양성을 보호하고 증진하는 일이다.

7) 문화다양성을 높이고 상호이해를 촉진하기 위해서는 누구나 전 세계 각국의 풍부하고 다양한 문화적 표현에 접근할 수 있어야 하고 각 문화가 자문화를 표현하고 널리 알리기 위한 표현수단을 획득할 수 있어야 한다.

8) 국가가 문화적 표현의 다양성을 지원하는 방안을 채택할 때는 다른 국가의 문화에 대한 개방성을 적절한 방식으로 증진해야 하며 이러한 방안이 본 협약이 추구하는 목적과 부합함을 확인해야 한다.

---

① 발전의 경제적 측면과 문화적 측면의 상호보완원칙
② 반문화적 정치개입 금지의 원칙
③ 개방성과 균형의 원칙
④ 국제적 연대와 협력의 원칙
⑤ 주권의 원칙

 정치개입 금지한다는 의미의 언급이나 조항은 찾아볼 수 없다.
　※ 8가지 조항의 원칙
　　㉠ 인권과 기본적 자유존중의 원칙
　　㉡ 주권의 원칙
　　㉢ 모든 문화의 동등한 존엄성과 존중의 원칙
　　㉣ 국제적 연대와 협력의 원칙
　　㉤ 발전의 경제적 측면과 문화적 측면의 상호보완원칙
　　㉥ 지속가능성의 원칙
　　㉦ 자유로운 접근의 원칙
　　㉧ 개방성과 균형의 원칙

---

**Answer** 6.② 7.②

**┃8～9┃ 다음은 A공사의 '여비규정'의 일부 내용이다. 이를 읽고 이어지는 물음에 답하시오.**

제2조[여비의 종류] 여비는 운임ㆍ일비ㆍ숙박비ㆍ식비 등으로 구분한다.

제4조[여비의 계산] 여비는 일반적인 경로에 의하여 지급한다. 단, 업무형편상 또는 천재 기타 부득이한 사유로 인하여 일반적인 경로에 의한 여행이 곤란할 때에는 그 실지 경로에 의하여 계산하며, 별표 1의 여비지급 구분표에서 규정한 상한액을 초과할 수 없다.

제5조[여비지급의 예외]
① 공사는 여비를 지급하지 아니할 충분한 이유가 있다고 인정될 때에는 여비의 정액을 감하거나 여비의 전부 또는 일부를 지급하지 아니할 수 있다.
② 학회 또는 학술대회 참석 등으로 인한 관외출장은 연2회의 범위 내에서 여비를 지급할 수 있다.
③ 2인 이상의 직원이 같은 목적으로 동행하여 출장할 경우에는 그 동행자 중 가장 높은 등급을 적용받는 자의 여비를 기준으로 지급할 수 있다. 단, 관내의 출장은 제외한다.

제6조[여비일수의 계산]
① 여비일수는 업무에 소요되는 일수에 의한다. 단, 업무로 출장지에 체재하는 일수 및 여행도중 천재, 기타 부득이한 사유로 인하여 소요되는 일수는 업무로 소요되는 일수에 포함된다.
② 여행도중 선로 변경이나 직급의 변경에 의하여 여비의 계산을 달리하여야 할 필요가 있을 때에는 그 사유가 발생한 후 최초의 목적지에 도착한 날로부터 이를 계산한다.

제7조[출장지의 구분] 출장지는 관내출장지와 관외출장지로 구분한다. 관내출장지는 시 지역 중 여행거리가 8km 이내이거나 여행시간이 4시간 이내인 경우이며, 이외의 지역을 관외출장지로 한다.

제8조[장기체재 여비] 출장자가 동일지역에 장기간 체재하는 경우에는 현지 교통비 및 식비는 그 지역에 도착한 익일부터 다음의 각호의 순에 따라 감액 지급한다.
  1. 15일을 초과할 때에는 그 초과일수에 대하여 정액의 10%
  2. 30일을 초과할 때에는 그 초과일수에 대하여 정액의 20%
  3. 60일을 초과할 때에는 그 초과일수에 대하여 정액의 30%

제9조[여비의 정액]
① 여비는 별표 1의 여비지급 구분표 및 공무원 여비규정의 국내여비 정액표를 준용한다.
② 항공편을 이용 시에는 사전에 관계부서의 승인을 얻어야 한다.
③ 수로 여행기간 중에 있어서는 천재, 기타 부득이한 사유로 육상에서 숙박하는 경우를 제외하고는 숙박료를 지급하지 아니한다.
④ 운임적용에 있어 해당등급이 없는 경우에는 실제 운행등급의 요금을 지급한다.

제9조의1[지급의 제한] 현재 교통비 및 식비는 여행일수에 따라 이를 지급하되 공사 차량을 이용할 경우에는 운임(철도, 선박, 항공, 자동차) 및 현지 교통비는 지급하지 아니한다.

제9조의2[근무지내 출장 시의 여비] 시 안에서의 출장이나 출장여행 시간이 4시간 이내인 자에 대하여는 10,000원을 지급한다.

**8** 위의 여비규정을 본 A공사 신입사원들의 다음과 같은 의견 중, 규정의 내용을 올바르게 파악하지 못한 사람의 의견에 해당하는 것은?

① "부득이한 사유로 교통비가 과하게 발생하게 되면, 그런 경우에 맞는 별도 지급기준이 있구나."

② "출장지에서 기상 악화로 하루 더 머물게 되면 여비도 하루치를 더 받게 되네."

③ "여행시간이 2시간 밖에 안 걸리지만 거리가 12km인 곳은 관내출장지가 되겠구나."

④ "관내출장을 선배직원과 함께 가게 될 경우에는 선배직원의 여비 지급기준에 의해 여비를 지급받는 게 아니군."

⑤ "하루 교통비와 식비가 5만 원인 곳에 20일 간 있으면 총 교통비와 여비가 975,000원이 되겠구나."

> **Tip** 천재지변 등 부득이한 사유로 교통비가 과하게 발생하면 실비를 지급하는 것이며, 그에 맞는 정해진 지급기준이 있는 것은 아니다.
> ② 기상 악화에 의한 부득이한 경우이므로 여비지급 일수에 포함된다.
> ③ 여행시간과 여행거리 중 어느 하나라도 해당되는 곳은 관내출장지로 구분하고 있다.
> ④ 관내출장의 경우이므로 높은 등급의 여비 적용자의 기준을 따르는 것이 아니다.
> ⑤ 15일이 넘는 기간이므로 15일째까지는 50,000×15=750,000원, 16일째부터 5일 간은 10% 감액된 45,000×5=225,000원을 지급받게 되어 총 975,000원이 된다.

**9** 다음 중 위에서 언급된 밑줄 친 '별표 1의 여비지급 구분표'에 포함될만한 내용으로 거리가 먼 것은?

① 직급별 하루 식비 지급액

② 항공 노선별 항공료 지급 기준

③ 직급별 숙박비 지급 기준

④ 국가별 등급에 의한 일비 적용 기준

⑤ 직급별 운임의 상한액

> **Tip** 보통 갑지, 을지 또는 1급지, 2급지 등으로 구분되는 국가별 등급은 해외 출장 시의 일비, 숙박비, 식비 등의 체재비를 직급별로 구분하여 지급하기 위한 기준이 된다. 제시된 여비규정은 모두 국내 여행 및 출장에 해당하므로 국가별 등급에 의한 일비 적용 기준은 '별표 1'에 포함될 사항으로 거리가 멀다.

*Answer*→ 8.① 9.④

**10** 다음 글을 참고할 때, 올바른 설명이 아닌 것은?

> 한반도는 태백산맥이 한반도 우편에 있으며, 동쪽이 높고 서쪽이 낮은 구조로 되어 있어, 우리나라 하천 대부분은 서해나 남해로 유입한다. 깊은 계곡이 조밀하게 발달하여 유역면적과 비교하면 하천 길이가 길고 하천 밀도도 높은 것이 특징이다. 이러한 우리나라 하천은 일반적으로 '시내', '내', '강(江)' 및 '천(川)' 등으로 구분하고 있으며, 행정 실무에서는 법으로 하천을 설정하여 관리하고 있으며, 크게는 하천과 소하천으로 구분할 수 있다. 하천이라 하면 보통 하천법이 적용되는 법정하천을 지칭하며, 법정하천은 국가하천과 지방하천으로 구분한다. 국가하천은 국토 보전상 또는 국민경제상 중요한 하천으로서 국토교통부장관이 그 명칭과 구간을 지정하며, 지방하천은 지방의 공공이해와 밀접한 관계가 있는 하천으로서 시·도지사가 그 명칭과 구간을 지정한다. 소하천은 하천법이 아닌 소하천정비법의 적용을 받는 하천이며, 시장·군수 또는 자치구의 구청장이 그 명칭과 구간을 지정한다. 이렇듯 우리나라 하천은 하천법 또는 소하천정비법에 따라 준용되고 있으며, 하천 대부분이 국가하천, 지방하천 및 소하천에 해당된다.
>
> 우리나라 하천 중 규모가 크고 널리 알려진 하천은 대부분 국가하천이다. 국가하천은 유역면적 크기가 대부분 큰 편(200㎢ 이상)이므로 대하천이라 할 수 있으며, 또한 주요 하천이라 할 수 있다. 전국 국가하천은 62개소이며, 지방하천은 3,773개소이며, 권역별 시도별 하천현황은 다음과 같다.

| 구분 | 합계 | | 국가 | | 지방 | |
|---|---|---|---|---|---|---|
| | 개소 | 연장(km) | 개소 | 연장(km) | 개소 | 연장(km) |
| 전국 | 3,835 | 29,783 | 62 | 2,995 | 3,773 | 26,788 |
| 한강권역 | 913 | 8,566 | 19 | 917 | 894 | 7,649 |
| 낙동강권역 | 1,185 | 9,626 | 17 | 931 | 1,168 | 8,694 |
| 금강권역 | 877 | 6,105 | 17 | 682 | 860 | 5,423 |
| 섬진강권역 | 423 | 2,626 | 3 | 238 | 420 | 2,388 |
| 영산강권역 | 377 | 2,253 | 6 | 225 | 371 | 2,027 |
| 제주도권역 | 60 | 605 | – | – | 60 | 605 |

① 금강권역의 877개 하천은 하천법의 적용을 받는다.

② 한강권역의 913개 하천 중 서울시의 공공이해와 밀접한 관련이 있는 하천은 서울시장이 그 구간을 지정한다.

③ 국가하천과 지방하천의 구분 기준은 지리적 위치 및 하천면적의 크기가 아니다.

④ 우리나라 하천의 길이 상의 특징은 한반도의 지형에 의한 특징이다.

⑤ 제주도의 60개 하천은 모두 국토교통부 장관이 그 명칭을 지정한 것이다.

(Tip) 제주도의 60개 하천은 지방하천이라고 명시되어 있으므로 국토교통부 장관이 아닌, 시·도지사가 그 명칭과 구간을 지정하게 된다.

① 소하천이 아닌 대하천에 해당하므로 하천법의 적용을 받는다.

② 지방의 공공이해와 밀접한 관계가 있는 하천은 지방하천으로 분류되어 시·도지사가 그 명칭과 구간을 지정하게 된다.

③ 국토보존, 국민경제, 지방의 공공이익 등이 국가하천과 지방하천의 구분 기준이 된다.
④ 동고서저의 지형과 조밀한 계곡의 발달로 인해 하천의 길이가 길고 밀도가 높다고 설명하고 있다.

**11** 다음 글의 주제로 가장 적절한 것은?

> 여성은 단일한 집단이 아니다. 한국 경제활동인구의 40% 이상을 차지하는 여성 집단 내부의 다양성은 남성 집단 일반과 비교하여도 적지 않다. 그럼에도 불구하고 '여성'을 대상으로 하는 정책은 여성이기에 공통적으로 직면하는 실질적 위험이 존재한다는 사회적 공감대를 바탕으로 만들어지고 운용된다. 노동 분야를 관통하는 여성정책이 해결하고자 하는 여성의 위험이란 무엇인가. 노동시장에서 여성과 남성의 구별을 발생시키는 위험이란 결국 '일·가정 양립'이라는 익숙한 슬로건이 드러내듯 출산과 육아라는 생애사적 사건과 이에 부과되는 책임에서 기인한다고 할 수 있다. 출산과 육아는 노동시장에 참가하고 있는 여성이 노동시장으로부터 이탈을 선택하고 이후 노동시장에 재진입하려고 할 때 좋은 일자리를 갖기 어렵게 만든다. 즉, 출산과 육아라는 생애사적 사건은 노동시장에서 여성을 취약하게 만든다.
>
> 하지만 다양한 여성이 직면하는 공통의 위험에 집중하는 여성정책은 여성 각자가 처한 상이한 상황과 경험을 간과함으로써 또 다른 배제를 발생시킬 가능성이 있다. 노동시장에서 여성과 남성의 구별을 발생시키는 생애사적 사건은 사전적으로 통계적 차별을 발생시키는 원인으로 작동하기도 한다. 그러나 출산과 육아라는 여성의 생애사적 사건에 집중하는 여성정책은 사전적으로 작동하는 통계적 차별과 사후적 어려움을 모두 해결하지 못한다. 나아가 여성을 출산과 육아라는 생애사적 사건을 갖는 단일 집단으로 환원시킨다. 결과적으로는 출산과 육아를 선택하지 않지만 통계적 차별을 동일하게 경험하는 여성은 정책으로부터 체계적으로 배제될 수 있다.

① 노동시장에 존재하는 정책은 남성을 위주로 실시되고 있다.
② 여성은 출산과 육아에 의해 생애사적인 경력단절을 경험하고 있다.
③ 다양성을 외면하는 노동 정책에 의해 여성의 노동력이 부당한 처우를 받을 수 있다.
④ 출산과 육아를 경험하지 않은 여성도 노동시장에서 부당한 대우를 받고 있다.
⑤ 여성은 남성과 달리 다양성이 매우 풍부한 노동력이다.

(Tip) 필자가 주장하는 바의 핵심적인 사항은 단순히 노동시장에서의 여성의 차별이 아니라, 여성의 다양성을 인정하지 못하는 정책으로 인해 모든 여성이 각자가 처한 상황보다 통계에 의한 공통의 생애사적 단일 집단으로 처우 받는다는 점이다. 따라서 ③의 내용이 가장 적절한 주제라고 볼 수 있다.

Answer → 10.⑤ 11.③

**12** 다음 제시된 글의 내용으로 볼 때, 빈 칸에 들어가야 할 문구로 가장 적절한 것은?

> 인간이 불확정적인 존재라는 현대 철학 이론들은 결국 인간에 대한 우리의 인식에 혼돈만을 가져다 줄 뿐인가? 데리다, 라깡, 보들리야르, 들뢰즈 등의 현대 철학자들의 이론은 인간의 사유와 존재에 대한 각각 다른 그리고 매우 심층적인 해답을 제시한다. 물론 이것들 중 그 어느 하나가 완벽하다거나 인간의 모든 현상을 한꺼번에 통째로 설명해 줄 수 있는 것은 아니다. 다만 확실한 것은 이러한 이론들이 우리가 이제까지 인식하지 못했고 포착하지도 못했던 삶의 진실들을 하나씩 들어 설명하고 있다는 점이고 그것들은 어떤 하나가 그 자체로 완벽한 것은 아닐지라도 세상과 나에 대한 인식의 지평을 넓혀가고 있다는 사실이다. 전체를 통괄하는 전지전능한 이론의 출현을 기대하기는 어렵겠지만 어쨌든 인간이라는 혼돈의 아틀란티스에서 패턴과 원리를 발견하고 있기는 한 것이다.
>
> 이와 같은 현상은 과학계에서도 마찬가지로 발견된다. 복잡해 보이는 자연 현상 속에 숨겨진 법칙이 근대 과학자들이 믿었듯이 아주 간단하고 단순한 원리인 것은 아니라 할지라도, 오히려 자연 현상 뒤에는 무수히 많은 변수가 존재하고 자연이란 이것들이 뒤엉켜 결합하는 혼돈의 상태라 하더라도, 그 혼돈 속에서 어떤 규칙성을 찾아낼 수 있다는 것이 제임스 글리크가 〈카오스〉에서 주장하는 바이다. 그의 주장은 큰 반향을 불러 일으켰다. 객관성, 증명가능성, 실험을 통한 반복 가능성 등 이제까지 과학의 근본 원리라고 믿어져 왔던 모든 원칙을 부인하면서도 동시에 혼돈 속에서 질서를 찾아내는 과학의 가능성을 설파하는 그의 주장은 과학 뿐 아니라 많은 철학 이론을 잉태하였고 또한 예술과 사회과학 분야에서도 여러 가지로 원용되고 있다. 가령 '나비 효과', '프랙탈 이론' 등이 그 좋은 예인데 이러한 용어들은 인문학, 사회과학, 자연과학, 공학 기술, 예술 등 모든 분야에서 현실의 혼돈 혹은 복잡계 현상을 설명하는 도구로 사용된다.
>
> 결국 현대 인문학과 과학은 추구하는 방법은 다르지만 어떤 한 가지 지향점을 향하여 간다고 할 수 있다. 그것은 바로 (
>
> )이다. 현대 학문은 인간, 사회, 자연 이 모든 것들이 우리가 처음에 생각했던 것처럼 그렇게 단순하지 않으며, 겹겹의 층을 이루고 있고 게다가 그것이 복잡하게 얽혀있음을 보여준다. 분과학문의 발전은 역설적이게도 어떤 현상의 설명을 위해서는 하나의 이론만으로는 불충분하다는 점을 보여주게 된 것이다. 여러 학문적 노력이 서로 만나고 의지하고 소통할 때에 좀 더 온전한 이해가 가능하다는 것이다.

① 어떤 식으로든 전체를 관통하는 패턴을 찾아낸다는 것

② 인간 자신을 이해하고 인간이 살고 있는 세계인 자연과 사회를 이해하려는 노력

③ 우리의 사고와 행동에 기준이 되는 지침을 제공하고 있다는 점

④ 명쾌하게 연결되어 역사를 이어가고 있는 커다란 단서의 제공

⑤ 인간과 자연과 사회의 질서를 유지시켜 혼돈으로부터의 탈출구를 모색하려는 시도

> (Tip) 인문학과 과학은 우리의 삶과 삶 속에서 마주치는 인간, 자연, 사회에 대하여 완벽하게 전체를 관통하는 이론을 뒷받침하지는 못한다. 그러나 그러한 복잡하고 혼란한 가치들을 이해할 수 있는 방향을 제시하고 그 안에서 질서와 원리를 끊임없이 찾아내려는 시도를 하고 있다고 필자는 주장한다. 따라서 인문학과 과학의 지향점은 결국 인간과 인간이 살고 있는 자연, 사회를 이해하려는 노력이라고 보는 것이 가장 타당하고 적절하다.

**13** 다음 글에서 추론할 수 있는 내용만을 바르게 나열한 것은?

> 빌케와 블랙은 얼음이 녹는점에 있다 해도 이를 완전히 물로 녹이려면 상당히 많은 열이 필요함을 발견하였다. 당시 널리 퍼진 속설은 얼음이 녹는점에 이르면 즉시 녹는다는 것이었다. 빌케는 쌓여있는 눈에 뜨거운 물을 끼얹어 녹이는 과정에서 이 속설에 오류가 있음을 알게 되었다. 눈이 녹는점에 있음에도 불구하고 많은 양의 뜨거운 물은 눈을 조금밖에 녹이지 못했기 때문이다.
> 블랙은 1757년에 이 속설의 오류를 설명할 수 있는 실험을 수행하였다. 블랙은 따뜻한 방에 두 개의 플라스크 A와 B를 두었는데, A에는 얼음이, B에는 물이 담겨 있었다. 얼음과 물은 양이 같고 모두 같은 온도, 즉 얼음의 녹는점에 있었다. 시간이 지남에 따라 B에 있는 물의 온도는 계속해서 올라갔다. 하지만 A에서는 얼음이 녹으면서 생긴 물과 녹고 있는 얼음의 온도가 녹는점에서 일정하게 유지되었는데 이 상태는 얼음이 완전히 녹을 때까지 지속되었다. 얼음을 녹이는 데 필요한 열량은 같은 양의 물의 온도를 녹는점에서 화씨 140도까지 올릴 수 있는 정도의 열량과 같았다. 블랙은 이 열이 실제로 온도계에 변화를 주지 않기 때문에 이를 '잠열(潛熱)'이라 불렀다.

> ㉠ A의 온도계로는 잠열을 직접 측정할 수 없었다.
> ㉡ 얼음이 녹는점에 이르러도 완전히 녹지 않는 것은 잠열 때문이다.
> ㉢ A의 얼음이 완전히 물로 바뀔 때까지, A의 얼음물 온도는 일정하게 유지된다.

① ㉠            ② ㉡

③ ㉠, ㉢        ④ ㉡, ㉢

⑤ ㉠, ㉡, ㉢

 블랙은 이 열이 실제로 온도계에 변화를 주지 않기 때문에 이를 '잠열(潛熱)'이라 불렀다.
→ ㉠ A의 온도계로는 잠열을 직접 측정할 수 없었다. - 참
     눈이 녹는점에 있음에도 불구하고 많은 양의 뜨거운 물은 눈을 조금밖에 녹이지 못했다. 이는 잠열 때문이다.
→ ㉡ 얼음이 녹는점에 이르러도 완전히 녹지 않는 것은 잠열 때문이다. - 참
     A에서는 얼음이 녹으면서 생긴 물과 녹고 있는 얼음의 온도가 녹는점에서 일정하게 유지되었는데 이 상태는 얼음이 완전히 녹을 때까지 지속되었다.
→ ㉢ A의 얼음이 완전히 물로 바뀔 때까지, A의 얼음물 온도는 일정하게 유지된다. - 참

**14** 다음 글의 내용을 근거로 한 설명 중 바르지 않은 것은?

> 우리의 의지나 노력과는 크게 상관없이 국제 정세 및 금융시장 등의 변화에 따라 우리나라가 수입에 의존하는 원자재 가격은 크게 출렁이곤 한다. 물론 이러한 가격 변동은 다른 가격에도 영향을 미치게 된다. 예를 들어 중동지역의 불안한 정세로 인해 원유 가격이 상승했고, 이로 인해 국내의 전기료도 올랐다고 해 보자. 그러면 국내 주유소들은 휘발유 가격을 그대로 유지할지 아니면 어느 정도 인상할 것인지에 대해 고민에 빠질 것이다. 만일 어느 한 주유소가 혼자 휘발유 가격을 종전에 비해 2% 정도 인상한다면, 아마 그 주유소의 매상은 가격이 오른 비율 2%보다 더 크게 줄어들어 주유소 문을 닫아야 할 지경에 이를지도 모른다. 주유소 주인의 입장에서는 가격 인상 폭이 미미한 것이라 하여도, 고객들이 즉시 값이 싼 다른 주유소에서 휘발유를 구입하기 때문이다. 그러나 전기료가 2% 오른다 하더라도 전기 사용량에는 큰 변화가 없을 것이다. 사람들이 물론 전기를 아껴 쓰게 되겠지만, 전기 사용량을 갑자기 크게 줄이기도 힘들고 더군다나 다른 전기 공급자를 찾기도 어렵기 때문이다.
>
> 이처럼 휘발유시장과 전기시장은 큰 차이를 보이는데, 그 이유는 두 시장에서 경쟁의 정도가 다르기 때문이다. 우리 주변에 휘발유를 파는 주유소는 여러 곳인 반면, 전기를 공급하는 기업은 그 수가 제한되어 있어 한 곳에서 전기 공급을 담당하는 것이 보통이다. 휘발유시장이 비록 완전경쟁시장은 아니지만, 전기시장에 비해서는 경쟁의 정도가 훨씬 크다. 휘발유시장의 공급자와 수요자는 시장 규모에 비해 개별 거래규모가 매우 작기 때문에 어느 한 경제주체의 행동이 시장가격에 영향을 미치기는 어렵다. 즉, 휘발유시장은 어느 정도 경쟁적이다. 이와는 대조적으로 전기 공급자는 시장가격에 영향을 미칠 수 있는 시장 지배력을 갖고 있기 때문에, 전기시장은 경쟁적이지 못하다.

① 재화의 소비자와 생산자의 수 측면에서 볼 때 휘발유시장은 전기시장보다 더 경쟁적이다.

② 새로운 기업이 시장 활동에 참가하는 것이 얼마나 자유로운가의 정도로 볼 때 휘발유시장은 전기시장보다 더 경쟁적이다.

③ 기존 기업들이 담합을 통한 단체행동을 할 수 있다는 측면에서 볼 때 휘발유시장이 완전 경쟁적이라고 할 수는 없다.

④ 휘발유시장의 경우와 같이 전기 공급자가 많아지게 된다면 전기시장은 휘발유시장보다 더 경쟁적인 시장이 된다.

⑤ 시장지배력 측면에서 볼 때 휘발유시장은 전기시장보다 더 경쟁적이다.

 ④ 전기 공급자가 많아지면 전기시장은 지금보다 더욱 경쟁적인 시장이 될 것이라고 판단할 수는 있으나, 그 경우 전기시장이 휘발유시장보다 더 경쟁적인 시장이 될 것이라고 판단할 근거가 제시되어 있지는 않다.
　① 시장에 참여하는 가계와 기업의 수가 많다면 이 시장은 경쟁적인 시장이 될 수 있으나, 그 수가 적은 경우 시장은 경쟁적일 수 없다.
　② 시장으로의 진입장벽이 낮을수록 시장은 경쟁적이며, 진입장벽이 높을수록 기존 기업은 소비자들에 대해 어느 정도의 영향력을 갖게 된다.
　③ 기존 기업들이 담합하여 단체행동을 하는 경우에는 그렇지 않은 경우에 비해 시장 지배력이 커져 이 시장은 경쟁시장의 특성에서 멀어진다. 즉, 휘발유시장은 완전경쟁시장이라고 할 수는 없다.
　⑤ 전기시장이 휘발유시장보다 시장가격에 영향을 미칠 수 있는 더 큰 시장 지배력을 갖고 있기 때문에, 전기시장은 휘발유시장보다 경쟁적이지 못하다.

**15** 다음 표준 임대차 계약서의 일부를 보고 추론할 수 없는 내용은?

> **[임대차계약서 계약조항]**
>
> 제1조[보증금] 을(乙)은 상기 표시 부동산의 임대차보증금 및 차임(월세)을 다음과 같이 지불하기로 한다.
> • 보증금 : 금○○원으로 한다.
> • 계약금 : 금○○원은 계약 시에 지불한다.
> • 중도금 : 금○○원은 2017년 ○월 ○일에 지불한다.
> • 잔  금 : 금○○원은 건물명도와 동시에 지불한다.
> • 차임(월세) : 금○○원은 매월 말일에 지불한다.
>
> 제4조[구조변경, 전대 등의 제한] 을(乙)은 갑(甲)의 동의 없이 상기 표시 부동산의 용도나 구조 등의 변경, 전대, 양도, 담보제공 등 임대차 목적 외에 사용할 수 없다.
>
> 제5조[계약의 해제] 을(乙)이 갑(甲)에게 중도금(중도금 약정이 없는 경우에는 잔금)을 지불하기 전까지는 본 계약을 해제할 수 있는 바, 갑(甲)이 해약할 경우에는 계약금의 2배액을 상환하며 을(乙)이 해약할 경우에는 계약금을 포기하는 것으로 한다.
>
> 제6조[원상회복의무] 을(乙)은 존속기간의 만료, 합의 해지 및 기타 해지사유가 발생하면 즉시 원상회복하여야 한다.

① 중도금 약정 없이 계약이 진행될 수도 있다.
② 부동산의 용도를 변경하려면 갑(甲)의 동의가 필요하다.
③ 을(乙)은 계약금, 중도금, 보증금의 순서대로 임대보증금을 지불해야 한다.
④ 중도금 혹은 잔금을 지불하기 전까지만 계약을 해제할 수 있다.
⑤ 원상회복에 대한 의무는 을(乙)에게만 생길 수 있다.

> **Tip** 주어진 자료를 빠르게 이해하여 문제가 요구하는 답을 정확히 찾아내야 하는 문제로, NCS 의사소통능력의 빈출문서이다.
> 제1조에 을(乙)은 갑(甲)에게 계약금 → 중도금 → 잔금 순으로 지불하도록 규정되어 있다.
> ① 제1조에 중도금은 지불일이 정해져 있으나, 제5조에 '중도금 약정이 없는 경우'가 있을 수 있음이 명시되어 있다.
> ② 제4조에 명시되어 있다.
> ④ 제5조의 규정으로, 을(乙)이 갑(甲)에게 중도금을 지불하기 전까지는 을(乙), 갑(甲) 중 어느 일방이 본 계약을 해제할 수 있다. 단, 중도금 약정이 없는 경우에는 잔금 지불하기 전까지 계약을 해제할 수 있다.
> ⑤ 제6조에 명시되어 있다.

**┃** 다음은 NH농협은행이 발급하는 '올바른 Travel카드'에 대한 서비스 안내 사항이다. 다음을 읽고 이어지는 물음에 답하시오.

---

### 〈특별 할인 서비스〉

- 중국 비자 발급센터에서 비자 발급 수수료 결제 시 50% 청구 할인
- 연 1회 / 최대 3만 원까지 할인
  * 전월 이용실적 30만 원 이상 시 제공
  * 본 서비스는 카드 사용 등록하신 달에는 제공되지 않으며, 그 다음 달부터 서비스 조건 충족 시 제공됩니다.

### 〈여행 편의 서비스〉

인천공항 제1여객터미널(1T) 및 제2여객터미널(2T)에 지정된 K BOOKS(케이북스) 매장에서 NH농협카드 올바른 TRAVEL카드를 제시하시면, 서비스 이용 가능 여부 확인 후 아래 이용권 중 희망하시는 이용권을 제공해 드립니다.

| 구분 | 세부내용 |
|---|---|
| 인천공항 고속도로 무료 이용 | 소형차(경차, 승용차, 12인승 승합차)에 한하여 인천공항 고속도로 톨게이트(신공항 톨게이트/북인천 톨게이트)에 무료 이용권 제출 시, 통행료 무료 혜택이 제공됩니다.<br>단, 소형차에 한하며, 중형/대형 차량의 경우는 적용이 불가합니다. |
| 인천공항 리무진버스 무료 이용<br>(1만 원 권) | ▶ 제1여객터미널<br>인천공항 1층 입국장 7번 승차장 앞 리무진 버스 옥외 통합매표소에서 무료 이용권 제출 시, 리무진버스 승차권으로 교환됩니다.<br>단, 1만 원 이하 승차에 한하며 1만 원 초과 시 차액은 회원별도 부담입니다.<br>또한 1만 원 미만 승차권 교환 시 잔액은 환불되지 않습니다. |
| 코레일공항철도 직통열차 무료 이용 | 공항철도 인천국제공항역 직통열차 안내데스크에서 무료 이용권 제출 시 직통열차 승차권으로 교환됩니다. |

### 〈해외이용 안내〉

해외이용금액은 국제브랜드사가 부과하는 수수료(UnionPay 0.6%)를 포함하여 매출표 접수일의 NH농협은행 고시 1회 차 전신환매도율 적용 후, NH농협카드가 부과하는 해외서비스수수료(0.25%)가 포함된 금액이 청구되며, 올바른 Travel카드 이용 시 UnionPay 수수료 0.03%, 당사 해외서비스수수료의 0.1% 할인 혜택이 주어집니다.

> ※ 해외이용 시 기본 청구금액 $= a + b + c$
> 해외이용대금($a$) : 해외이용금액(미화) × 농협은행 고시 1회 차 전신환매도율
> 국제브랜드수수료($b$) : 해외이용금액(미화) × (UnionPay 0.6%) × 농협은행 고시 1회 차 전신환매도율
> 해외서비스수수료($c$) : 해외이용금액(미화) × 0.25% × 농협은행 고시 1회 차 전신환매도율

* 제3국 통화(KRW 거래포함)는 미국 달러로 환산되어 제공됩니다.
* 해외에서 원화통화로 대금 결제 시, 해외가맹점이 부과하는 DCC수수료(환전수수료)가 포함되므로 현지통화 결제 시 보다 많은 금액이 청구될 수 있음을 주의 바랍니다.

**16** 다음 중 위 카드 상품에 대한 안내 사항을 올바르게 이해한 것은 어느 것인가?

① "올 여름 북경 방문 시 올바른 Travel카드 덕분에 비자 수수료 비용을 절반만 지불했으니 겨울 상해 출장 시에도 올바른 Travel카드를 이용해야겠다."

② "제공받은 인천공항 리무진버스 무료 이용권으로 집까지 오는 리무진을 공짜로 이용할 수 있겠군. 지난번엔 집까지 9,500원의 요금이 나오던데 500원을 돌려받을 수도 있네."

③ "공항 리무진버스 요금이 난 12,000원이고 아들 녀석은 8,000원이니까 함께 이용하게 되면 인천공항 리무진버스 무료 이용권이 1장 있어도 추가로 1만 원을 더 내야하는구나."

④ "K BOOKS에서 책을 두 권 이상 사면 서비스 이용권을 2장 받게 되는군. 어차피 볼 책인데 다양한 혜택을 보면 좋을 테니 기왕이면 3권을 사서 종류별 이용권을 다 받아봐야겠다."

⑤ "이달 말에 청도에 있는 친구 집에 놀러 가려 하는데 올바른 Travel카드를 신청해서 비자 발급 수수료 혜택을 봐야겠네. 약 1주일 정도면 비자가 나온다니 시간도 충분하겠군."

> (Tip) 12,000원의 요금에 무료 이용권을 사용하면 차액 2,000원을 지불해야 하므로 아들의 8,000원과 함께 1만 원의 추가 요금을 지불해야 한다.
> ① 올바른 Travel카드로 중국 비자 수수료 청구 할인을 받을 수 있는 것은 연 1회로 제한되어 있다.
> ② 1만 원 미만 승차권 교환 시 잔액은 환불되지 않는다.
> ④ 3가지 이용권 중 희망하는 것을 제공받는다고 언급되어 있으므로 구매한 책의 권수에 따라 이용권을 많이 제공받는 것이 아니다.
> ⑤ 카드 등록 해당 월에는 중국 비자 수수료 할인 서비스가 제공되지 않으며 등록 익월부터 적용된다.

**17** 밑줄 친 부분의 표기가 바르지 않은 것은?

① <u>널따란</u> 대청마루에서 꼬마가 뒹굴고 있다.

② 아이가 머리에 댕기를 <u>드리고</u> 있다.

③ 학생들의 자세가 <u>흩으러지고</u> 있다.

④ 지나가는 차에 행인이 <u>부딪혔다</u>.

⑤ 엄숙한 분위기가 <u>깨지다</u>.

> (Tip) 흩으러지고 → 흐트러지고
> '흩이지게 하다'는 뜻으로 '흩뜨리다' 또는 거센말 '흩드리다'를 사용한다. 민약 동사가 보조 동사 '-지다'와 결합하면 '흐트러지다'라는 형태로 바뀜에 주의하여야 한다.

Answer ↱ 16.③  17.③

**18** 다음 글의 내용이 참이라고 할 때 〈보기〉의 문장 중 반드시 참인 것만을 바르게 나열한 것은?

> 우리는 사람의 인상에 대해서 "선하게 생겼다." 또는 "독하게 생겼다."라는 판단을 할 뿐만 아니라 사람의 인상을 중요시한다. 오래 전부터 사람의 얼굴을 보고 그 사람의 길흉을 판단하는 관상의 원리가 있었다. 관상의 원리를 어떻게 받아들여야 할까?
>
> 관상의 원리가 받아들일 만하다면, 얼굴이 검붉은 사람은 육체적 고생을 하기 마련이다. 그런데 우리는 주위에서 얼굴이 검붉지만 육체적 고생을 하지 않고 편하게 살아가는 사람을 얼마든지 볼 수 있다. 관상의 원리가 받아들일 만하다면, 우리가 사람의 얼굴에 대해서 갖는 인상이란 한갓 선입견에 불과한 것이 아니다. 사람의 인상이 평생에 걸쳐 고정되어 있다고 할 수 있는 경우에만 관상의 원리는 받아들일 만하다. 또한 관상의 원리가 받아들일 만하지 않다면, 관상의 원리에 대한 과학적 근거를 찾으려는 노력은 헛된 것이다. 실제로 많은 사람들이 관상의 원리가 과학적 근거를 가질 것이라고 기대한다. 그런데 우리는 자주 관상가의 판단이 받아들일 만하다고 느끼고, 그런 느낌 때문에 관상의 원리가 과학적 근거를 가질 것이라고 기대하는 것이다. 관상의 원리가 실제로 과학적 근거를 갖는지의 여부는 논외로 하더라도, 관상의 원리에 대하여 과학적 근거가 있을 것이라고 기대하는 사람은 관상의 원리에 의존하는 것이 우리의 삶에 위안을 주는 필요조건 중의 하나라고 믿는다.

〈보기〉
㉠ 관상의 원리는 받아들일 만한 것이 아니다.
㉡ 우리가 사람의 얼굴에 대해서 갖는 인상이란 선입견에 불과하다.
㉢ 사람의 인상은 평생에 걸쳐 고정되어 있다고 할 수 있다.
㉣ 관상의 원리에 대한 과학적 근거를 찾으려는 노력은 헛된 것이다.
㉤ 관상의 원리가 과학적 근거를 갖는다고 기대하는 사람들은 우리가 관상의 원리에 의존하면 삶의 위안을 얻을 것이라고 믿는다.

① ㉠, ㉣
② ㉡, ㉤
③ ㉣, ㉤
④ ㉠, ㉡, ㉣
⑤ ㉡, ㉢, ㉤

얼굴이 검붉은 사람은 육체적 고생을 한다고 하나 얼굴이 검붉은 사람이 편하게 사는 것을 보았다.
→ ㉠ 관상의 원리는 받아들일 만한 것이 아니다. – 참
선입견이 있으면 관상의 원리를 받아들일 만하다.
사람의 인상이 평생에 걸쳐 고정되어 있다고 할 수 있는 경우에만 관상의 원리를 받아들일 만하다.
관상의 원리가 받아들일 만하지 않다면 관상의 원리에 대한 과학적 근거를 찾으려는 노력은 헛된
것이다. → ㉣ 관상의 원리에 대한 과학적 근거를 찾으려는 노력은 헛된 것이다. – 참
㉤ 관상의 원리가 과학적 근거를 갖는다고 기대하는 사람들은 우리가 관상의 원리에 의존하면 삶
의 위안을 얻을 것이라고 믿는다. → 관상의 원리에 대하여 과학적 근거가 있을 것이라고 기대하는
사람은 우리의 삶에 위안을 얻기 위해 관상의 원리에 의존한다고 믿는다.

Answer↪ 18.①

**19** 다음 글의 밑줄 친 ㉠~㉤ 중, 전체 글의 문맥과 논리적으로 어울리지 않는 의미를 포함하고 있는 것은 어느 것인가?

정부의 지방분권 강화의 흐름은 에너지정책 측면에서도 매우 시의적절해 보인다. 왜냐하면 현재 정부가 강력히 추진 중인 에너지전환정책의 성공 여부는 그 특성상 지자체의 협력과 역할에 달려 있기 때문이다.

현재까지의 중앙 정부 중심의 에너지정책은 필요한 에너지를 값싸게 충분히 안정적으로 공급한다는 공급관리 목표를 달성하는 데 매우 효율적이었다고 평가할 수 있다. 또한 중앙 정부 부처가 주도하는 현재의 정책 결정 구조는 에너지공급 설비와 비용을 최소화할 수 있으며, ㉠일관된 에너지정책을 추구하여 개별 에너지정책들 간의 충돌을 최소화할 수 있는 장점이 있다. 사실, 특정지역 대형설비 중심의 에너지정책을 추진할 때는 지역 경제보다는 국가경제 차원의 비용편익 분석이 타당성을 확보할 수 있고, 게다가 ㉡사업 추진 시 상대해야 할 민원도 특정지역으로 한정되는 경우가 많기 때문에 중앙정부 차원에서의 정책 추진이 효율적일 수 있다.

그러나 신재생에너지 전원과 같이 소규모로 거의 전 국토에 걸쳐 설치되어야 하는 분산형 전원 비중이 높아지는 에너지전환정책 추진에는 사정이 달라진다. 중앙 정부는 실제 설비가 들어서는 수많은 개별 지역의 특성을 세심히 살펴 추진할 수 없어 소규모 전원의 전국적 관리는 불가능하다. 실제로 현재 태양광이나 풍력의 보급이 지체되는 가장 큰 이유로 지자체의 인허가 단계에서 발생하는 다양한 민원이 지적되고 있다. 중앙정부 차원에서 평가한 신재생에너지의 보급 잠재력이 아무리 많아도, 실제 사업단계에서 부딪치는 다양한 어려움을 극복하지 못하면 보급 잠재력은 허수에 지나지 않게 된다. 따라서 ㉢소규모 분산전원의 확대는 거시적 정책이 아니라 지역별 특성을 세심히 고려한 미시적 정책에 달려 있다고 해도 지나치지 않다. 당연히 지역 특성을 잘 살필 수 있는 지자체가 분산전원 확산에 주도권을 쥐는 편이 에너지전환정책의 성공에 도움이 될 수 있다.

이뿐만 아니라 경제가 성장하면서 에너지소비 구조도 전력, 도시가스, 지역난방 등과 같은 네트워크 에너지 중심으로 변화하다 보니 지역별 공급비용에 대한 불균형을 고려해 ㉣지역별 요금을 단일화해야 한다는 목소리도 점점 커지고 있고, 환경과 안전에 대한 국민들의 인식도 과거와 비교해 매우 높아져 이와 관련한 지역 사안에 관심도 커지고 있다. 이러한 변화는 때로는 지역 간 갈등으로 혹은 에너지시설 건설에 있어 님비(NIMBY)현상 등으로 표출되기도 한다. 모두 지역의 특성을 적극적으로 감안하고 지역주민들의 의견을 모아 해결해야 할 사안이다. 당연히 중앙정부보다 지자체가 훨씬 잘 할 수 있는 영역이다.

하지만 중앙정부의 역할이 결코 축소되어서는 안 된다. 소규모 분산전원이 확대됨에 따라 ㉤에너지공급의 안정성을 유지하기 위해 현재보다 더 많은 에너지 설비가 요구될 수 있으며 설비가 소형화되면서 공급 비용과 비효율성이 높아질 우려도 있기 때문이다. 따라서 지역 간 에너지시스템을 연계하는 등 공급 효율성을 높이기 위해 지자체 간의 협력과 중앙정부의 조정기능이 더욱 강조되어야 한다. 에너지전환정책은 중앙정부와 지자체 모두의 에너지정책 수요를 증가시키고 이들 간의 협력의 필요성을 더욱 요구할 것이다.

① ㉠

② ㉡

③ ㉢

④ ㉣

⑤ ㉤

**Tip** 주어진 글의 핵심 논점은 '지자체의 에너지 정책 기능의 강화 필요성'이 될 것이다. 지자체 중심의 분산형 에너지 정책의 흐름을 전제한 후 기존 중앙 정부 중심의 에너지 정책의 장점을 소개하였으며, 그에 반해 분산형 에너지 정책을 추진함에 있어 유의해야 할 사안은 어떤 것인지를 열거하며 비교하였다고 볼 수 있다.

②이 속한 단락의 앞 단락에서는 지역 특성을 고려하여 지자체가 분산형 에너지 정책의 주도권을 쥐어야 한다는 주장을 펴고 있으며, 이를 '이뿐만 아니라' 라는 어구로 연결하여 앞의 내용을 더욱 강화하게 되는 '각 지역의 네트워크에너지 중심'에 관한 언급을 하였다. 따라서 네트워크에너지 체제 하에서 드러나는 특징은, 지자체가 지역 특성과 현실에 맞는 에너지 정책의 주도권을 행사하기 위해서는 지역별로 공급비용이 동일하지 않은 특성에 기인한 에너지 요금을 차별화해야 한다는 목소리가 커지고 있다고 판단하는 것이 현실을 올바르게 판단한 내용이 된다. 뿐만 아니라 ②의 바로 다음에 NIMBY 현상을 사례로 들고 있는 점은 이러한 에너지 요금 차별화의 목소리가 커지고 있다는 사실을 뒷받침하는 내용으로 볼 수 있다. 따라서 ②은 글 전체의 내용과 반대되는 논리를 포함하고 있는 문장이 된다.

① 중앙 정부 중심의 에너지 정책에 대한 기본적인 특징으로, 대표적인 장점이 된다고 볼 수 있다.

② 분산형 에너지 정책과는 상반되는 중앙집중형 에너지 정책의 효율적인 특성이며, 뒤에서 언급된 NIMBY 현상을 최소화할 수 있는 특성이기도 하다.

③ 지자체별로 지역 특성을 고려한 미시적 정책이 분산형 에너지 정책의 관건이라는 주장으로 글의 내용과 논리적으로 부합한다.

⑤ 지역별로 소형화된 설비가 더 많이 필요하게 될 것이라는 판단은 분산형 에너지 정책에 대한 올바른 이해에 따른 주장이 된다.

**▎20~21 ▎** 다음은 NH농협은행의 '신나는 직장인 대출' 상품의 안내문이다. 이를 보고 이어지는 물음에 답하시오.

---

### 〈신나는 직장인 대출〉

1. 상품특징 : 공무원, 사립학교 교직원, 당행 선정 우량기업 임직원 대상 신용대출상품
2. 대출대상
   - 공무원, 사립학교 교직원, 당행 선정 우량기업에 3개월 이상 정규직으로 재직 중인 급여소득자
   - 단, 인터넷 또는 모바일을 통한 영업점 무방문대출은 재직기간 1년 이상이고, 소득금액증명원 상 최근 귀속년도 소득금액으로 소득확인이 가능한 고객(대출신청일 현재 동일사업장 국민건강보험 가입이력이 1년 이상이어야 하며, 자격유지 기준 변동사항인 휴직, 이직, 합병 등이 있는 경우에는 신청이 불가)
3. 대출기간 : 일시상환대출 1년 이내(1년 단위로 연장 가능), 할부상환대출 5년 이내
4. 대출한도 : 최대 2억 5천만 원 이내(단, 인터넷 또는 모바일을 통한 영업점 무방문대출은 최대 1억 원 이내
5. 대출금리

| 기준금리 | 우대금리 | 최종금리 |
|---|---|---|
| 연리 2.00% | 연리 0.40%(최대) | 연리 1.60 ~ 2.00% |

   \* 당행 기준금리 1년 고정
   \* 하나로고객(골드 이상) 0.20%p, 급여이체 0.10%p, 신용카드 이용(3개월)100만 원 이상 0.10%p 등
   \* 연체이자율은 연체기간에 관계없이 연체일수×(채무자 대출금리＋3%)÷365

6. 고객부담수수료

| 5천만 원 이하 | 5천만 원 초과 ~ 1억 원 이하 | 1억 원 초과 ~ 2억 원 이하 | 2억 원 초과 |
|---|---|---|---|
| 없음 | 7만 원 | 15만 원 | 20만 원 |

7. 필요서류
   - 실명확인증표
   - 재직증명서 또는 전자공무원증
   - 고용보험 가입확인서(필요 시)
   - 소득확인서류
   - 기타 필요 시 요청 서류

---

**20** 다음 중 위 대출 상품의 대출금리에 대하여 올바르게 판단한 설명이 아닌 것은 어느 것인가?

① 1억 원 대출 시 최소 적용 가능한 연 이자액은 160만 원이다.

② 1개월 연체한 경우와 6개월 연체한 경우의 연체이자율은 동일하다.

③ 3개월 신용카드 월 평균 사용금액이 30만 원인 경우, 적어도 1.90%까지의 금리 적용이 가능하다.

④ 골드레벨 하나로고객이 급여이체도 NH농협은행을 통하여 하고 있을 경우, 적어도 1.70%까지의 금리 적용이 가능하다.

⑤ 연체이자율은 골드레벨 하나로고객 혜택만 있는 고객과 급여이체 혜택만 있는 고객이 서로 동일하지 않다.

(Tip) 3개월 신용카드 월 평균 사용금액이 30만 원인 경우 총 사용금액이 100만 원 이하이므로 우대금리가 적용되지 않아 다른 혜택 사항이 없을 경우 적어도 1.90%의 금리가 적용되지 않게 된다.
① 모든 우대금리 혜택 사항에 적용될 경우, 1.60%의 금리가 적용되므로 이자액은 160만 원이 된다.
② 연체이자율은 연체기간에 관계없이 적용된다.
④ 골드레벨 하나로고객이 급여이체도 NH은행은행을 통하여 하고 있을 경우, 0.20%p와 0.10%p가 우대되므로 1.70%까지 금리 적용이 가능하다.
⑤ 연체이자율은 원래의 '채무자 대출금리'를 기준으로 하므로 다른 조건에 변동이 없을 경우, 골드레벨 하나로고객 혜택만 있는 고객과 급여이체 혜택만 있는 고객이 서로 동일하지 않다.

*Answer* → 20.③

**21** 다음은 NH농협은행의 '신나는 직장인 대출' 상품을 알아보기 위한 고객과 은행 직원과의 질의응답 내용이다. 응답 내용이 상품 안내문의 내용과 부합되지 않는 것은 어느 것인가?

---

Q. 석달 전에 우리 아들이 공무원이 되었는데요, 인터넷으로 신청을 하면 영업점 무방문대출이 될 테니 8천만 원 정도 대출은 가능하겠네요?

A. ① 네 고객님, 영업점 무방문대출의 경우는 최대 1억 원 한도입니다. 8천만 원 대출은 가능하시겠어요.

Q. 저는 사립학교 행정실에 5년 째 근무하는 직원입니다. 2억 원 정도 대출을 받고 싶은데 급여이체 계좌를 N은행으로 옮기면 금리가 2% 이하로 적용될 수 있지요?

A. ② 네 가능합니다. 그런 경우 1.90%의 금리를 적용받으시겠네요.

Q. 안내문을 보니 저는 우대금리 혜택 사항에 모두 해당이 되는데요, 연체이자율은 3.60%가 되는 게 맞겠네요?

A. ③ 아닙니다. 우대금리가 최대 적용되신다면 최종 1.60%의 금리이신데요, 여기에 3%가 추가되어 연체이자율은 4.60%가 적용됩니다.

Q. 서류를 준비해서 은행을 방문하려 하는데요, 재직증명서만 있으면 4대 보험 가입 확인과 소득 확인이 될 테니 재직증명서만 떼 가면 되겠지요?

A. ④ 고용보험 가입확인서는 필요한 경우에만 요청 드리고 있는데요, 소득확인서류는 별도로 준비해 오셔야 합니다.

Q. 3년차 공무원입니다. 스마트 폰으로 대출 신청을 하려고 하는데요, 이 경우에는 대출 수수료가 10만 원을 넘진 않는 거죠?

A. ⑤ 맞습니다. 고객님과 같은 경우에는 대출 금액에 따라 수수료가 다른데요, 없을 수도 있고, 있더라도 최대 7만 원입니다.

---

(Tip) 인터넷, 모바일 등 영업점 무방문대출의 경우 대출금액은 최대 1억 원 한도로 규정되어 있으나, '재직 기간 1년 이상'이라는 대출대상 조건이 명시되어 있으므로 적절한 응답 내용이 아니다.

② 사립학교 교직원에 해당되며, 한도 금액 2억 5천만 원 이내이며, 급여이체 시 0.1%p의 우대금 리 적용으로 최종 1.90%의 금리를 적용받게 된다.

③ 연체이자율은 '채무자 대출금리 + 3%'이므로 1.60% + 3% = 4.60%가 된다.

④ 소득확인서류는 별도로 요청되는 서류이다.

⑤ 영업점 무방문대출이므로 최대 1억 원까지 대출이 가능한 경우이다. 따라서 대출 수수료는 없 거나(5천만 원 이하), 7만 원(1억 원 이하)이 된다.

**22** 다음 글에 대한 내용으로 가장 적절하지 않은 것은?

> 지속되는 불황 속에서도 남 몰래 웃음 짓는 주식들이 있다. 판매단가는 저렴하지만 시장점유율을 늘려 돈을 버는 이른바 '박리다매', '저가 실속형' 전략을 구사하는 종목들이다. 대표적인 종목은 중저가 스마트폰 제조업체에 부품을 납품하는 업체이다. A증권에 따르면 전 세계적으로 200달러 이하 중저가 스마트폰이 전체 스마트폰 시장에서 차지하는 비중은 2015년 11월 35%에서 지난 달 46%로 급증했다. 세계 스마트폰 시장 1등인 B전자도 최근 스마트폰 판매량 가운데 40% 가량이 중저가 폰으로 분류된다. 중저가용에 집중한 중국 C사와 D사의 2분기 세계 스마트폰 시장점유율은 전 분기 대비 각각 43%, 23%나 증가해 B전자나 E전자 10%대 초반 증가율보다 월등히 앞섰다. 이에 따라 국내외 스마트폰 업체에 중저가용 부품을 많이 납품하는 F사, G사, H사, I사 등이 조명 받고 있다.
>
> 주가가 바닥을 모르고 내려간 대형 항공주와는 대조적으로 저가항공주 주가는 최근 가파른 상승세를 보였다. J항공을 보유한 K사는 최근 두 달 새 56% 상승세를 보였다. 같은 기간 L항공을 소유한 M사 주가도 25% 가량 올랐다. 저가항공사 점유율 상승이 주가 상승으로 이어지는 것으로 보인다. 국내선에서 저가항공사 점유율은 2012년 23.5%에서 지난 달 31.4%까지 계속 상승해왔다. 홍길동 ○○증권 리서치센터 장은 "글로벌 복합위기로 주요국에서 저성장·저투자 기조가 계속되는 데다 개인들은 부채 축소와 고령화에 대비해야 하기 때문에 소비를 늘릴 여력이 줄었다."며 "값싸면서도 멋지고 질도 좋은 제품이 계속 주목받을 것"이라고 말했다.

① '박리다매' 주식은 F사, G사, H사, I사의 주식이다.

② 저가항공사 점유율은 계속 상승세를 보이고 있는 반면 대형 항공주는 주가 하락세를 보였다.

③ 글로벌 복합위기와 개인들의 부채 축소, 고령화 대비에 따라 값싸고 질 좋은 제품이 주목받을 것이다.

④ B전자가 주력으로 판매하는 스마트폰이 중저가 폰에 해당한다.

⑤ 저가항공사의 주가 상승은 국내선에서 저가항공사의 점유율 증가와 관련이 있다.

> **Tip** B전자는 세계 스마트폰 시장 1등이며, 최근 중저가 폰의 판매량이 40% 나타났지만 B전자가 주력으로 판매하는 폰이 중저가 폰인지는 알 수 없다.

Answer ↪ 21.① 22.④

**23** 다음 글을 통해 알 수 있는 내용이 아닌 것은?

오늘날 인류가 왼손보다 오른손을 선호하는 경향은 어디서 비롯되었을까? 무기를 들고 싸우는 결투에서 오른손잡이는 왼손잡이 상대를 만나 곤혹을 치르곤 한다. 왼손잡이 적수가 무기를 든 왼손은 뒤로 감춘 채 오른손을 내밀어 화해의 몸짓을 보이다가 방심한 틈에 공격을 할 수도 있다. 그러나 이런 상황이 왼손에 대한 폭넓고 뿌리 깊은 반감을 다 설명해 준다고는 생각하지 않는다. 예컨대 그런 종류의 겨루기와 거의 무관했던 여성들의 오른손 선호는 어떻게 설명할 것인가?

오른손을 귀하게 여기고 왼손을 천대하는 현상은 어쩌면 산업화 이전 사회에서 배변 후 사용할 휴지가 없었다는 사실과 관련이 있을 법하다. 인류 역사에서 대부분의 기간 동안 배변 후 뒤처리를 담당한 것은 맨손이었다. 맨손으로 배변 뒤처리를 하는 것은 불쾌할뿐더러 병균을 옮길 위험을 수반하는 일이었다. 이런 위험의 가능성을 낮추는 간단한 방법은 음식을 먹거나 인사할 때 다른 손을 사용하는 것이었다. 기술 발달 이전의 사회에서는 대개 왼손을 배변 뒤처리에, 오른손을 먹고 인사하는 일에 사용했다. 이런 전통에서 벗어난 행동을 보면 사람들은 기겁하지 않을 수 없었다. 오른손과 왼손의 역할 분담에 관한 관습을 따르지 않는 어린아이는 벌을 받았을 것이다.

나는 이런 배경이 인간 사회에서 널리 나타나는 '오른쪽'에 대한 긍정과 '왼쪽'에 대한 반감을 어느 정도 설명해 줄 수 있으리라고 생각한다. 그러나 이 설명은 왜 애초에 오른손이 먹는 일에, 그리고 왼손이 배변 처리에 사용되었는지 설명해주지 못한다. 확률로 말하자면 왼손이 배변 처리를 담당하게 될 확률은 1/2이다. 그렇다면 인간 사회 가운데 절반 정도는 왼손잡이 사회였어야 할 것이다. 그러나 동서양을 막론하고 왼손잡이 사회는 확인된 바 없다. 세상에는 왜 온통 오른손잡이 사회들뿐인지에 대한 근본적인 설명은 다른 곳에서 찾아야 할 것 같다.

한쪽 손을 주로 쓰는 경향은 뇌의 좌우반구의 기능 분화와 관련되어 있는 것으로 보인다. 보고된 증거에 따르면, 왼손잡이는 읽기와 쓰기, 개념적·논리적 사고 같은 좌반구 기능에서 오른손잡이보다 상대적으로 미약한 대신 상상력, 패턴 인식, 창의력 등 전형적인 우반구 기능에서는 상대적으로 기민한 경우가 많다.

비비원숭이의 두개골 화석을 연구함으로써 오스트랄로피테쿠스가 어느 손을 즐겨 썼는지를 추정할 수 있다. 이들이 비비원숭이를 몽둥이로 때려서 입힌 상처의 흔적이 남아 있기 때문이다. 연구에 따르면 오스트랄로피테쿠스는 약 80%가 오른손잡이였다. 이는 현대인과 거의 일치한다. 사람이 오른손을 즐겨 쓰듯 다른 동물들도 앞발 중에 더 선호하는 쪽이 있는데, 포유류에 속하는 동물들은 대개 왼발을 즐겨 쓰는 것으로 나타났다. 이들 동물에서도 뇌의 좌우반구 기능은 인간과 본질적으로 다르지 않으며, 좌우반구의 신체 제어에서 좌우 교차가 일어난다는 점도 인간과 다르지 않다.

왼쪽과 오른쪽의 대결은 인간이라는 종의 먼 과거까지 거슬러 올라간다. 나는 이성대 직관의 힘겨루기, 뇌의 두 반구 사이의 힘겨루기가 오른손과 왼손의 힘겨루기로 표면화된 것이 아닐까 생각한다. 즉 오른손이 원래 왼손보다 더 능숙했기 때문이 아니라 뇌의 좌반구가 인간의 행동을 지배하는 권력을 갖게 되었기 때문에 오른손 선호에 이르렀다는 생각이다. 그리고 이것이 사실이라면 직관적 사고에 대한 논리적 비판은 거시적 관점에서 그 타당성을 의심해볼 만하다. 어쩌면 뇌의 우반구 역시 좌반구의 권력을 못마땅하게 여기고 있는지도 모른다. 다만 논리적인 언어로 반론을 펴지 못할 뿐.

① 위생에 관한 관습은 명문화된 규범 없이도 형성될 수 있다.

② 직관적 사고보다 논리적 사고가 인간의 행위를 더 강하게 지배해 왔다고 볼 수 있다.

③ 인류를 제외한 대부분의 포유류의 경우에는 뇌의 우반구가 좌반구와의 힘겨루기에서 우세하다고 볼 수 있다.

④ 먹는 손과 배변을 처리하는 손이 다르게 된 이유는 먹는 행위와 배변 처리 행위에 요구되는 뇌 기능이 다르기 때문이다.

⑤ 왼손을 천대하는 관습이 가져다주는 이익이 있다고 해서 오른손잡이가 왼손잡이보다 압도적으로 많은 이유가 설명되는 것은 아니다.

> (Tip) 먹는 손과 배변을 처리하는 손이 다르게 된 것을 한쪽 손을 주로 쓰는 경향은 뇌의 좌우반구의 기능 분화와 관련이 있다고 언급하였으나 이것이 행위에 요구되는 뇌 기능의 차이 때문이라고 말할 수는 없다. 좌우반구 기능 분화는 논리적 사고와 직관적 사고와 관련된 것이지 먹는 행위와 배변 처리 행위의 차이라고 할 수는 없다.
> ① 위생에 대한 관습으로 왼손은 배변 처리에 이용하고 오른손을 먹고 인사하는 일에 이용했다는 예를 들고 있다. 이는 관습이 규범이 아니라 주로 사용하는 한쪽 손의 경향에 따른 것이다.
> ② 왼쪽 손을 주로 사용하는 경향은 뇌의 좌우반구의 기능 분화와 관련이 있고, 논리적 사고는 좌반구 기능과 관련이 있다. 또한 직관적 사고는 우반구와 관련이 있다. 오른손잡이는 좌반구 기능이 우반구 기능보다 상대적으로 기민한 경우가 많다. 현대인의 약 80%가 오른손잡이이므로 직관적 사고보다는 논리적 사고가 더 지배적이라 볼 수 있다.
> ③ 인류를 제외한 포유류는 대계 왼발을 사용하므로 뇌의 좌반구보다는 우반구의 기능이 더 기민하다고 볼 수 있다.
> ⑤ 관습은 오른손잡이가 많은 것에 대한 근본적인 설명은 아니다.

*Answer* → 23.④

**24** 다음 글을 통해 알 수 있는 내용으로 옳지 않은 것은?

> 우리의 공간은 태초부터 존재해 온 기본 값으로서 3차원으로 비어 있다. 우리가 일상 속에서 생활하는 거리나 광장의 공간이나 우주의 비어 있는 공간은 똑같은 공간이다. 우리가 흐린 날 하늘을 바라보면 검은색으로 깊이감이 없어 보인다. 마찬가지로 우주왕복선에서 찍은 사진 속의 우주 공간도 무한한 공간이지만 실제로는 잘 인식이 되지 않는다. 하지만 거기에 별과 달이 보이기 시작하면 공간감이 생겨나기 시작한다. 이를 미루어 보아 공간은 인식 불가능하지만 그 공간에 물질이 생성되고 태양빛이 그 물질을 때리게 되고 특정한 파장의 빛만 반사되어 우리 눈에 들어오게 되면서 공간은 인식되기 시작한다는 것을 알 수 있다. 인류가 건축을 하기 전에도 지구상에는 땅, 나무, 하늘의 구름 같은 물질에 의지해서 공간이 구획된다. 그 빈 땅 위에 건축물이 들어서게 되면서 건물과 건물 사이에 거리라는 새로운 공간이 구축되고 우리는 인식하게 된다. 그리고 이 거리는 주변에 들어선 건물의 높이와 거리의 폭에 의해서 각기 다른 형태의 보이드 공간(현관, 계단 등 주변에 동선이 집중된 공간과 대규모 홀, 식당 등 내부 구성에서 열려 있는 빈 공간)을 갖게 된다. 우리는 정지된 물리량인 도로와 건물을 만들고, 그로 인해서 만들어지는 부산물인 비어 있는 보이드 공간을 사용한다. 그리고 그 빈 공간에 사람과 자동차 같은 움직이는 객체가 들어가게 되면서 공간은 비로소 쓰임새를 가지며 완성이 된다. 이처럼 도로와 건물 같은 물리적인 조건 이외에 거리에서 움직이는 개체도 거리의 성격을 규정하는 한 요인이 된다. 움직이는 개체들이 거리라는 공간에 에너지를 부여하기 때문에 움직이는 개체의 속도가 중요하다. 왜냐하면 물체의 속도는 그 물체의 운동에너지($E = \frac{1}{2}mv^2$, $m$은 질량, $v$는 속력)를 결정하는 요소이기 때문이다.
>
> 이처럼 공간은 움직이는 개체가 공간에 쏟아 붓는 운동에너지에 의해서 크게 변한다. 이와 비슷한 현상은 뉴욕의 록펠러 센터의 선큰가든에서도 일어난다. 록펠러 센터 선큰가든은 여름에는 정적인 레스토랑으로 운영되고, 겨울에는 움직임이 많은 스케이트장으로 운영이 된다. 같은 물리적인 공간이지만 그 공간이 의자에 앉아 있는 레스토랑 손님으로 채워졌을 때와 스케이트 타는 사람으로 채워졌을 때는 느낌이 달라진다.

① 공간은 건축물에 의해서만 우리 눈에 인식되는 것은 아니다.
② 거리에 차도보다 주차장 면적이 넓을수록 공간 에너지는 줄어들게 된다.
③ 록펠러 센터의 선큰가든은 여름보다 겨울에 공간 내의 에너지가 더 많다.
④ 거리의 사람들의 움직이는 속력이 평균 1km에서 8km로 빨라지면 공간 에너지는 16배 많아진다.
⑤ 공간은 어떠한 행위자로 채워지느냐에 따라 그 공간의 느낌과 성격이 달라진다.

④ 물체의 운동에너지를 $E = \frac{1}{2}mv^2$이라고 하였으므로, 속력이 8배가 되면 운동에너지는 속력의 제곱인 64배가 된다.
① 건축물뿐 아니라, 자연의 땅, 나무, 하늘의 구름 등에 의해서도 공간이 인식된다는 것이 필자의 견해이다.
② 차도는 자동차들이 움직이는 곳이며, 주차장은 자동차들이 정지해 있는 곳이므로, 주차장이 더 넓을수록 공간의 전체 속도가 줄어들어 공간 에너지도 줄어들게 된다.
③ 여름에는 사람들이 앉아 있는 레스토랑이며 겨울에는 스케이트를 타는 곳이 되므로 겨울의 공간 에너지가 더 많다.
⑤ 록펠러 센터의 선큰가든의 사례를 통해 동일한 공간이라도 여름에는 고요하고 정적인 분위기, 겨울에는 그와 반대인 활발하고 동적인 분위기를 연출한다는 점을 알 수 있다.

**25** 다음 글에서 추론할 수 있는 내용만을 모두 고른 것은?

'도박사의 오류'라고 불리는 것은 특정 사건과 관련 없는 사건을 관련 있는 것으로 간주했을 때 발생하는 오류이다. 예를 들어, 주사위 세 개를 동시에 던지는 게임을 생각해 보자. 첫 번째 던지기 결과는 두 번째 던지기 결과에 어떤 영향도 미치지 않으며, 이런 의미에서 두 사건은 서로 상관이 없다. 마찬가지로 10번의 던지기에서 한 번도 6의 눈이 나오지 않았다는 것은 11번째 던지기에서 6의 눈이 나온다는 것과 아무런 상관이 없다. 그럼에도 불구하고, 우리는 "10번 던질 동안 한 번도 6의 눈이 나오지 않았으니, 이번 11번째 던지기에는 6의 눈이 나올 확률이 무척 높다."라고 말하는 경우를 종종 본다. 이런 오류를 '도박사의 오류 A'라고 하자. 이 오류는 지금까지 일어난 사건을 통해 미래에 일어날 특정 사건을 예측할 때 일어난다.

하지만 반대 방향도 가능하다. 즉, 지금 일어난 특정 사건을 바탕으로 과거를 추측하는 경우에도 오류가 발생한다. 다음 사례를 생각해보자. 당신은 친구의 집을 방문했다. 친구의 방에 들어가는 순간, 친구는 주사위 세 개를 던지고 있었으며 그 결과 세 개의 주사위에서 모두 6의 눈이 나왔다. 이를 본 당신은 "방금 6의 눈이 세 개가 나온 놀라운 사건이 일어났다는 것에 비춰볼 때, 내가 오기 전에 너는 주사위 던지기를 무척 많이 했음에 틀림없다."라고 말한다. 당신은 방금 놀라운 사건이 일어났다는 것을 바탕으로 당신 친구가 과거에 주사위 던지기를 많이 했다는 것을 추론한 것이다. 하지만 이것도 오류이다. 당신이 방문을 여는 순간 친구가 던진 주사위들에서 모두 6의 눈이 나올 확률은 매우 낮다. 하지만 이 사건은 당신 친구가 과거에 주사위 던지기를 많이 했다는 것에 영향을 받은 것이 아니다. 왜냐하면 문을 열었을 때 처음으로 주사위 던지기를 했을 경우에 문제의 사건이 일어날 확률과, 문을 열기 전 오랫동안 주사위 던지기를 했을 경우에 해당 사건이 일어날 확률은 동일하기 때문이다. 이 오류는 현재에 일어난 특정 사건을 통해 과거를 추측할 때 일어난다. 이를 '도박사의 오류 B'라고 하자.

ⓐ 인태가 당첨 확률이 매우 낮은 복권을 구입했다는 사실로부터 그가 구입한 그 복권은 당첨되지 않을 것이라고 추론하는 것은 도박사의 오류 A이다.
ⓑ 은희가 오늘 구입한 복권에 당첨되었다는 사실로부터 그녀가 오랫동안 꽤 많은 복권을 구입했을 것이라고 추론하는 것은 도박사의 오류 B이다.
ⓒ 승민이가 어제 구입한 복권에 당첨되었다는 사실로부터 그가 구입했던 그 복권의 당첨 확률이 매우 높았을 것이라고 추론하는 것은 도박사의 오류 A도 아니며 도박사의 오류 B도 아니다.

① ⓐ
② ⓑ
③ ⓐ, ⓒ
④ ⓑ, ⓒ
⑤ ⓐ, ⓑ, ⓒ

 ⓐ 사건의 확률로 미래를 예측 → 도박사의 오류가 아니다.
ⓑ 도박사의 오류 B(확률이 낮은 사건이 일어난 것은 시행을 많이 해봤을 것이다)
ⓒ 도박사의 오류는 특정사건을 예측하거나 과거를 추측하는 문제이지 확률이 높고 낮음을 추론하는 것이 아니다. 도박사의 오류 A, B 둘 다 아니다.

*Answer* 24.④ 25.④

**26** 신재생 에너지의 보급과 관련된 다음 글을 참고할 때, 밑줄 친 '솔루션'이 갖추어야 할 특성으로 가장 거리가 먼 것은?

신재생 에너지란 태양, 바람, 해수와 같이 자연을 이용한 신에너지와 폐열, 열병합, 폐열 재활용과 같은 재생에너지가 합쳐진 말이다. 현재 신재생 에너지는 미래 인류의 에너지로서 다양한 연구가 이루어지고 있다. 특히 과거에는 이들의 발전 효율을 높이는 연구가 주로 이루어졌으나 현재는 이들을 관리하고 사용자가 쉽게 사용하도록 하는 연구와 개발이 많이 진행되고 있다. 신재생 에너지는 화석 연료의 에너지 생산 비용에 근접하고 있으며 향후에 유가가 상승되고 신재생 에너지 시스템의 효율이 높아짐에 따라 신재생 에너지의 생산 비용이 오히려 더 저렴해질 것으로 보인다.

따라서 미래의 신재생 에너지의 보급은 지금 보다 훨씬 광범위하게 다양한 곳에서 이루어 질 것이며 현재의 전력 공급 체계를 변화시킬 것이다. 현재 중앙 집중식으로 되어있는 전력공급의 체계가 미래에는 다양한 곳에서 발전이 이루어지는 분산형으로 변할 것으로 보인다. 분산형 전원 시스템 체계에서 가장 중요한 기술인 스마트 그리드는 전력과 IT가 융합한 형태로서 많은 연구가 이루어지고 있다.

스마트 그리드 기반의 분산형 전원 보급이 활발해질 미래에는 곳곳에 중소규모의 신재생 에너지 시스템이 설치될 것으로 예상하며, 따라서 이들을 통합적으로 관리하고 정보 교환 기술을 갖춘 다양한 솔루션이 등장할 것으로 보인다.

신재생 에너지 시스템의 보급은 인류의 에너지 문제를 해결하는 유일한 방안이지만 화석 에너지와 달리 발전량을 쉽게 제어할 수 없는 문제점을 가지고 있다. 또한 같은 시스템일지라도 지역의 환경에 따라 발전량이 서로 다르게 될 것이기 때문에 스마트 그리드를 기반으로 한 마이크로 그리드 시스템이 구축될 때 정보 처리 기술은 신재생 에너지 시스템 관리 측면에서 중요한 인자가 될 것이다.

신재생 에너지 시스템을 관리하기 위해선 에너지 데이터 처리가 중요할 것으로 보인다. 특히 미래 신재생 에너지 관리 시스템은 관리가 체계적으로 되어 있을 발전단지보다는 비교적 관리 체계가 확립되기 힘든 주택, 빌딩 등에서 필요할 것으로 보인다. 다시 말해 주택, 빌딩에 신재생 에너지 시스템이 설치가 되면 이들을 관리할 수 있는 <u>솔루션</u>이 함께 설치해야 하며 이들을 운용하기 위한 애플리케이션도 함께 등장해야 한다.

① 소비자가 에너지의 생산과 소비를 모두 고려할 수 있는 지능형 에너지 서비스
② 잉여 에너지가 발생되지 않도록 수요와 공급에 맞는 발전량 자동 조절 기능
③ 다양한 OS로 기능을 구현할 수 있는 웹 서비스 기반의 범호환적인 플랫폼 기술
④ 생성된 에너지 데이터를 종합·분석하여 맞춤형 서비스를 제공
⑤ 모니터링 및 제어가 가능한 모바일 컨트롤 기능

> (Tip) 네 번째 문단에 따르면 신재생 에너지 시스템은 화석 에너지와 달리 발전량을 쉽게 제어할 수 없고, 지역의 환경에 따라 발전량이 서로 다르다는 특징이 있다. 따라서 ②에서 언급한 발전량 자동 조절보다는 잉여 에너지 저장 기술을 갖추어야 한다고 볼 수 있다.
> ① 중앙 집중식으로 이루어진 에너지 공급 상황에서 거주자는 에너지 생산을 고려할 필요가 없었으나, 분산형 전원 형태의 신재생 에너지 공급 상황에서는 거주자 스스로 생산과 소비를 통제하여 에너지 절감을 할 수 있어야 할 것이다.

③ 기존의 제한된 서비스를 넘어서는 다양한 에너지 서비스가 탄생될 수 있도록 하는 플랫폼 기술은 스마트 그리드를 기반으로 한 마이크로 그리드 시스템 구축에 필요한 요소라고 판단할 수 있다.

④ 과거의 경험으로 축적된 에너지 사용에 대한 데이터를 분석하여 필요한 상황에 적절한 맞춤형 에너지를 서비스하는 기능은 효과적인 관리 솔루션이 될 수 있다.

⑤ 소비자 스스로 에너지 수급을 관리할 수 있는, 스마트 시대에 요구될 수 있는 적합한 특성이라고 볼 수 있다.

**27** 다음 글을 비판하는 내용으로 적절하지 못한 것은?

> 사이버공간은 관계의 네트워크이다. 사이버공간은 광섬유와 통신위성 등에 의해 서로 연결된 컴퓨터들의 물리적인 네트워크로 구성되어 있다. 그러나 사이버공간이 물리적인 연결만으로 이루어지는 것은 아니다. 사이버공간을 구성하는 많은 관계들은 오직 소프트웨어를 통해서만 실현되는 순전히 논리적인 연결이기 때문이다. 양쪽 차원 모두에서 사이버공간의 본질은 관계적이다.
>
> 인간 공동체 역시 관계의 네트워크에 위해 결정된다. 가족끼리의 혈연적인 네트워크, 친구들 간의 사교적인 네트워크, 직장 동료들 간의 직업적인 네트워크 등과 같이 인간 공동체는 여러 관계들에 의해 중첩적으로 연결되어 있다.
>
> 사이버공간과 마찬가지로 인간의 네트워크도 물리적인 요소와 소프트웨어적 요소를 모두 가지고 있다. 예컨대 건강관리 네트워크는 병원 건물들의 물리적인 집합으로 구성되어 있지만, 동시에 환자를 추천해주는 전문가와 의사들 간의 비물질적인 네트워크에 크게 의존한다.
>
> 사이버공간을 유지하려면 네트워크 간의 믿을 만한 연결을 유지하는 것이 결정적으로 중요하다. 다시 말해, 사이버공간 전체의 힘은 다양한 접속점들 간의 연결을 얼마나 잘 유지하느냐에 달려 있다. 이것은 인간 공동체의 힘 역시 접속점 즉 개인과 개인, 다양한 집단과 집단 간의 견고한 관계 유지에 달려 있다는 점을 보여준다. 사이버공간과 마찬가지로 인간의 사회 공간도 공동체를 구성하는 네트워크의 힘과 신뢰도에 결정적으로 의존한다.

① 사이버공간의 익명성이 인간 공동체에 위협이 될 수도 있음을 지적한다.

② 유의미한 비교를 하기에는 양자 간의 차이가 너무 크다는 것을 보여준다.

③ 네트워크의 개념이 양자의 비교 근거가 될 만큼 명확하지 않다는 것을 보여준다.

④ 사이버공간과 인간 공동체 간에 있다고 주장된 유사성이 실제로는 없음을 보여준다.

⑤ 사이버공간과 인간 공동체의 공통점으로 거론된 네트워크라는 속성이 유비추리를 뒷받침할 만한 적합성을 갖추지 못했음을 보여준다.

> (Tip) 사이버공간과 인간 공동체를 비교해 보면 사이버공간 전체의 힘은 다양한 접속점들 간의 연결을 얼마나 잘 유지하느냐에 달려 있고, 인간 공동체의 힘 역시 접속점 즉 개인과 개인, 다양한 집단과 집단 간의 견고한 관계유지에 달려 있다고 본다.
> 그러므로 유사성을 부정하고 아닌 차이를 부각하는 내용이어야만 한다.

Answer↪ 26.② 27.①

**28** 다음 제시된 글의 내용과 일치하는 것을 모두 고른 것은?

유물(遺物)을 등록하기 위해서는 명칭을 붙인다. 이 때 유물의 전반적인 내용을 알 수 있도록 하는 것이 바람직하다. 따라서 명칭에는 그 유물의 재료나 물질, 제작기법, 문양, 형태가 나타난다. 예를 들어 도자기에 청자상감운학문매병(靑瓷象嵌雲鶴文梅瓶)이라는 명칭이 붙여졌다면, '청자'는 재료를, '상감'은 제작기법은, '운학문'은 문양을, '매병'은 그 형태를 각각 나타낸 것이다. 이러한 방식으로 다른 유물에 대해서도 명칭을 붙이게 된다.

유물의 수량은 점(點)으로 계산한다. 작은 화살촉도 한 점이고 커다란 철불(鐵佛)도 한 점으로 처리한다. 유물의 파편이 여럿인 경우에는 일괄(一括)이라 이름 붙여 한 점으로 계산하면 된다. 귀걸이와 같이 쌍(雙)으로 된 것은 한 쌍으로 하고, 하나인 경우에는 한 짝으로 하여 한 점으로 계산한다. 귀걸이 한 쌍은, 먼저 그 유물번호를 적고 그 뒤에 각각 (2-1), (2-2)로 적는다. 뚜껑이 있는 도자기나 토기도 한 점으로 계산하되, 번호를 매길 때는 귀걸이의 예와 같이 하면 된다.

유물을 등록할 때는 그 상태를 잘 기록해 둔다. 보존상태가 완전한 경우도 많지만, 일부가 손상된 유물도 많다. 예를 들어 유물의 어느 부분이 부서지거나 깨졌지만 그 파편이 남아 있는 상태를 파손(破損)이라고 하고, 파편이 없는 경우를 결손(缺損)이라고 표기한다. 그리고 파손된 것을 붙이거나 해서 손질했을 때 이를 수리(修理)라 하고, 결손된 부분을 모조해 원상태로 재현했을 때는 복원(復原)이라는 용어를 사용한다.

---

㉠ 도자기 뚜껑의 일부가 손상되어 파편이 떨어진 유물의 경우, 뚜껑은 파편과 일괄하여 한 점이지만 도자기 몸체와는 별개이므로 전체가 두 점으로 계산된다.

㉡ 조선시대 방패의 한 귀퉁이가 부서져나가 그 파편을 찾을 수 없다면, 수리가 아닌 복원의 대상이 된다.

㉢ 위 자료에 근거해 볼 때, 청자화훼당초문접시(靑瓷花卉唐草文皿)는 그 명칭에 비추어 청자상감운학문매병과 동일한 재료 및 문양을 사용하였으나, 그 제작기법과 형태에 있어서 서로 다른 것으로 추정된다.

㉣ 박물관이 소장하고 있는 한 쌍의 귀걸이 중 한 짝이 소실되는 경우에도 그 박물관 전체 유물의 수량이 줄어들지는 않을 것이다.

㉤ 일부가 결손된 철불의 파편이 어느 지방에서 발견되어 그 철불을 소장하던 박물관에서 함께 소장하게 된 경우, 그 박물관이 소장하는 전체 유물의 수량은 늘어난다.

① ㉠                                          ② ㉡, ㉢

③ ㉡, ㉣                                      ④ ㉠, ㉢, ㉤

⑤ ㉡, ㉣, ㉤

（Tip） ㉠ 뚜껑과 도자기 몸체는 한 점으로 분류된다.
　　　㉡ 파편을 찾을 수 없으면 결손이고 결손은 복원의 대상이 된다.
　　　㉢ 재료만 동일하고 제작기법, 문양, 형태는 모두 다르다.
　　　㉣ 한 쌍일 때도 한 점, 한 짝만 있을 때도 한 점으로 계산된다.
　　　㉤ 파편이 발견되면 기존의 철불과 일괄로 한 점 처리된다.

**29** 다음 글을 읽고 추론할 수 없는 내용은?

> 우리나라의 고분, 즉 무덤은 크게 나누어 세 가지 요소로 구성되어 있다. 첫째는 목관(木棺), 옹관(甕棺)과 같이 시신을 넣어두는 용기이다. 둘째는 이들 용기를 수용하는 내부 시설로 광(壙), 곽(槨), 실(室) 등이 있다. 셋째는 매장시설을 감싸는 외부 시설로 이에는 무덤에서 지상에 성토한, 즉 흙을 쌓아 올린 부분에 해당하는 분구(墳丘)와 분구 주위를 둘러 성토된 부분을 보호하는 호석(護石) 등이 있다.
>
> 일반적으로 고고학계에서는 무덤에 대해 '묘(墓)-분(墳)-총(塚)'의 발전단계를 상정한다. 이러한 구분은 성토의 정도를 기준으로 삼은 것이다. 매장시설이 지하에 설치되고 성토하지 않은 무덤을 묘라고 한다. 묘는 또 목관묘와 같이 매장시설, 즉 용기를 가리킬 때도 사용된다. 분은 지상에 분명하게 성토한 무덤을 가리킨다. 이 중 성토를 높게 하여 뚜렷하게 구분되는 대형 분구를 가리켜 총이라고 한다.
>
> 고분 연구에서는 지금까지 설명한 매장시설 이외에도 함께 묻힌 피장자(被葬者)와 부장품이 그 대상이 된다. 부장품에는 일상품, 위세품, 신분표상품이 있다. 일상품은 일상생활에 필요한 물품들로 생산 및 생활도구 등이 이에 해당한다. 위세품은 정치, 사회적 관계를 표현하기 위해 사용된 물품이다. 당사자 사이에만 거래되어 일반인이 입수하기 어려운 물건으로 피장자가 착장(着裝)하여 위세를 드러내던 것을 착장형 위세품이라고 한다. 생산도구나 무기 및 마구 등은 일상품이기도 하지만 물자의 장악이나 군사력을 상징하는 부장품이기도 하다. 이것들은 피장자의 신분이나 지위를 상징하는 물건으로 일상품적 위세품이라고 한다. 이러한 위세품 중에 6세기 중엽 삼국의 국가체제 및 신분질서가 정비되어 관등(官等)이 체계화된 이후 사용된 물품을 신분표상품이라고 한다.

① 묘에는 분구와 호석이 발견되지 않는다.

② 묘는 무덤의 구성요소뿐 아니라 무덤 발전단계를 가리킬 때에도 사용되는 말이다.

③ 피장자의 정치, 사회적 신분 관계를 표현하기 위해 장식한 칼을 사용하였다면 이는 위세품에 해당한다.

④ 생산도구가 물자의 장악이나 군사력을 상징하는 부장품에 사용되었다면, 이는 위세품 이지 일상품은 아니다.

⑤ 성토를 높게 할수록 신분이 높다면, 같은 시대 같은 지역에 묻힌 두 피장자 중 분보 다는 총에 묻힌 피장자의 신분이 높다.

> **Tip** 위세품은 정치, 사회적 관계를 표현하기 위해 사용된 물품이다. 당사자 사이에만 거래되어 일반인 이 입수하기 어려운 물건으로 피장자가 착장(着裝)하여 위세를 드러내던 것을 착장형 위세품이라 고 한다. 생산도구나 무기 및 마구 등은 일상품이기도 하지만 물자의 장악이나 군사력을 상징하는 부장품이기도 하다. 이것들은 피장자의 신분이나 지위를 상징하는 물건으로 일상품적 위세품이라 고 한다.

*Answer* ▸ 28.③ 29.④

**30** 다음 A ~ F에 대한 평가로 적절하지 못한 것은?

어느 때부터 인간으로 간주할 수 있는가와 관련된 주제는 인문학뿐만 아니라 자연과학에서도 흥미로운 주제이다. 특히 태아의 인권 취득과 관련하여 이러한 주제는 다양하게 논의되고 있다. 과학적으로 볼 때, 인간은 수정 후 시간이 흐름에 따라 수정체, 접합체, 배아, 태아의 단계를 거쳐 인간의 모습을 갖추게 되는 수준으로 발전한다. 수정 후에 태아가 형성되는 데까지는 8주 정도가 소요되는데 배아는 2주 경에 형성된다. 10달의 임신 기간은 태아 형성기, 두뇌의 발달 정도 등을 고려하여 4기로 나뉘는데, 1 ~ 3기는 3개월 단위로 나뉘고 마지막 한 달은 4기에 해당한다. 이러한 발달 단계의 어느 시점에서부터 그 대상을 인간으로 간주할 것인지에 대해서는 다양한 견해들이 있다.

A에 따르면 태아가 산모의 뱃속으로부터 밖으로 나올 때 즉 태아의 신체가 전부 노출이 될 때부터 인간에 해당한다. B에 따르면 출산의 진통 때부터는 태아가 산모로부터 독립해 생존이 가능하기 때문에 그때부터 인간에 해당한다. C는 태아가 형성된 후 4개월 이후부터 인간으로 간주한다. 지각력이 있는 태아는 보호받아야 하는데 지각력이 있어서 필수 요소인 전뇌가 2기부터 발달하기 때문이다. D에 따르면 정자와 난자가 합쳐졌을 때, 즉 수정체부터 인간에 해당한다. 그 이유는 수정체는 생물학적으로 인간으로 태어날 가능성을 갖고 있기 때문이다. E에 따르면 합리적 사고를 가능하게 하는 뇌가 생기는 시점 즉 배아에 해당하는 때부터 인간에 해당한다. F는 수정될 때 영혼이 생기기 때문에 수정체부터 인간에 해당한다고 본다.

① A가 인간으로 간주하는 대상은 B도 인간으로 간주한다.
② C가 인간으로 간주하는 대산은 E도 인간으로 간주한다.
③ D가 인간으로 간주하는 대상은 E도 인간으로 간주한다.
④ D가 인간으로 간주하는 대상은 F도 인간으로 간주하지만, 그렇게 간주하는 이유는 다르다.
⑤ 접합체에도 영혼이 존재할 수 있다는 연구결과를 얻더라도 F의 견해는 설득력이 떨어지지 않는다.

**31** 다음 글에서 추론할 수 있는 내용으로 옳은 것만을 고른 것은?

> 예술과 도덕의 관계, 더 구체적으로는 예술작품의 미적 가치와 도덕적 가치의 관계는 동서양을 막론하고 사상사의 중요한 주제들 중 하나이다. 그 관계에 대한 입장들로는 '극단적 도덕주의', '온건적 도덕주의', '자율성주의'가 있다. 이 입장들은 예술작품이 도덕적 가치판단의 대상이 될 수 있느냐는 물음에 각기 다른 대답을 한다.
>
> 극단적 도덕주의 입장은 모든 예술작품을 도덕적 가치판단의 대상으로 본다. 이 입장은 도덕적 가치를 가장 우선적인 가치이자 가장 포괄적인 가치로 본다. 따라서 모든 예술 작품은 도덕적 가치에 의해서 긍정적으로 또는 부정적으로 평가된다. 또한 도덕적 가치는 미적 가치를 비롯한 다른 가치들보다 우선한다. 이러한 입장을 대표하는 사람이 바로 톨스토이이다. 그는 인간의 형제애에 관한 정서를 전달함으로써 인류의 심정적 통합을 이루는 것이 예술의 핵심적 가치라고 보았다.
>
> 온건적 도덕주의는 오직 일부 예술작품만이 도덕적 판단의 대상이 된다고 보는 입장이다. 따라서 일부의 예술작품들에 대해서만 긍정적인 또는 부정적인 도덕적 가치판단이 가능하다고 본다. 이 입장에 따르면, 도덕적 판단의 대상이 되는 예술작품의 도덕적 가치와 미적 가치는 서로 독립적으로 성립하는 것이 아니다. 그것들은 서로 내적으로 연결되어 있기 때문에 어떤 예술작품이 가지는 도덕적 장점이 그 예술작품의 미적 장점이 된다. 또한 어떤 예술작품의 도덕적 결함은 그 예술작품의 미적 결함이 된다.
>
> 자율성주의는 어떠한 예술작품도 도덕적 가치판단의 대상이 될 수 없다고 보는 입장이다. 이 입장에 따르면, 도덕적 가치와 미적 가치는 서로 자율성을 유지한다. 즉, 도덕적 가치와 미적 가치는 각각 독립적인 영역에서 구현되고 서로 다른 기준에 의해 평가된다는 것이다. 결국 자율성주의는 예술작품에 대한 도덕적 가치판단을 범주착오에 해당하는 것으로 본다.

---

> ㉠ 자율성주의는 극단적 도덕주의와 온건한 도덕주의가 모두 범주착오를 범하고 있다고 볼 것이다.
> ㉡ 극단적 도덕주의는 모든 도덕적 가치가 예술작품을 통해 구현된다고 보지만 자율성주의는 그렇지 않을 것이다.
> ㉢ 온건한 도덕주의에서 도덕적 판단의 대상이 되는 예술작품들은 모두 극단적 도덕주의에서도 도덕적 판단의 대상이 될 것이다.

① ㉠

② ㉡

③ ㉠, ㉢

④ ㉡, ㉢

⑤ ㉠, ㉡, ㉢

 ㉠ 자율성주의는 예술작품에 대한 도덕적 가치판단을 범주착오에 해당하는 것으로 보기 때문에 극단적 도덕주의와 온건적 도덕주의 모두를 범주착오로 본다.
　㉡ 모든 도덕적 가치가 예술작품을 통해 구현된다는 말은 언급한 적이 없다.
　㉢ 극단적 도덕주의는 모든 예술작품을, 온건적 도덕주의는 일부 예술작품을 도덕적 판단의 대상으로 본다.

**32** 다음 글을 읽고 빈칸에 들어갈 알맞은 진술로 가장 적합한 것은?

‘실은 몰랐지만 넘겨짚어 시험의 정답을 맞힌’ 경우와 ‘제대로 알고 시험의 정답을 맞힌’ 경우를 구별할 수 있을까? 또 무작정 외워서 쓴 경우와 제대로 이해하고 쓴 경우는 어떤가? 전자와 후자는 서로 다르게 평가받아야 할까, 아니면 동등한 평가를 받는 것이 마땅한가?

선택형 시험의 평가는 오로지 답안지에 표기된 선택지가 정답과 일치하는가의 여부에만 달려 있다. 이는 위의 첫 번째 물음이 항상 긍정으로 대답되지는 않으리라는 사실을 말해준다. 그러나 만일 시험관이 답안지를 놓고 응시자와 면담할 기회가 주어진다면, 시험관은 응시자에게 그가 정답지를 선택한 근거를 물음으로써 그가 과연 문제에 관해 올바른 정보와 추론 능력을 가지고 있었는지 검사할 수 있을 것이다.

예를 들어 한 응시자가 ‘대한민국의 수도가 어디냐?’는 물음에 대해 ‘서울’이라고 답했다고 하자. 그렇게 답한 이유가 단지 ‘부모님이 사시는 도시라 이름이 익숙해서’였을 뿐, 정작 대한민국의 지리나 행정에 관해서는 아는 바 없다는 사실이 면접을 통해 드러났다고 하자. 이 경우에 시험관은 이 응시자가 대한민국의 수도에 관한 올바른 정보를 갖고 있다고 인정하기 어려울 것이다. 이 예는 응시자가 올바른 답을 제시하는데 필요한 정보가 부족한 경우이다.

그렇다면, 어떤 사람이 문제의 올바른 답을 추론해내는 데 필요한 모든 정보를 갖고 있었고 실제로도 정답을 제시했다는 것이, 그가 문제에 대한 올바른 추론 능력을 가지고 있다고 할 필요충분조건이라고 할 수 있는가?

어느 도난사건을 함께 조사한 홈즈와 왓슨이 사건의 모든 구체적인 세부사항, 예컨대 범행 현장에서 발견된 흙발자국의 토양 성분 등에 관한 정보뿐 아니라 올바른 결론을 내리는 데 필요한 모든 일반적 정보, 예컨대 영국의 지역별 토양의 성분에 관한 정보 등을 똑같이 갖고 있었고, 실제로 동일한 용의자를 범인으로 지목했다고 하자. 이 경우 두 사람의 추론을 동등하게 평가해야 하는가? 그렇지 않다. 예컨대 왓슨은 모든 정보를 완비하고 있었음에도 불구하고, 이름에 모음의 수가 가장 적다는 엉터리 이유로 범인을 지목했다고 하자. 이런 경우에도 우리는 왓슨의 추론에 박수를 보낼 수 있을까? 아니다. 왜냐하면 _____

① 왓슨은 일반적으로 타당한 개인적 경험을 토대로 추론했기 때문이다.
② 왓슨은 올바른 추론의 방법을 알고 있었음에도 불구하고 요행을 우선시했기 때문이다.
③ 왓슨은 추론에 필요한 전문적인 훈련을 받지 못해서 범인을 잘못 골랐기 때문이다.
④ 왓슨은 올바른 추론에 필요한 정보를 가지고 있긴 했지만 그 정보와 무관하게 범인을 지목했기 때문이다.
⑤ 왓슨은 올바른 추론에 필요한 논리적 능력은 갖추고 있음에도 불구하고 범인을 추론하는 데 필요한 관련 정보가 부족했기 때문이다.

(Tip) 왓슨의 추론은 필요한 모든 정보가 있음에도 이와 무관하게 엉터리 이유로 범인을 지목했기 때문에 박수를 받을 수 없다. 그러므로 “올바른 추론에 필요한 정보를 가지고 있긴 했지만 그 정보와 무관하게 범인을 지목했기 때문이다.”가 빈칸에 들어가야 한다.

**33** 다음에 설명된 '자연적'의 의미를 바르게 적용한 것은?

> 미덕은 자연적인 것이고 악덕은 자연적이지 않은 것이라는 주장보다 더 비철학적인 것은 없다. 자연이라는 단어가 다의적이기 때문이다. '자연적'이라는 말의 첫 번째 의미는 '기적적'인 것의 반대로서, 이런 의미에서는 미덕과 악덕 둘 다 자연적이다. 자연법칙에 위배되는 현상인 기적을 제외한 세상의 모든 사건이 자연적이다. 둘째로, '자연적'인 것은 '흔하고 일상적'인 것을 의미하기도 한다. 이런 의미에서 미덕은 아마도 가장 '비자연적'일 것이다. 적어도 흔하지 않다는 의미에서의 영웅적인 덕행은 짐승 같은 야만성만큼이나 자연적이지 못할 것이다. 세 번째 의미로서, '자연적'은 '인위적'에 반대된다. 행위라는 것 자체가 특정 계획과 의도를 지니고 수행되는 것이라는 점에서, 미덕과 악덕은 둘 다 인위적인 것이라 할 수 있다. 그러므로 '자연적이다', '비자연적이다'라는 잣대로 미덕과 악덕의 경계를 그을 수 없다.

① 수재민을 돕는 것은 첫 번째와 세 번째 의미에서 자연적이다.

② 논개의 살신성인적 행위는 두 번째와 세 번째 의미에서 자연적이지 않다.

③ 내가 산 로또 복권이 당첨되는 일은 첫 번째와 두 번째 의미에서 자연적이다.

④ 벼락을 두 번이나 맞고도 살아남은 사건은 첫 번째와 두 번째 의미에서 자연적이다.

⑤ 개가 낯선 사람을 보고 짖는 것은 두 번째 의미에서는 자연적이지 않지만, 세 번째 의미에서는 자연적이다.

 첫 번째 의미 – 기적적인 것의 반대
두 번째 의미 – 흔하고 일상적인 것
세 번째 의미 – 인위적의 반대
① 기적적인 것의 반대는 맞으나 인위적인 것의 반대는 아니다.
② 흔하고 일상적인 것이 아니고, 인위적인 행위에 해당한다.
③ 기적적인 일이며 흔하고 일상적인 것이 아니다.
④ 기적적인 일이며 흔하고 일상적인 것이 아니다.
⑤ 흔하고 일상적인 것이며, 인위적인 것의 반대가 맞다.

**34** 다음 글을 통해 추론할 수 있는 내용으로 가장 적절한 것은?

카발리는 윌슨이 모계 유전자인 mtDNA 연구를 통해 발표한 인류 진화 가설을 설득력 있게 확인시켜 줄 수 있는 실험을 제안했다. 만약 mtDNA와는 서로 다른 독립적인 유전자 가계도를 통해서도 같은 결론에 도달할 수 있다면 윌슨의 인류 진화에 대한 가설을 강화할 수 있다는 것이다.

이에 언더힐은 Y염색체를 인류 진화 연구에 이용하였다. 그가 Y염색체를 연구에 이용한 이유가 있다. 그것은 Y염색체가 하나씩 존재하는 특성이 있어 재조합을 일으키지 않고, 그 점은 연구 진행을 수월하게 하기 때문이다. 그는 Y염색체를 사용한 부계 연구를 통해 윌슨이 밝힌 연구결과와 매우 유사한 결과를 도출했다. 언더힐의 가계도 윌슨의 가계도와 마찬가지로 아프리카 지역의 인류 원조 조상에 뿌리를 두고 갈라져 나오는 수형도였다. 또 그 수형도는 인류학자들이 상상한 장엄한 떡갈나무가 아니라 윌슨이 분석해 놓은 약 15만 년밖에 안 된 키 작은 나무와 매우 유사하였다.

별개의 독립적인 연구로 얻은 두 자료가 인류의 과거를 똑같은 모습으로 그려낸다면 그것은 대단한 설득력을 지닌다. mtDNA와 같은 하나의 영역만이 연구된 상태에서는 그 결과가 시사적이기는 해도 결정적이지는 않다. 그 결과의 양상은 단지 DNA의 특정 영역에 일어난 특수한 역사만을 반영하는 것일 수도 있기 때문이다. 하지만 언더힐을 Y염색체에서 유사한 양상을 발견함으로써 그 불완전성은 크게 줄어들었다. 15만 년 전에 아마도 전염병이나 기후 변화로 인해 유전자 다양성이 급격하게 줄어드는 현상이 일어났을 것이다.

① 윌슨의 mtDNA 연구결과는 인류 진화 가설에 대한 결정적인 증거였다.

② 부계 유전자 연구와 모계 유전자 연구를 통해 얻은 각각의 인류 진화 수형도는 매우 비슷하다.

③ 윌슨과 언더힐의 연구결과는 현대 인류 조상의 기원에 대한 인류학자들의 견해를 뒷받침한다.

④ 언더힐은 우리가 갖고 있는 Y염색체 연구를 통해 인류가 아프리카에서 유래했다는 것을 부정했다.

⑤ 언더힐이 Y염색체를 인류 진화 연구에 이용한 것은 염색체 재조합으로 인해 연구가 쉬워졌기 때문이다.

Tip ① mtDNA와 같은 하나의 영역만이 연구된 상태에서는 그 결과가 시사적이기는 해도 결정적이지는 않다.

③ 그 수형도는 인류학자들이 상상한 장엄한 떡갈나무가 아니라 윌슨이 분석해 놓은 약 15만 년밖에 안 된 키 작은 나무와 매우 유사하였다.

④ 언더힐의 가계도 윌슨의 가계도와 마찬가지로 아프리카 지역의 인류 원조 조상에 뿌리를 두고 갈라져 나오는 수형도였다.

⑤ Y염색체가 하나씩 존재하는 특성이 있어 재조합을 일으키지 않고, 그 점은 연구 진행을 수월하게 하기 때문이다.

**35** 다음 글의 내용과 부합하는 것은?

> '청렴(淸廉)'은 현대 사회에서 좁게는 반부패와 동의어로 사용되며 넓게는 투명성과 책임성 등을 포괄하는 통합적 개념으로 사용되고 있다. 유학자들은 청렴을 효제와 같은 인륜의 덕목보다는 하위에 두었지만 군자라면 마땅히 지켜야 할 일상의 덕목으로 중시하였다. 조선의 대표적 유학자였던 이황과 이이는 청렴을 사회 규율이자 개인 처세의 지침으로 강조하였다. 특히 공적 업무에 종사하는 사람이라면 사회 규율로서의 청렴이 개인의 처세와 직결된다는 점에 유념해야 한다고 보았다.
>
> 청렴에 대한 논의는 정약용의 「목민심서」에서 본격적으로 나타난다. 정약용은 청렴이야말로 목민관이 지켜야 할 근본적인 덕목이며 목민관의 직무는 청렴이 없이는 불가능하다고 강조하였다. 정약용은 청렴을 당위의 차원에서 주장하는 기존의 학자들과 달리 행위자 자신에게 실질적 이익이 된다는 점을 들어 설득하고자 한다. 그는 청렴은 큰 이득이 남는 장사라고 말하면서, 지혜롭고 욕심이 큰 사람은 청렴을 택하지만 지혜가 짧고 욕심이 작은 사람은 탐욕을 택한다고 설명한다. 정약용은 "지자(知者)는 인(仁)을 이롭게 여긴다."라는 공자의 말을 빌려 "지혜로운 자는 청렴함을 이롭게 여긴다."라고 하였다. 비록 재물을 얻는 데 뜻이 있더라도 청렴함을 택하는 것이 결과적으로는 지혜로운 선택이라고 정약용은 말한다. 목민관의 작은 탐욕은 단기적으로 보면 눈앞의 재물을 취하여 이익을 얻을 수 있겠지만 궁극에는 개인의 몰락과 가문의 불명예를 가져올 수 있기 때문이다. 정약용은 청렴을 지키는 것은 두 가지 효과가 있다고 보았다. 첫째, 청렴은 다른 사람에게 긍정적 효과를 미친다. 목민관이 청렴할 경우 백성을 비롯한 공동체 구성원에게 좋은 혜택이 돌아갈 것이다. 둘째, 청렴한 행위를 하는 것은 목민관 자신에게도 좋은 결과를 가져다준다. 청렴은 그 자신의 덕을 높이는 것일 뿐 아니라 자신의 가문에 빛나는 명성과 영광을 가져다줄 것이다.

① 정약용은 청렴이 목민관이 반드시 지켜야 할 덕목임을 당위론 차원에서 정당화하였다.

② 정약용은 탐욕을 택하는 것보다 청렴을 택하는 것이 이롭다는 공자의 뜻을 계승하였다.

③ 정약용은 청렴한 사람은 욕심이 작기 때문에 재물에 대한 탐욕에 빠지지 않는다고 보았다.

④ 정약용은 청렴이 백성에게 이로움을 줄 뿐 아니라 목민관 자신에게도 이로운 행위라고 보았다.

⑤ 이황과 이이는 청렴을 개인의 처세에 있어 주요 지침으로 여겼으나 사회 규율로는 보지 않았다.

(Tip) ① 정약용은 청렴을 당위의 차원에서 주장하는 기존의 학자들과 달리 행위자 자신에게 실질적 이익이 된다는 점을 들어 설득하고자 하였다.
② 정약용은 "지자(知者)는 인(仁)을 이롭게 여긴다."라는 공자의 말을 빌려 "지혜로운 자는 청렴함을 이롭게 여긴다."라고 하였다.
③ 청렴은 큰 이득이 남는 장사라고 말하면서, 지혜롭고 욕심이 큰 사람은 청렴을 택하지만 지혜가 짧고 욕심이 작은 사람은 탐욕을 택한다고 설명한다.
⑤ 이황과 이이는 청렴을 사회 규율이자 개인 처세의 지침으로 강조하였다.

Answer 34.② 35.④

**36** 다음 글을 통해 추론할 수 있는 것은?

'핸드오버'란 이동단말기가 이동함에 따라 기존 기지국에서 이탈하여 새로운 기지국으로 넘어갈 때 통화가 끊기지 않도록 통화 신호를 새로운 기지국으로 넘겨주는 것을 말한다. 이런 핸드오버는 이동단말기, 기지국, 이동전화교환국 사이의 유무선 연결을 바탕으로 실행된다. 이동단말기가 기지국에 가까워지면 그 둘 사이의 신호가 점점 강해지는데 반해, 이동단말기와 기지국이 멀어지면 그 둘 사이의 신호는 점점 약해진다. 이 신호의 세기가 특정값 이하로 떨어지게 되면 핸드오버가 명령되어 이동단말기와 새로운 기지국 간의 통화 채널이 형성된다. 이 과정에서 이동전화교환국과 기지국 간 연결에 문제가 발생하면 핸드오버가 실패하게 된다.

핸드오버는 이동단말기와 기지국 간 통화 채널 형성 순서에 따라 '형성 전 단절 방식'과 '단절 전 형성 방식'으로 구분될 수 있다. FDMA와 TDMA에서는 형성 전 단절 방식을, CDMA에서는 단절 전 형성 방식을 사용한다. 형성 전 단절 방식은 이동단말기와 새로운 기지국 간의 통화 채널이 형성되기 전에 기존 기지국과의 통화 채널을 단절하는 것을 말한다. 이와 반대로 단절 전 형성 방식은 이동단말기와 기존 기지국 간의 통화 채널이 단절되기 전에 새로운 기지국과의 통화 채널을 형성하는 방식이다. 이런 핸드오버 방식의 차이는 각 기지국이 사용하는 주파수 간 차이에서 비롯된다. 만약 각 기지국이 다른 주파수를 사용하고 있다면, 이동단말기는 기존 기지국과의 통화 채널을 미리 단절한 뒤 새로운 기지국에 맞는 주파수를 할당 받은 후 통화 채널을 형성해야 한다. 그러나 각 기지국이 같은 주파수를 사용하고 있다면, 그런 주파수 조정이 필요 없으며 새로운 통화 채널을 형성하고 나서 기존 통화 채널을 단절할 수 있다.

① 단절 전 형성 방식의 각 기지국은 서로 다른 주파수를 사용한다.
② 형성 전 단절 방식은 단절 전 형성 방식보다 더 빨리 핸드오버를 명령할 수 있다.
③ 이동단말기와 기존 기지국 간의 통화 채널이 단절되면 핸드오버가 성공한다.
④ CDMA에서는 하나의 이동단말기가 두 기지국과 동시에 통화 채널을 형성할 수 있지만 FDMA에서는 그렇지 않다.
⑤ 이동단말기 A와 기지국 간 신호 세기가 이동단말기 B와 기지국 간 신호 세기보다 더 작다면 이동단말기 A에서는 핸드오버가 명령되지만 이동단말기 B에서는 핸드오버가 명령되지 않는다.

(Tip) ① 단절 전 형성 방식은 이동단말기와 기존 기지국 간의 통화 채널이 단절되기 전에 새로운 기지국과의 통화 채널을 형성하는 방식이다.
각 기지국이 같은 주파수를 사용하고 있다면, 그런 주파수 조정이 필요 없으며 새로운 통화 채널을 형성하고 나서 기존 통화 채널을 단절할 수 있다.
② 신호의 세기가 특정값 이하로 떨어지게 되면 핸드오버가 명령되어 이동단말기와 새로운 기지국 간의 통화 채널이 형성된다. 형성 전 단절 방식과 단절 전 형성 방식의 차이와는 상관 없다.
③ 새로운 기지국 간의 통화 채널이 형성되어야 함도 포함되어야 한다.
⑤ 핸드오버는 신호 세기가 특정값 이하로 떨어질 때 발생하는 것이지 이동단말기와 기지국 간 상대적 신호 세기와는 관계가 없다.

**37** 다음 글의 내용과 부합하지 않는 것은?

디지털 연산은 회로의 동작으로 표현되는 논리적 연산에 의해 진행되며 아날로그 연산은 소자의 물리적 특성에 의해 진행된다. 하지만 디지털 연산의 정밀도는 정보의 연산 과정에서 최종적으로 정보를 출력할 때 필요한 것보다 항상 같거나 높게 유지해야 하므로 동일한 양의 연산을 처리해야 하는 경우라면 디지털 방식이 아날로그 방식에 비해 훨씬 더 많은 소자를 필요로 한다. 아날로그 연산에서는 회로를 구성하는 소자 자체가 연산자이므로 온도 변화에 따르는 소자 특성의 변화, 소자 간의 특성 균질성, 전원 잡음 등의 외적 요인들에 의해 연산 결과가 크게 달라질 수 있다. 그러나 디지털 연산에서는 회로의 동작이 0과 1을 구별할 정도의 정밀도만 유지하면 되므로 회로를 구성하는 소자 자체의 특성 변화에 거의 영향을 받지 않는다. 또한 상대적으로 쉽게 변경 가능하고 프로그램하기 편리한 점도 있다.

사람의 눈이나 귀 같은 감각기관은 아날로그 연산에 바탕을 둔 정보 처리 조직을 가지고 있지만 이로부터 발생되는 정보는 디지털 정보이다. 감각기관에 분포하는 수용기는 특별한 목적을 가지는 아날로그-디지털 변환기로 볼 수 있는데, 이것은 전달되는 입력의 특정 패턴을 감지하여, 디지털 신호와 유사한 부호를 발생시킨다. 이 신호는 다음 단계의 신경세포에 입력되고, 이 과정이 거미줄처럼 연결된 무수히 많은 신경세포의 연결 구조 속에서 반복되면서 뇌의 다양한 인지 활동을 형성한다. 사람의 감각기관에서 일어나는 아날로그 연산은 감각되는 많은 양의 정보 중에서 필요한 정보만을 걸러 주는 역할을 한다. 그렇기 때문에 실제 신경세포를 통해 뇌에 전달되는 것은 지각에 꼭 필요한 내용만이 축약된 디지털 정보이다. 사람의 감각은 감각기관의 노화 등으로 인한 생체 조직 구조의 변화에 따라 둔화될 수 있다. 그럼에도 불구하고 노화된 사람의 감각기관은 여전히 아날로그 연산이 가지는 높은 에너지 효율을 얻을 수 있다.

① 사람의 신경세포는 디지털화된 정보를 뇌로 전달한다.
② 디지털 연산은 소자의 물리적 특성을 연산자로 활용한다.
③ 사람이 감각기관은 아날로그 연산을 기초로 정보를 처리한다.
④ 디지털 연산은 소자 자체의 특성 변화에 크게 영향을 받지 않는다.
⑤ 사람의 감각기관이 감지하는 것은 외부에서 전달되는 입력 정보의 패턴이다.

(Tip) 아날로그 연산은 소자의 물리적 특성에 의해 진행된다.

*Answer* → 36.④ 37.②

**38** 다음 글을 통해 알 수 있는 것은?

> 고전주의적 관점에서는 보편적 규칙에 따라 고전적 이상에 일치시켜 대상을 재현한 작품에 높은 가치를 부여한다. 반면 낭만주의적 관점에서는 예술가 자신의 감정이나 가치관, 문제의식 등을 자유로운 방식으로 표현한 것에 가치를 부여한다.
>
> 그렇다면 예술작품을 감상할 때에는 어떠한 관점을 취해야 할까? 예술작품을 감상한다는 것은 예술가를 화자로 보고, 감상자를 청자로 설정하는 의사소통 형식으로 가정할 수 있다. 고전주의적 관점에서는 재현 내용과 형식이 정해지기 때문에 화자인 예술가가 중심이 된 의사소통 행위가 아니라 청자가 중심이 된 의사소통 행위라 할 수 있다. 즉, 예술작품 감상에 있어서 청자인 감상자는 보편적 규칙과 경험적 재현 방식을 통해 쉽게 예술작품을 수용하고 이해할 수 있게 된다. 그런데 의사소통 상황에서 청자가 중요시되지 않는 경우도 흔히 발견된다. 가령 스포츠 경기를 볼 때 주변 사람과 관련 없이 자기 혼자서 탄식하고 환호하기도 한다. 또한 독백과 같이 특정한 청자를 설정하지 않는 발화 행위도 존재한다. 낭만주의적 관점에서 예술작품을 이해하고 감상하는 것도 이와 유사하다. 낭만주의적 관점에서는, 예술작품을 예술가가 감상자를 고려하지 않은 채 자신의 생각이나 느낌을 자유롭게 표현한 것으로 보아야만 작품의 본질을 오히려 잘 포착할 수 있다고 본다.
>
> 낭만주의적 관점에서 올바른 작품 감상을 위해서는 예술가의 창작의도나 창작관에 대한 이해가 필요하다. 비록 관람과 감상을 전제하고 만들어진 작품이라 하더라도 그 가치는 작품이 보여주는 색채나 구도 등에 대한 감상자의 경험을 통해서만 파악되는 것이 아니다. 현대 추상회화 창시자의 한 명으로 손꼽히는 몬드리안의 예술작품을 보자. 구상적 형상 없이 선과 색으로 구성된 몬드리안의 작품들은, 그가 자신의 예술을 발전시켜 나가는 데 있어서 관심을 쏟았던 것이 무엇인지를 알지 못하면 이해하기 어렵다.

① 고전주의적 관점과 낭만주의적 관점의 공통점은 예술작품의 재현 방식이다.
② 고전주의적 관점에서 볼 때, 예술작품을 감상하는 것은 독백을 듣는 것과 유사하다.
③ 낭만주의적 관점에서 볼 때, 예술작품 창작의 목적은 감상자 위주의 의사소통에 있다.
④ 낭만주의적 관점에서 볼 때, 예술작품의 창작의도에 대한 충분한 소통은 작품 이해를 위해 중요하다.
⑤ 고전주의적 관점에 따르면 예술작품의 본질은 예술가가 자신의 생각이나 느낌을 창의적으로 표현하는 데 있다.

 ① 고전주의적 관점에서는 보편적 규칙에 따라 고전적 이상에 일치시켜 대상을 재현한 작품에 높은 가치를 부여한다. 반면 낭만주의적 관점에서는 예술가 자신의 감정이나 가치관, 문제의식 등을 자유로운 방식으로 표현한 것에 가치를 부여한다.
② 독백과 같이 특정한 청자를 설정하지 않는 발화 행위도 존재한다. 낭만주의적 관점에서 예술작품을 이해하고 감상하는 것도 이와 유사하다.
③ 고전주의적 관점에서는 재현 내용과 형식이 정해지기 때문에 화자인 예술가가 중심이 된 의사소통 행위가 아니라 청자가 중심이 된 의사소통 행위라 할 수 있다.
⑤ 낭만주의적 관점에서는, 예술작품을 예술가가 감상자를 고려하지 않은 채 자신의 생각이나 느낌을 자유롭게 표현한 것으로 보아야만 작품의 본질을 오히려 잘 포착할 수 있다고 본다.

**39** 다음 글을 읽고 이 글을 뒷받침할 수 있는 주장으로 가장 적합한 것은?

> X선 사진을 통해 폐질환 진단법을 배우고 있는 의과대학 학생을 생각해 보자. 그는 암실에서 환자의 가슴을 찍은 X선 사진을 보면서, 이 사진의 특징을 설명하는 방사선 전문의의 강의를 듣고 있다. 그 학생은 가슴을 찍은 X선 사진에서 늑골뿐만 아니라 그 밑에 있는 폐, 늑골의 음영, 그리고 그것들 사이에 있는 아주 작은 반점들을 볼 수 있다. 하지만 처음부터 그럴 수 있었던 것은 아니다. 첫 강의에서는 X선 사진에 대한 전문의의 설명을 전혀 이해하지 못했다. 그가 가리키는 부분이 무엇인지, 희미한 반점이 과연 특정질환의 흔적인지 전혀 알 수가 없었다. 전문의가 상상력을 동원해 어떤 가상적 이야기를 꾸며내는 것처럼 느껴졌을 뿐이다. 그러나 몇 주 동안 이론을 배우고 실습을 하면서 지금은 생각이 달라졌다. 그는 문제의 X선 사진에서 이제는 늑골 뿐 아니라 폐와 관련된 생리적인 변화, 흉터나 만성 질환의 병리학적 변화, 급성질환의 증세와 같은 다양한 현상들까지도 자세하게 경험하고 알 수 있게 될 것이다. 그는 전문가로서 새로운 세계에 들어선 것이고, 그 사진의 명확한 의미를 지금은 대부분 해석할 수 있게 되었다. 이론과 실습을 통해 새로운 세계를 볼 수 있게 된 것이다.

① 관찰은 배경지식에 의존한다.
② 과학에서의 관찰은 오류가 있을 수 있다.
③ 과학 장비의 도움으로 관찰 가능한 영역은 확대된다.
④ 관찰정보는 기본적으로 시각에 맺혀지는 상에 의해 결정된다.
⑤ X선 사진의 판독은 과학데이터 해석의 일반적인 원리를 따른다.

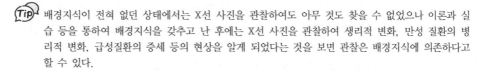 배경지식이 전혀 없던 상태에서는 X선 사진을 관찰하여도 아무 것도 찾을 수 없었으나 이론과 실습 등을 통하여 배경지식을 갖추고 난 후에는 X선 사진을 관찰하여 생리적 변화, 만성 질환의 병리적 변화, 급성질환의 증세 등의 현상을 알게 되었다는 것을 보면 관찰은 배경지식에 의존한다고 할 수 있다.

**40** 다음 글의 내용에 부합하지 않는 것은?

최근 환경부와 학계의 연구 결과에 의하면 우리나라 초미세먼지의 고농도 발생 시의 주된 성분은 질산암모늄인 것으로 알려졌다. 질산암모늄은 일반적으로 화석연료의 연소로부터 발생되는 질산화물($NO_X$)의 영향과 농업, 축산, 공업 등으로부터 배출되는 암모니아($NH_3$)의 주된 영향을 받는다고 할 수 있다. 황산화물($SO_X$)이 주로 중국의 기원을 가리키는 지표물질이며, 질산암모늄과 같은 질소계열의 미세먼지는 국내영향을 의미하기 때문에 고농도 시에는 국내 배출의 영향을 받는다는 것을 알 수 있으며, 이 때문에 평소의 국내 질소계열의 오염물질 감소에 정책 우선순위를 두어야 한다.

우리나라 전국 배출 사업장(공장)의 수는 약 5만 8천 개에 이르고 있으나 자동 굴뚝측정망으로 실시간 감시가 되는 대형 사업장의 수는 전체 사업장의 10% 이하이다. 대다수를 차지하고 있는 중소 사업장의 배출량은 대형 사업장에 미치지 못하나 문제는 날로 늘어가고 있는 중소 사업장의 숫자이다. 이는 배출물질과 배출량의 파악을 갈수록 어렵게 하여 배출원 관리 문제와 미세먼지 증가를 유발할 수 있다는 점에서 이에 대한 철저한 관리 감독이 가능하도록 국가적 역량을 집중할 필요가 있다.

2000년대 이후 국내 경유 차량의 수가 크게 증가한 것도 미세먼지 관리가 어려운 이유 중 하나이다. 특히 육상 차량 중 초미세먼지 배출의 약 70%를 차지하고 있는 경유 화물차는 2009~2018년 사이 약 17%가 증가하여 현재 약 330만 대를 상회하고 있다. 이 중 약 1/4를 차지하고 있는 경유차가 'Euro3' 수준의 초미세먼지를 배출하고 있는데, 이러한 미세먼지와 질산화물을 과다배출하고 있는 노후 경유차에 대한 조기 폐차 유도, 친환경차 전환 지원, 저감장치 보급과 관리감독이 여전히 시급한 상황이다.

암모니아($NH_3$)는 현재 국내 가장 중요한 국내 미세먼지 발생 원인으로 받아들여지고 있다. 암모니아의 가장 주요한 배출원은 농업과 축산분야인데 주로 비료사용과 가축 분뇨 등에 의해 대기 중에 배출되는 특성을 보이고 있으며, 비료사용이 시작되는 이른 봄과 따뜻한 온도의 영향을 주로 받는다.

우리나라는 2000년 이후 암모니아의 농도가 정체 혹은 소폭 증가하고 있는 경향을 보이고 있다. 또한 2010년 이후 암모니아 배출에 영향을 주고 있는 가축분뇨 발생량과 농약 및 화학비료 사용량도 줄지 않고 있는 정체 현상을 보이고 있다. 암모니아 배출량은 바람과 온습도, 강우 등 기상조건의 영향을 받는데 국내의 암모니아 배출량 산정은 이러한 물리적 조건을 반영하지 않고 있어 매우 불확실하다. 따라서 비료 및 가축분뇨 등이 미세먼지의 주요 원료인 만큼 환경부뿐 아니라 농림수산식품부 차원의 적극적인 관리 정책도 시급하다고 할 수 있다.

① 가축의 분뇨 배출량 증가는 고농도 초미세먼지 발생을 유발할 수 있다.
② 현재 약 80만 대 이상의 경유 화물차가 'Euro3' 수준의 초미세먼지를 배출하고 있다.
③ 유해 물질을 배출하는 전국의 사업장 중 실시간 감시가 가능한 사업장의 수는 계속 감소하고 있다.
④ 이른 봄은 다른 시기보다 농업 분야에서의 초미세먼지 원인 물질 배출이 더 많아진다.
⑤ 초미세먼지 관리에는 원인 물질 배출량뿐 아니라 기상조건의 변화에도 주의를 기울여야 한다.

③ 실시간 감시가 가능한 사업장은 대형 사업장이며, 주어진 글에서는 실시간 감시가 어려운 중소 사업장 수가 증가한다고 설명하고 있다. 따라서 실시간 감시가 가능한 대형 사업장의 수가 감소하는 것은 아니다.

① 가축의 분뇨 배출은 초미세먼지의 주 원인 중 하나인 암모니아 배출량을 증가시켜 초미세먼지의 발생을 유발할 수 있다.

② 약 330만 대의 1/4 즉, 약 80만 대 이상이 'Euro3' 수준의 초미세먼지를 배출하고 있다.

④ 이른 봄은 가축 분뇨에 의한 암모니아 배출량이 많아지는 시기이다.

⑤ 온습도, 강우 등 기상조건의 영향으로 암모니아 배출량이 달라지므로 올바른 설명이 된다.

Answer↪ 40.③

# CHAPTER 02 수리능력

## 1 직장생활과 수리능력

### (1) 기초직업능력으로서의 수리능력

① **개념** … 직장생활에서 요구되는 사칙연산과 기초적인 통계를 이해하고 도표의 의미를 파악하거나 도표를 이용해서 결과를 효과적으로 제시하는 능력을 말한다.

② 수리능력은 크게 기초연산능력, 기초통계능력, 도표분석능력, 도표작성능력으로 구성된다.
   ㉠ **기초연산능력** : 직장생활에서 필요한 기초적인 사칙연산과 계산방법을 이해하고 활용할 수 있는 능력
   ㉡ **기초통계능력** : 평균, 합계, 빈도 등 직장생활에서 자주 사용되는 기초적인 통계기법을 활용하여 자료의 특성과 경향성을 파악하는 능력
   ㉢ **도표분석능력** : 그래프, 그림 등 도표의 의미를 파악하고 필요한 정보를 해석하는 능력
   ㉣ **도표작성능력** : 도표를 이용하여 결과를 효과적으로 제시하는 능력

### (2) 업무수행에서 수리능력이 활용되는 경우

① 업무상 계산을 수행하고 결과를 정리하는 경우

② 업무비용을 측정하는 경우

③ 고객과 소비자의 정보를 조사하고 결과를 종합하는 경우

④ 조직의 예산안을 작성하는 경우

⑤ 업무수행 경비를 제시해야 하는 경우

⑥ 다른 상품과 가격비교를 하는 경우

⑦ 연간 상품 판매실적을 제시하는 경우

⑧ 업무비용을 다른 조직과 비교해야 하는 경우

⑨ 상품판매를 위한 지역조사를 실시해야 하는 경우

⑩ 업무수행과정에서 도표로 주어진 자료를 해석하는 경우

⑪ 도표로 제시된 업무비용을 측정하는 경우

## 예제 1

다음 자료를 보고 주어진 상황에 대한 물음에 답하시오.

〈근로소득에 대한 간이 세액표〉

| 월 급여액(천 원) [비과세 및 학자금 제외] | | 공제대상 가족 수 | | | | |
|---|---|---|---|---|---|---|
| 이상 | 미만 | 1 | 2 | 3 | 4 | 5 |
| 2,500 | 2,520 | 38,960 | 29,280 | 16,940 | 13,570 | 10,190 |
| 2,520 | 2,540 | 40,670 | 29,960 | 17,360 | 13,990 | 10,610 |
| 2,540 | 2,560 | 42,380 | 30,640 | 17,790 | 14,410 | 11,040 |
| 2,560 | 2,580 | 44,090 | 31,330 | 18,210 | 14,840 | 11,460 |
| 2,580 | 2,600 | 45,800 | 32,680 | 18,640 | 15,260 | 11,890 |
| 2,600 | 2,620 | 47,520 | 34,390 | 19,240 | 15,680 | 12,310 |
| 2,620 | 2,640 | 49,230 | 36,100 | 19,900 | 16,110 | 12,730 |
| 2,640 | 2,660 | 50,940 | 37,810 | 20,560 | 16,530 | 13,160 |
| 2,660 | 2,680 | 52,650 | 39,530 | 21,220 | 16,960 | 13,580 |
| 2,680 | 2,700 | 54,360 | 41,240 | 21,880 | 17,380 | 14,010 |
| 2,700 | 2,720 | 56,070 | 42,950 | 22,540 | 17,800 | 14,430 |
| 2,720 | 2,740 | 57,780 | 44,660 | 23,200 | 18,230 | 14,850 |
| 2,740 | 2,760 | 59,500 | 46,370 | 23,860 | 18,650 | 15,280 |

※ 갑근세는 제시되어 있는 간이 세액표에 따름
※ 주민세＝갑근세의 10%
※ 국민연금＝급여액의 4.50%
※ 고용보험＝국민연금의 10%
※ 건강보험＝급여액의 2.90%
※ 교육지원금＝분기별 100,000원(매 분기별 첫 달에 지급)

박○○ 사원의 5월 급여내역이 다음과 같고 전월과 동일하게 근무하였으며 차량지원금으로 100,000원을 받게 된다면, 6월에 받게 되는 급여는 얼마인가? (단, 원 단위 절삭)

| (주) 서원플랜테크 5월 급여내역 | | | |
|---|---|---|---|
| 성명 | 박○○ | 지급일 | 5월 12일 |
| 기본급여 | 2,240,000 | 갑근세 | 39,530 |
| 직무수당 | 400,000 | 주민세 | 3,950 |
| 명절 상여금 | | 고용보험 | 11,970 |
| 특별수당 | 20,000 | 국민연금 | 119,700 |
| 차량지원금 | | 건강보험 | 77,140 |
| 교육지원 | | 기타 | |
| 급여계 | 2,660,000 | 공제합계 | 252,290 |
| | | 지급총액 | 2,407,710 |

① 2,443,910
② 2,453,910
③ 2,463,910
④ 2,473,910

[출제의도]
업무상 계산을 수행하거나 결과를 정리하고 업무비용을 측정하는 능력을 평가하기 위한 문제로서, 주어진 자료에서 문제를 해결하는 데에 필요한 부분을 빠르고 정확하게 찾아내는 것이 중요하다.

[해설]

| 기본 급여 | 2,240,000 | 갑근세 | 46,370 |
|---|---|---|---|
| 직무 수당 | 400,000 | 주민세 | 4,630 |
| 명절 상여금 | | 고용 보험 | 12,330 |
| 특별 수당 | | 국민 연금 | 123,300 |
| 차량 지원금 | 100,000 | 건강 보험 | 79,460 |
| 교육 지원 | | 기타 | |
| 급여계 | 2,740,000 | 공제 합계 | 266,090 |
| | | 지급 총액 | 2,473,910 |

답 ④

### (3) 수리능력의 중요성

① 수학적 사고를 통한 문제해결
② 직업세계의 변화에의 적응
③ 실용적 가치의 구현

### (4) 단위환산표

| 구분 | 단위환산 |
|------|----------|
| 길이 | 1cm = 10mm, 1m = 100cm, 1km = 1,000m |
| 넓이 | $1cm^2 = 100mm^2$, $1m^2 = 10,000cm^2$, $1km^2 = 1,000,000m^2$ |
| 부피 | $1cm^3 = 1,000mm^3$, $1m^3 = 1,000,000cm^3$, $1km^3 = 1,000,000,000m^3$ |
| 들이 | $1m\ell = 1cm^3$, $1d\ell = 100cm^3$, $1L = 1,000cm^3 = 10d\ell$ |
| 무게 | 1kg = 1,000g, 1t = 1,000kg = 1,000,000g |
| 시간 | 1분 = 60초, 1시간 = 60분 = 3,600초 |
| 할푼리 | 1푼 = 0.1할, 1리 = 0.01할, 1모 = 0.001할 |

---

**┃ 예제 2**

둘레의 길이가 4.4km인 정사각형 모양의 공원이 있다. 이 공원의 넓이는 몇 a 인가?

① 12,100a
② 1,210a
③ 121a
④ 12.1a

[출제의도]
길이, 넓이, 부피, 들이, 무게, 시간, 속도 등 단위에 대한 기본적인 환산 능력을 평가하는 문제로서, 소수점 계산이 필요하며, 자릿수를 읽고 구분할 줄 알아야 한다.

[해설]
공원의 한 변의 길이는
$4.4 \div 4 = 1.1(km)$이고
$1km^2 = 10000a$이므로
공원의 넓이는
$1.1km \times 1.1km = 1.21km^2$
$= 12100a$

**답** ①

## 2  수리능력을 구성하는 하위능력

### (1) 기초연산능력

① **사칙연산** … 수에 관한 덧셈, 뺄셈, 곱셈, 나눗셈의 네 종류의 계산법으로 업무를 원활하게 수행하기 위해서는 기본적인 사칙연산뿐만 아니라 다단계의 복잡한 사칙연산까지도 수행할 수 있어야 한다.

② **검산** … 연산의 결과를 확인하는 과정으로 대표적인 검산방법으로 역연산과 구거법이 있다.
   ㉠ **역연산** : 덧셈은 뺄셈으로, 뺄셈은 덧셈으로, 곱셈은 나눗셈으로, 나눗셈은 곱셈으로 확인하는 방법이다.
   ㉡ **구거법** : 원래의 수와 각 자리 수의 합이 9로 나눈 나머지가 같다는 원리를 이용한 것으로 9를 버리고 남은 수로 계산하는 것이다.

---

**■ 예제 3**

다음 식을 바르게 계산한 것은?

$$1 + \frac{2}{3} + \frac{1}{2} - \frac{3}{4}$$

① $\dfrac{13}{12}$　　　　　　　　② $\dfrac{15}{12}$

③ $\dfrac{17}{12}$　　　　　　　　④ $\dfrac{19}{12}$

[출제의도]
직장생활에서 필요한 기초적인 사칙연산과 계산방법을 이해하고 활용할 수 있는 능력을 평가하는 문제로서, 분수의 계산과 통분에 대한 기본적인 이해가 필요하다.
[해설]
$$\frac{12}{12} + \frac{8}{12} + \frac{6}{12} - \frac{9}{12} = \frac{17}{12}$$

**답** ③

---

### (2) 기초통계능력

① **업무수행과 통계**
   ㉠ **통계의 의미** : 통계란 집단현상에 대한 구체적인 양적 기술을 반영하는 숫자이다.
   ㉡ **업무수행에 통계를 활용함으로써 얻을 수 있는 이점**
   • 많은 수량적 자료를 처리가능하고 쉽게 이해할 수 있는 형태로 축소
   • 표본을 통해 연구대상 집단의 특성을 유추
   • 의사결정의 보조수단
   • 관찰 가능한 자료를 통해 논리적으로 결론을 추출·검증

© 기본적인 통계치
- 빈도와 빈도분포 : 빈도란 어떤 사건이 일어나거나 증상이 나타나는 정도를 의미하며, 빈도분포란 빈도를 표나 그래프로 종합적으로 표시하는 것이다.
- 평균 : 모든 사례의 수치를 합한 후 총 사례 수로 나눈 값이다.
- 백분율 : 전체의 수량을 100으로 하여 생각하는 수량이 그중 몇이 되는가를 퍼센트로 나타낸 것이다.

② 통계기법
㉠ 범위와 평균
- 범위 : 분포의 흩어진 정도를 가장 간단히 알아보는 방법으로 최곳값에서 최젓값을 뺀 값을 의미한다.
- 평균 : 집단의 특성을 요약하기 위해 가장 자주 활용하는 값으로 모든 사례의 수치를 합한 후 총 사례 수로 나눈 값이다.
- 관찰값이 1, 3, 5, 7, 9일 경우 범위는 $9 - 1 = 8$이 되고, 평균은 $\dfrac{1+3+5+7+9}{5}$ $= 5$가 된다.

㉡ 분산과 표준편차
- 분산 : 관찰값의 흩어진 정도로, 각 관찰값과 평균값의 차의 제곱의 평균이다.
- 표준편차 : 평균으로부터 얼마나 떨어져 있는가를 나타내는 개념으로 분산값의 제곱근 값이다.
- 관찰값이 1, 2, 3이고 평균이 2인 집단의 분산은 $\dfrac{(1-2)^2 + (2-2)^2 + (3-2)^2}{3} = \dfrac{2}{3}$ 이고 표준편차는 분산값의 제곱근 값인 $\sqrt{\dfrac{2}{3}}$ 이다.

③ 통계자료의 해석
㉠ 다섯숫자요약
- 최솟값 : 원자료 중 값의 크기가 가장 작은 값
- 최댓값 : 원자료 중 값의 크기가 가장 큰 값
- 중앙값 : 최솟값부터 최댓값까지 크기에 의하여 배열했을 때 중앙에 위치하는 사례의 값
- 하위 25%값·상위 25%값 : 원자료를 크기 순으로 배열하여 4등분한 값
㉡ **평균값과 중앙값** : 평균값과 중앙값은 그 개념이 다르기 때문에 명확하게 제시해야 한다.

## 예제 4

인터넷 쇼핑몰에서 회원가입을 하고 디지털캠코더를 구매하려고 한다. 다음은 구입하고자 하는 모델에 대하여 인터넷 쇼핑몰 세 곳의 가격과 조건을 제시한 표이다. 표에 있는 모든 혜택을 적용하였을 때 디지털캠코더의 배송비를 포함한 실제 구매가격을 바르게 비교한 것은?

| 구분 | A 쇼핑몰 | B 쇼핑몰 | C 쇼핑몰 |
|---|---|---|---|
| 정상가격 | 129,000원 | 131,000원 | 130,000원 |
| 회원혜택 | 7,000원 할인 | 3,500원 할인 | 7% 할인 |
| 할인쿠폰 | 5% 쿠폰 | 3% 쿠폰 | 5,000원 |
| 중복할인여부 | 불가 | 가능 | 불가 |
| 배송비 | 2,000원 | 무료 | 2,500원 |

① A<B<C
② B<C<A
③ C<A<B
④ C<B<A

[출제의도]
직장생활에서 자주 사용되는 기초적인 통계기법을 활용하여 자료의 특성과 경향성을 파악하는 능력이 요구되는 문제이다.

[해설]

㉠ A 쇼핑몰
- 회원혜택을 선택한 경우 : $129,000 - 7,000 + 2,000 = 124,000$(원)
- 5% 할인쿠폰을 선택한 경우 : $129,000 \times 0.95 + 2,000 = 124,550$

㉡ B 쇼핑몰 : $131,000 \times 0.97 - 3,500 = 123,570$

㉢ C 쇼핑몰
- 회원혜택을 선택한 경우 : $130,000 \times 0.93 + 2,500 = 123,400$
- 5,000원 할인쿠폰을 선택한 경우 : $130,000 - 5,000 + 2,500 = 127,500$

∴ C<B<A

답 ④

---

(3) 도표분석능력

① 도표의 종류

㉠ 목적별 : 관리(계획 및 통제), 해설(분석), 보고

㉡ 용도별 : 경과 그래프, 내역 그래프, 비교 그래프, 분포 그래프, 상관 그래프, 계산 그래프

㉢ 형상별 : 선 그래프, 막대 그래프, 원 그래프, 점 그래프, 층별 그래프, 레이더 차트

② 도표의 활용
   ⊙ 선 그래프

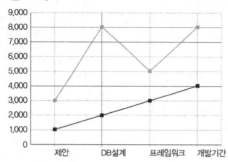

• 주로 시간의 경과에 따라 수량에 의한 변화 상황(시계열 변화)을 절선의 기울기로 나타내는 그래프이다.
• 경과, 비교, 분포를 비롯하여 상관관계 등을 나타낼 때 쓰인다.

   ⊙ 막대 그래프

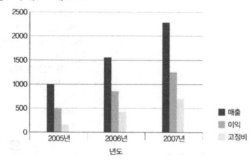

• 비교하고자 하는 수량을 막대 길이로 표시하고 그 길이를 통해 수량 간의 대소 관계를 나타내는 그래프이다.
• 내역, 비교, 경과, 도수 등을 표시하는 용도로 쓰인다.

   ⊙ 원 그래프

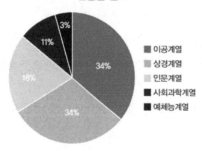

• 내역이나 내용의 구성비를 원을 분할하여 나타낸 그래프이다.
• 전체에 대해 부분이 차지하는 비율을 표시하는 용도로 쓰인다.

② 점 그래프

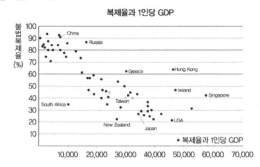

- 종축과 횡축에 2요소를 두고 보고자 하는 것이 어떤 위치에 있는가를 나타내는 그래프이다.
- 지역분포를 비롯하여 도시, 지방, 기업, 상품 등의 평가나 위치·성격을 표시하는데 쓰인다.

⑩ 층별 그래프

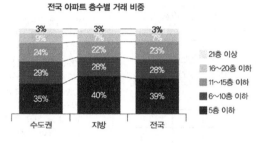

- 선 그래프의 변형으로 연속내역 봉 그래프라고 할 수 있다. 선과 선 사이의 크기로 데이터 변화를 나타낸다.
- 합계와 부분의 크기를 백분율로 나타내고 시간적 변화를 보고자 할 때나 합계와 각 부분의 크기를 실수로 나타내고 시간적 변화를 보고자 할 때 쓰인다.

ⓗ 레이더 차트(거미줄 그래프)

- 원 그래프의 일종으로 비교하는 수량을 직경, 또는 반경으로 나누어 원의 중심에서의 거리에 따라 각 수량의 관계를 나타내는 그래프이다.
- 비교하거나 경과를 나타내는 용도로 쓰인다.

③ 도표 해석상의 유의사항

　　㉠ 요구되는 지식의 수준을 넓힌다.

　　㉡ 도표에 제시된 자료의 의미를 정확히 숙지한다.

　　㉢ 도표로부터 알 수 있는 것과 없는 것을 구별한다.

　　㉣ 총량의 증가와 비율의 증가를 구분한다.

　　㉤ 백분위수와 사분위수를 정확히 이해하고 있어야 한다.

---

**예제 5**

다음 표는 2009～2010년 지역별 직장인들의 자기개발에 관해 조사한 내용을 정리한 것이다. 이에 대한 분석으로 옳은 것은?

(단위 : %)

| 연도<br>구분<br>지역 | 2009 | | | | 2010 | | | |
|---|---|---|---|---|---|---|---|---|
| | 자기개발<br>하고<br>있음 | 자기개발 비용 부담<br>주체 | | | 자기개발<br>하고<br>있음 | 자기개발 비용 부담<br>주체 | | |
| | | 직장<br>100% | 본인<br>100% | 직장50%<br>+<br>본인50% | | 직장<br>100% | 본인<br>100% | 직장50%<br>+<br>본인50% |
| 충청도 | 36.8 | 8.5 | 88.5 | 3.1 | 45.9 | 9.0 | 65.5 | 24.5 |
| 제주도 | 57.4 | 8.3 | 89.1 | 2.9 | 68.5 | 7.9 | 68.3 | 23.8 |
| 경기도 | 58.2 | 12 | 86.3 | 2.6 | 71.0 | 7.5 | 74.0 | 18.5 |
| 서울시 | 60.6 | 13.4 | 84.2 | 2.4 | 72.7 | 11.0 | 73.7 | 15.3 |
| 경상도 | 40.5 | 10.7 | 86.1 | 3.2 | 51.0 | 13.6 | 74.9 | 11.6 |

① 2009년과 2010년 모두 자기개발 비용을 본인이 100% 부담하는 사람의 수는 응답자의 절반 이상이다.

② 자기개발을 하고 있다고 응답한 사람의 수는 2009년과 2010년 모두 서울시가 가장 많다.

③ 자기개발 비용을 직장과 본인이 각각 절반씩 부담하는 사람의 비율은 2009년과 2010년 모두 서울시가 가장 높다.

④ 2009년과 2010년 모두 자기개발을 하고 있다고 응답한 비율이 가장 높은 지역에서 자기개발비용을 직장이 100% 부담한다고 응답한 사람의 비율이 가장 높다.

[출제의도]
그래프, 그림, 도표 등 주어진 자료를 이해하고 의미를 파악하여 필요한 정보를 해석하는 능력을 평가하는 문제이다.
[해설]
② 지역별 인원수가 제시되어 있지 않으므로, 각 지역별 응답자 수는 알 수 없다.
③ 2009년에는 경상도에서, 2010년에는 충청도에서 가장 높은 비율을 보인다.
④ 2009년과 2010년 모두 '자기 개발을 하고 있다'고 응답한 비율이 가장 높은 지역은 서울시이며, 2010년의 경우 자기개발 비용을 직장이 100% 부담한다고 응답한 사람의 비율이 가장 높은 지역은 경상도이다.

**답** ①

(4) 도표작성능력

① 도표작성 절차

    ㉠ 어떠한 도표로 작성할 것인지를 결정

    ㉡ 가로축과 세로축에 나타낼 것을 결정

    ㉢ 한 눈금의 크기를 결정

    ㉣ 자료의 내용을 가로축과 세로축이 만나는 곳에 표현

    ㉤ 표현한 점들을 선분으로 연결

    ㉥ 도표의 제목을 표기

② 도표작성 시 유의사항

    ㉠ 선 그래프 작성 시 유의점

- 세로축에 수량, 가로축에 명칭구분을 제시한다.
- 선의 높이에 따라 수치를 파악하는 경우가 많으므로 세로축의 눈금을 가로축보다 크게 하는 것이 효과적이다.
- 선이 두 종류 이상일 경우 반드시 그 명칭을 기입한다.

    ㉡ 막대 그래프 작성 시 유의점

- 막대 수가 많을 경우에는 눈금선을 기입하는 것이 알아보기 쉽다.
- 막대의 폭은 모두 같게 하여야 한다.

    ㉢ 원 그래프 작성 시 유의점

- 정각 12시의 선을 기점으로 오른쪽으로 그리는 것이 보통이다.
- 분할선은 구성비율이 큰 순서로 그린다.

    ㉣ 층별 그래프 작성 시 유의점

- 눈금은 선 그래프나 막대 그래프보다 적게 하고 눈금선은 넣지 않는다.
- 층별로 색이나 모양이 완전히 다른 것이어야 한다.
- 같은 항목은 옆에 있는 층과 선으로 연결하여 보기 쉽도록 한다.

# 출제예상문제

**1**  다음 표를 보고 이해한 내용으로 적절한 것은?

### 가구당 순자산 보유액 구간별 가구 분포

(단위 : %, %p)

| 순자산<br>(억원) | | -1<br>미만 | -1~0<br>미만 | 0~1<br>미만 | 1~2<br>미만 | 2~3<br>미만 | 3~4<br>미만 | 4~5<br>미만 | 5~6<br>미만 | 6~7<br>미만 | 7~8<br>미만 | 8~9<br>미만 | 9~10<br>미만 | 10<br>이상 | 평균<br>(만원) | 중앙값<br>(만원) |
|---|---|---|---|---|---|---|---|---|---|---|---|---|---|---|---|---|
| 가<br>구<br>분<br>포 | 2016년 | 0.2 | 2.6 | 31.9 | 19.1 | 13.9 | 9.5 | 6.3 | 4.5 | 3.0 | 2.0 | 1.5 | 1.2 | 4.6 | 29,918 | 17,740 |
| | 2017년 | 0.2 | 2.7 | 31.2 | 18.5 | 13.6 | 9.4 | 6.8 | 4.6 | 3.2 | 2.2 | 1.5 | 1.2 | 5.1 | 31,142 | 18,525 |
| | 전년<br>대비 | 0.0 | 0.1 | -0.7 | -0.6 | -0.3 | -0.1 | 0.5 | 0.1 | 0.2 | 0.2 | 0.0 | 0.0 | 0.5 | 4.1 | 4.4 |

① 순자산 보유액이 많은 가구보다 적은 가구의 2017년 비중이 전년보다 더 증가하였다.

② 순자산이 많은 가구의 소득은 2016년 대비 2017년에 더 감소하였다.

③ 소수의 사람들이 많은 순자산을 가지고 있다.

④ 2017년의 순자산 보유액이 3억 원 미만인 가구는 전체의 50%가 조금 안 된다.

⑤ 1억 원 미만의 순자산을 보유한 가구의 비중은 2017년에 전혀 줄어들지 않았다.

(Tip) 중앙값이 1억 8,525만 원이며, 평균이 3억 1,142만 원임을 알 수 있다. 평균이 3억 원이 넘는 수치인데 중앙값이 평균값에 비해 매우 적다는 것은 소수의 사람들에게 순자산 보유액이 집중되어 있다는 것을 의미한다고 볼 수 있다.

① 4~5억 원 기준으로 구분해 보면, 순자산 보유액이 많은 가구가 적은 가구보다 2017년 비중이 전년보다 더 증가하였다.

② 주어진 표로 소득을 알 수는 없으나, 순자산이 많은 가구의 소득은 전년보다 증가하였다고 추론해 볼 수 있다.

④ 전체의 66.2%를 차지한다.

⑤ 34.7% → 34.1%로 소폭이지만 0.6%p 줄어들었다.

**2** 다음 자료를 참고할 때, 해당 수치가 가장 큰 것은?

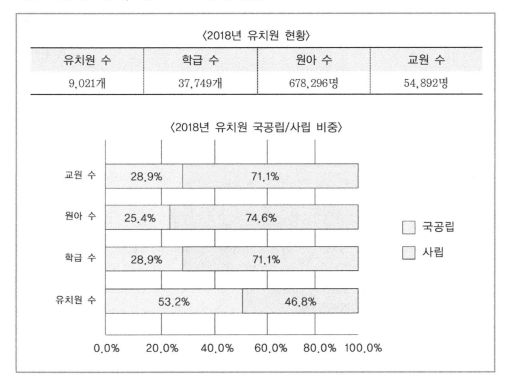

〈2018년 유치원 현황〉

| 유치원 수 | 학급 수 | 원아 수 | 교원 수 |
|---|---|---|---|
| 9,021개 | 37,749개 | 678,296명 | 54,892명 |

〈2018년 유치원 국공립/사립 비중〉

① 국공립 유치원 1개당 평균 원아 수
② 사립 유치원 1개당 평균 학급 수
③ 사립 유치원 1개당 평균 교원 수
④ 국공립 유치원 교원 1인당 평균 원아 수
⑤ 사립 유치원 교원 1인당 평균 원아 수

(Tip) 주어진 자료를 통해 다음과 같은 구체적인 수치를 확인하여 도표로 정리할 수 있다.

| | 유치원 수 | 학급 수 | 원아 수 | 교원 수 |
|---|---|---|---|---|
| 국공립 | 4,799개 | 10,909개 | 172,287명 | 15,864명 |
| 사립 | 4,222개 | 26,840개 | 506,009명 | 39,028명 |

따라서 국공립 유치원 1개당 평균 원아 수는 172,287÷4,799=약 35.9명으로 가장 큰 수치가 된다.
② 26,840÷4,222=약 6.4개
③ 39,028÷4,222=약 9.2명
④ 172,287÷15,864=약 10.9명
⑤ 506,009÷39,028=약 13.0명

*Answer* 1.③ 2.①

**3** 다음은 K전자의 연도별 매출 자료이다. 2017년 1분기의 판관비가 2억 원이며, 매 시기 1천만 원씩 증가하였다고 가정할 때, K전자의 매출 실적에 대한 올바른 설명은?

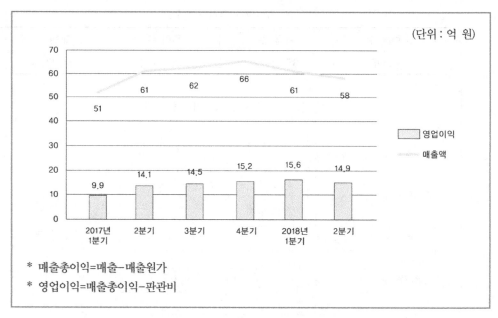

(단위 : 억 원)

* 매출총이익=매출-매출원가
* 영업이익=매출총이익-판관비

① 매출원가가 가장 큰 시기의 매출총이익도 가장 크다.

② 매출액 대비 영업이익을 나타내는 영업이익률은 2018년 1분기가 가장 크다.

③ 매출총이익에서 판관비가 차지하는 비중은 2017년 1분기가 가장 크다.

④ 매출원가와 매출총이익의 증감 추이는 영업이익의 증감 추이와 매 시기 동일하다.

⑤ 매출액 대비 매출총이익 비중은 매 시기 조금씩 증가하였다.

**Tip** 판관비를 대입하여 시기별 매출 자료를 다음과 같이 정리해 볼 수 있다.

(단위 : 억 원)

|  | '17. 1분기 | 2분기 | 3분기 | 4분기 | '18. 1분기 | 2분기 |
|---|---|---|---|---|---|---|
| 매출액 | 51 | 61 | 62 | 66 | 61 | 58 |
| 매출원가 | 39.1 | 44.8 | 45.3 | 48.5 | 43.0 | 40.6 |
| 매출총이익 | 11.9 | 16.2 | 16.7 | 17.5 | 18.0 | 17.4 |
| 판관비 | 2.0 | 2.1 | 2.2 | 2.3 | 2.4 | 2.5 |
| 영업이익 | 9.9 | 14.1 | 14.5 | 15.2 | 15.6 | 14.9 |

따라서 매출총이익에서 판관비가 차지하는 비중은 2.0÷11.9×100=약 16.8%인 2017년 1분기가 가장 큰 것을 확인할 수 있다.

① 매출원가는 2017년 4분기가 가장 크나, 매출총이익은 2018년 1분기가 가장 크다.

② 영업이익률은 2018년 1분기가 15.6÷61×100=약 25.6%이며, 2018년 2분기가 14.9÷58×100=약 25.7%이다.

④ 2018년 1분기에는 매출총이익과 영업이익이 증가하였으나, 매출원가는 감소하였다.

⑤ 매출액 대비 매출총이익 비중은 시기별로 23.3%, 26.6%, 26.9%, 26.5%, 29.5%, 30.0%로 2017년 4분기에는 감소하였음을 알 수 있다.

**4** 원/달러 환율이 달러 당 1,100원대 → 1,000원대로 진입하는 등 원화 값이 가파르게 상승하고 있는 상황에서, 원화 값의 강세가 이어질 때 다음 중 손해를 보는 경제 주체는 누구인가?

① 외국여행을 준비 중인 신혼부부

② 외국으로 제품을 수출하는 기업

③ 외국에서 제품을 사서 국내로 들여오는 수입상

④ 외국에 사는 가족에게 돈을 보내주는 기러기 아빠

⑤ 스마트폰 애플리케이션을 달러화로 결제하는 구매자

> **(Tip)** 원/달러 환율이 1,100원일 때 1달러를 사려면 원화 1,100원을 지불해야 한다. 그런데 원/달러 환율이 1,000원으로 내려간다면(원화 값 상승) 1달러를 사기 위해 필요한 원화는 1,000원으로 줄어든다. 달러는 저렴해진 반면 원화는 가치가 높아진 것이다.
> 원화 값 강세를 보이면 우선 기러기 아빠들로서는 경제적 부담이 줄어든다. 외국에 있는 가족의 생활비와 학자금을 보내주기 위한 달러를 저렴하게 살 수 있기 때문이다.
> 수입품 구매가격도 내려가기 때문에 외국에서 제품을 구입해 국내로 들여오는 수입상이나 수입품을 선호하는 소비자들도 원화 강세를 반기게 된다. 달러화로 결제를 하는 스마트폰 유료 애플리케이션이나 국외 구매 대행 사이트 역시 원화가 강세를 보이면 달러를 원화로 환산한 결제액은 줄어든다. 외국여행을 떠나는 사람들도 이러한 현상을 반긴다. 원화 값 강세 덕에 외국에서 쓸 수 있는 돈이 사실상 늘어나기 때문이다.
> 그러나 국내 기업의 수출 담당자들은 비상이 걸린다. 수출 위주 기업들은 외국에 물건을 팔고 대금으로 달러를 받는다. 그런데 원화가 강세를 보이면 수출대금으로 받는 달러 가치가 떨어진다. 원/달러 환율이 1,100원일 때 100만 달러를 수출한 기업이 수출대금을 원화로 환전하면 11억 원을 받는다. 하지만 원/달러 환율이 1,000원이라면 이 기업이 받게 될 원화는 10억 원으로 줄어든다.

Answer↪ 3.③  4.②

▌5~6 ▌ '금융자산 투자 운용'에 대한 다음 자료를 보고 이어지는 물음에 답하시오.

〈투자의 주된 목적에 대한 비율〉

(단위 : %)

| 목적<br>연도 | 주택관련 | 노후 대책 | 결혼자금<br>마련 | 사고와<br>질병 대비 | 자녀교육비<br>마련 | 부채 상환 | 기타 |
|---|---|---|---|---|---|---|---|
| 2017년 | 16.7 | 57.4 | 2.9 | 3.5 | 6.4 | 8.6 | 4.5 |
| 2018년 | 15.5 | 57.2 | 2.8 | 3.4 | 5.7 | 9.6 | 5.8 |

〈투자 시 선호하는 운용 방법에 대한 비율〉

(단위 : %)

| 선호방법<br>연도 | 예금 | | | | 개인<br>연금 | | 주식 | | 계(契) | 기타 |
|---|---|---|---|---|---|---|---|---|---|---|
| | | 은행<br>예금 | 저축은행<br>예금 | 비은행<br>금융기관<br>예금 | | | 주식 | 수익증권<br>(간접투자<br>) | | |
| 2017년 | 91.8 | 75.0 | 5.7 | 11.2 | 1.8 | 4.1 | 2.4 | 1.7 | 0.1 | 2.2 |
| 2018년 | 91.9 | 75.7 | 5.5 | 10.8 | 1.8 | 4.7 | 3.0 | 1.6 | 0.1 | 1.6 |

〈투자 전 우선 고려 사항에 대한 비율〉

(단위 : %)

| 고려사항<br>연도 | 합계 | 수익성 | 안전성 | 현금화<br>가능성 | 접근성 | 기타 |
|---|---|---|---|---|---|---|
| 2017년 | 100.0 | 12.8 | 75.0 | 5.8 | 6.2 | 0.2 |
| 2018년 | 100.0 | 13.8 | 74.5 | 5.4 | 6.1 | 0.1 |

**5** 다음 중 위의 자료에 대한 올바른 판단만을 〈보기〉에서 모두 고른 것은?

〈보기〉

(가) 투자 운용 방법으로 예금 중 은행예금을 선호하는 사람의 비중은 2018년에 더 감소하였다.

(나) 금융자산 투자 시의 운용 방법 비중에 전년보다 가장 큰 변동이 있는 것은 은행예금이다.

(다) 노후 대책을 투자 목적으로 하는 사람들은 안전성이 있는 은행예금의 방법을 선택할 가능성이 가장 높다.

(라) 금융 투자 전에는 현금화 가능성보다 접근성을 더 많이 고려한다.

① (가), (나)                    ② (나), (다)

③ (나), (라)                    ④ (다), (라)

⑤ (가), (다)

 (가) 2017년은 $75 \div 91.8 \times 100 =$ 약 81.7%이며, 2018년은 $75.7 \div 91.9 \times 100 =$ 약 82.4%로 2018년에 비중이 더 증가하였다. (×)

(나) 은행예금은 75%의 비중에서 75.7%의 비중으로 증가하여 가장 많은 변동이 있는 운용 방법이 된다. (○)

(다) 노후 대책, 안전성, 은행예금은 각 자료에서 가장 비중이 높은 항목이나, 〈보기〉에서 언급한 바와 같은 상호 연관성을 찾을 수 있는 근거는 제시되어 있지 않다. (×)

(라) 두 비교시기 모두 현금화 가능성보다 접근성을 더 많이 고려하고 있다. (○)

*Answer* ↪ 5.③

**6** 다음 중 위의 자료를 통하여 작성할 수 있는 하위 자료를 적절한 도표와 그래프로 표현하지 못한 것은?

① 〈예금 종류별 선호방법 비중의 연도별 변화, 단위 : %p〉

| 은행예금 | 저축은행 예금 | 비은행 금융기관 예금 |
|---|---|---|
| 0.7 ↑ | 0.2 ↓ | 0.4 ↓ |

② 〈2018년 투자 전 고려사항의 항목별 구성비〉

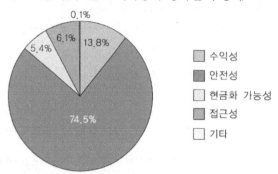

③ 〈2018년 투자 목적의 비중 비교, 단위 : %〉

④ 〈자료별 최대 비중 항목의 연도별 비교, 단위 : %〉

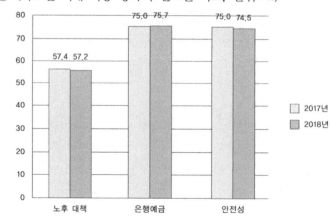

⑤ 〈연도별 투자 목적의 항목별 비중 비교표, 단위 : %〉

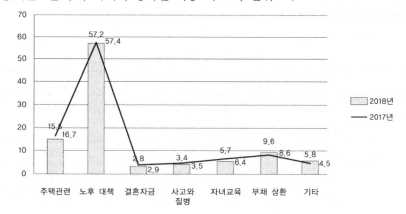

🗨Tip ⑤와 같은 자료를 그래프로 비교해 보고자 할 때는 ④와 같은 가로 막대그래프 또는 세로 막대그 래프가 가장 적절하다고 할 수 있다. 막대그래프는 한 개의 항목에 대하여 두 개 연도의 변화를 비교해 보기에 적절한 그래프이다. 제시된 ⑤와 같은 모양의 그래프 추세선을 추가하여 증감률 등 을 함께 표현하고자 하는 자료에서 효과적으로 사용될 수 있다.

Answer╭→  6.⑤

**|7~8|** 다음은 A, B 두 경쟁회사의 판매제품별 시장 내에서의 기대 수익을 표로 나타낸 자료이다. 이를 보고 이어지는 물음에 답하시오.

〈판매 제품별 수익체계〉

| | | B회사 | | |
|---|---|---|---|---|
| | | X제품 | Y제품 | Z제품 |
| A회사 | P 제품 | (4, −3) | (5, −1) | (−2, 5) |
| | Q 제품 | (−1, −2) | (3, 4) | (−1, 7) |
| | R 제품 | (−3, 5) | (11, −3) | (8, −2) |

- 괄호 안의 숫자는 A회사와 B회사의 제품으로 얻는 수익(억 원)을 뜻한다. (A회사 월 수익 액, B회사의 월 수익 액)
- ex) A회사가 P제품을 판매하고 B회사가 X제품을 판매하였을 때 A회사의 월 수익 액은 4억 원이고, B회사의 월 수익 액은 −3억 원이다.

〈B회사의 분기별 수익체계 증감 분포〉

| | 1분기 | 2분기 | 3분기 | 4분기 |
|---|---|---|---|---|
| X제품 | 0% | 30% | 20% | −50% |
| Y제품 | 50% | 0% | −30% | 0% |
| Z제품 | −50% | −20% | 50% | 20% |

- 제품별로 분기에 따른 수익의 증감률을 의미한다.
- 50% : 월 수익에서 50% 증가, 월 손해에서 50% 감소
- −50% : 월 수익에서 50% 감소, 월 손해에서 50% 증가

**7** 다음 자료를 참고할 때, A회사와 B회사의 수익의 합이 가장 클 경우는 양사가 각각 어느 제품을 판매하였을 때인가? (단, 판매 시기는 고려하지 않음)

① A회사 : Q제품, B회사 : X제품
② A회사 : Q제품, B회사 : Y제품
③ A회사 : P제품, B회사 : Z제품
④ A회사 : P제품, B회사 : X제품
⑤ A회사 : R제품, B회사 : Y제품

> **(Tip)** A회사가 R제품, B회사가 Y제품을 판매하였을 때가 11−3=8억 원으로 수익의 합이 가장 크게 된다.

**8** 다음 중 3분기의 양사의 수익 변동에 대한 설명으로 올바른 것은? (단, A회사의 3분기 수익은 월 평균 수익과 동일하다.)

① 두 회사의 수익의 합이 가장 커지는 제품의 조합은 변하지 않는다.

② X제품은 P제품과 판매하였을 때의 수익이 가장 많다.

③ 두 회사의 수익의 합이 가장 적은 제품의 조합은 Q제품과 X제품이다.

④ 3분기의 수익액 합이 가장 큰 B회사의 제품은 Y제품이다.

⑤ 3분기에는 B회사가 Y제품을 판매할 때의 양사의 수익액 합이 가장 크다.

**(Tip)** 3분기에는 B회사의 수익이 분기별 증감 분포표에 따라 바뀌게 되므로 다음과 같은 수익체계표가 작성될 수 있다.

| A회사 | | B회사 | | |
| --- | --- | --- | --- | --- |
| | | X제품 | Y제품 | Z제품 |
| | P 제품 | (4, -2.4) | (5, -1.3) | (-2, 7.5) |
| | Q 제품 | (-1, -1.6) | (3, 2.8) | (-1, 10.5) |
| | R 제품 | (-3, 6) | (11, -3.9) | (8, -1) |

따라서 Q제품과 X제품을 판매할 때의 수익의 합이 -1-1.6=-2.6억 원으로 가장 적은 것을 알 수 있다.

① R제품, Y제품 조합에서 Q제품, Z제품의 조합으로 바뀌게 된다.

② X제품은 R제품과 함께 판매하였을 때의 수익이 3억 원으로 가장 크게 된다.

④ 3분기의 수익액 합이 가장 큰 제품은 Z제품이다.

⑤ B회사가 Y제품을 판매할 때의 양사의 수익액 합은 5-1.3+3+2.8+11-3.9=16.6억 원이며, Z제품을 판매할 때의 양사의 수익액 합은 22억 원이 된다.

**9** 다음은 3D기술 분야 특허등록건수 상위 10개국의 국가별 영향력지수와 기술력지수를 나타낸 자료이다. 이에 대한 〈보기〉의 설명 중 옳은 것만을 모두 고르면?

〈3D기술 분야 특허등록건수 국가별 영향력지수 및 기술력지수〉

| 구분 국가 | 특허등록 건수(건) | 영향력지수 | 기술력지수 |
|---|---|---|---|
| 미국 | 500 | ( ) | 600.0 |
| 일본 | 269 | 1.0 | 269.0 |
| 독일 | ( ) | 0.6 | 45.0 |
| 한국 | 59 | 0.3 | 17.7 |
| 네덜란드 | ( ) | 0.8 | 24.0 |
| 캐나다 | 22 | ( ) | 30.8 |
| 이스라엘 | ( ) | 0.6 | 10.2 |
| 태국 | 14 | 0.1 | 1.4 |
| 프랑스 | ( ) | 0.3 | 3.9 |
| 핀란드 | 9 | 0.7 | 6.3 |

1) 해당국가의 기술력지수 = 해당국가의 특허등록건수 × 해당국가의 영향력지수

2) 해당국가의 영향력지수 = $\dfrac{\text{해당국가의 피인용비}}{\text{전세계 피인용비}}$

3) 해당국가의 피인용비 = $\dfrac{\text{해당국가의 특허피인용건수}}{\text{해당국가의 특허등록건수}}$

4) 3D기술 분야의 전세계 피인용비는 10임.

〈보기〉
㉠ 캐나다의 영향력지수는 미국의 영향력지수보다 크다.
㉡ 프랑스와 태국의 특허피인용건수의 차이는 프랑스와 핀란드의 특허피인용건수의 차이보다 크다.
㉢ 특허등록건수 상위 10개국 중 한국의 특허피인용건수는 네 번째로 많다.
㉣ 네덜란드의 특허등록건수는 한국의 특허등록건수의 50% 미만이다.

① ㉠, ㉡
② ㉠, ㉢
③ ㉡, ㉣
④ ㉠, ㉢, ㉣
⑤ ㉡, ㉢, ㉣

2)와 4)의 정보에 따라
- 해당국가의 피인용비＝영향력지수 × 10

3)의 식을 정리하면
- 해당국가의 특허피인용건수＝특허등록건수 × 피인용비

$$= 특허등록건수 × (영향력지수 × 10) = 기술력지수 × 10$$

㉠ 1)에 따라 영향력지수는 미국이 $1.2(= \dfrac{600.0}{500})$, 캐나다가 $1.4(= \dfrac{30.8}{22})$이다.

㉡ 특허피인용건수는 프랑스 39, 태국 14, 핀란드 63이므로 프랑스와 태국의 차이(25)가 프랑스와 핀란드의 차이(24)보다 크다.

㉢ 특허피인용건수는 기술력지수에 비례하므로 기술력지수의 순위에 따라 한국은 여섯 번째로 특허피인용건수가 많은 국가이다.

㉣ 네덜란드 특허등록건수는 $30(= \dfrac{24}{0.8})$이므로 한국의 특허등록건수 59의 50% 이상이다.

Answer⌐⟶  9.①

**10** 다음 〈표〉는 2017년 스노보드 빅에어 월드컵 결승전에 출전한 선수 '갑 ~ 정'의 심사위원별 점수에 관한 자료이다. 이에 대한 〈보기〉의 설명 중 옳은 것만을 모두 고르면?

〈심사위원별 점수〉

(단위 : 점)

| 선수 | 시기 | 심사위원 | | | | 평균점수 | 최종점수 |
|---|---|---|---|---|---|---|---|
| | | A | B | C | D | | |
| 갑 | 1차 | 88 | 90 | 89 | 92 | 89.5 | |
| | 2차 | 48 | 55 | 60 | 45 | 51.5 | 183.5 |
| | 3차 | 95 | 96 | 92 | ( ) | ( ) | |
| 을 | 1차 | 84 | 87 | 87 | 88 | ( ) | |
| | 2차 | 28 | 40 | 41 | 39 | 39.5 | ( ) |
| | 3차 | 81 | 77 | 79 | 79 | ( ) | |
| 병 | 1차 | 74 | 73 | 85 | 89 | 79.5 | |
| | 2차 | 89 | 88 | 88 | 87 | 88.0 | 167.5 |
| | 3차 | 68 | 69 | 73 | 74 | ( ) | |
| 정 | 1차 | 79 | 82 | 80 | 85 | 81.0 | |
| | 2차 | 94 | 95 | 93 | 96 | 94.5 | ( ) |
| | 3차 | 37 | 45 | 39 | 41 | 40.0 | |

1) 각 시기의 평균점수는 심사위원 A ~ D의 점수 중 최고점과 최저점을 제외한 2개 점수의 평균임.
2) 각 선수의 최종점수는 각 선수의 1 ~ 3차 시기 평균점수 중 최저점을 제외한 2개 점수의 합임.

〈보기〉

㉠ 최종점수는 '정'이 '을'보다 낮다.
㉡ 3차 시기의 평균점수는 '갑'이 '병'보다 낮다.
㉢ '정'이 1차 시기에서 심사위원 A ~ D에게 10점씩 더 높은 점수를 받는다면, 최종점수가 가장 높다.
㉣ 1차 시기에서 심사위원 C는 4명의 선수 모두에게 심사위원 A보다 높은 점수를 부여했다.

① ㉡
② ㉣
③ ㉠, ㉡
④ ㉡, ㉢
⑤ ㉢, ㉣

○ '정'의 최종점수 ⑧는 175.5(=81.0+94.5), '을'의 최종점수는 ⓒ(=87)와 ⓓ(=79)의 합인 166 이다.

○ '갑'의 2차 시기 점수가 최저점이 되므로 최종 점수 183.5는 1차와 3차 시기 평균점수의 합이 다. 따라서 ⓑ는 94, '병'의 3차 시기 평균점수 ⓕ는 71(=심사위원 B, C의 평균)이므로 '갑'의 3차 평균점수가 더 높다.

○ 심사위원 A ~ D 모두에게 10점씩 더 높은 점수를 받게 되면 평균점수가 10점 더 높은 91.0점 이 되고, 최종점수는 185.5(=91.0+94.5)가 된다. 따라서 갑(183.5), 을(ⓔ=166), 병(167.5) 보다 높은 점수를 받게 된다.

○ 1차 시기 A와 C가 각 선수에게 부여한 점수는 '갑(A:88 < C:89), 을(A:84 < C:87), 병(A:74 < C:85), 정(A:79 < C:80)'이다.

---

**11** NH농협은행 고객인 S씨는 작년에 300만 원을 투자하여 3년 만기, 연리 2.3% 적금 상품(비과세, 단리 이율)에 가입하였다. 올 해 추가로 여유 자금이 생긴 S씨는 200만 원을 투자하여 신규 적금 상품에 가입하려 한다. 신규 적금 상품은 복리가 적용되는 이율 방식이며, 2년 만기라 기존 적금 상품과 동시에 만기가 도래하게 된다. 만기 시 두 적금 상품의 원리금의 총 합계가 530만 원 이상 이 되기 위해서는 올 해 추가로 가입하는 적금 상품의 연리가 적어도 몇 %여야 하는가? (모든 금 액은 절삭하여 원 단위로 표시하며, 이자율은 소수 첫째 자리까지만 계산함)

① 2.2%  ② 2.3%

③ 2.4%  ④ 2.5%

⑤ 2.6%

 단리 이율 계산 방식은 원금에만 이자가 붙는 방식으로 원금은 변동이 없으므로 매년 이자액이 동일하다. 반면, 복리 이율 방식은 '원금+이자'에 이자가 붙는 방식으로 매년 이자가 붙어야 할 금 액이 불어나 갈수록 원리금이 커지게 된다.

작년에 가입한 상품의 만기 시 원리금은

$3,000,000 + (3,000,000 \times 0.023 \times 3) = 3,000,000 + 207,000 = 3,207,000$원이 된다.

따라서 올 해 추가로 가입하는 적금 상품의 만기 시 원리금이 2,093,000원 이상이어야 한다. 이것 은 곧 다음과 같은 공식이 성립하게 됨을 알 수 있다.

추가 적금 상품의 이자율을 A%, 이를 100으로 나눈 값을 $x$라 하면,

$2,000,000 \times (1-x)^2 \geq 2,093,058$이 된다.

주어진 보기의 값을 대입해 보면, 이자율이 2.3%일 때 $x$가 0.023이 되어

$2,000,000 \times 1.023 \times 1.023 = 2,093,058$이 된다.

따라서 올 해 추가로 가입하는 적금 상품의 이자율(연리)은 적어도 2.3%가 되어야 만기 시 두 상 품의 원리금 합계가 530만 원 이상이 될 수 있다.

**12** 다음 〈표〉는 '갑' 시 자격시험 접수, 응시 및 합격자 현황이다. 이에 대한 설명으로 〈보기〉 중 옳은 것을 모두 고르면?

〈'갑' 시 자격시험 접수, 응시 및 합격자 현황〉

(단위 : 명)

| 구분 | 종목 | 접수 | 응시 | 합격 |
|---|---|---|---|---|
| 산업기사 | 치공구설계 | 28 | 22 | 14 |
| | 컴퓨터응용가공 | 48 | 42 | 14 |
| | 기계설계 | 86 | 76 | 31 |
| | 용접 | 24 | 11 | 2 |
| | 전체 | 186 | 151 | 61 |
| 기능사 | 기계가공조립 | 17 | 17 | 17 |
| | 컴퓨터응용선반 | 41 | 34 | 29 |
| | 웹디자인 | 9 | 8 | 6 |
| | 귀금속가공 | 22 | 22 | 16 |
| | 컴퓨터응용밀링 | 17 | 15 | 12 |
| | 전산응용기계제도 | 188 | 156 | 66 |
| | 전체 | 294 | 252 | 146 |

1) 응시율(%) $= \dfrac{응시자 수}{접수자 수} \times 100$

2) 합격률(%) $= \dfrac{합격자 수}{응시자 수} \times 100$

〈보기〉

㉠ 산업기사 전체 합격률은 기능사 전체 합격률보다 높다.
㉡ 산업기사 종목을 합격률이 높은 것부터 순서대로 나열하면 치공구설계, 컴퓨터응용가공, 기계설계, 용접 순이다.
㉢ 산업기사 전체 응시율은 기능사 전체 응시율보다 낮다.
㉣ 산업기사 종목 중 응시율이 가장 낮은 것은 컴퓨터응용가공이다.

① ㉢

② ㉣

③ ㉠, ㉡

④ ㉠, ㉢

⑤ ㉡, ㉣

**Tip**

㉠ 산업기사 전체 합격률 : 약 40.4%($=\dfrac{61}{151}\times 100$)

기능사 전체 합격률 : 약 57.9%($=\dfrac{146}{252}\times 100$)

㉡ 컴퓨터응용가공($\dfrac{14}{42}\times 100$)과 기계설계($\dfrac{31}{76}\times 100$)를 비교했을 때, 기계설계 합격률이 더 높은 것을 알 수 있다.

㉢ 산업기사 전체 응시율 : 약 81.2%($=\dfrac{151}{186}\times 100$)

기능사 전체 응시율 : 약 85.7%($=\dfrac{252}{294}\times 100$)

㉣ 응시자 수가 접수자 수의 절반에 못 미치는 '용접' 종목이 가장 응시율이 낮다.

Answer ↪ 12.①

**13** 다음 〈표〉는 서울시 10개구의 대기 중 오염물질 농도 및 오염물질별 대기환경지수 계산식에 관한 것이다. 이에 대한 〈보기〉의 설명 중 옳은 것만을 모두 고르면?

〈대기 중 오염물질 농도〉

| 지역 ＼ 오염물질 | 미세먼지 ($\mu g/m^3$) | 초미세먼지 ($\mu g/m^3$) | 이산화질소 (ppm) |
|---|---|---|---|
| 종로구 | 46 | 36 | 0.018 |
| 중구 | 44 | 31 | 0.019 |
| 용산구 | 49 | 35 | 0.034 |
| 성동구 | 67 | 23 | 0.029 |
| 광진구 | 46 | 10 | 0.051 |
| 동대문구 | 57 | 25 | 0.037 |
| 중랑구 | 48 | 22 | 0.041 |
| 성북구 | 56 | 21 | 0.037 |
| 강북구 | 44 | 23 | 0.042 |
| 도봉구 | 53 | 14 | 0.022 |
| 평균 | 51 | 24 | 0.033 |

〈오염물질별 대기환경지수 계산식〉

| 오염물질 ＼ 계산식 | 조건 | 계산식 |
|---|---|---|
| 미세먼지($\mu g/m^3$) | 농도가 51 이하일 때 | 0.9 × 농도 |
| | 농도가 51 초과일 때 | 1.0 × 농도 |
| 초미세먼지($\mu g/m^3$) | 농도가 25 이하일 때 | 2.0 × 농도 |
| | 농도가 25 초과일 때 | 1.5 × (농도 − 25) + 51 |
| 이산화질소(ppm) | 농도가 0.04 이하일 때 | 1,200 × 농도 |
| | 농도가 0.04 초과일 때 | 800 × (농도 − 0.04) + 51 |

\* 통합대기환경지수는 오염물질별 대기환경지수 중 최댓값임.

〈보기〉

㉠ 용산구의 통합대기환경지수는 성동구의 통합대기환경 지수보다 작다.

㉡ 강북구의 미세먼지 농도와 초미세먼지 농도는 각각의 평균보다 낮고, 이산화질소 농도는 평균보다 높다.

㉢ 중랑구의 통합대기환경지수는 미세먼지의 대기환경 지수와 같다.

㉣ 세 가지 오염물질 농도가 각각의 평균보다 모두 높은 구는 2개 이상이다.

① ㉠, ㉡

② ㉠, ㉢

③ ㉢, ㉣

④ ㉠, ㉡, ㉣

⑤ ㉡, ㉢, ㉣

**Tip** ㉠

| 오염물질별<br>대기환경지수 | | 용산구 | 성동구 |
|---|---|---|---|
| | 미세먼지 | $0.9 \times 49 = 44.1$ | $1.0 \times 67 = 67$ |
| | 초미세먼지 | $1.5 \times (35-25) + 51 = 66$ | $2.0 \times 23 = 46$ |
| | 이산화질소 | $1,200 \times 0.034 = 40.8$ | $1,200 \times 0.029 = 34.8$ |
| 통합대기환경지수 | | 66 | 67 |

㉡ 강북구의 미세먼지(44), 초미세먼지(23) 농도는 평균(각각 51, 24)보다 낮고, 이산화질소의 농도(0.042)는 평균(0.033)보다 높다.

㉢ 중랑구의 대기환경지수 중 미세먼지 43.2(=0.9×48), 초미세먼지 44(=2.0×22), 이산화질소 51.8[=800×(0.041−0.04)+51]이므로 최댓값을 가지는 이산화질소의 대기환경지수가 통합대기환경지수가 된다.

㉣ 세 가지 오염물질 농도가 모두 평균보다 높은 것은 동대문구뿐이다.

**14** 개인종합자산관리(ISA) 계좌는 개인이 운용하는 적금, 예탁금, 파생결합증권, 펀드를 한 계좌에서 운용하면서 각각의 상품의 수익 증감을 합산하여 발생한 수익에 대해 과세하는 금융상품으로 그 내용은 다음과 같다.

| 가입대상 | • 거주자 중 직전 과세기간 또는 해당 과세기간에 근로소득 또는 사업소득이 있는 자 및 대통령령으로 정하는 농어민(모든 금융기관 1인 1계좌)<br>• 신규 취업자 등은 당해 연도 소득이 있는 경우 가입 가능<br>　※ 직전년도 금융소득과세 대상자는 제외 |
|---|---|
| 납입한도 | 연간 2천만 원(5년간 누적 최대 1억 원)<br>※ 기가입한 재형저축 및 소장펀드 한도는 납입한도에서 차감 |
| 투자가능상품 | • 예/적금, 예탁금<br>• 파생결합증권, 펀드 |
| 가입기간 | 2018년 12월 31일까지 가능 |
| 상품간 교체 | 가능 |
| 의무가입기간 | • 일반 5년<br>• 청년층, 서민층 3년 |
| 세제혜택 | 계좌 내 상품 간 손익통산 후 순이익 중 200만 원까지는 비과세 혜택, 200만 원 초과분 9.9% 분리과세(지방소득세 포함) |
| 기타 | • ISA계좌를 5년 이내 해지하면 각 상품에서 실현한 이익금의 15.4%를 세금으로 부과<br>• 해지수수료 면제 |

대훈이는 ISA에 가입하고 5년 후에 여유 자금으로 ○○증권과 ○○펀드에 가입하여 1년 후 수익을 따져보니 증권에서는 750만 원의 이익을 보고, 펀드에서는 350만 원의 손해를 보았다. 대훈이가 ISA 계좌를 해지하지 않는다면 얼마의 세금을 내야 하는가? (단, 은행수수료는 없다)

① 198,000원　　　　　　　　　　② 398,000원

③ 598,000원　　　　　　　　　　④ 798,000원

⑤ 1,198,000원

 750만 원의 수익과 250만 원의 손해
$7,500,000 - 3,500,000 = 4,000,000$ 원
200만 원 초과분 9.9% 분리과세(지방소득세 포함)라고 했으므로 기초 공제금 200만 원을 제하면 2,000,000원의 순수 이익이 남는다.
$2,000,000 \times 0.099 = 198,000$ 원

**15** 다음은 NH농협은행 정기예금의 만기지급이자율에 대한 내용이다. 원금 2,000만 원의 6개월 이자와 24개월 이자의 차액은 얼마인가? (단, 단리이며, 세전금액이다)

(연이율, 세전)

| 이자지급방식 | 가입기간 | 이율 |
|---|---|---|
| 만기일시지급방식 | 6개월 이상 12개월 미만 | 1.6% |
| | 12개월 이상 24개월 미만 | 1.7% |
| | 24개월 이상 36개월 미만 | 1.8% |

① 160,000원　　　　　　　② 260,000원
③ 360,000원　　　　　　　④ 460,000원
⑤ 560,000원

Tip 예금의 단리 지급식은 원금×이율×기간으로 구하므로
6개월 이상의 연이율은 1.6%, 24개월의 연이율은 1.8%

원금 2,000만 원의 6개월 이자는 $2,000 \times 0.016 \times \frac{6}{12} = 16$만 원

원금 2,000만 원의 24개월 이자는 $2,000 \times 0.018 \times \frac{24}{12} = 72$만 원

$72 - 16 = 56$만 원

**16** 다음 〈표〉는 A~E 리조트의 1박 기준 일반요금 및 회원할인율에 관한 자료이다. 이에 대한 〈보기〉의 설명 중 옳은 것만을 모두 고르면?

〈비수기 및 성수기 일반요금(1박 기준)〉

(단위 : 천 원)

| 구분 \ 리조트 | A | B | C | D | E |
|---|---|---|---|---|---|
| 비수기 | 300 | 250 | 200 | 150 | 100 |
| 성수기 | 500 | 350 | 300 | 250 | 200 |

〈비수기 및 성수기 회원할인율(1박 기준)〉

(단위 : %)

| 구분 | 회원유형 \ 리조트 | A | B | C | D | E |
|---|---|---|---|---|---|---|
| 비수기 | 기명 | 50 | 45 | 40 | 30 | 20 |
| | 무기명 | 35 | 40 | 25 | 20 | 15 |
| 성수기 | 기명 | 35 | 30 | 30 | 25 | 15 |
| | 무기명 | 30 | 25 | 20 | 15 | 10 |

※ 회원할인율(%) $= \dfrac{\text{일반요금} - \text{회원요금}}{\text{일반요금}} \times 100$

〈보기〉

㉠ 리조트 1박 기준, 성수기 일반요금이 낮은 리조트일수록 성수기 무기명 회원요금이 낮다.

㉡ 리조트 1박 기준, B 리조트의 회원요금 중 가장 높은 값과 가장 낮은 값의 차이는 125,000원이다.

㉢ 할인율을 가장 크게 받는 방법으로 1박을 이용한다고 할 때의 회원요금은 1박 기준 일반요금이 가장 적은 경우를 기명으로 이용할 때의 회원요금의 2배가 넘는다.

① ㉠

② ㉢

③ ㉠, ㉡

④ ㉡, ㉢

⑤ ㉠, ㉡, ㉢

㉠ A~E의 성수기 무기명 회원요금을 a~e라고 할 때,

- A : $30 = \dfrac{500-a}{500} \times 100$
- B : $25 = \dfrac{350-b}{350} \times 100$
- C : $20 = \dfrac{300-c}{300} \times 100$
- D : $15 = \dfrac{250-d}{250} \times 100$
- E : $10 = \dfrac{200-e}{200} \times 100$

따라서 a=350, b=262.5, c=240, d=212.5, e=180이 되어 성수기 일반요금(A>B>C>D>E)이 낮아질수록 성수기 무기명 회원요금이 낮다.

㉡ B리조트의 다음 경우에 따른 회원요금을 각각 $b_1$, $b_2$, $b_3$, $b_4$라고 할 때

| | 기명 | 무기명 |
|---|---|---|
| 비수기 | $45 = \dfrac{250-b_1}{250} \times 100$, $b_1 = 137.5$ | $40 = \dfrac{250-b_2}{250} \times 100$, $b_2 = 150$ |
| 성수기 | $30 = \dfrac{350-b_3}{350} \times 100$, $b_3 = 245$ | $25 = \dfrac{350-b_4}{350} \times 100$, $b_4 = 262.5$ |

따라서 가장 높은 값($b_4 = 262.5$)과 가장 낮은 값($b_1 = 137.5$)의 차이는 125(천 원)이다.

㉢ 가장 큰 할인율(50)을 받는 A리조트 비수기 기명일 때 회원요금을 a라고 하면

$50 = \dfrac{300-a}{300} \times 100$, $a = 150$

일반요금이 가장 적은 E리조트를 기명으로 이용할 때 회원요금을 e라고 하면

$20 = \dfrac{100-e}{100} \times 100$, $e = 80$

**17** 다음은 NH농협은행의 외화송금 수수료에 대한 규정이다. 수수료 규정을 참고할 때, 외국에 있는 친척과 〈보기〉와 같이 3회에 걸쳐 거래를 한 A씨가 지불한 총 수수료 금액은 얼마인가?

| | | 국내 간 외화송금 | 실시간 국내송금 |
|---|---|---|---|
| 외화자금국내이체 수수료(당·타발) | | U$5,000 이하 : 5,000원<br>U$10,000 이하 : 7,000원<br>U$10,000 초과 : 10,000원 | U$10,000 이하 : 5,000원<br>U$10,000 초과 : 10,000원 |
| | | 인터넷 뱅킹 : 5,000원<br>실시간 이체 : 타발 수수료는 없음 | |
| 해외로<br>외화송금 | 송금 수수료 | U$500 이하 : 5,000원<br>U$2,000 이하 : 10,000원<br>U$5,000 이하 : 15,000원<br>U$20,000 이하 : 20,000원<br>U$20,000 초과 : 25,000원<br>* 인터넷 뱅킹 이용 시 건당 3,000~5,000원 | |
| | | 해외 및 중계은행 수수료를 신청인이 부담하는 경우 국외 현지 및 중계은행의 통화별 수수료를 추가로 징구 | |
| | 전신료 | 8,000원<br>인터넷 뱅킹 및 자동이체 5,000원 | |
| | 조건변경 전신료 | 8,000원 | |
| 해외/타행에서 받은 송금 | | 건당 10,000원 | |

〈보기〉
1. 외국으로 U$3,500 송금 / 인터넷 뱅킹 최저 수수료 적용
2. 외국으로 U$600 송금 / 은행 창구
3. 외국에서 U$2,500 입금

① 32,000원
② 34,000원
③ 36,000원
④ 38,000원
⑤ 40,000원

 • 인터넷 뱅킹을 통한 해외 외화 송금이므로 금액에 상관없이 건당 최저수수료 3,000원과 전신료 5,000원 발생 → 합 8,000원
• 은행 창구를 통한 해외 외화 송금이므로 송금 수수료 10,000원과 전신료 8,000원 발생 → 합 18,000원
• 금액에 상관없이 건당 수수료가 발생하므로 → 10,000원
따라서 총 지불한 수수료는 8,000+18,000+10,000=36,000원이다.

**18** 사회초년생인 동근씨는 결혼자금을 마련하기 위하여 급여의 일부는 저축하기로 하였다. 동근씨는 재작년 1월 초에 NH농협은행을 방문하여 2년 만기 저축계좌를 개설하였고 매월 100만 원씩 납입하였다. 금리는 연 5%이고, 이자소득세는 15.4%라고 할 때 만기시점에 동근씨의 통장에 입금될 금액은? (단, 금리는 연말에 단리로 일괄 지급함)

① 24,507,600원

② 25,015,200원

③ 25,522,800원

④ 26,030,400원

⑤ 26,538,000원

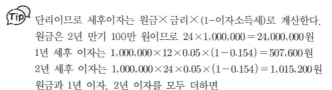 단리이므로 세후이자는 원금×금리×(1-이자소득세)로 계산한다.

원금은 2년 만기 100만 원이므로 24×1,000,000 = 24,000,000원

1년 세후 이자는 1,000,000×12×0.05×(1-0.154) = 507,600원

2년 세후 이자는 1,000,000×24×0.05×(1-0.154) = 1,015,200원

원금과 1년 이자, 2년 이자를 모두 더하면

24,000,000 + 507,600 + 1,015,200 = 25,522,800원

**19** 한 번에 20명이 탈 수 있는 고속 케이블카와 저속 케이블카가 각각 1대씩 있다. 고속 케이블카로 반대편 섬까지 가는 데 왕복 시간이 8분 걸리고, 저속 케이블카로는 12분이 걸린다. 이 두 대의 케이블카가 동시에 출발하여 450명의 승객을 섬까지 실어 나르는 데에는 최소 몇 분이 걸리겠는가? (단, 승객이 타고 내리는 시간 등 운행과 상관없는 시간은 없는 것으로 한다)

① 104분

② 108분

③ 112분

④ 116분

⑤ 120분

 8과 12의 최소공배수는 24이다.
동시에 출발하여 24분 만에 고속 케이블카는 3번, 저속 케이블카는 2번 왕복하게 된다.
24분에 100명씩 실어 나르는 것이 되므로 450명을 실어 나르려면 400명까지는 $24 \times 4 = 96$분
나머지 50명은 두 대의 케이블카가 한 번씩 운행하여 40명을 나르고 나머지 10명은 고속 케이블카가 편도로 한 번만 가면 되므로 $8 + 4 = 12$분
총 걸리는 시간은 $96 + 12 = 108$분


**20** 오후 1시 36분에 사무실을 나와 분속 70m의 일정한 속도로 서울역까지 걸어가서 20분간 내일 부산 출장을 위한 승차권 예매를 한 뒤, 다시 분속 50m의 일정한 속도로 걸어서 사무실에 돌아와 시계를 보니 2시 32분이었다. 이때 걸은 거리는 모두 얼마인가?

① 1,050m

② 1,500m

③ 1,900m

④ 2,100m

⑤ 2,400m

 서울역에서 승차권 예매를 한 20분의 시간을 제외하면 걸은 시간은 총 36분이 된다.
갈 때 걸린 시간을 $x$분이라고 하면 올 때 걸린 시간은 $36 - x$분
갈 때와 올 때의 거리는 같으므로
$70 \times x = 50 \times (36 - x)$
$120x = 1,800 \rightarrow x = 15$분
사무실에서 서울역까지의 거리는 $70 \times 15 = 1,050$m
왕복거리를 구해야 하므로 $1,050 \times 2 = 2,100$m가 된다.

**21** 어느 인기 그룹의 공연을 준비하고 있는 기획사는 다음과 같은 조건으로 총 1,500 장의 티켓을 판매하려고 한다. 티켓 1,500 장을 모두 판매한 금액이 6,000 만 원이 되도록 하기 위해 판매해야 할 S 석 티켓의 수를 구하면?

> (개) 티켓의 종류는 R 석, S 석, A 석 세 가지이다.
> (내) R 석, S 석, A 석 티켓의 가격은 각각 10 만 원, 5 만 원, 2 만 원이고, A 석 티켓의 수는 R 석과 S 석 티켓의 수의 합과 같다.

① 450장      ② 600장

③ 750장      ④ 900장

⑤ 1,050장

 조건 (개)에서 R석의 티켓의 수를 $a$, S석의 티켓의 수를 $b$, A석의 티켓의 수를 $c$라 놓으면

$a+b+c=1,500$ ······ ㉠

조건 (내)에서 R석, S석, A석 티켓의 가격은 각각 10 만 원, 5 만 원, 2 만 원이므로

$10a+5b+2c=6,000$ ······ ㉡

A석의 티켓의 수는 R석과 S석 티켓의 수의 합과 같으므로

$a+b=c$ ······ ㉢

세 방정식 ㉠, ㉡, ㉢을 연립하여 풀면

㉠, ㉢에서 $2c=1,500$ 이므로 $c=750$

㉠, ㉡에서 연립방정식

$\begin{cases} a+b=750 \\ 2a+b=900 \end{cases}$

을 풀면 $a=150$, $b=600$ 이다.

따라서 구하는 S석의 티켓의 수는 600 장이다.

**22** 두 기업 서원각, 소정의 작년 상반기 매출액의 합계는 91억 원이었다. 올해 상반기 두 기업 서원각, 소정의 매출액은 작년 상반기에 비해 각각 10%, 20% 증가하였고, 두 기업 서원각, 소정의 매출액 증가량의 비가 2 : 3이라고 할 때, 올해 상반기 두 기업 서원각, 소정의 매출액의 합계는?

① 96억 원

② 100억 원

③ 104억 원

④ 108억 원

⑤ 112억 원

> **Tip** 서원각의 매출액의 합계를 $x$, 소정의 매출액의 합계를 $y$로 놓으면
> $x+y=91$
> $0.1x : 0.2y = 2 : 3 \rightarrow 0.3x = 0.4y$
> $x+y=91 \rightarrow y=91-x$
> $0.3x=0.4\times(91-x)$
> $0.3x=36.4-0.4x$
> $0.7x=36.4$
> $\therefore x=52$
> $0.3\times52=0.4y \rightarrow y=39$
> $x$는 10% 증가하였으므로 $52\times1.1=57.2$
> $y$는 20% 증가하였으므로 $39\times1.2=46.8$
> 두 기업의 매출액의 합은 $57.2+46.8=104$

**23** 다음은 임진왜란 전가·후기 전투 횟수에 관한 자료이다. 이에 대한 설명으로 〈보기〉 중 옳은 것을 모두 고르면?

〈임진왜란 전기 · 후기 전투 횟수〉

(단위 : 회)

| 시기<br>구분 | | 전기 | | 후기 | | 합계 |
|---|---|---|---|---|---|---|
| | | 1592년 | 1593년 | 1597년 | 1598년 | |
| 전체 전투 | | 70 | 17 | 10 | 8 | 105 |
| 공격주체 | 조선측 공격 | 43 | 15 | 2 | 8 | 68 |
| | 일본측 공격 | 27 | 2 | 8 | 0 | 37 |
| 전투결과 | 조선측 승리 | 40 | 14 | 5 | 6 | 65 |
| | 일본측 승리 | 30 | 3 | 5 | 2 | 40 |
| 조선의<br>전투인력<br>구성 | 관군 단독전 | 19 | 8 | 5 | 6 | 38 |
| | 의병 단독전 | 9 | 1 | 0 | 0 | 10 |
| | 관군 · 의병 연합전 | 42 | 8 | 5 | 2 | 57 |

〈보기〉

㉠ 전체 전투 대비 일본측 공격 비율은 임진왜란 전기에 비해 임진왜란 후기가 낮다.
㉡ 조선측 공격이 일본측 공격보다 많았던 해에는 항상 조선측 승리가 일본측 승리보다 많았다.
㉢ 전체 전투 대비 관군 단독전 비율은 1598년이 1592년의 2배 이상이다.
㉣ 1598년에는 관군 단독전 중 조선측 승리인 경우가 있다.

① ㉠, ㉡

② ㉡, ㉣

③ ㉢, ㉣

④ ㉠, ㉡, ㉢

⑤ ㉡, ㉢, ㉣

 ㉠ 일본측 공격 비율 : 전기($\frac{27+2}{70+17} ≒ 0.33$) < 후기($\frac{8+0}{10+8} ≒ 0.44$)

㉡ 조선측 공격이 더 많은 1592년, 1593년, 1598년 모두 조선측 승리가 더 많다.

㉢ 관군 단독전 비율 : 1598년에는 0.75, 1592년에는 0.27이므로 1598년이 두 배 이상이다.

㉣ 1598년 전투 중 2번의 관군 · 의병 연합전에서 조선측이 모두 승리했다고 하더라도 나머지 4번은 관군 단독전에서 승리하였다.

**24** 다음 〈표〉는 인공지능(AI)의 동물식별 능력을 조사한 결과이다. 이에 대한 〈보기〉의 설명으로 옳은 것만을 모두 고르면?

〈AI의 동물 식별 능력 조사 결과〉

(단위 : 마리)

| 실제＼AI 식별결과 | 개 | 여우 | 돼지 | 염소 | 양 | 고양이 | 합계 |
|---|---|---|---|---|---|---|---|
| 개 | 457 | 10 | 32 | 1 | 0 | 2 | 502 |
| 여우 | 12 | 600 | 17 | 3 | 1 | 2 | 635 |
| 돼지 | 22 | 22 | 350 | 2 | 0 | 3 | 399 |
| 염소 | 4 | 3 | 3 | ·35 | 1 | 2 | 48 |
| 양 | 0 | 0 | 1 | 1 | 76 | 0 | 78 |
| 고양이 | 3 | 6 | 5 | 2 | 1 | 87 | 104 |
| 전체 | 498 | 641 | 408 | 44 | 79 | 96 | 1,766 |

〈보기〉

㉠ AI가 돼지로 식별한 동물 중 실제 돼지가 아닌 비율은 10 % 이상이다.
㉡ 실제 여우 중 AI가 여우로 식별한 비율은 실제 돼지 중 AI가 돼지로 식별한 비율보다 낮다.
㉢ 전체 동물 중 AI가 실제와 동일하게 식별한 비율은 85% 이상이다.
㉣ 실제 염소를 AI가 고양이로 식별한 수보다 양으로 식별한 수가 많다.

① ㉠, ㉡                    ② ㉠, ㉢
③ ㉡, ㉢                    ④ ㉠, ㉢, ㉣
⑤ ㉡, ㉢, ㉣

㉠ $\dfrac{408-350}{408} \times 100 ≒ 14\%$

㉡ 실제 여우 중 AI가 여우로 식별$(\dfrac{600}{635})$ > 실제 돼지 중 AI가 돼지로 식별$(\dfrac{350}{399})$

㉢ $\dfrac{457+600+350+35+76+87}{1,766} \times 100 ≒ 90.88\%$

㉣ 실제 염소를 AI가 '고양이로 식별한 수(2) > 양으로 식별한 수(1)'

**25** 다음 〈표〉는 6개 광종의 위험도와 경제성 점수에 관한 자료이다. 〈표〉와 〈분류기준〉을 이용하여 광종을 분류할 때, 〈보기〉의 설명 중 옳은 것만을 모두 고르면?

〈표〉 6개 광종의 위험도와 경제성 점수

(단위 : 점)

| 항목 \ 광종 | 금광 | 은광 | 동광 | 연광 | 아연광 | 철광 |
|---|---|---|---|---|---|---|
| 위험도 | 2.5 | 4.0 | 2.5 | 2.7 | 3.0 | 3.5 |
| 경제성 | 3.0 | 3.5 | 2.5 | 2.7 | 3.5 | 4.0 |

〈분류기준〉

위험도와 경제성 점수가 모두 3.0점을 초과하는 경우에는 '비축필요광종'으로 분류하고, 위험도와 경제성 점수 중 하나는 3.0점 초과, 다른 하나는 2.5점 초과 3.0점 이하인 경우에는 '주시광종'으로 분류하며, 그 외는 '비축제외광종'으로 분류한다.

〈보기〉

㉠ '주시광종'으로 분류되는 광종은 1종류이다.
㉡ '비축필요광종'으로 분류되는 광종은 '은광', '아연광', '철광'이다.
㉢ 모든 광종의 위험도와 경제성 점수가 현재보다 각각 20% 증가하면, '비축필요광종'으로 분류되는 광종은 4종류가 된다.
㉣ '주시광종' 분류기준을 '위험도와 경제성 점수 중 하나는 3.0점 초과, 다른 하나는 2.5점 이상 3.0점 이하'로 변경한다면, '금광'과 '아연광'은 '주시광종'으로 분류된다.

① ㉠, ㉢
② ㉠, ㉣
③ ㉢, ㉣
④ ㉠, ㉡, ㉢
⑤ ㉡, ㉢, ㉣

 ㉠ 조건에 따라 '주시광종'으로 분류되는 광종은 아연광 하나이다.
㉡ 은광, 철광은 '비축필요광종', 아연광은 '주시광종'
㉢ 20% 증가한 위험도와 경제성 점수

| 항목 \ 광종 | 금광 | 은광 | 동광 | 연광 | 아연광 | 철광 |
|---|---|---|---|---|---|---|
| 위험도 | 3 | 4.8 | 3 | 3.24 | 3.6 | 4.2 |
| 경제성 | 3.6 | 4.2 | 3 | 3.24 | 4.2 | 4.8 |

두 항목 모두 3.0을 초과하는 은광, 연광, 아연광, 철광 4광종이 '비축필요광종'으로 분류된다.
㉣ 기준을 변경하더라도 금광은 3.0을 초과하는 항목이 없다.

*Answer*↱ 24.② 25.①

**26** 다음 표는 질병진단키트 A ~ D의 임상실험 결과 자료이다. 표와 〈정의〉에 근거하여 〈보기〉의 설명 중 옳은 것만을 모두 고르면?

〈질병진단키트 A ~ D의 임상실험 결과〉

(단위 : 명)

| A | | |
|---|---|---|
| 판정 \ 질병 | 있음 | 없음 |
| 양성 | 100 | 20 |
| 음성 | 20 | 100 |

| B | | |
|---|---|---|
| 판정 \ 질병 | 있음 | 없음 |
| 양성 | 80 | 40 |
| 음성 | 40 | 80 |

| C | | |
|---|---|---|
| 판정 \ 질병 | 있음 | 없음 |
| 양성 | 80 | 30 |
| 음성 | 30 | 100 |

| D | | |
|---|---|---|
| 판정 \ 질병 | 있음 | 없음 |
| 양성 | 80 | 20 |
| 음성 | 20 | 120 |

※ 질병진단키트당 피실험자 240명을 대상으로 임상실험한 결과임

〈정의〉

• 민감도 : 질병이 있는 피실험자 중 임상실험 결과에서 양성 판정된 피실험자의 비율
• 특이도 : 질병이 없는 피실험자 중 임상실험 결과에서 음성 판정된 피실험자의 비율
• 양성 예측도 : 임상실험 결과 양성 판정된 피실험자 중 질병이 있는 피실험자의 비율
• 음성 예측도 : 임상실험 결과 음성 판정된 피실험자 중 질병이 없는 피실험자의 비율

〈보기〉

㉠ 민감도가 가장 높은 질병진단키트는 A이다.
㉡ 특이도가 가장 높은 질병진단키트는 B이다.
㉢ 질병진단키트 C의 민감도와 양성 예측도는 동일하다.
㉣ 질병진단키트 D의 양성 예측도와 음성 예측도는 동일하다.

① ㉠, ㉡
② ㉠, ㉢
③ ㉡, ㉢
④ ㉠, ㉢, ㉣
⑤ ㉡, ㉢, ㉣

**27** 응시자가 모두 30명인 시험에서 20명이 합격하였다. 이 시험의 커트라인은 전체 응시자의 평균보다 5점이 낮고, 합격자의 평균보다는 30점이 낮았으며, 또한 불합격자의 평균 점수의 2배보다는 2점이 낮았다. 이 시험의 커트라인을 구하면?

① 90점  ② 92점

③ 94점  ④ 96점

⑤ 98점

Tip 전체 응시자의 평균을 $x$라 하면 합격자의 평균은 $x+25$

불합격자의 평균은 전체 인원 30명의 총점 $30x$에서 합격자 20명의 총점 $\{20\times(x+25)\}$를 빼준 값을 10으로 나눈 값이다.

즉, $\dfrac{30x-20\times(x+25)}{10}=x-50$

커트라인은 전체 응시자의 평균보다 5점이 낮고, 불합격자 평균 점수의 2배보다 2점이 낮으므로

$x-5=2(x-50)-2$

$x=97$

응시자의 평균이 97이므로 커트라인은 $97-5=92$점

*Answer* → 26.② 27.②

**28** 다음은 2008 ~ 2017년 5개 자연재해 유형별 피해금액에 관한 자료이다. 이에 대한 설명으로 옳은 것만을 모두 고른 것은?

5개 자연재해 유형별 피해금액

(단위 : 억 원)

| 유형 \ 연도 | 2008 | 2009 | 2010 | 2011 | 2012 | 2013 | 2014 | 2015 | 2016 | 2017 |
|---|---|---|---|---|---|---|---|---|---|---|
| 태풍 | 3,416 | 1,385 | 118 | 1,609 | 9 | 0 | 1,725 | 2,183 | 8,765 | 17 |
| 호우 | 2,150 | 3,520 | 19,063 | 435 | 581 | 2,549 | 1,808 | 5,276 | 384 | 1,581 |
| 대설 | 6,739 | 5,500 | 52 | 74 | 36 | 128 | 663 | 480 | 204 | 113 |
| 강풍 | 0 | 93 | 140 | 69 | 11 | 70 | 2 | 0 | 267 | 9 |
| 풍랑 | 0 | 0 | 57 | 331 | 0 | 241 | 70 | 3 | 0 | 0 |
| 전체 | 12,305 | 10,498 | 19,430 | 2,518 | 637 | 2,988 | 4,268 | 7,942 | 9,620 | 1,720 |

---

⊙ 2008 ~ 2017년 강풍 피해금액 합계는 풍랑 피해금액 합계보다 적다.

ⓒ 2016년 태풍 피해금액은 2016년 5개 자연재해 유형 전체 피해금액의 90% 이상이다.

ⓒ 피해금액이 매년 10억 원보다 큰 자연재해 유형은 호우뿐이다.

ⓔ 피해금액이 큰 자연재해 유형부터 순서대로 나열하면 2014년과 2015년의 순서는 동일하다.

---

① ⊙, ⓒ

② ⊙, ⓒ

③ ⓒ, ⓔ

④ ⊙, ⓒ, ⓔ

⑤ ⓒ, ⓒ, ⓔ

> **Tip** ⊙ 주어진 기간 동안 강풍 피해금액과 풍랑 피해금액의 합계를 각각 계산하여 비교하기 보다는 소거법을 이용하여 비교하는 것이 좋다. 비슷한 크기의 값들을 서로 비교하여 소거한 뒤 남은 값들의 크기를 비교해주는 것으로 2013년 강풍과 2014년 풍랑 피해금액이 70억 원으로 동일 하고 2009, 2010, 2012년 강풍 피해금액의 합 244억 원과 2013년 풍랑 피해금액 241억 원이 비슷하다. 또한 2011, 2016년 강풍 피해금액의 합 336억 원과 2011년 풍랑 피해금액 331억 원 이 비슷하다. 이 값들을 소거한 뒤 남은 값들을 비교해보면 강풍 피해금액의 합계가 풍랑 피 해금액의 합계보다 더 작다는 것을 알 수 있다.
> ⓒ 2016년 태풍 피해금액이 2016년 5개 자연재해 유형 전체 피해금액의 90% 이상이라는 것은 즉, 태풍을 제외한 나머지 4개 유형 피해금액의 합이 전체 피해금액의 10% 미만이라는 것을 의미한다. 2016년 태풍을 제외한 나머지 4개 유형 피해금액의 합을 계산하면 전체 피해금액의 10% 밖에 미치지 못함을 알 수 있다.
> ⓒ 피해금액이 매년 10억 원보다 큰 자연재해 유형은 호우, 대설이 있다.
> ⓔ 피해금액이 큰 자연재해 유형부터 순서대로 나열하면 2014년 호우, 태풍, 대설, 풍랑, 강풍이 며 이 순서는 2015년의 순서와 동일하다.

**29** 다음 표는 A지역 전체 가구를 대상으로 원자력발전소 사고 전·후 식수 조달원 변경에 대해 사고 후 설문조사한 결과이다. 사고 전에 비해 사고 후에 이용 가구 수가 감소한 식수 조달원의 수는 몇 개인가? (단, A지역 가구의 식수 조달원은 수돗물, 정수, 약수, 생수로 구성되며, 각 가구는 한 종류의 식수 조달원만 이용한다.)

〈원자력발전소 사고 전·후 A지역 조달원별 가구 수〉

(단위 : 가구)

| 사고 전 조달원 \ 사고 후 조달원 | 수돗물 | 정수 | 약수 | 생수 |
|---|---|---|---|---|
| 수돗물 | 40 | 30 | 20 | 30 |
| 정수 | 10 | 50 | 10 | 30 |
| 약수 | 20 | 10 | 10 | 40 |
| 생수 | 10 | 10 | 10 | 40 |

① 0개                      ② 1개

③ 2개                      ④ 3개

⑤ 4개

**(Tip)**

| 사고 전 조달원 \ 사고 후 조달원 | 수돗물 | 정수 | 약수 | 생수 | 합계 |
|---|---|---|---|---|---|
| 수돗물 | 40 | 30 | 20 | 30 | 120 |
| 정수 | 10 | 50 | 10 | 30 | 100 |
| 약수 | 20 | 10 | 10 | 40 | 80 |
| 생수 | 10 | 10 | 10 | 40 | 70 |
| 합계 | 80 | 100 | 50 | 140 | 370 |

수돗물은 120가구에서 80가구로, 약수는 80가구에서 50가구로 각각 이용 가구 수가 감소하였다. 정수는 100가구로 변화가 없으며, 생수는 70가구에서 140가구로 증가하였다.
따라서 사고 전에 비해 사고 후에 이용 가구 수가 감소한 식수 조달원의 수는 2개이다.

**30** 서원각 경영진은 최근 경기 침체로 인한 이익감소를 극복하기 위하여 신규사업을 검토 중이다. 현재 회사는 기존 사업에서 평균 투자액 기준으로 12%의 회계적 이익률을 보이고 있으며, 신규사업에서 예상되는 당기순이익은 다음과 같을 때, 회사는 신규사업을 위해 2,240,000을 투자해야 하며 3년 후의 잔존가치는 260,000원으로 예상된다. 최초투자액을 기준으로 하여 신규사업의 회계적 이익률을 구하면? (회사는 정액법에 의해 감가상각한다. 또한 회계적 이익률은 소수점 둘째 자리에서 반올림한다)

| 구분 | 신규사업으로 인한 당기순이익 |
|:---:|:---:|
| 1 | 200,000 |
| 2 | 300,000 |
| 3 | 400,000 |

① 약 11.4%  ② 약 12.4%

③ 약 13.4%  ④ 약 14.4%

⑤ 약 15.4%

(Tip) 회계적 이익률은 $\dfrac{\text{연평균 순이익}}{\text{초기투자액}}$ 이므로

연평균 순이익 $= \dfrac{200,000 + 300,000 + 400,000}{3} = 300,000$

이익률 $= \dfrac{300,000}{2,240,000} = 13.392 \cdots ≒ 13.4\%$

**31** 다음은 갑국의 최종에너지 소비량에 대한 자료이다. 이에 대한 설명으로 옳은 것들로만 바르게 짝지어진 것은?

2015 ~ 2017년 유형별 최종에너지 소비량 비중

(단위 : %)

| 연도\유형 | 석탄 | | 석유제품 | 도시가스 | 전력 | 기타 |
|:---:|:---:|:---:|:---:|:---:|:---:|:---:|
| | 무연탄 | 유연탄 | | | | |
| 2015 | 2.7 | 11.6 | 53.3 | 10.8 | 18.2 | 3.4 |
| 2016 | 2.8 | 10.3 | 54.0 | 10.7 | 18.6 | 3.6 |
| 2017 | 2.9 | 11.5 | 51.9 | 10.9 | 19.1 | 3.7 |

## 2017년 부문별 유형별 최종에너지 소비량

(단위 : 천TOE)

| 부문 \ 유형 | 석탄 | | 석유제품 | 도시가스 | 전력 | 기타 | 합 |
|---|---|---|---|---|---|---|---|
| | 무연탄 | 유연탄 | | | | | |
| 산업 | 4,750 | 15,317 | 57,451 | 9,129 | 23,093 | 5,415 | 115,155 |
| 가정 · 상업 | 901 | 4,636 | 6,450 | 11,105 | 12,489 | 1,675 | 37,256 |
| 수송 | 0 | 0 | 35,438 | 188 | 1,312 | 0 | 36,938 |
| 기타 | 0 | 2,321 | 1,299 | 669 | 152 | 42 | 4,483 |
| 계 | 5,651 | 22,274 | 100,638 | 21,091 | 37,046 | 7,132 | 193,832 |

※ TOE는 석유 환산 톤수를 의미

---

㉠ 2015 ~ 2017년 동안 전력 소비량은 매년 증가한다.

㉡ 2017에는 산업부문의 최종에너지 소비량이 전체 최종에너지 소비량의 50% 이상을 차지한다.

㉢ 2015 ~ 2017년 동안 석유제품 소비량 대비 전력 소비량의 비율이 매년 증가한다.

㉣ 2017년에는 산업부문과 가정 · 상업부문에서 유연탄 소비량 대비 무연탄 소비량의 비율이 각각 25% 이하이다.

① ㉠, ㉡

② ㉠, ㉣

③ ㉡, ㉢

④ ㉡, ㉣

⑤ ㉢, ㉣

Tip ㉠ 2015 ~ 2017년 동안의 유형별 최종에너지 소비량 비중이므로 전력 소비량의 수치는 알 수 없다.

㉡ 2017년의 산업부문의 최종에너지 소비량은 115,155천TOE이므로 전체 최종 에너지 소비량인 193,832천TOE의 50%인 96,916천TOE보다 많으므로 50% 이상을 차지한다고 볼 수 있다.

㉢ 2015 ~ 2017년 동안 석유제품 소비량 대비 전력 소비량의 비율은 $\dfrac{전력}{석유제품}$ 으로 계산하면

2015년 $\dfrac{18.2}{53.3} \times 100 = 34.1\%$, 2016년 $\dfrac{18.6}{54} \times 100 = 34.4\%$, 2017년 $\dfrac{19.1}{51.9} \times 100 = 36.8\%$이므로 매년 증가함을 알 수 있다.

㉣ 2017년 산업부문과 가정 · 상업부문에서 $\dfrac{무연탄}{유연탄}$ 을 구하면 산업부문의 경우 $\dfrac{4,750}{15,317} \times 100 = 31\%$, 가정 · 상업부문의 경우 $\dfrac{901}{4,636} \times 100 = 19.4\%$이므로 모두 25% 이하인 것은 아니다.

---

**32** 다음 〈표〉는 학생 '갑 ~ 정의 시험 성적에 관한 자료이다. 〈표〉와 〈순위산정방식〉을 이용하여 순위를 산정할 때, 〈보기〉의 설명 중 옳은 것만을 모두 고르면?

### 〈'갑' ~ '정'의 시험 성적〉

(단위 : 점)

| 학생 \ 과목 | 국어 | 영어 | 수학 | 과학 |
|---|---|---|---|---|
| 갑 | 75 | 85 | 90 | 97 |
| 을 | 82 | 83 | 79 | 81 |
| 병 | 95 | 75 | 75 | 85 |
| 정 | 89 | 70 | 91 | 90 |

### 〈순위산정방식〉

- A방식 : 4개 과목의 총점이 높은 학생부터 순서대로 1, 2, 3, 4위로 하되, 4개 과목의 총점이 동일한 학생의 경우 국어 성적이 높은 학생을 높은 순위로 함.
- B방식 : 과목별 등수의 합이 작은 학생부터 순서대로 1, 2, 3, 4위로 하되, 과목별 등수의 합이 동일한 학생의 경우 A방식에 따라 산정한 순위가 높은 학생을 높은 순위로 함.
- C방식 : 80점 이상인 과목의 수가 많은 학생부터 순서대로 1, 2, 3, 4위로 하되, 80점 이상인 과목의 수가 동일한 학생의 경우 A방식에 따라 산정한 순위가 높은 학생을 높은 순위로 함.

### 〈보기〉

㉠ A방식과 B방식으로 산정한 '병'의 순위는 동일하다.
㉡ C방식으로 산정한 '정'의 순위는 2위이다.
㉢ '정'의 과학점수만 95점으로 변경된다면, B방식으로 산정한 '갑'의 순위는 2위가 된다.

① ㉠
② ㉡
③ ㉢
④ ㉠, ㉡
⑤ ㉡, ㉢

 ㉠㉡

| 방식 \ 순위 | A 방식 (총점) | B 방식 (과목별 등수 합) | C 방식 (80이상 과목 수, 총점) |
|---|---|---|---|
| 1 | 갑(347) | 갑(8) | 갑(3, 347) |
| 2 | 정(340) | 정(9) | 정(3, 340) |
| 3 | 병(330) | 병(11) | 을(3, 325) |
| 4 | 을(325) | 을(12) | 병(2, 330) |

㉢ '정'의 과학점수가 95점으로 변경된다 하더라도 과목별 등수에는 변화가 없으므로 B방식에서 '갑'이 그대로 1위를 하게 된다.

**33** 다음은 소정연구소에서 제습기 A~E의 습도별 연간소비전력량을 측정한 자료이다. 이에 대한 설명 중 옳은 것끼리 바르게 짝지어진 것은?

**제습기 A~E이 습도별 연간소비전력량**

(단위 : kWh)

| 습도<br>제습기 | 40% | 50% | 60% | 70% | 80% |
|---|---|---|---|---|---|
| A | 550 | 620 | 680 | 790 | 840 |
| B | 560 | 640 | 740 | 810 | 890 |
| C | 580 | 650 | 730 | 800 | 880 |
| D | 600 | 700 | 810 | 880 | 950 |
| E | 660 | 730 | 800 | 920 | 970 |

㉠ 습도가 70%일 때 연간소비전력량이 가장 적은 제습기는 A이다.

㉡ 각 습도에서 연간소비전력량이 많은 제습기부터 순서대로 나열하면, 습도 60%일 때와 습도 70%일 때의 순서를 동일하다.

㉢ 습도가 40%일 때 제습기 E의 연산소비전력량은 습도가 50%일 때 제습기 B의 연간소비전력량보다 많다.

㉣ 제습기 각각에서 연간소비전력량은 습도가 80%일 때가 40%일 때의 1.5배 이상이다.

① ㉠, ㉡

② ㉠, ㉢

③ ㉡, ㉣

④ ㉠, ㉢, ㉣

⑤ ㉡, ㉢, ㉣

 ㉠ 습도가 70%일 때 연간소비전력량은 790으로 A가 가장 적다.

㉡ 60%와 70%를 많은 순서대로 나열하면 60%일 때 D-E-B-C-A, 70%일 때 E-D-B-C-A이다.

㉢ 40%일 때 E=660, 50%일 때 B=640이다.

㉣ 40%일 때의 값에 1.5배를 구하여 80%와 비교해 보면 E는 1.5배 이하가 된다.

A = 550×1.5 = 825          840

B = 560×1.5 = 840          890

C = 580×1.5 = 870          880

D = 600×1.5 = 900          950

E = 660×1.5 = 990          970

*Answer* → 32.④   33.②

**34** 다음 표는 통신사 A, B, C의 스마트폰 소매가격 및 평가점수 자료이다. 이에 대한 〈보기〉의 설명 중 옳은 것만을 모두 고른 것은?

통신사별 스마트폰의 소매가격 및 평가점수

(단위 : 달러, 점)

| 통신사 | 스마트폰 | 소매가격 | 평가항목 | | | | | 종합품질 점수 |
|---|---|---|---|---|---|---|---|---|
| | | | 화질 | 내비게이션 | 멀티미디어 | 배터리 수명 | 통화성능 | |
| A | a | 150 | 3 | 3 | 3 | 3 | 1 | 13 |
| | b | 200 | 2 | 2 | 3 | 1 | 2 | 10 |
| | c | 200 | 3 | 3 | 3 | 1 | 1 | 11 |
| B | d | 180 | 3 | 3 | 3 | 2 | 1 | 12 |
| | e | 100 | 2 | 3 | 3 | 2 | 1 | 11 |
| | f | 70 | 2 | 1 | 3 | 2 | 1 | 9 |
| C | g | 200 | 3 | 3 | 3 | 3 | 2 | 13 |
| | h | 50 | 3 | 2 | 3 | 2 | 1 | 11 |
| | i | 150 | 3 | 2 | 2 | 3 | 2 | 12 |

〈보기〉

㉠ 소매가격이 200달러인 스마트폰 중 '종합품질점수'가 가장 높은 스마트폰은 c이다.

㉡ 소매가격이 가장 낮은 스마트폰은 '종합품질점수'도 가장 낮다.

㉢ 통신사 각각에 대해서 해당 통신사 스마트폰의 '통화성능' 평가점수의 평균을 계산하여 통신사별로 비교하면 C가 가장 높다.

㉣ 평가항목 각각에 대해서 스마트폰 a~i 평가점수의 합을 계산하여 평가항목별로 비교하면 '멀티미디어'가 가장 높다.

① ㉠

② ㉢

③ ㉠, ㉡

④ ㉡, ㉣

⑤ ㉢, ㉣

(Tip) ㉠ 200달러인 스마트폰 중 종합품질점수가 가장 높은 스마트폰은 g이다.

㉡ 소매가격이 가장 낮은 스마트폰은 h이며, 종합품질점수가 가장 낮은 스마트폰은 f이다.

㉢ A : $\dfrac{1+2+1}{3} = \dfrac{4}{3}$, B : $\dfrac{1+1+1}{3} = 1$, C : $\dfrac{2+1+2}{3} = \dfrac{5}{3}$

㉣ 화질 : $3+2+3+3+2+2+3+3+3 = 24$
내비게이션 : $3+2+3+3+3+1+3+2+2 = 22$
멀티미디어 : $3+3+3+3+3+3+3+3+2 = 26$
배터리 수명 : $3+1+1+2+2+2+2+2+3 = 18$
통화성능 : $1+2+1+1+1+1+2+1+2 = 12$

**35** 다음은 물품 A ~ E의 가격에 대한 자료이다. 아래 조건에 부합하는 물품의 가격으로 가장 가능한 것은?

(단위 : 원/개)

| 물품 | 가격 |
|---|---|
| A | 24,000 |
| B | ㉠ |
| C | ㉡ |
| D | ㉢ |
| E | 16,000 |

[조건]

• 갑, 을, 병이 가방에 담긴 물품은 각각 다음과 같다.
- 갑 : B, C, D
- 을 : A, C
- 병 : B, D, E
• 가방에는 해당 물품이 한 개씩만 담겨 있다.
• 가방에 담긴 물품 가격의 합이 높은 사람부터 순서대로 나열하면 갑 > 을 > 병 순이다.
• 병의 가방에 담긴 물품 가격의 합은 44,000원이다.

|  | ㉠ | ㉡ | ㉢ |
|---|---|---|---|
| ① | 11,000 | 23,000 | 14,000 |
| ② | 12,000 | 14,000 | 16,000 |
| ③ | 12,000 | 19,000 | 16,000 |
| ④ | 13,000 | 19,000 | 15,000 |
| ⑤ | 13,000 | 23,000 | 15,000 |

 조건을 잘 보면 병의 가방에 담긴 물품 가격의 합이 44,000원
병의 가방에는 B, D, E가 들어 있고 E의 가격은 16,000원
그럼 B와 D의 가격의 합이(㉠+㉢) 44,000 - 16,000 = 28,000원이 되어야 한다.
①은 답이 될 수 없다.
가방에 담긴 물품 가격의 합이 높은 사람부터 순서대로 나열하면 갑 > 을 > 병 순이므로
을은 A와 C를 가지고 있는데 A는 24,000원, 병 44,000원보다 많아야 하므로 C의 가격(㉡)은 적어도 44,000 - 24,000 = 20,000원 이상이 되어야 한다.
②③④는 답이 될 수 없다.

**Answer** 34.⑤  35.⑤

**36** 다음은 면접관 A ~ E가 NH농협은행 응시자 갑 ~ 정에게 부여한 면접 점수이다. 이에 대한 설명으로 옳은 내용만 모두 고른 것은?

(단위 : 점)

| 면접관 \ 응시자 | 갑 | 을 | 병 | 정 | 범위 |
|---|---|---|---|---|---|
| A | 7 | 8 | 8 | 6 | 2 |
| B | 4 | 6 | 8 | 10 | ( ) |
| C | 5 | 9 | 8 | 8 | ( ) |
| D | 6 | 10 | 9 | 7 | 4 |
| E | 9 | 7 | 6 | 5 | 4 |
| 중앙값 | ( ) | ( ) | 8 | ( ) | – |
| 교정점수 | ( ) | 8 | ( ) | 7 | – |

※ 범위는 해당 면접관이 각 응시자에게 부여한 면접 점수 중 최댓값에서 최솟값을 뺀 값이다.

※ 중앙값은 해당 응시자가 면접관에게서 받은 모든 면접 점수를 크기순으로 나열할 때 한가운데 값이다.

※ 교정점수는 해당 응시자가 면접관에게 받은 모든 면접 점수 중 최댓값과 최솟값을 제외한 면접 점수의 산술평균값이다.

> ㉠ 면접관 중 범위가 가장 큰 면접관은 B이다.
> ㉡ 응시자 중 중앙값이 가장 작은 응시자는 정이다.
> ㉢ 교정점수는 병이 갑보다 크다.

① ㉠

② ㉡

③ ㉠, ㉢

④ ㉡, ㉢

⑤ ㉠, ㉡, ㉢

**Tip** 먼저 표를 완성하여 보면

| 면접관 \ 응시자 | 갑 | 을 | 병 | 정 | 범위 |
|---|---|---|---|---|---|
| A | 7 | 8 | 8 | 6 | 2 |
| B | 4 | 6 | 8 | 10 | (6) |
| C | 5 | 9 | 8 | 8 | (4) |
| D | 6 | 10 | 9 | 7 | 4 |
| E | 9 | 7 | 6 | 5 | 4 |
| 중앙값 | (6) | (8) | 8 | (7) | – |
| 교정점수 | (6) | 8 | (8) | 7 | – |

㉠ 면접관 중 범위가 가장 큰 면접관은 범위가 6인 B가 맞다.

㉡ 응시자 중 중앙값이 가장 작은 응시자는 6인 갑이다.

㉢ 교정점수는 병이 8, 갑이 6이므로 병이 크다.

**37** 다음 〈그림〉은 A기업의 2011년과 2012년 자산총액의 항목별 구성비를 나타낸 자료이다. 이에 대한 〈보기〉의 설명 중 옳은 것만을 모두 고르면?

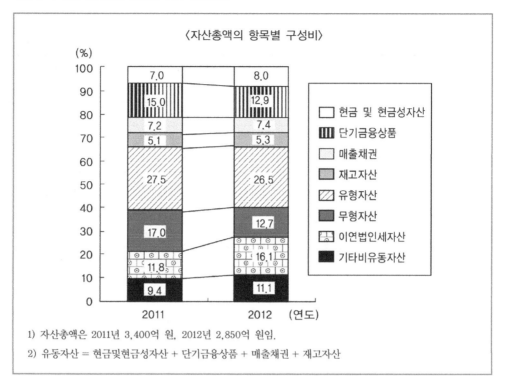

〈자산총액의 항목별 구성비〉

1) 자산총액은 2011년 3,400억 원, 2012년 2,850억 원임.

2) 유동자산 = 현금및현금성자산 + 단기금융상품 + 매출채권 + 재고자산

〈보기〉

㉠ 2011년 항목별 금액의 순위가 2012년과 동일한 항목은 4개이다.

㉡ 2011년 유동자산 중 '단기금융상품'의 구성비는 45% 미만이다.

㉢ '현금및현금성자산' 금액은 2012년이 2011년보다 크다.

㉣ 2011년 대비 2012년에 '무형자산' 금액은 4.3% 감소하였다.

① ㉠, ㉡
② ㉠, ㉢
③ ㉡, ㉢
④ ㉠, ㉡, ㉣
⑤ ㉡, ㉢, ㉣

(Tip) ㉠ 단기금융상품(3위), 재고자산(8위), 유형자산(1위), 기타비유동자산(5위)의 4개 항목이 2011년 과 2012년 순위가 동일하다.

㉡ $\dfrac{15.0}{7.0+15.0+7.2+5.1} \times 100 ≒ 43.73\%$

㉢ 2011년 238억 원(=3,400억 원 × 0.07) > 2012년 228억 원(=2,850억 원 × 0.08)

㉣ 전체에서 차지하는 비율이 4.3% 감소한 것이며, 2011년과 2012년의 자산총액이 다르므로 '금 액'이 4.3%의 비율만큼 감소했다고 말할 수 없다.

*Answer* ↪ 36.③  37.①

**38** 다음 표와 그림은 2018년 한국 골프 팀 A~E의 선수 인원수 및 총 연봉과 각각의 전년대비 증가율을 나타낸 것이다. 이에 대한 설명으로 옳지 않은 것은?

2018년 골프 팀 A~E의 선수 인원수 및 총 연봉

(단위 : 명, 억 원)

| 골프 팀 | 선수 인원수 | 총 연봉 |
|---------|-----------|--------|
| A | 5 | 15 |
| B | 10 | 25 |
| C | 8 | 24 |
| D | 6 | 30 |
| E | 6 | 24 |

※ 팀 선수 평균 연봉 $= \dfrac{총\ 연봉}{선수\ 인원수}$

2018년 골프 팀 A~E의 선수 인원수 및 총 연봉의 전년대비 증가율

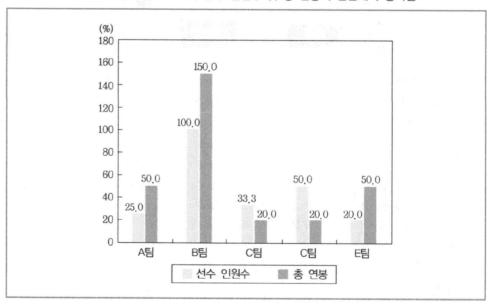

※ 전년대비 증가율은 소수점 둘째자리에서 반올림한 값이다.

① 2018년 팀 선수 평균 연봉은 D팀이 가장 많다.

② 2018년 전년대비 증가한 선수 인원수는 C팀과 D팀이 동일하다.

③ 2018년 A팀이 팀 선수 평균 연봉은 전년대비 증가하였다.

④ 2018년 선수 인원수가 전년대비 가장 많이 증가한 팀은 총 연봉도 가장 많이 증가하였다.

⑤ 2017년 총 연봉은 A팀이 E팀보다 많다.

> (Tip) ① 팀 선수 평균 연봉 $=\dfrac{\text{총 연봉}}{\text{선수 인원수}}$
>
> A : $\dfrac{15}{5}=3$
>
> B : $\dfrac{25}{10}=2.5$
>
> C : $\dfrac{24}{8}=3$
>
> D : $\dfrac{30}{6}=5$
>
> E : $\dfrac{24}{6}=4$
>
> ② C팀 2017년 선수 인원수 $\dfrac{8}{1.333}=6$명, 2018년 선수 인원수 8명
>
> D팀 2017년 선수 인원수 $\dfrac{6}{1.5}=4$명, 2018년 선수 인원수 6명
>
> C, D팀은 모두 전년대비 2명씩 증가하였다.
>
> ③ A팀의 2017년 총 연봉은 $\dfrac{15}{1.5}=10$억 원, 2017년 선수 인원수는 $\dfrac{5}{1.25}=4$명
>
> 2017년 팀 선수 평균 연봉은 $\dfrac{10}{4}=2.5$억 원
>
> 2018년 팀 선수 평균 연봉은 3억 원
>
> ④ 2017년 선수 인원수를 구해보면 A-4명, B-5명, C-6명, D-4명, E-5명
> 전년대비 증가한 선수 인원수는 A-1명, B-5명, C-2명, D-2명, E-1명
> 2017년 총 연봉을 구해보면 A-10억, B-10억, C-20억, D-25억, E-16억
> 전년대비 증가한 총 연봉은 A-5억, B-15억, C-4억, D-5억, E-8억
>
> ⑤ 2017년 총 연봉은 A팀이 10억 원, E팀이 16억 원으로 E팀이 더 많다.

Answer↪ 38.⑤

**39** 다음은 2015년과 2018년 한국, 중국, 일본의 재화 수출액 및 수입액을 정리한 표와 무역수지와 무역특화지수에 대한 용어정리이다. 이에 대한 〈보기〉의 내용 중 옳은 것만 고른 것은?

(단위 : 억 달러)

| 연도 재화 | 국가 수출입액 | 한국 | | 중국 | | 일본 | |
|---|---|---|---|---|---|---|---|
| | | 수출액 | 수입액 | 수출액 | 수입액 | 수출액 | 수입액 |
| 2015년 | 원자재 | 578 | 832 | 741 | 1,122 | 905 | 1,707 |
| | 소비재 | 117 | 104 | 796 | 138 | 305 | 847 |
| | 자본재 | 1,028 | 668 | 955 | 991 | 3,583 | 1,243 |
| 2018년 | 원자재 | 2,015 | 3,232 | 5,954 | 9,172 | 2,089 | 4,760 |
| | 소비재 | 138 | 375 | 4,083 | 2,119 | 521 | 1,362 |
| | 자본재 | 3,444 | 1,549 | 12,054 | 8,209 | 4,541 | 2,209 |

[용어정리]
- 무역수지＝수출액－수입액
- 우역수지 값이 양(+)이면 흑자, 음(-)이면 적자이다.
- 무역특화지수＝$\dfrac{\text{수출액} - \text{수입액}}{\text{수출액} + \text{수입액}}$
- 무역특화지수의 값이 클수록 수출경쟁력이 높다.

〈보기〉
㉠ 2018년 한국, 중국, 일본 각각에서 원자재 무역수지는 적자이다.
㉡ 2018년 한국의 원자재, 소비재, 자본재 수출액은 2015년 비해 각각 50% 이상 증가하였다.
㉢ 2018년 자본재 수출경쟁력은 일본이 한국보다 높다.

① ㉠
② ㉡
③ ㉠, ㉡
④ ㉠, ㉢
⑤ ㉡, ㉢

 ㉠ 한국 $2,015-3,232=-1,217$, 중국 $5,954-9,172=-3,218$, 일본 $2,089-4,760=-2,671$
모두 적자이다.
㉡ 소비재는 50% 이상 증가하지 않았다.

| | 원자재 | 소비재 | 자본재 |
|---|---|---|---|
| 2018 | 2,015 | 138 | 3,444 |
| 2015 | 578 | 117 | 1,028 |

㉢ 자본재 수출경쟁력을 구하면 한국이 일본보다 높다.

한국＝$\dfrac{3,444-1,549}{3,444+1,549}=0.38$  일본＝$\dfrac{12,054-8,209}{12,054+8,209}=0.19$

**40** 다음은 갑국~정국의 성별 평균소득과 대학진학률의 격차지수만으로 계산한 간이 성평등지수에 대한 표이다. 이에 대한 설명으로 옳은 것만 모두 고른 것은?

(단위 : 달러, %)

| 국가 \ 항목 | 평균소득 | | | 대학진학률 | | | 간이 성평등지수 |
|---|---|---|---|---|---|---|---|
| | 여성 | 남성 | 격차지수 | 여성 | 남성 | 격차지수 | |
| 갑 | 8,000 | 16,000 | 0.50 | 68 | 48 | 1.00 | 0.75 |
| 을 | 36,000 | 60,000 | 0.60 | ( ) | 80 | ( ) | ( ) |
| 병 | 20,000 | 25,000 | 0.80 | 70 | 84 | 0.83 | 0.82 |
| 정 | 3,500 | 5,000 | 0.70 | 11 | 15 | 0.73 | 0.72 |

※ 격차지수는 남성 항목값 대비 여성 항목값의 비율로 계산하며, 그 값이 1을 넘으면 1로 한다.

※ 간이 성평등지수는 평균소득 격차지수와 대학진학률 격차지수의 산술 평균이다.

※ 격차지수와 간이 성평등지수는 소수점 셋째자리에서 반올림한다.

> ㉠ 갑국의 여성 평균소득과 남성 평균소득이 각각 1,000달러씩 증가하면 갑국의 간이 성평등지수는 0.80 이상이 된다.
> ㉡ 을국의 여성 대학진학률이 85%이면 간이 성평등지수는 을국이 병국보다 높다.
> ㉢ 정국의 여성 대학진학률이 4%p 상승하면 정국의 간이 성평등지수는 0.80 이상이 된다.

① ㉠

② ㉡

③ ㉢

④ ㉠, ㉡

⑤ ㉠, ㉢

**Tip** ㉠ 갑국의 평균소득이 각각 1,000달러씩 증가하면 여성 9,000, 남성 17,000

격차지수를 구하면 $\dfrac{9,000}{17,000} = 0.529 = 0.53$

간이 성평등지수를 구하면 $\dfrac{0.53+1}{2} = 0.765 = 0.77$

갑국의 간이 성평등지수는 0.80 이하이다.

㉡ 을국의 여성 대학진학률이 85%이면 격차지수는 $\dfrac{85}{80} = 1.0625 = 1$

간이 성평등지수를 구하면 $\dfrac{0.60+1}{2} = 0.8$

병국의 간이 성평등지수는 0.82, 을국의 간이 성평등지수는 0.8이므로 병국이 더 높다.

㉢ 정국의 여성 대학진학률이 4%p 상승하면 격차지수는 $\dfrac{15}{15} = 1$

간이 성평등지수는 $\dfrac{0.70+1}{2} = 0.85$

정국의 간이 성평등지수는 0.80 이상이 된다.

*Answer* → 39.① 40.③

# 03 문제해결능력

## 1 문제와 문제해결

### (1) 문제의 정의와 분류

① 정의 … 문제란 업무를 수행함에 있어서 답을 요구하는 질문이나 의논하여 해결해야 되는 사항이다.

② 문제의 분류

| 구분 | 창의적 문제 | 분석적 문제 |
|------|------------|------------|
| 문제제시 방법 | 현재 문제가 없더라도 보다 나은 방법을 찾기 위한 문제 탐구→문제 자체가 명확하지 않음 | 현재의 문제점이나 미래의 문제로 예견될 것에 대한 문제 탐구→문제 자체가 명확함 |
| 해결방법 | 창의력에 의한 많은 아이디어의 작성을 통해 해결 | 분석, 논리, 귀납과 같은 논리적 방법을 통해 해결 |
| 해답 수 | 해답의 수가 많으며, 많은 답 가운데 보다 나은 것을 선택 | 답의 수가 적으며 한정되어 있음 |
| 주요특징 | 주관적, 직관적, 감각적, 정성적, 개별적, 특수성 | 객관적, 논리적, 정량적, 이성적, 일반적, 공통성 |

### (2) 업무수행과정에서 발생하는 문제 유형

① 발생형 문제(보이는 문제) … 현재 직면하여 해결하기 위해 고민하는 문제이다. 원인이 내재되어 있기 때문에 원인지향적인 문제라고도 한다.
 ㉠ 일탈문제 : 어떤 기준을 일탈함으로써 생기는 문제
 ㉡ 미달문제 : 어떤 기준에 미달하여 생기는 문제

② 탐색형 문제(찾는 문제) … 현재의 상황을 개선하거나 효율을 높이기 위한 문제이다. 방치할 경우 큰 손실이 따르거나 해결할 수 없는 문제로 나타나게 된다.
 ㉠ 잠재문제 : 문제가 잠재되어 있어 인식하지 못하다가 확대되어 해결이 어려운 문제
 ㉡ 예측문제 : 현재로는 문제가 없으나 현 상태의 진행 상황을 예측하여 찾아야 앞으로 일어날 수 있는 문제가 보이는 문제

ⓒ 발견문제 : 현재로서는 담당 업무에 문제가 없으나 선진기업의 업무 방법 등 보다 좋은 제도나 기법을 발견하여 개선시킬 수 있는 문제

③ **설정형 문제(미래 문제)** … 장래의 경영전략을 생각하는 것으로 앞으로 어떻게 할 것인가 하는 문제이다. 문제해결에 창조적인 노력이 요구되어 창조적 문제라고도 한다.

---

**예제 1**

D회사 신입사원으로 입사한 귀하는 신입사원 교육에서 업무수행과정에서 발생하는 문제 유형 중 설정형 문제를 하나씩 찾아오라는 지시를 받았다. 이에 대해 귀하는 교육받은 내용을 다시 복습하려고 한다. 설정형 문제에 해당하는 것은?

① 현재 직면하여 해결하기 위해 고민하는 문제
② 현재의 상황을 개선하거나 효율을 높이기 위한 문제
③ 앞으로 어떻게 할 것인가 하는 문제
④ 원인이 내재되어 있는 원인지향적인 문제

---

### (3) 문제해결

① **정의** … 목표와 현상을 분석하고 이 결과를 토대로 과제를 도출하여 최적의 해결책을 찾아 실행·평가해 가는 활동이다.

② **문제해결에 필요한 기본적 사고**
  ㉠ **전략적 사고** : 문제와 해결방안이 상위 시스템과 어떻게 연결되어 있는지를 생각한다.
  ㉡ **분석적 사고** : 전체를 각각의 요소로 나누어 그 의미를 도출하고 우선순위를 부여하여 구체적인 문제해결방법을 실행한다.
  ㉢ **발상의 전환** : 인식의 틀을 전환하여 새로운 관점으로 바라보는 사고를 지향한다.
  ㉣ **내·외부자원의 활용** : 기술, 재료, 사람 등 필요한 자원을 효과적으로 활용한다.

③ **문제해결의 장애요소**
  ㉠ 문제를 철저하게 분석하지 않는 경우
  ㉡ 고정관념에 얽매이는 경우
  ㉢ 쉽게 떠오르는 단순한 정보에 의지하는 경우
  ㉣ 너무 많은 자료를 수집하려고 노력하는 경우

④ 문제해결방법
　ⓐ **소프트 어프로치** : 문제해결을 위해서 직접적인 표현보다는 무언가를 시사하거나 암시를 통하여 의사를 전달하여 문제해결을 도모하고자 한다.
　ⓑ **하드 어프로치** : 상이한 문화적 토양을 가지고 있는 구성원을 가정하고, 서로의 생각을 직설적으로 주장하고 논쟁이나 협상을 통해 서로의 의견을 조정해 가는 방법이다.
　ⓒ **퍼실리테이션(facilitation)** : 촉진을 의미하며 어떤 그룹이나 집단이 의사결정을 잘 하도록 도와주는 일을 의미한다.

## 2 문제해결능력을 구성하는 하위능력

### (1) 사고력

① **창의적 사고** … 개인이 가지고 있는 경험과 지식을 통해 새로운 가치 있는 아이디어를 산출하는 사고능력이다.
　ⓐ 창의적 사고의 특징
　　• 정보와 정보의 조합
　　• 사회나 개인에게 새로운 가치 창출
　　• 창조적인 가능성

---

**예제 2**

M사 홍보팀에서 근무하고 있는 귀하는 입사 5년차로 창의적인 기획안을 제출하기로 유명하다. S부장은 이번 신입사원 교육 때 귀하에게 창의적인 사고란 무엇인지 교육을 맡아달라고 부탁하였다. 창의적인 사고에 대한 귀하의 설명으로 옳지 않은 것은?

① 창의적인 사고는 새롭고 유용한 아이디어를 생산해 내는 정신적인 과정이다.
② 창의적인 사고는 특별한 사람들만이 할 수 있는 대단한 능력이다.
③ 창의적인 사고는 기존의 정보들을 특정한 요구조건에 맞거나 유용하도록 새롭게 조합시킨 것이다.
④ 창의적인 사고는 통상적인 것이 아니라 기발하거나, 신기하며 독창적인 것이다.

[출제의도]
창의적 사고에 대한 개념을 정확히 파악하고 있는지를 묻는 문항이다.
[해설]
흔히 사람들은 창의적인 사고에 대해 특별한 사람들만이 할 수 있는 대단한 능력이라고 생각하지만 그리 대단한 능력이 아니며 이미 알고 있는 경험과 지식을 해체하여 다시 새로운 정보로 결합하여 가치 있는 아이디어를 산출하는 사고라고 할 수 있다.

답 ②

---

ⓛ 발산적 사고 : 창의적 사고를 위해 필요한 것으로 자유연상법, 강제연상법, 비교발상법
등을 통해 개발할 수 있다.

| 구분 | 내용 |
|---|---|
| 자유연상법 | 생각나는 대로 자유롭게 발상 ex) 브레인스토밍 |
| 강제연상법 | 각종 힌트에 강제적으로 연결 지어 발상 ex) 체크리스트 |
| 비교발상법 | 주제의 본질과 닮은 것을 힌트로 발상 ex) NM법, Synectics |

Point 》 브레인스토밍
ⓐ 진행방법
• 주제를 구체적이고 명확하게 정한다.
• 구성원의 얼굴을 볼 수 있는 좌석 배치와 큰 용지를 준비한다.
• 구성원들의 다양한 의견을 도출할 수 있는 사람을 리더로 선출한다.
• 구성원은 다양한 분야의 사람들로 5~8명 정도로 구성한다.
• 발언은 누구나 자유롭게 할 수 있도록 하며, 모든 발언 내용을 기록한다.
• 아이디어에 대한 평가는 비판해서는 안 된다.
ⓑ 4대 원칙
• 비판엄금(Support) : 평가 단계 이전에 결코 비판이나 판단을 해서는 안 되며 평가는 나중까
지 유보한다.
• 자유분방(Silly) : 무엇이든 자유롭게 말하고 이런 바보 같은 소리를 해서는 안 된다는 등의
생각은 하지 않아야 한다.
• 질보다 양(Speed) : 질에는 관계없이 가능한 많은 아이디어들을 생성해내도록 격려한다.
• 결합과 개선(Synergy) : 다른 사람의 아이디어에 자극되어 보다 좋은 생각이 떠오르고, 서로
조합하면 재미있는 아이디어가 될 것 같은 생각이 들면 즉시 조합시킨다.

② 논리적 사고 … 사고의 전개에 있어 전후의 관계가 일치하고 있는가를 살피고 아이디어를
평가하는 사고능력이다.

ⓐ 논리적 사고를 위한 5가지 요소 : 생각하는 습관, 상대 논리의 구조화, 구체적인 생각,
타인에 대한 이해, 설득

ⓑ 논리적 사고 개발 방법

• 피라미드 구조 : 하위의 사실이나 현상부터 사고하여 상위의 주장을 만들어가는 방법

• so what기법 : '그래서 무엇이지?'하고 자문자답하여 주어진 정보로부터 가치 있는 정
보를 이끌어 내는 사고 기법

③ 비판적 사고 … 어떤 주제나 주장에 대해서 적극적으로 분석하고 종합하며 평가하는 능동
적인 사고이다.

ⓐ 비판적 사고 개발 태도 : 비판적 사고를 개발하기 위해서는 지적 호기심, 객관성, 개방
성, 융통성, 지적 회의성, 지적 정직성, 체계성, 지속성, 결단성, 다른 관점에 대한 존
중과 같은 태도가 요구된다.

ⓒ 비판적 사고를 위한 태도

- 문제의식 : 비판적인 사고를 위해서 가장 먼저 필요한 것은 바로 문제의식이다. 자신이 지니고 있는 문제와 목적을 확실하고 정확하게 파악하는 것이 비판적인 사고의 시작이다.
- 고정관념 타파 : 지각의 폭을 넓히는 일은 정보에 대한 개방성을 가지고 편견을 갖지 않는 것으로 고정관념을 타파하는 일이 중요하다.

### (2) 문제처리능력과 문제해결절차

① 문제처리능력 … 목표와 현상을 분석하고 이를 토대로 문제를 도출하여 최적의 해결책을 찾아 실행 · 평가하는 능력이다.

② 문제해결절차 … 문제 인식 → 문제 도출 → 원인 분석 → 해결안 개발 → 실행 및 평가

　ⓐ 문제 인식 : 문제해결과정 중 'waht'을 결정하는 단계로 환경 분석 → 주요 과제 도출 → 과제 선정의 절차를 통해 수행된다.

- 3C 분석 : 환경 분석 방법의 하나로 사업환경을 구성하고 있는 요소인 자사(Company), 경쟁사(Competitor), 고객(Customer)을 분석하는 것이다.

---

**예제 3**

L사에서 주력 상품으로 밀고 있는 TV의 판매 이익이 감소하고 있는 상황에서 귀하는 B부장으로부터 3C분석을 통해 해결방안을 강구해 오라는 지시를 받았다. 다음 중 3C에 해당하지 않는 것은?

① Customer　　　　　　　　　② Company
③ Competitor　　　　　　　　④ Content

[출제의도]
3C의 개념과 구성요소를 정확히 숙지하고 있는지를 측정하는 문항이다.

[해설]
3C 분석에서 사업 환경을 구성하고 있는 요소인 자사(Company), 경쟁사(Competitor), 고객을 3C (Customer)라고 한다. 3C 분석에서 고객 분석에서는 '고객은 자사의 상품 · 서비스에 만족하고 있는지를, 자사 분석에서는 '자사가 세운 달성 목표와 현상 간에 차이가 없는지를, 경쟁사 분석에서는 '경쟁기업의 우수한 점과 자사의 현상과 차이가 없는지에 대한 질문을 통해서 환경을 분석하게 된다.

**답 ④**

- SWOT 분석 : 기업내부의 강점과 약점, 외부환경의 기회와 위협요인을 분석·평가하여 문제해결 방안을 개발하는 방법이다.

| | | 내부환경요인 | |
|---|---|---|---|
| | | 강점(Strengths) | 약점(Weaknesses) |
| 외부환경요인 | 기회 (Opportunities) | SO<br>내부강점과 외부기회 요인을 극대화 | WO<br>외부기회를 이용하여 내부약점을 강점으로 전환 |
| | 위협 (Threat) | ST<br>외부위협을 최소화하기 위해 내부강점을 극대화 | WT<br>내부약점과 외부위협을 최소화 |

ⓒ 문제 도출 : 선정된 문제를 분석하여 해결해야 할 것이 무엇인지를 명확히 하는 단계로, 문제 구조 파악 → 핵심 문제 선정 단계를 거쳐 수행된다.
- Logic Tree : 문제의 원인을 파고들거나 해결책을 구체화할 때 제한된 시간 안에서 넓이와 깊이를 추구하는데 도움이 되는 기술로 주요 과제를 나무모양으로 분해·정리하는 기술이다.
ⓒ 원인 분석 : 문제 도출 후 파악된 핵심 문제에 대한 분석을 통해 근본 원인을 찾는 단계로 Issue 분석 → Data 분석 → 원인 파악의 절차로 진행된다.
ⓔ 해결안 개발 : 원인이 밝혀지면 이를 효과적으로 해결할 수 있는 다양한 해결안을 개발하고 최선의 해결안을 선택하는 것이 필요하다.
ⓜ 실행 및 평가 : 해결안 개발을 통해 만들어진 실행계획을 실제 상황에 적용하는 활동으로 실행계획 수립 → 실행 → Follow-up의 절차로 진행된다.

---

**예제 4**

C사는 최근 국내 매출이 지속적으로 하락하고 있어 사내 분위기가 심상치 않다. 이에 대해 Y부장은 이 문제를 극복하고자 문제처리 팀을 구성하여 해결방안을 모색하도록 지시하였다. 문제처리 팀의 문제해결 절차를 올바른 순서로 나열한 것은?

① 문제 인식 → 원인 분석 → 해결안 개발 → 문제 도출 → 실행 및 평가
② 문제 도출 → 문제 인식 → 해결안 개발 → 원인 분석 → 실행 및 평가
③ 문제 인식 → 원인 분석 → 문제 도출 → 해결안 개발 → 실행 및 평가
④ 문제 인식 → 문제 도출 → 원인 분석 → 해결안 개발 → 실행 및 평가

[출제의도]
실제 업무 상황에서 문제가 일어났을 때 해결 절차를 알고 있는지를 측정하는 문항이다.
[해설]
일반적인 문제해결절차는 '문제 인식 → 문제 도출 → 원인 분석 → 해결안 개발 → 실행 및 평가로 이루어진다.

답 ④

# 출제예상문제

**1** 다음은 인플레이션을 감안하지 않은 명목이자율과 물가변동을 감안한 실질이자율에 대한 설명이다. 다음 설명을 참고할 때, 〈보기〉의 경우 A씨의 1년 후의 실질이자율은?

> 누군가가 '이자율이 상승하는 경우 저축을 늘리겠는가?' 라는 질문을 했다고 해 보자. 얼핏 생각할 때, 그 대답은 '예'일 것 같지만 보다 정확한 답은 '알 수 없다'이다. 질문 자체가 정확하지 않기 때문이다. 즉, 질문에서 얘기하는 이자율이 명목이자율인지 아니면 실질이자율인지가 불분명하기 때문이다.
> 만약 질문한 사람이 명목이자율을 염두에 두고 있었다면, 다시 그 사람에게 '물가상승률은 어떻습니까?' 라고 되물어야 할 것이다. 명목이자율에서 물가상승률을 뺀 실질이자율이 어느 수준인지가 예금에 대한 의사 결정에 영향을 미치기 때문이다.
> 현실에서는 예금을 통해 번 이자 소득에 세금이 부과된다. 우리나라의 경우 이자 소득세율은 15.4%이다. 따라서 명목이자율이 물가상승률보다 커 실질이자율이 양(+)의 값을 갖는다 하더라도, 이자 소득세를 납부한 후의 실질이자율은 음(-)의 값을 가질 수도 있다. 물론 이러한 경우 예금을 하면 구매력 차원에서 따졌을 때 오히려 손해를 보게 된다.

> 〈보기〉
> 2019년 5월 11일 현재 우리나라 금융기관에서 취급하고 있는 1년 만기 정기예금의 연평균 명목이자율은 2.1%이다. A씨는 1억 원을 1년 동안 예금할 예정이며, 만기 시점인 1년 후의 물가는 1% 상승했다고 가정한다.

① 약 0.56%  ② 약 0.77%

③ 약 0.95%  ④ 약 2.10%

⑤ 약 2.24%

(Tip) 1억 원을 1년 동안 예금하면 이자 소득은 210만 원이 된다. 이자 소득의 15.4%에 해당하는 세금 32만 3,400원을 제하면 실제로 예금주가 받게 되는 이자는 177만 6,600원이다. 즉, 세후 명목이자율은 1.77%를 조금 넘는 수준에 지나지 않는다. 만기가 돌아오는 1년 후
에 물가가 1.0% 상승했다고 가정했으므로 세후 실질이자율은 1.77%-1.0%=0.77%가 된다.

**2** 대학 졸업 후 일자리를 찾고 있던 20대 후반의 A씨는 당분간 구직 활동을 포기하고 집에서 쉬기로 하였다. A씨와 같은 사람이 많아질 경우 실업률과 고용률에 생기는 변화를 올바르게 나타낸 것은?

> 고용률(%)=취업자 수÷생산가능 인구(15~64세 인구)×100

① 실업률 상승, 고용률 불변　　　　② 실업률 상승, 고용률 하락

③ 실업률 하락, 고용률 불변　　　　④ 실업률 하락, 고용률 하락

⑤ 실업률 불변, 고용률 불변

 실업자이던 A씨가 비경제활동인구로 바뀌었다. 실업률의 정의를 생각해 보면, 분자인 실업자보다 분모인 경제활동인구가 큰 상황에서 실업자와 경제활동인구가 같은 숫자만큼 줄어든 것이므로 실업률은 하락한다. 고용률의 경우 취업자와 생산가능인구에 아무런 변화가 없었으므로 변화하지 않는다.

**3** 다음에 제시된 명제들이 모두 참일 경우, 이 조건들에 따라 내릴 수 있는 결론으로 적절한 것은?

> a. 인사팀을 좋아하지 않는 사람은 생산팀을 좋아한다.
> b. 기술팀을 좋아하지 않는 사람은 홍보팀을 좋아하지 않는다.
> c. 인사팀을 좋아하는 사람은 비서실을 좋아하지 않는다.
> d. 비서실을 좋아하지 않는 사람은 홍보팀을 좋아한다.

① 홍보팀을 좋아하지 않는 사람은 인사팀을 좋아한다.

② 비서실을 좋아하지 않는 사람은 생산팀도 좋아하지 않는다.

③ 기술팀을 좋아하지 않는 사람은 생산팀도 좋아하지 않는다.

④ 생산팀을 좋아하는 사람은 기술팀을 좋아하지 않는다.

⑤ 생산팀을 좋아하지 않는 사람은 기술팀을 좋아한다.

 보기의 명제를 대우 명제로 바꾸어 정리하면 다음과 같다.
　　a. ~인사팀 → 생산팀(~생산팀 → 인사팀)
　　b. ~기술팀 → ~홍보팀(홍보팀 → 기술팀)
　　c. 인사팀 → ~비서실(비서실 → ~인사팀)
　　d. ~비서실 → 홍보팀(~홍보팀 → 비서실)
　　이를 정리하면 '~생산팀 → 인사팀 → ~비서실 → 홍보팀 → 기술팀'이 성립하고 이것의 대우 명제인 '~기술팀 → ~홍보팀 → 비서실 → ~인사팀 → 생산팀'도 성립하게 된다.
　　따라서 이에 맞는 결론은 ⑤의 '생산팀을 좋아하지 않는 사람은 기술팀을 좋아한다.' 뿐이다.

*Answer* ↪ 1.② 2.③ 3.⑤

**4** A, B, C, D, E 다섯 명의 기사가 점심 식사 후 철로 보수작업을 하러 가야 한다. 다음의 조건을 모두 만족할 경우, 항상 거짓인 것은?

---

〈조건〉

- B는 C보다 먼저 작업을 하러 나갔다.
- A와 B 두 사람이 동시에 가장 먼저 작업을 하러 나갔다.
- E보다 늦게 작업을 하러 나간 사람이 있다.
- D와 동시에 작업을 하러 나간 사람은 없었다.

---

① E는 D보다 먼저 작업을 하러 나가게 되었다.

② C와 D 중, C가 먼저 작업을 하러 나가게 되었다.

③ B가 D보다 늦게 작업을 하러 나가게 되는 경우는 없다.

④ A는 C나 D보다 먼저 작업을 하러 나가게 되었다.

⑤ E가 C보다 먼저 작업을 하러 나가게 되는 경우는 없다.

(Tip) 다섯 사람 중 A와 B가 동시에 가장 먼저 작업을 하러 나가게 되었으며, C와 D는 A와 B보다 늦게 작업을 하러 나가게 되었음을 알 수 있다. 따라서 다섯 사람의 순서는 E의 순서를 변수로 다음과 같이 정리될 수 있다.

1) E가 두 번째로 작업을 하러 나가게 되는 경우

| 첫 번째 | 두 번째 | 세 번째 | 네 번째 |
|---------|---------|---------|---------|
| A, B | E | C 또는 D | C 또는 D |

2) E가 세 번째로 작업을 하러 나가게 되는 경우

| 첫 번째 | 두 번째 | 세 번째 | 네 번째 |
|---------|---------|---------|---------|
| A, B | C 또는 D | E | C 또는 D |

따라서 E가 C보다 먼저 작업을 하러 나가게 될 수 있으므로 ⑤와 같은 주장은 옳지 않다.

**5** M사의 총무팀에서는 A 부장, B 차장, C 과장, D 대리, E 대리, F 사원이 각각 매 주말마다 한 명씩 사회봉사활동에 참여하기로 하였다. 이들이 다음 〈보기〉에 따라 사회봉사활동에 참여할 경우, 두 번째 주말에 참여할 수 있는 사람으로 바르게 짝지어진 것은?

〈보기〉
1. B 차장은 A 부장보다 먼저 봉사활동에 참여한다.
2. C 과장은 D 대리보다 먼저 봉사활동에 참여한다.
3. B 차장은 첫 번째 주 또는 세 번째 주에 봉사활동에 참여한다.
4. E 대리는 C 과장보다 먼저 봉사활동에 참여하며, E 대리와 C 과장이 참여하는 주말 사이에는 두 번의 주말이 있다.

① A 부장, B 차장
② D 대리, E 대리
③ E 대리, F 사원
④ B 차장, C 과장, D 대리
⑤ E 대리

(Tip) 〈보기〉에 주어진 조건대로 고정된 순서를 정리하면 다음과 같다.
• B 차장→A 부장
• C 과장→D 대리
• E 대리→?→?→C 과장
따라서 E 대리→?→?→C 과장→D 대리의 순서가 성립되며, 이 상태에서 경우의 수를 따져보면 다음과 같다.
㉠ B 차장이 첫 번째인 경우라면, 세 번째와 네 번째는 A 부장과 F 사원(또는 F 사원과 A 부장)가 된다.
㉡ B 차장이 세 번째인 경우는 E 대리의 바로 다음인 경우와 C 과장의 바로 앞인 두 가지의 경우가 있을 수 있다.
  - E 대리의 바로 다음인 경우 : A 부장 - E 대리 - B 차장 - F 사원 - C 과장 - D 대리의 순이 된다.
  - C 과장의 바로 앞인 경우 : E 대리 - F 사원 - B 차장 - C 과장 - D 대리 - A 부장의 순이 된다.
따라서 위에서 정리된 바와 같이 가능한 세 가지의 경우에서 두 번째로 사회봉사활동을 갈 수 있는 사람은 E 대리와 F 사원 밖에 없다.

Answer⌐→  4.⑤  5.③

**6** W사는 작년에 이어 올해에도 연수원에서 체육대회를 개최하였다. 본부대항 축구 시합을 하는데 인원이 많지 않아 팀별 8명씩의 선수로 구성하게 되었다. 다음 〈조건〉을 만족할 때, 영업본부가 만들 수 있는 축구팀 인원 구성의 경우의 수는 모두 몇 가지인가? (단, 영업본부에는 부장이 2명, 과장과 대리 각각 5명, 사원이 3명 있다)

---

〈조건〉
1. 부장과 과장은 최소한 1명 이상씩 포함시킨다.
2. 사원은 출전하지 않거나 혹은 2명을 포함시킨다.
3. 대리는 3명 이상 포함시킨다.

---

① 5가지                    ② 6가지

③ 7가지                    ④ 8가지

⑤ 9가지

**Tip** 총 8명의 선수 중 부장, 과장 각 1명, 대리 3명을 포함하고 나면 나머지 3명으로 경우의 수를 구성하게 된다. 이 3명은 사원+대리+부장+과장이며 사원은 0명 또는 2명이 출전한다.
따라서 사원이 출전하지 않을 경우와 2명이 출전할 경우에 대한 경우의 수를 구하면 된다.

〈사원 출전하지 않을 경우〉 〈사원 2명이 출전할 경우〉
대리0, 부장0, 과장3        대리0, 부장0, 과장1
대리0, 부장1, 과장2        대리0, 부장1, 과장0
대리1, 부장0, 과장2        대리1, 부장0, 과장0
대리1, 부장1, 과장1
대리2, 부장0, 과장1
대리2, 부장1, 과장0

따라서 총 9가지 경우의 수가 생기게 된다.

**7** 다음 글을 근거로 판단할 때, A가 구매해야 할 재료와 그 양으로 옳은 것은?

> A는 아내, 아들과 함께 짬뽕을 만들어 먹기로 했다. 짬뽕요리에 필요한 재료를 사기 위해 근처 전통시장에 들른 A는 아래 〈조건〉을 만족하도록 재료를 모두 구매한다. 다만 짬뽕요리에 필요한 각 재료의 절반 이상이 냉장고에 있으면 그 재료는 구매하지 않는다.
>
> 〈조건〉
> 1) A와 아내는 각각 성인 1인분, 아들은 성인 0.5인분을 먹는다.
> 2) 매운 음식을 잘 먹지 못하는 아내를 고려하여 '고추'라는 단어가 들어간 재료는 모두 절반만 넣는다.
> 3) 아들은 성인 1인분의 새우를 먹는다.
>
> | 냉장고에 있는 재료 | 면 $200g$, 오징어 $240g$, 돼지고기 $100g$, 청양고추 $15g$, 양파 $100g$, 고추기름 $100ml$, 대파 $10cm$, 간장 $80ml$, 마늘 $5g$ |
> |---|---|
> | 짬뽕요리 재료 (성인 1인분 기준) | 면 $200g$, 해삼 $40g$, 소라 $30g$, 오징어 $60g$, 돼지고기 $90g$, 새우 $40g$, 양파 $60g$, 양송이버섯 $50g$, 죽순 $40g$, 고추기름 $20ml$, 건고추 $8g$, 청양고추 $10g$, 대파 $10cm$, 마늘 $10g$, 청주 $15ml$ |

① 면 $200g$

② 양파 $50g$

③ 새우 $100g$

④ 건고추 $7g$

⑤ 돼지고기 $125g$

(Tip) 상황과 조건에 따른 내용을 정리해보면 다음과 같다.

| 요리 재료 | 필요량 | 냉장고에 있는 재료 | 구매여부(구매량) |
|---|---|---|---|
| 면 | $200 \times 2.5^{조건1)} = 500$ | 200 | ○(300) |
| 해삼 | $40 \times 2.5 = 100$ | – | ○(100) |
| 소라 | $30 \times 2.5 = 75$ | – | ○(75) |
| 오징어 | $60 \times 2.5 = 150$ | 240 | × |
| 돼지고기 | $90 \times 2.5 = 225$ | 100 | ○(125) |
| 새우 | $40 \times 3^{조건3)} = 120$ | – | ○(120) |
| 양파 | $60 \times 2.5 = 150$ | 100 | × |
| 양송이버섯 | $50 \times 2.5 = 125$ | – | ○(125) |
| 죽순 | $40 \times 2.5 = 100$ | – | ○(100) |
| 고추기름 | $20 \times 2.5 \times 0.5^{조건2)} = 25$ | 100 | × |
| 건고추 | $8 \times 2.5 \times 0.5 = 10$ | – | ○(10) |
| 청양고추 | $10 \times 2.5 \times 0.5 = 12.5$ | 15 | × |
| 대파 | $10 \times 2.5 = 25$ | 10 | ○(15) |
| 마늘 | $10 \times 2.5 = 25$ | 5 | ○(20) |
| 청주 | $15 \times 2.5 = 37.5$ | – | ○(37.5) |
| | | 간장 80 | – |

Answer↵  6.⑤  7.⑤

**8** 다음에서 설명하고 있는 실업크레딧 제도를 올바르게 이해한 설명은?

---

### 실업크레딧 제도

#### 〈지원대상〉

구직급여 수급자가 연금보험료 납부를 희망하는 경우 보험료의 75%를 지원하고 그 기간을 가입기간으로 추가 산입하는 제도

* 구직급여 수급자 - 고용보험에 가입되었던 사람이 이직 후 일정수급요건을 갖춘 경우 재취업 활동을 하는 기간에 지급하는 급여
* 실업기간에 대하여 일정요건을 갖춘 사람이 신청하는 경우에 가입기간으로 추가 산입하는 제도이므로 국민연금 제도의 가입은 별도로 확인 처리해야 함

#### 〈제도안내〉

(1) (지원대상) 국민연금 가입자 또는 가입자였던 사람 중 18세 이상 60세 미만의 구직급여 수급자
 • 다만 재산세 과세금액이 6억 원을 초과하거나 종합소득(사업 · 근로소득 제외)이 1,680만 원을 초과하는 자는 지원 제외
(2) (지원방법) 인정소득 기준으로 산정한 연금보험료의 25%를 본인이 납부하는 경우에 나머지 보험료인 75%를 지원
 • 인정소득은 실직 전 3개월 평균소득의 50%로 하되 최대 70만 원을 넘지 않음
(3) (지원기간) 구직급여 수급기간으로 하되, 최대 1년(12개월)까지 지원
 • 구직급여를 지급받을 수 있는 기간은 90~240일(월로 환산 시 3~8개월)
(4) (신청 장소 및 신청기한) 전국 국민연금공단 지사 또는 고용센터
 • 고용센터에 실업신고 하는 경우 또는 실업인정신청 시 실업크레딧도 함께 신청 가능하며, 구직급여 수급인정을 받은 사람은 국민연금공단 지사에 구직급여를 지급받을 수 있는 날이 속한 달의 다음달 15일까지 신청할 수 있음

---

① 실직 중이라도 실업크레딧 제도의 혜택을 받은 사람은 자동적으로 국민연금에 가입된 것이 된다.

② 국민연금을 한 번도 거르지 않고 납부해 온 62세의 구직급여 수급자는 실업크레딧의 지원 대상이 된다.

③ 실업 중이며 조그만 자동차와 별도의 사업소득으로 약 1,800만 원의 구직급여 수급자인 A씨는 실업크레딧 지원 대상이다.

④ 인정소득 70만 원, 연금보험료는 63,000원인 구직급여 수급자가 15,750원을 납부하면 나머지 47,250원을 지원해 주는 제도이다.

⑤ 회사 사정으로 급여의 변동이 심하여 실직 전 3개월 간 각각 300만 원, 80만 원, 60만 원의 급여를 받았고 재산세와 종합소득 기준이 부합되는 자는 실업크레딧 지원 대상이다.

63,000원의 25%인 15,750원을 납부하면 나머지 75%인 47,250원을 지원해 주는 제도이다.
  ① 국민연금 제도의 가입은 별도로 확인 처리해야 한다고 언급되어 있다.
  ② 18세 이상 60세 미만의 구직급여 수급자로 제한되어 있다.
  ③ 종합소득(사업·근로소득 제외)이 1,680만 원을 초과하는 자는 지원 제외 대상이다.
  ⑤ 300+80+60=440만 원이므로 평균소득이 약 147만 원이며, 이의 50%는 70만 원을 넘게 되므로 인정소득 한도를 넘게 된다.

**9** 다음 '중복급여의 조정'에 관한 안내 글을 읽고 이를 도표로 정리한 내용 ㈎~㈐ 중, 안내 글의 내용과 일치하지 않는 것은?

> ### 중복급여의 조정
> 우리보다 앞서 사회보장제도를 실시하고 있는 일본, 영국, 미국, 덴마크 등과 같이 우리나라에서도 한 사람에게 국민연금 또는 다른 사회보험에 의한 급여가 중복 지급되는 것을 제한하거나 조정하고 있습니다. 이는 한사람에게 급여가 집중되는 것을 방지하여 한정된 재원으로 좀 더 많은 사람들이 골고루 혜택을 누려야 한다는 사회보험의 원리에 따른 것입니다.
> 한 사람에게 둘이상의 국민연금 급여가 발생한 경우 원칙적으로 선택한 하나만 지급받을 수 있으나, 일정한 경우에는 선택하지 않은 급여의 일부를 지급받을 수 있습니다. 예를 들어, 장애연금을 받고 있는 사람에게 노령연금이 발생한 경우에는 선택한 하나의 연금이 지급되고 다른 연금의 지급은 정지되나, 선택하지 아니한 급여가 유족연금일 경우 선택한 급여와 유족 연금액의 30% 지급(단, 선택한 급여가 반환일시금일 경우 유족연금액의 30%를 지급하지 아니함)하며, 선택하지 아니한 급여가 반환일시금일 경우 선택한 급여를 전액 지급하고 반환일시금은 '국민연금법 제80조 제2항에 상당하는 금액(사망일시금 상당액)'을 지급합니다.(단, 선택한 급여가 장애연금이고 선택하지 않은 급여가 본인의 연금보험료 납부로 인한 반환일시금일 경우 장애연금만 지급함)

| 선택 | 비선택 | 최종지급 |
|---|---|---|
| 장애연금 | 노령연금 | ㈎ 장애연금 |
| 장애연금 | 유족연금 | ㈏ 장애연금+유족연금 30% |
| 반환일시금 | 유족연금 | ㈐ 반환일시금+유족연금 30% |
| 노령연금 | 반환일시금 | ㈑ 노령연금+사망일시금 상당액 |
| 장애연금 | 반환일시금 | ㈒ 장애연금 |

① ㈎
② ㈏
③ ㈐
④ ㈑
⑤ ㈒

 선택되지 않은 급여가 유족연금일 경우 선택한 급여와 유족연금의 30%도 함께 지급이 되나, 이 때 선택한 급여가 반환일시금일 경우엔 유족연금의 30%를 지급하지 않는다고 규정되어 있다.

Answer▸ 8.④  9.③

**10** H공단에서는 신도시 건설 예상 지역에 수도 연결과 관련한 사업 타당성 조사를 벌여 다음과 같은 SWOT 환경 분석 보고서를 작성하고 그에 맞는 전략을 제시하였다. 다음 자료를 참고하여 세운 전략이 적절하지 않은 것은?

> SWOT 분석은 내부 환경요인과 외부 환경요인의 2개의 축으로 구성되어 있다. 내부 환경요인은 자사 내부의 환경을 분석하는 것으로 분석은 다시 자사의 강점과 약점으로 분석된다. 외부 환경요인은 자사 외부의 환경을 분석하는 것으로 분석은 다시 기회와 위협으로 구분된다. 내부 환경요인과 외부 환경요인에 대한 분석이 끝난 후에 매트릭스가 겹치는 SO, WO, ST, WT에 해당되는 최종 분석을 실시하게 된다. 내부의 강점과 약점을, 외부의 기회와 위협을 대응시켜 기업의 목표를 달성하려는 SWOT 분석에 의한 발전전략의 특성은 다음과 같다.
> – SO전략 : 외부 환경의 기회를 활용하기 위해 강점을 사용하는 전략 선택
> – ST전략 : 외부 환경의 위협을 회피하기 위해 강점을 사용하는 전략 선택
> – WO전략 : 자신의 약점을 극복함으로써 외부 환경의 기회를 활용하는 전략 선택
> – WT전략 : 외부 환경의 위협을 회피하고 자신의 약점을 최소화하는 전략 선택

| 강점(Strength) | • 수도관 건설에 따른 수익률 개선 및 주변 지역 파급효과 기대<br>• H공단의 축적된 기술력과 노하우 |
|---|---|
| 약점(Weakness) | • 해당 지역 연락사무소 부재로 원활한 업무 기대난망<br>• 과거 건설사고 경험으로 인해 계약 낙찰 불투명 |
| 기회(Opportunity) | • 현지 가용한 근로인력 다수 확보 가능<br>• 신도시 건설 예상지이므로 정부의 규제 및 제도적 지원 가능 |
| 위협(Threat) | • 지반 문제로 인한 수도관로 건설비용 증가 예상<br>• 경쟁업체와의 극심한 경쟁 예상 |

① 자사의 우수한 기술력을 통해 경쟁을 극복하려는 것은 ST전략이다.

② 입찰 전이라도 현지에 연락사무소를 미리 설치하여 경쟁업체의 동향을 파악해 보는 것은 WT전략이다.

③ 현지에 근로인력에게 자사의 기술을 교육 및 전수하여 공사를 진행하려는 것은 SO전략이다.

④ 건설비용 추가 발생 우려가 있으나 인근 지역 개발 기회가 부여될 수 있다는 기대감에 중점을 두는 것은 WO전략이다.

⑤ 사고 경험은 경쟁사와의 경쟁에 치명적 약점이 될 수 있으므로 우수 건설 사례를 찾아 적극 홍보하려는 전략은 WT전략이다.

> (Tip) 건설비용 추가 발생 우려는 H공단의 위협 요인(T)이며, 인근 지역의 개발 기회를 통해 이러한 비용 부분이 만회(S)될 수 있다는 것이므로 ST전략이다.
> ① 자사의 우수한 기술력(S)+경쟁 극복(T) → ST전략
> ② 연락사무소 설치(W)+경쟁업체 동향 파악(T)으로 약점 최소화 → WT전략
> ③ 현지 근로인력 이용(O)+우수 기술 교육 및 전수(S) → SO전략
> ⑤ 사고 경험(W)+우수 사례로 경쟁 극복(T)하여 위협 제거 및 약점 최소화 → WT전략

**11** 다음은 신용 상태가 좋지 않은 일반인들을 상대로 운용되고 있는 국민행복기금의 일종인 '바꿔드림론'의 지원대상자에 관한 내용이다. 다음 내용을 참고할 때, 바꿔드림론의 대상이 되지 않는 사람은? (단, 언급되지 않은 사항은 자격요건을 충족하는 것으로 가정한다)

| 구분 | | 자격요건 | 비고 |
|---|---|---|---|
| 신용등급 | | 6~10등급 | 연소득 3.5천만 원 이하인 분 또는 특수채무자는 신용등급 제한 없음 |
| 연소득 | 급여소득자 등 | 4천만 원 이하 | 부양가족 2인 이상인 경우에는 5천만 원 이하 |
| | 자영업자 | 4.5천만 원 이하 | 사업자등록 된 자영업자 |
| 지원대상 고금리 채무 (연 20% 이상 금융채무) | 채무총액 1천만 원↑ | 6개월 이상 정상상환 | 보증채무, 담보대출, 할부금융, 신용카드 사용액(신용구매, 현금서비스, 리볼빙 등)은 제외 *상환기간은 신용보증신청일 기준으로 산정됩니다. |
| | 채무총액 1천만 원↓ | 3개월 이상 정상상환 | |

\* 제외대상
 -연 20% 이상 금융채무 총액이 3천만 원을 초과하는 분
 -소득에 비해 채무액이 과다한 분(연소득 대비 채무상환액 비율이 40%를 초과하는 분)
 -현재 연체중이거나 과거 연체기록 보유자, 금융채무 불이행 자 등

① 법정 최고 이자를 내고 있으며 금융채무액이 2.5천만 원인 A씨
② 2명의 자녀와 아내를 부양가족으로 두고 연 근로소득이 4.3천만 원인 B씨
③ 신용등급이 4등급으로 연체 이력이 없는 C씨
④ 저축은행으로부터 받은 신용대출금에 대해 연 18%의 이자를 내며 8개월 째 매달 원리금을 상환하고 있는 D씨
⑤ 연 급여소득 3.8천만 원이며 채무액이 1천만 원인 E씨

(Tip) 바꿔드림론은 신용 상태가 좋지 않은 채무자를 대상으로 하기 때문에 신용 등급이 6~10등급 이내이어야 한다.
　① 법정 최고 이자는 20%를 넘어가므로 금융채무 총액이 3천만 원을 초과하지 않는 지원 대상이 된다.
　② 부양가족이 3명이며 급여소득이 4.5천만 원 이하이므로 지원 대상이 된다.
　④ 신용대출금에 대한 연 18%는 고금리 채무이자며 6개월 이상 상환 중이므로 지원 대상이 된다.
　⑤ 연 급여소득 3.8천만 원이며 채무 총액이 40%를 넘지 않으므로 지원 대상이 된다.

Answer↱ 10.④ 11.③

**12** 전문가 6명(A～F)의 '회의 참여 가능 시간'과 '회의 장소 선호도'를 반영하여 〈조건〉을 충족하는 회의를 월요일～금요일 중에 개최하려 한다. 다음에 제시된 '표' 및 〈조건〉을 보고 판단한 것 중 옳은 것은?

### 〈회의 참여 가능 시간〉

| 전문가 \ 요일 | 월 | 화 | 수 | 목 | 금 |
|---|---|---|---|---|---|
| A | 13:00~16:20 | 15:00~17:30 | 13:00~16:20 | 15:00~17:30 | 16:00~18:30 |
| B | 13:00~16:10 | – | 13:00~16:10 | – | 16:00~18:30 |
| C | 16:00~19:20 | 14:00~16:20 | – | 14:00~16:20 | 16:00~19:20 |
| D | 17:00~19:30 | – | 17:00~19:30 | – | 17:00~19:30 |
| E | – | 15:00~17:10 | – | 15:00~17:10 | – |
| F | 16:00~19:20 | – | 16:00~19:20 | – | 16:00~19:20 |

### 〈회의 장소 선호도〉 (단위 : 점)

| 장소 \ 전문가 | A | B | C | D | E | F |
|---|---|---|---|---|---|---|
| 가 | 5 | 4 | 5 | 6 | 7 | 5 |
| 나 | 6 | 6 | 8 | 6 | 8 | 8 |
| 다 | 7 | 8 | 5 | 6 | 3 | 4 |

### 〈조건〉

1) 전문가 A~F 중 3명 이상이 참여할 수 있어야 회의 개최가 가능하다.
2) 회의는 1시간 동안 진행되며, 회의 참여자는 회의 시작부터 종료까지 자리를 지켜야 한다.
3) 회의 시간이 정해지면, 해당 일정에 참여 가능한 전문가들의 선호도를 합산하여 가장 높은 점수가 나온 곳을 회의 장소로 정한다.

① 월요일에는 회의를 개최할 수 없다.
② 금요일 16시에 회의를 개최할 경우 회의 장소는 '가'이다.
③ 금요일 18시에 회의를 개최할 경우 회의 장소는 '다'이다.
④ A가 반드시 참여해야 할 경우 목요일 16시에 회의를 개최할 수 있다.
⑤ C, D를 포함하여 4명 이상이 참여해야 할 경우 금요일 17시에 회의를 개최할 수 있다.

**Tip** 금요일 17시에 회의를 개최할 경우 C, D를 포함하여 A, B, F가 회의에 참여할 수 있다.
① 17:00~19:20 사이에 3명(C, D, F)의 회의가능 시간이 겹치므로 월요일에 회의를 개최할 수 있다.
② 금요일 16시 회의에 참여 가능한 전문가는 A, B, C, F이며 네 명의 회의 장소 선호도는 '가 : 19점', '나 : 28점', '다 : 24점'으로 가장 높은 점수인 '나'가 회의 장소가 된다.
③ 금요일 18시 회의에 참여하는 전문가는 C, D, F이고 회의 장소 선호도를 합산한 결과 '나' 장소가 된다(나 : 22점 > 가 : 16점 > 다 : 15점).
④ 목요일 16시에 회의를 개최하면 참여 가능한 전문가는 A, E 둘뿐이므로 회의개최가 불가능하다.

**13** 다음에 제시되는 사례 1과 사례 2에서 알 수 있는 SWOT 전략이 순서대로 올바르게 짝지어진 것은?

사례 1.

　K사와 다국적 제약회사 N사는 전략적 제휴를 하게 되었다. 다수의 개인 병원을 대상으로 한 강한 영업력을 바탕으로 고혈압 약품 부분에서 선두를 달리고 있던 K사는 고혈압과 관련된 약품 시장이 구약에서 신약으로 전환되는 시점에 신약을 보유하고 있지 않았다. 반면, N사는 새로운 ARB방식에 맞는 신약을 보유하고 있었지만 이를 전국적으로 확장할 수 있는 영업력을 갖추지 못했다. 결국 이 두 기업은 전략적 제휴를 체결하였고, N사는 K사의 강력한 영업력을 활용하여 자사의 신약에 대한 점유율을 높였고, K사는 N사의 신약을 자사의 기술력과 결합하여 ARB방식의 신약을 출시했다.

사례 2.

　A사는 10대를 위한 여드름 치유 화장품을 출시하고자 하였다. 하지만 당시 '약사법 및 화장품법'에 의하면 화장품을 의약제품처럼 광고하거나, 홍보하는 행위는 법적으로 금지되어 있었다. 이는 곧 여드름이 치유된다는 컨셉의 화장품 출시는 법에 위반되는 행위였다. 이에 A사는 A대학교 의과대학 피부과와의 산학협력 관계를 이용하였다. 화장품 업체에서 개발한 것이 아니라 대학에서 여드름 화장품이 개발되었다는 홍보 방식을 사용했으며, 여드름을 직접 표현하지 않고, '멍게'를 앞세워 피부사춘기라는 단어로 여드름을 간접적으로 표현했다. 사춘기 여드름 해결을 위한 10년간의 노하우를 바탕으로 약사법 및 화장품법이라는 장애를 극복한 A사의 제품은 현재까지도 업계 대표 화장품으로 자리하고 있다.

① WO전략, ST전략
② SO전략, WT전략
③ ST전략, WO전략
④ WO전략, SO전략
⑤ ST전략, WO전략

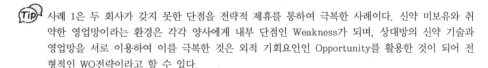 사례 1은 두 회사가 갖지 못한 단점을 전략적 제휴를 통하여 극복한 사례이다. 신약 미보유와 취약한 영업망이라는 환경은 각각 양사에게 내부 단점인 Weakness가 되며, 상대방의 신약 기술과 영업망을 서로 이용하여 이를 극복한 것은 외적 기회요인인 Opportunity를 활용한 것이 되어 전형적인 WO전략이라고 할 수 있다.
사례 2는 A사의 관점에서 자사의 우수한 화장품 제조 기술인 Strength를 부각시키기 위해 대학과 협력하여 제도적 규제라는 외부의 위협요인인 Threat를 극복한 사례이므로 ST전략에 해당된다고 할 수 있다.

**14** A구와 B구로 이루어진 신도시 '갸' 시에는 어린이집과 복지회관이 없다. 이에 '갸' 시는 60억 원의 건축 예산을 사용하여 '건축비와 만족도'와 '조건'하에서 시민 만족도가 가장 높도록 어린이집과 복지회관을 신축하려고 한다. 다음을 근거로 판단할 때 옳지 않은 것은?

〈건축비와 만족도〉

| 지역 | 시설 종류 | 건축비(억 원) | 만족도 |
|------|----------|-------------|--------|
| A구 | 어린이집 | 20 | 35 |
| | 복지회관 | 15 | 30 |
| B구 | 어린이집 | 15 | 40 |
| | 복지회관 | 20 | 50 |

〈조건〉

1) 예산 범위 내에서 시설을 신축한다.
2) 시민 만족도는 각 시설에 대한 만족도의 합으로 계산한다.
3) 각 구에는 최소 1개의 시설을 신축해야 한다.
4) 하나의 구에 동일 종류의 시설을 3개 이상 신축할 수 없다.
5) 하나의 구에 동일 종류의 시설을 2개 신축할 경우, 그 시설 중 한 시설에 대한 만족도는 20% 하락한다.

① 예산은 모두 사용될 것이다.

② A구에는 어린이집이 신축될 것이다.

③ B구에는 2개의 시설이 신축될 것이다.

④ '갸' 시에 신축되는 시설의 수는 4개일 것이다.

⑤ '조건 5'가 없더라도 신축되는 시설의 수는 달라지지 않을 것이다.

(Tip) 예산 60억 원을 모두 사용한다고 했을 때, 건축비 15억 원이 소요되는 시설 4개를 지을 수 있는 경우는 (조건 3, 4에 의해) 'A구에 복지회관 2개, B구에 어린이집 2개'인 경우(만족도 126)뿐이다. 3개를 지을 때 최대로 만족도를 얻을 수 있는 경우는 다음과 같다.

| 지역-시설종류 | 건축비 | 만족도 | 지역-시설종류 | 건축비 | 만족도 |
|-------------|--------|--------|-------------|--------|--------|
| B-복지회관 | 20억 원 | 50 | B-복지회관 | 20억 원 | 50 |
| B-어린이집 | 15억 원 | 40 | B-복지회관 | 20억 원 | 40[조건5] |
| A-어린이집 | 20억 원 | 35 | A-어린이집 | 20억 원 | 35 |
| | 55억 원 | 125 | | 60억 원 | 125 |

따라서 A구에 복지회관 2개, B구에 어린이집 2개를 신축할 경우에 시민 만족도가 가장 높다.

**15** 새로이 형성된 뉴타운에 새로 개점한 NH농협은행 ○○지점장은 은행의 수익을 향상시키기 위해 여러 가지 방안을 모색하지만 뾰족한 수가 떠오르지 않아 기업컨설팅회사에 근무하는 친구에게 자문을 구했더니 은행 주변 환경을 조사하여 방법을 찾아보라는 조언을 받았다. 친구의 조언을 받고 지점장은 은행 주변의 환경을 조사하였더니 다음과 같이 4개의 블록별로 정리할 수 있었다. 은행에서 판매하는 각종 대출상품을 각 블록에 매치하여 마케팅을 한다고 할 경우 지점장의 마케팅 전략으로 옳지 않은 것은?

---

A블록 : 30평형대 아파트 단지, 30 ~ 40대가 주로 거주하며 회사원이 대부분이고 전세자가 많다.
B블록 : 40평형대 아파트 단지, 주로 50대 이상이 거주하며 기업을 경영하거나 자영업을 하는 사람들이 많고, 대부분 부부들만 거주한다.
C블록 : 준거주지와 준상업지역으로 음식점, 커피숍 등 상가 밀집지역이다.
D블록 : 학원가와 소규모 사무실이 대부분이며 주간에는 주로 직원들이 근무하고 야간에는 학생들이 활동하는 지역이다.

---

㉠ 우량기업 직장인을 대상으로 대출한도 및 대출금리를 우대하는 신용대출 상품인「튼튼직장인대출」을 적극 홍보한다.
㉡ 은퇴 이후 주요 소득원인 연금소득이 있는 고객에게 주요 가계 지출시 우대금리를 제공하는 시니어전용 대출상품인「100세 플랜 연금대출」상품을 적극 홍보한다.
㉢ 소규모 사업자의 사업경영에 필요한 자금을 시장금리보다 낮은 이자율로 지원하는「소상공인정책자금」상품을 홍보한다.
㉣ 주택도시보증공사의 전세보증금반환보증과 전세자금대출특약보증의 결합상품으로서 전세자금을 지원하고, 반환보증을 통해 전세계약 만료 시 전세보증금을 안전하게 돌려받아 대출금을 상환할 수 있도록 하는「전세금안심대출」상품을 홍보한다.
㉤ 사업자등록증이 있는 개인사업자에게 담보여신에 추가하여 최대 1억 5천만 원까지 무보증신용여신을 지원하는「성공비즈니스대출」상품을 홍보한다.

---

① A블록 아파트 단지는「튼튼직장인대출」상품을 적극 홍보한다.
② B블록 아파트 단지는 거주자 연령대를 감안하여「100세 플랜 연금대출」상품을 홍보하는 게 유리하다.
③ C블록은 상가 형성지역이므로「소상공인정책자금」상품을 수시로 홍보한다.
④ D블록은 학원가와 소규모 사무실이 형성되어 있으므로 농협은행을 주 거래로 하고 거래실적이 높은 학원이나 업체를 대상으로「성공비즈니스대출」상품을 홍보한다.
⑤ A블록 아파트 단지는 전세자가 많으므로「전세금안심대출」상품을 홍보하는 게 유리하다.

(Tip) A블록 : 30평형대 아파트 단지, 30~40대가 주로 거주하며 회사원이 대부분이고 전세자가 많다.
전세자가 많다는 것은 이미 전세를 살고 있다는 것이므로 전세금안심대출을 홍보할 필요가 없다.

*Answer* → 14.② 15.⑤

**16** 하반기 경력사원으로 채용된 A~F 여섯 명 중 세 명은 신사업본부에, 나머지 세 명은 전략사업본부에 배정되었다. 이때 본부별로 배정된 세 명의 경력사원은 각기 과장, 차장, 대리급 1명씩으로 구성되었다. 배정 결과에 대해 이들 여섯 명은 다음과 같은 진술을 하였는데, 신사업본부에 배정된 세 명은 참말만 하고, 전략사업본부에 배정된 세 명은 거짓말만 하였다면 A~F 중 전략사업본부에 배정된 차장급 경력사원은 누구인가?

---

- A : D는 전략사업본부에 배정되었다.
- B : C는 신사업본부에 배정되었다.
- C : 나는 A와 같은 직급이다.
- D : F와 B의 직급이 같다.
- E : B는 차장이다.
- F : C가 차장이다.

---

① A  ② B

③ C  ④ D

⑤ E

(Tip) B의 말이 참이라면 B는 신사업본부에 배정된 사람이다.
B의 진술에 따라 C도 신사업본부에 배정된 사람이다.
신사업본부 사람은 참말을 하므로 C의 진술은 참이므로 A와 같은 직급이다.
A는 C와 직급이 같으므로 같은 본부에 있을 수 없으므로 전략사업본부에 배정된 사람이고 전략사업본부 사람은 거짓말을 하므로 D는 전략사업본부가 아닌 신사업본부에 배정된 사람이다.
그러므로 B, C, D가 신사업본부에 배정된 사람이다. 그럼 자연스럽게 A, E, F가 전략사업본부에 배정된 사람이다.
A, E, F는 전략사업본부에 배정된 사람들로 모두 거짓말을 한 것이 된다.
그러므로 B, C는 차장이 아니다. 신사업본부 차장은 D가 된다.
B와 F, A와 C는 같은 직급이므로 전략사업본부 차장은 E가 된다.

**17** H는 경복궁에서 시작하여 서울시립미술관, 서울타워 전망대, 국립중앙박물관까지 순서대로 관광하려 한다. '경복궁→서울시립미술관'은 도보로, '서울시립미술관→서울타워 전망대' 및 '서울타워 전망대→국립중앙박물관'은 각각 지하철로 이동해야 한다. 다음과 같은 조건하에서 H가 관광비용을 최소로 하여 관광하고자 할 때, H가 지불할 관광비용은 얼마인가? (단, 관광비용은 입장료, 지하철 요금, 상품가격의 합산 금액이다.)

〈입장료 및 지하철 요금〉

| 경복궁 | 서울시립미술관 | 서울타워전망대 | 국립중앙박물관 | 지하철 |
|---|---|---|---|---|
| 1,000원 | 5,000원 | 10,000원 | 1,000원 | 1,000원 |

※ 지하철 요금은 거리에 관계없이 탑승할 때마다 일정하게 지불하며, 도보 이동 시에는 별도 비용 없음

• H가 선택할 수 있는 상품은 다음 세 가지 중 하나이다.

| 상품 | 가격 | 혜택 | | | | |
|---|---|---|---|---|---|---|
| | | 경복궁 | 서울시립미술관 | 서울타워전망대 | 국립중앙박물관 | 지하철 |
| 스마트 교통카드 | 1,000원 | – | – | 50% 할인 | – | 당일 무료 |
| 시티투어A | 3,000원 | 30% 할인 | 30% 할인 | 30% 할인 | 30% 할인 | 당일 무료 |
| 시티투어B | 5,000원 | 무료 | – | 무료 | 무료 | – |

① 11,000원
② 12,000원
③ 13,000원
④ 14,900원
⑤ 19,000원

(Tip) H가 이용할 수 있는 상품에 따라 관광비용을 계산해 보면 다음과 같다(지하철 두 번 이용).

| 상품 | 상품가격 | 입장료 | | | | 지하철 | 합산 금액 |
|---|---|---|---|---|---|---|---|
| | | 경복궁 | 서울시립미술관 | 서울타워전망대 | 국립중앙박물관 | | |
| 스마트 교통카드 | 1,000 | 1,000 | 5,000 | 5,000 | 1,000 | 0 | 13,000 |
| 시티투어A | 3,000 | 700 | 3,500 | 7,000 | 700 | 0 | 14,900 |
| 시티투어B | 5,000 | 0 | 5,000 | 0 | 0 | 2,000 | 12,000 |

따라서 H가 시티투어B를 선택했을 때 최소비용인 12,000원으로 관광할 수 있다.

**18** 다음과 같은 상황과 조건을 바탕으로 할 때, A가 오늘 아침에 수행한 아침 일과에 포함될 수 없는 것은?

> - A는 오늘 아침 7시 20분에 기상하여 25분 후인 7시 45분에 집을 나섰다. A는 주어진25분을 모두 아침 일과를 쉼 없이 수행하는 데 사용했다.
> - 아침 일과를 수행하는 데 정해진 순서는 없으며, 같은 아침 일과를 두 번 이상 수행하지 않는다.
> - 단, 머리를 감았다면 반드시 말리며, 각 아침 일과 수행 중에 다른 아침 일과를 동시에 수행할 수는 없다.
> - 각 아침 일과를 수행하는 데 소요되는 시간은 다음과 같다.
>
> | 아침 일과 | 소요 시간 | 아침 일과 | 소요 시간 |
> |---|---|---|---|
> | 샤워 | 10분 | 몸치장 하기 | 7분 |
> | 세수 | 4분 | 구두 닦기 | 5분 |
> | 머리 감기 | 3분 | 주스 만들기 | 15분 |
> | 머리 말리기 | 5분 | 양말 신기 | 2분 |

① 세수
② 머리 감기
③ 구두 닦기
④ 몸치장 하기
⑤ 주스 만들기

(Tip) 소요 시간을 서로 조합하여 합이 25분이 되도록 했을 때, 포함될 수 없는 것을 고른다.
  - 샤워 + 주스 만들기 : 10+15
  - [머리 감기 & 머리 말리기]+구두 닦기+샤워+양말 신기 : (3+5)+5+10+2
  - [머리 감기 & 머리 말리기]+몸치장 하기+샤워 : (3+5)+7+10
  4분이 소요되는 '세수'가 포함될 경우 총 걸린 시간 25분을 만들 수 없다.

**19** 다음 글의 내용과 날씨를 근거로 판단할 경우 종아가 여행을 다녀온 시기로 가능한 것은?

- 종아는 선박으로 '포항 → 울릉도 → 독도 → 울릉도 → 포항' 순으로 3박 4일의 여행을 다녀왔다.
- '포항 → 울릉도' 선박은 매일 오전 10시, '울릉도 → 포항' 선박은 매일 오후 3시에 출발하며, 편도 운항에 3시간이 소요된다.
- 울릉도에서 출발해 독도를 돌아보는 선박은 매주 화요일과 목요일 오전 8시에 출발하여 당일 오전 11시에 돌아온다.
- 최대 파고가 3m 이상인 날은 모든 노선의 선박이 운항되지 않는다.
- 종아는 매주 금요일에 술을 마시는데, 술을 마신 다음날은 멀미가 심해 선박을 탈 수 없다.
- 이번 여행 중 종아는 울릉도에서 호박엿 만들기 체험을 했는데, 호박엿 만들기 체험은 매주 월·금요일 오후 6시에만 할 수 있다.

**날씨**

(֎ : 최대 파고)

| 日 | 月 | 火 | 水 | 木 | 金 | 土 |
|---|---|---|---|---|---|---|
| 16 | 17 | 18 | 19 | 20 | 21 | 22 |
| ֎ 1.0m | ֎ 1.4m | ֎ 3.2m | ֎ 2.7m | ֎ 2.8m | ֎ 3.7m | ֎ 2.0m |
| 23 | 24 | 25 | 26 | 27 | 28 | 29 |
| ֎ 0.7m | ֎ 3.3m | ֎ 2.8m | ֎ 2.7m | ֎ 0.5m | ֎ 3.7m | ֎ 3.3m |

① 19일(水) ~ 22일(土)

② 20일(木) ~ 23일(日)

③ 23일(日) ~ 26일(水)

④ 25일(火) ~ 28일(金)

⑤ 26일(水) ~ 29일(土)

(Tip) ① 19일 수요일 오후 1시 울릉도 도착, 20일 목요일 독도 방문, 22일 토요일은 복귀하는 날인데 종아는 매주 금요일에 술을 마시므로 멀미로 인해 선박을 이용하지 못한다. 또한 금요일 오후 6시 호박엿 만들기 체험도 해야 한다.
② 20일 목요일 오후 1시 울릉도 도착, 독도는 화요일과 목요일만 출발하므로 불가능
③ 23일 일요일 오후 1시 울릉도 도착, 24일 월요일 호박엿 만들기 체험, 25일 화요일 독도 방문, 26일 수요일 포항 도착
④ 25일 화요일 오후 1시 울릉도 도착, 27일 목요일 독도 방문, 28일 금요일 호박엿 만들기 체험은 오후 6시인데, 복귀하는 선박은 오후 3시 출발이라 불가능
⑤ 26일 수요일 오후 1시 울릉도 도착, 27일 목요일 독도 방문, 28일 금요일 호박엿 만들기 체험, 매주 금요일은 술을 마시므로 다음날 선박을 이용하지 못하며, 29일은 파고가 3m를 넘어 선박이 운항하지 않아 불가능

**20** 다음 글을 근거로 유추할 경우 옳은 내용만을 바르게 짝지은 것은?

> - 9명의 참가자는 1번부터 9번까지의 번호 중 하나를 부여 받고, 동시에 제비를 뽑아 3명은 범인, 6명은 시민이 된다.
> - '1번의 오른쪽은 2번, 2번의 오른쪽은 3번, …, 8번의 오른쪽은 9번, 9번의 오른쪽은 1번'과 같이 번호 순서대로 동그랗게 앉는다.
> - 참가자는 본인과 바로 양 옆에 앉은 사람이 범인인지 시민인지 알 수 있다.
> - "옆에 범인이 있다."라는 말은 바로 양 옆에 앉은 2명 중 1명 혹은 2명이 범인이라는 뜻이다.
> - "옆에 범인이 없다."라는 말은 바로 양 옆에 앉은 2명 모두 범인이 아니라는 뜻이다.
> - 범인은 거짓말만 하고, 시민은 참말만 한다.

> ㉠ 1, 4, 6, 7, 8번의 진술이 "옆에 범인이 있다."이고, 2, 3, 5, 9번의 진술이 "옆에 범인이 없다."일 때, 8번이 시민임을 알면 범인들을 모두 찾아낼 수 있다.
> ㉡ 만약 모두가 "옆에 범인이 있다."라고 진술한 경우, 범인이 부여받은 번호의 조합은 (1, 4, 7) / (2, 5, 8) / (3, 6, 9) 3가지이다.
> ㉢ 한 명만이 "옆에 범인이 없다."라고 진술한 경우는 없다.

① ㉡

② ㉢

③ ㉠, ㉡

④ ㉠, ㉢

⑤ ㉠, ㉡, ㉢

(Tip) ㉠ "옆에 범인이 있다."고 진술한 경우를 ○, "옆에 범인이 없다."고 진술한 경우를 ×라고 하면

| 1 | 2 | 3 | 4 | 5 | 6 | 7 | 8 | 9 |
|---|---|---|---|---|---|---|---|---|
| ○ | × | × | ○ | × | ○ | ○ | ○ | × |
|   |   |   |   |   |   |   | 시민 |   |

- 9번이 범인이라고 가정하면

  9번은 "옆에 범인이 없다.'고 진술하였으므로 8번과 1번 중에 범인이 있어야 한다. 그러나 8번이 시민이므로 1번이 범인이 된다. 1번은 "옆에 범인이 있다."라고 진술하였으므로 2번과 9번에 범인이 없어야 한다. 그러나 9번이 범인이므로 모순이 되어 9번은 범인일 수 없다.

- 9번이 시민이라고 가정하면

  9번은 "옆에 범인이 없다."라고 진술하였으므로 1번도 시민이 된다. 1번은 "옆에 범인이 있다."라고 진술하였으므로 2번은 범인이 된다. 2번은 "옆에 범인이 없다."라고 진술하였으므로 3번도 범인이 된다. 8번은 시민인데 "옆에 범인이 있다."라고 진술하였으므로 9번은 시민이므로 7번은 범인이 된다. 그러므로 범인은 2, 3, 7번이고 나머지는 모두 시민이 된다.

㉡ 모두가 "옆에 범인이 있다."라고 진술하면 시민 2명, 범인 1명의 순으로 반복해서 배치되므로 옳은 설명이다.

㉢ 다음과 같은 경우가 있음으로 틀린 설명이다.

| 1 | 2 | 3 | 4 | 5 | 6 | 7 | 8 | 9 |
|---|---|---|---|---|---|---|---|---|
| ○ | ○ | ○ | ○ | ○ | ○ | ○ | × | ○ |
| 범인 | 시민 | 시민 | 범인 | 시민 | 범인 | 시민 | 시민 | 시민 |

**21** 다음 주어진 조건을 모두 고려했을 때 옳은 것은?

〈조건〉

• A, B, C, D, E의 월급은 각각 10만 원, 20만 원, 30만 원, 40만 원, 50만 원 중 하나이다.
• A의 월급은 C의 월급보다 많고, E의 월급보다는 적다.
• D의 월급은 B의 월급보다 많고, A의 월급도 B의 월급보다 많다.
• C의 월급은 B의 월급보다 많고, D의 월급보다는 적다.
• D는 가장 많은 월급을 받지는 않는다.

① 월급이 세 번째로 많은 사람은 A이다.
② E와 C의 월급은 20만 원 차이가 난다.
③ B와 E의 월급의 합은 A와 C의 월급의 합보다 많다.
④ 월급이 제일 많은 사람은 E이다.
⑤ 월급이 가장 적은 사람은 C이다.

(Tip) 두 번째 조건을 부등호로 나타내면, C < A < E
세 번째 조건을 부등호로 나타내면, B < D, B < A
네 번째 조건을 부등호로 나타내면, B < C < D
다섯 번째 조건에 의해 다음과 같이 정리할 수 있다.
∴ B < C < D, A < E
① 주어진 조건만으로는 세 번째로 월급이 많은 사람이 A인지, D인지 알 수 없다.
② B < C < D, A < E이므로 월급이 가장 많은 E는 월급을 50만 원을 받고, A와 D는 각각 40만
원 또는 30만 원을 받으며, C는 20만 원을, B는 10만 원을 받는다. E와 C의 월급은 30만 원
차이가 난다.
③ B의 월급은 10만 원, E의 월급은 50만 원이므로 합하면 60만 원이다.
C의 월급은 20만 원을 받지만, A는 40만 원을 받는지 30만 원을 받는지 알 수 없으므로 B와
E의 월급의 합은 A와 C의 월급의 합보다 많을 수도 있고, 같을 수도 있다.
⑤ 월급이 가장 적은 사람은 B이다.

**22** A, B, C, D, E 다섯 명 중 출장을 가는 사람이 있다. 출장을 가는 사람은 반드시 참을 말하고, 출장에 가지 않는 사람은 반드시 거짓을 말한다. 다음과 같이 각자 말했을 때 항상 참인 것은?

---

- A : E가 출장을 가지 않는다면, D는 출장을 간다.
- B : D가 출장을 가지 않는다면, A는 출장을 간다.
- C : A는 출장을 가지 않는다.
- D : 2명 이상이 출장을 간다.
- E : C가 출장을 간다면 A도 출장을 간다.

---

① 최소 1명, 최대 3명이 출장을 간다.

② C는 출장을 간다.

③ E는 출장을 가지 않는다.

④ A와 C는 같이 출장을 가거나, 둘 다 출장을 가지 않는다.

⑤ A가 출장을 가면 B도 출장을 간다.

> (Tip) C의 진술이 참이면 C는 출장을 간다. 그러나 C의 진술이 참이면 A는 출장을 가지 않고 A의 진술은 거짓이 된다. A의 진술이 거짓이 되면 그 부정은 참이 된다. 그러므로 D, E 두 사람은 모두 출장을 가지 않는다. 또한 D, E의 진술은 거짓이 된다.
> D의 진술이 거짓이 되면 실제 출장을 가는 사람은 2명 미만이 된다. 그럼 출장을 가는 사람은 한 사람 또는 한 사람도 없는 것이 된다.
> E의 진술이 거짓이 되면 C가 출장을 가고 A는 안 간다. 그러므로 E의 진술도 거짓이 된다.
> 그러면 B의 진술도 거짓이 된다. D, A는 모두 출장을 가지 않는다. 그러면 C만 출장을 가게 되고 출장을 가는 사람은 한 사람이다.
> 만약 C의 진술이 거짓이라면 출장을 가는 사람은 2명 미만이어야 한다. 그런데 이미 A가 출장을 간다고 했으므로 B, E의 진술은 모두 거짓이 된다. B 진술의 부정은 D가 출장을 가지 않고 A도 출장을 가지 않는 것이므로 거짓이 된다. 그러면 B의 진술도 참이 되어 B가 출장을 가야 한다. 그러면 D의 진술이 거짓인 경가 존재하자 않게 되므로 모순이 된다. 그럼 D의 진술이 참인 경우를 생각하면 출장을 가는 사람은 A, D 이므로 이미 출장 가는 사람은 2명 이상이 된다. 그러면 B, D의 진술의 진위여부를 가리기 어려워진다.

**23** 갑, 을, 병, 정, 무 다섯 사람은 일요일부터 목요일까지 5일 동안 각각 이틀 이상 아르바이트를 한다. 다음 조건을 모두 충족시켜야 할 때, 다음 중 항상 옳지 않은 것은?

> ㉠ 가장 적은 수가 아르바이트를 하는 요일은 수요일뿐이다.
> ㉡ 갑은 3일 이상 아르바이트를 하는데 병이 아르바이트를 하는 날에는 쉰다.
> ㉢ 을과 정 두 사람만이 아르바이트 일수가 같다.
> ㉣ 병은 평일에만 아르바이트를 하며, 연속으로 이틀 동안만 한다.
> ㉤ 무는 항상 갑이나 병과 같은 요일에 함께 아르바이트를 한다.

① 어느 요일이든 아르바이트 인원수는 확정된다.

② 갑과 을, 병과 정의 아르바이트 일수를 합한 값은 같다.

③ 두 사람만이 아르바이트를 하는 요일이 확정된다.

④ 어떤 요일이든 아르바이트를 하는 인원수는 짝수이다.

⑤ 일요일에 아르바이트를 하는 사람은 항상 같다.

(Tip) 아르바이트 일수가 갑은 3일, 병은 2일임을 알 수 있다.
무는 갑이나 병이 아르바이트를 하는 날 항상 함께 한다고 했으므로 5일 내내 아르바이트를 하게 된다.
을과 정은 일, 월, 화, 목 4일간 아르바이트를 하게 된다.
① 수요일에는 2명, 나머지 요일에는 4명으로 인원수는 확정된다.
② 갑은 3일, 을은 4일, 병은 2일, 무는 5일 이므로 갑과 을, 병과 정의 아르바이트 일수를 합한 값은 7로 같다.
③ 병에 따라 갑이 아르바이트를 하는 요일이 달라지므로 아르바이트 하는 요일이 확정되는 사람은 세 명이다.
④ 일별 인원수는 4명 또는 2명으로 모두 짝수이다.
⑤ 일요일에는 갑, 을, 정, 무 네 명으로 어느 경우에도 같다.

**24** 서원이는 2018년 1월 전액 현금으로만 다음 표와 같이 지출하였다. 만약 서원이가 2018년 1월에 A ~C 신용카드 중 하나만을 발급받아 할인 전 금액이 표와 동일하도록 그 카드로만 지출하였다면 신용카드별 할인혜택에 근거한 할인 후 예상청구액이 가장 적은 카드부터 순서대로 바르게 나열한 것은?

〈표〉 2018년 1월 지출내역

(단위 : 만 원)

| 분류 | 세부항목 | | 금액 | 합계 |
|---|---|---|---|---|
| 교통비 | 버스 · 지하철 요금 | | 8 | 20 |
| | 택시 요금 | | 2 | |
| | KTX 요금 | | 10 | |
| 식비 | 외식비 | 평일 | 10 | 30 |
| | | 주말 | 5 | |
| | 카페 지출액 | | 5 | |
| | 식료품 구입비 | 대형마트 | 5 | |
| | | 재래시장 | 5 | |
| 의류구입비 | 온라인 | | 15 | 30 |
| | 오프라인 | | 15 | |
| 여가 및 자기계발비 | 영화관람료(1만원/회×2회) | | 2 | 30 |
| | 도서구입비 (2만원/권×1권, 1만5천원/권×2권, 1만원/권×3권) | | 8 | |
| | 학원 수강료 | | 20 | |

〈신용카드별 할인혜택〉

○ A 신용카드
• 버스, 지하철, KTX 요금 20% 할인(단, 할인액의 한도는 월 2만원)
• 외식비 주말 결제액 5% 할인
• 학원 수강료 15% 할인
• 최대 총 할인한도액은 없음
• 연회비 1만 5천 원이 발급 시 부과되어 합산됨

○ B 신용카드
• 버스, 지하철, KTX 요금 10% 할인(단, 할인액의 한도는 월 1만원)
• 온라인 의류구입비 10% 할인
• 도서구입비 권당 3천 원 할인(단, 권당 가격이 1만 2천 원 이상인 경우에만 적용)
• 최대 총 할인한도액은 월 3만 원
• 연회비 없음

○ C 신용카드

- 버스, 지하철, 택시 요금 10% 할인(단, 할인액의 한도는 월 1만 원)

- 카페 지출액 10% 할인

- 재래시장 식료품 구입비 10% 할인

- 영화관람료 회당 2천원 할인(월 최대 2회)

- 최대 총 할인한도액은 월 4만 원

- 연회비 없음

※ 할부나 부분청구는 없으며, A ~ C 신용카드는 매달 1일부터 말일까지의 사용분에 대하여 익월 청구됨

① A − B − C          ② A − C − B

③ B − A − C          ④ B − C − A

⑤ C − A − B

 할인내역을 정리하면

  ○ A 신용카드
- 교통비 20,000원
- 외식비 2,500원
- 학원수강료 30,000원
- 연회비 15,000원
- 할인합계 37,500원

  ○ B 신용카드
- 교통비 10,000원
- 온라인 의류구입비 15,000원
- 도서구입비 9,000원
- 할인합계 30,000원

  ○ C 신용카드
- 교통비 10,000원
- 카페 지출액 5,000원
- 재래시장 식료품 구입비 5,000원
- 영화관람료 4,000원
- 할인합계 24,000원

Answer↪ 24.①

**25** 다음의 (가), (나)는 100만 원을 예금했을 때 기간에 따른 이자에 대한 표이다. 이에 대한 설명으로 옳은 것은? (단, 예금할 때 약정한 이자율은 변하지 않는다)

| 구분 | 1년 | 2년 | 3년 |
|------|------|------|------|
| (가) | 50,000원 | 100,000원 | 150,000원 |
| (나) | 40,000원 | 81,600원 | 124,864원 |

> ㉠ (가)는 단순히 원금에 대한 이자만을 계산하는 이자율이 적용되었다.
> ㉡ (가)의 경우, 매년 물가가 5% 상승할 경우(원금+이자)의 구매력을 모든 기간에 같다.
> ㉢ (나)의 경우, 매년 증가하는 이자액은 기간이 길어질수록 커진다.
> ㉣ (나)와 달리 (가)와 같은 이자율 계산 방법은 현실에서는 볼 수 없다.

① ㉠, ㉢　　　　　　　　　　　② ㉠, ㉣

③ ㉡, ㉣　　　　　　　　　　　④ ㉡, ㉢

⑤ ㉠, ㉡, ㉢

🗨️Tip　㉡ (가)의 경우 매년 물가가 5% 상승하면 두 번째 해부터 구매력은 점차 감소한다.
　　　　㉣ 금융 기관에서는 단리 뿐 아니라 복리 이자율이 적용되는 상품 또한 판매하고 있다.

**26** 다음은 영업사원인 윤석씨가 오늘 미팅해야 할 거래처 직원들과 방문해야 할 업체에 관한 정보이다. 다음의 정보를 모두 반영하여 하루의 일정을 짠다고 할 때 순서가 올바르게 배열된 것은? (단, 장소 간 이동 시간은 없는 것으로 가정한다)

---

〈거래처 직원들의 요구 사항〉
• A거래처 과장 : 회사 내부 일정으로 인해 미팅은 10시~12시 또는 16~18시까지 2시간 정도 가능합니다.
• B거래처 대리 : 12시부터 점심식사를 하거나, 18시부터 저녁식사를 하시죠. 시간은 2시간이면 될 것 같습니다.
• C거래처 사원 : 외근이 잡혀서 오전 9시부터 10시까지 1시간만 가능합니다.
• D거래처 부장 : 외부일정으로 18시부터 저녁식사만 가능합니다.

〈방문해야 할 장소와 가능시간〉
• E서점 : 14~18시, 소요시간은 2시간
• F은행 : 12~16시, 소요시간은 1시간
• G미술관 관람 : 하루 3회(10시, 13시, 15시), 소요시간은 1시간

---

① C거래처 사원 – A거래처 과장 – B거래처 대리 – E서점 – G미술관 – F은행 – D거래처 부장
② C거래처 사원 – A거래처 과장 – F은행 – B거래처 대리 – G미술관 – E서점 – D거래처 부장
③ C거래처 사원 – G미술관 – F은행 – B거래처 대리 – E서점 – A거래처 과장 – D거래처 부장
④ C거래처 사원 – A거래처 과장 – B거래처 대리 – F은행 – G미술관 – E서점 – D거래처 부장
⑤ C거래처 사원 – A거래처 과장 – G미술관 – B거래처 대리 – F은행 – E서점 – D거래처 부장

> **Tip** C거래처 사원(9시~10시) – A거래처 과장(10시~12시) – B거래처 대리(12시~14시) – F은행(14시~15시) – G미술관(15시~16시) – E서점(16시~18시) – D거래처 부장(18시~)
> ① E서점까지 들리면 16시가 되는데, 그 이후에 G미술관을 관람할 수 없다.
> ② F은행까지 들리면 13시가 되는데, B거래처 대리 약속은 18시에 가능하다.
> ③ G미술관 관람을 마치고 나면 11시가 되는데 F은행은 12시에 가야 한다. 1시간 기다려서 F은행 일이 끝나면 13시가 되는데, B거래처 대리 약속은 18시에 가능하다.
> ⑤ A거래처 과장을 만나고 나면 1시간 기다려서 G미술관 관람을 하여야 하며, 관람을 마치면 14시가 되어 B거래처 대리를 18시에 만나게 될 수밖에 없는데 그렇게 되면 D거래처 부장은 만날 수 없다.

*Answer* 25.① 26.④

**27** 한 마을에 약국이 A, B, C, D, E 다섯 군데가 있다. 다음의 조건에 따를 때 문을 연 약국에 해당하는 곳이 바르게 나열된 것은?

---

- A와 B 모두 문을 열지는 않았다.
- A가 문을 열었다면, C도 문을 열었다.
- A가 문을 열지 않았다면, B가 문을 열었거나 C가 문을 열었다.
- C는 문을 열지 않았다.
- D가 문을 열었다면, B가 문을 열지 않았다.
- D가 문을 열지 않았다면, E도 문을 열지 않았다.

---

① A                      ② B

③ A, E                   ④ D, E

⑤ B, D, E

**(Tip)**
- A와 B 모두 문을 열지는 않았다. → A 또는 B가 문을 열었다.
- A가 문을 열었다면, C도 문을 열었다. → A가 문을 열지 않으면 C도 문을 열지 않는다.
- A가 문을 열지 않았다면, B가 문을 열었거나 C가 문을 열었다. → B가 문을 열었다.
- C는 문을 열지 않았다. → C가 열지 않았으므로 A도 열지 않았다.
- D가 문을 열었다면, B가 문을 열지 않았다. → B가 문을 열었으므로 D는 열지 않았다.
- D가 문을 열지 않았다면, E도 문을 열지 않았다.

A, C, D, E는 문을 열지 않았다.

**28** 다음의 내용에 따라 두 번의 재배정을 한 결과, 병이 홍보팀에서 수습 중이다. 다른 신입사원과 최종 수습부서를 바르게 연결한 것은?

> 신입사원을 뽑아서 1년 동안의 수습 기간을 거치게 한 후, 정식사원으로 임명을 하는 한 회사가 있다. 그 회사는 올해 신입사원으로 2명의 여자 직원 갑과 을, 그리고 2명의 남자 직원 병과 정을 뽑았다. 처음 4개월의 수습기간 동안 갑은 기획팀에서, 을은 영업팀에서, 병은 총무팀에서, 정은 홍보팀에서 각각 근무하였다. 그 후 8개월 동안 두 번의 재배정을 통해서 신입사원들은 다른 부서에서도 수습 중이다. 재배정할 때마다 다음의 세 원칙 중 한 가지 원칙만 적용되었고, 같은 원칙은 다시 적용되지 않았다.

> 〈원칙〉
> 1. 기획팀에서 수습을 거친 사람과 총무팀에서 수습을 거친 사람은 서로 교체해야 하고, 영업팀에서 수습을 거친 사람과 홍보팀에서 수습을 거친 사람은 서로 교체한다.
> 2. 총무팀에서 수습을 거친 사람과 홍보팀에서 수습을 거친 사람만 서로 교체한다.
> 3. 여성 수습사원만 서로 교체한다.

① 갑 – 총무팀      ② 을 – 영업팀
③ 을 – 총무팀      ④ 정 – 영업팀
⑤ 정 – 총무팀

(Tip) 사원과 근무부서를 표로 나타내면

| 배정부서 | 기획팀 | 영업팀 | 총무팀 | 홍보팀 |
|---|---|---|---|---|
| 처음 배정 부서 | 갑 | 을 | 병 | 정 |
| 2번째 배정 부서 | | | | |
| 3번째 배정 부서 | | | | 병 |

㉠ 규칙 1을 2번째 배정에 적용하고 규칙 2를 3번째 배정에 적용하면
기획팀↔총무팀 / 영업팀↔홍보팀이므로
갑↔병 / 을↔정
규칙 2까지 적용하면 다음과 같다.

| 배정부서 | 기획팀 | 영업팀 | 총무팀 | 홍보팀 |
|---|---|---|---|---|
| 처음 배정 부서 | 갑 | 을 | 병 | 정 |
| 2번째 배정 부서 | 병 | 정 | 갑 | 을 |
| 3번째 배정 부서 | | | 을 | 갑 |

㉡ 규칙 3을 먼저 적용하고 규칙 2를 적용하면

| 배정부서 | 기획팀 | 영업팀 | 총무팀 | 홍보팀 |
|---|---|---|---|---|
| 처음 배정 부서 | 갑 | 을 | 병 | 정 |
| 2번째 배정 부서 | 을 | 갑 | 병 | 정 |
| 3번째 배정 부서 | 을 | 갑 | 정 | 병 |

*Answer*⟶ 27.② 28.⑤

**29** 윗마을에 사는 남자는 참말만 하고 여자는 거짓말만 한다. 아랫마을에 사는 남자는 거짓말만 하고 여자는 참말만 한다. 이 마을들에 사는 이는 남자거나 여자이다. 윗마을 사람 두 명과 아랫마을 사람 두 명이 다음과 같이 대화하고 있을 때, 반드시 참인 것은?

---

- 갑 : 나는 아랫마을에 살아.
- 을 : 나는 아랫마을에 살아. 갑은 남자야.
- 병 : 을은 아랫마을에 살아. 을은 남자야.
- 정 : 을은 윗마을에 살아. 병은 윗마을에 살아.

---

① 갑은 윗마을에 산다.

② 갑과 을은 같은 마을에 산다.

③ 을과 병은 다른 마을에 산다.

④ 을, 병, 정 가운데 둘은 아랫마을에 산다.

⑤ 이 대화에 참여하고 있는 이들은 모두 여자이다.

**Tip** 병과 정의 진술이 상이하므로 모순이 된다.
우선 병의 진술이 거짓일 경우 을은 윗마을에 살고, 여자이다.
정의 진술은 참이므로 을과 병은 윗마을에 산다. 을은 윗마을 여자이므로 거짓말을 하고, 병은 윗마을에서 거짓말을 하므로 여자이다.
을과 병이 윗마을에 살기 때문에 갑, 정은 아랫마을에 산다.
정은 아랫마을에 살며 참말을 하므로 여자이고 갑은 아랫마을 여자이므로 참말을 한다.

**30** '가' 은행 '나' 지점에서는 3월 11일 회계감사 관련 서류 제출을 위해 본점으로 출장을 가야 한다. 다음에 제시된 〈조건〉과 〈상황〉을 바탕으로 판단할 때, 출장을 함께 갈 수 있는 직원들의 조합으로 가능한 것은?

〈조건〉

1) 08시 정각 출발이 확정되어 있으며, 출발 후 '나' 지점에 복귀하기까지 총 8시간이 소요된다. 단, 비가 오는 경우 1시간이 추가로 소요된다.
2) 출장인원 중 한 명이 직접 운전하여야 하며, '운전면허 1종 보통' 소지자만 운전할 수 있다.
3) 출장시간에 사내 업무가 겹치는 경우에는 출장을 갈 수 없다.
4) 출장인원 중 부상자가 포함되어 있는 경우, 서류 박스 운반 지연으로 인해 30분이 추가로 소요된다.
5) 차장은 책임자로서 출장인원에 적어도 한 명 포함되어야 한다.
6) 주어진 조건 외에는 고려하지 않는다.

〈상황〉

1) 3월 11일은 하루 종일 비가 온다.
2) 3월 11일 당직 근무는 17시 10분에 시작한다.

| 직원 | 직급 | 운전면허 | 건강상태 | 출장 당일 사내 업무 |
|------|------|----------|----------|---------------------|
| A | 차장 | 1종 보통 | 부상 | 없음 |
| B | 차장 | 2종 보통 | 건강 | 17시 15분 계약업체 담당 |
| C | 과장 | 없음 | 건강 | 17시 35분 고객 상담 |
| D | 과장 | 1종 보통 | 건강 | 당직 근무 |
| E | 대리 | 2종 보통 | 건강 | 없음 |

① A, B, C

② A, C, D

③ B, C, E

④ B, D, E

⑤ C, D, E

(Tip) 3월 11일에 하루 종일 비가 온다고 했으므로 복귀하기까지 총 소요 시간은 9시간이므로 복귀 시간은 부상자 없을 경우 17시가 된다. 부상이 있는 A가 출장을 갈 경우, 17시 15분에 사내 업무가 있는 B, 17시 10분부터 당직 근무를 서야 하는 D는 A와 함께 출장을 갈 수 없다. ③의 경우 1종 보통 운전면허 소지자가 없으며, ⑤의 경우 책임자인 차장이 포함되어 있지 않다.

**31** ○○기업은 A∼E 다섯 명을 대상으로 면접시험을 실시하였다. 면접시험의 평가기준은 '가치관, 열정, 표현력, 잠재력, 논증력' 5가지 항목이며 각 항목 점수는 3점 만점이다. 〈면접시험 결과〉와 〈등수〉가 아래와 같을 때, 보기 중 옳은 것을 고르면? (단, 종합점수는 각 항목별 점수에 항목가중치를 곱하여 합산하며, 종합점수가 높은 순으로 등수를 결정하였다.)

| 〈면접시험 결과〉 | | | | | | 〈등수〉 | |
| --- | --- | --- | --- | --- | --- | --- | --- |
| | | | | | (단위 : 점) | | |
| 구분 | A | B | C | D | E | 순위 | 면접 응시자 |
| 가치관 | 3 | 2 | 3 | 2 | 2 | 1 | B |
| 열정 | 2 | 3 | 2 | 2 | 2 | 2 | E |
| 표현력 | 2 | 3 | 2 | 2 | 3 | 3 | A |
| 잠재력 | 3 | 2 | 2 | 3 | 3 | 4 | D |
| 논증력 | 2 | 2 | 3 | 3 | 2 | 5 | C |

① 잠재력은 열정보다 항목가중치가 높다.
② 논증력은 열정보다 항목가중치가 높다.
③ 잠재력은 가치관보다 항목가중치가 높다.
④ 가치관은 표현력보다 항목가중치가 높다.
⑤ 논증력은 잠재력보다 항목가중치가 높다.

> (Tip) A∼E 중 비교 항목 외의 나머지 항목에서 같은 점수를 나타내는 두 면접 응시자를 비교함으로써 각 보기에서 비교하는 두 항목 간 가중치의 대소를 알 수 있다. '잠재력'과 '가치관'의 항목가중치를 비교하려면 C와 D의 점수와 등수를 비교함으로써 알 수 있다. 나머지 항목에서는 같은 점수이고 C는 가치관에서 D보다 1점 높고 D는 잠재력에서 C보다 1점 높은 상황에서 D의 등수가 C보다 높으므로 가중치는 '잠재력'에서 더 높은 것을 알 수 있다. 마찬가지로 ①의 경우 B와 E, ④의 경우 A와 E, ⑤의 경우 A와 C를 비교해봄으로써 항목 간 가중치의 높고 낮음을 알 수 있다. ②의 경우에는 주어진 조건에서 비교할 수 있는 대상이 없으므로 알 수 없는 내용이다.

**32** 갑, 을, 병, 정 네 사람만 참여한 달리기 시합에서 동순위 없이 순위가 완전히 결정되었다. 갑, 을, 병은 각자 다음과 같이 진술하였다. 이들의 진술이 자신보다 낮은 순위의 사람에 대한 진술이라면 참이고, 높은 순위의 사람에 대한 진술이라면 거짓이라고 한다. 다음 중 반드시 참인 것은?

---

- 갑 : 병은 1위이거나 2위이다.
- 을 : 정은 3위이거나 4위이다.
- 병 : 정은 2위이다.

---

① 갑은 1위이다.

② 을은 2위이다.

③ 정은 4위이다.

④ 갑이 을보다 순위가 높다.

⑤ 병이 정보다 순위가 높다.

(Tip) ㉠ 갑이 1위인 경우
- 자신보다 낮은 순위의 사람에 대한 진술은 참이므로 병은 2위이다.
- 그리고 병이 2위일 경우, 정은 2위이다. 라는 진술은 거짓이 된다. 자신보다 높은 순위의 사람에 대한 진술이 거짓이므로 정은 1위가 된다. 동순위가 없다고 하였으므로 갑은 1위가 될 수 없다.

㉡ 을이 2위인 경우
- 병이 말한 정은 2위이다. 라는 진술은 거짓이 되고, 자신보다 높은 순위의 사람에 대한 진술이 거짓이므로 정이 1위가 된다. 갑의 진술인 병은 1위이거나 2위이다. 라는 진술은 자신보다 높은 순위의 사람에 대한 진술이 거짓이므로 거짓이 된다. 갑은 병보다 순위가 낮다.
- 정은 3위이거나 4위이다. 라는 을의 진술 또한 본인보다 순위가 높기에 거짓이므로 을이 2위가 된다.

그러므로 1위가 정, 2위가 을, 3위가 병, 4위가 갑이 된다.

**33** 쓰레기를 무단 투기하는 사람을 찾기 위해 고심하던 아파트 관리인 세상씨는 다섯 명의 입주자 A, B, C, D, E를 면담했다. 이들은 각자 다음과 같이 이야기를 했다. 이 가운데 두 사람의 이야기는 모두 거짓인 반면, 세 명의 이야기는 모두 참이라고 한다. 다섯 명 가운데 한 명이 범인이라고 할 때 쓰레기를 무단 투기한 사람은 누구인가?

> • A : 쓰레기를 무단 투기하는 것을 나와 E만 보았다. B의 말은 모두 참이다.
> • B : 쓰레기를 무단 투기한 것은 D이다. D가 쓰레기를 무단 투기하는 것을 E가 보았다.
> • C : D는 쓰레기를 무단 투기하지 않았다. E의 말은 참이다.
> • D : 쓰레기를 무단 투기하는 것을 세 명의 주민이 보았다. B는 쓰레기를 무단 투기하지 않았다.
> • E : 나와 A는 쓰레기를 무단 투기하지 않았다. 나는 쓰레기를 무단 투기하는 사람을 아무도 보지 못했다.

① A
② B
③ C
④ D
⑤ E

**Tip** ㉠ A가 참인 경우
- E는 무단 투기하는 사람을 못 봤다고 했으므로 E의 말은 거짓이 된다.
- A는 B가 참이라고 했으므로 B에 의해 D가 범인이 된다.
- 그러나 C는 D가 무단 투기하지 않았다고 했으므로 C도 거짓이 된다.
- 거짓말을 한 주민이 C, E 두 명이 되었으므로 D의 말은 참이 된다.
- 그러나 D는 쓰레기를 무단 투기하는 사람을 세 명이 주민이 보았다고 했는데 A는 본인과 E만 보았다고 했으므로 D는 범인이 될 수 없다.

㉡ A가 거짓인 경우
- A의 말이 거짓이면 B의 말도 모두 거짓이 된다.
- 거짓말을 한 사람이 A, B이므로 C, D, E는 참말을 한 것이 된다.
- C에 의하면 D는 범인이 아니다.
- D에 의하면 B는 범인이 아니다.
- E에 의하면 A는 범인이 아니다.
그러면 C가 범인이다.

**34** 다음 제시된 조건을 보고, 만일 영호와 옥숙을 같은 날 보낼 수 없다면, 목요일에 보내야 하는 남녀사원은 누구인가?

> 영업부의 박 부장은 월요일부터 목요일까지 매일 남녀 각 한 명씩 두 사람을 회사 홍보 행사 담당자로 보내야 한다. 영업부에는 현재 남자 사원 4명(길호, 철호, 영호, 치호)과 여자 사원 4명(영숙, 옥숙, 지숙, 미숙)이 근무하고 있으며, 다음과 같은 제약 사항이 있다.
> ㉠ 매일 다른 사람을 보내야 한다.
> ㉡ 치호는 철호 이전에 보내야 한다.
> ㉢ 옥숙은 수요일에 보낼 수 없다.
> ㉣ 철호와 영숙은 같이 보낼 수 없다.
> ㉤ 영숙은 지숙과 미숙 이후에 보내야 한다.
> ㉥ 치호는 영호보다 앞서 보내야 한다.
> ㉦ 옥숙은 지숙 이후에 보내야 한다.
> ㉧ 길호는 철호를 보낸 바로 다음 날 보내야 한다.

① 길호와 영숙
② 영호와 영숙
③ 치호와 옥숙
④ 길호와 옥숙
⑤ 영호와 미숙

(Tip) 남자사원의 경우 ㉡, ㉥, ㉧에 의해 다음과 같은 두 가지 경우가 가능하다.

|  | 월요일 | 화요일 | 수요일 | 목요일 |
|---|---|---|---|---|
| 경우 1 | 치호 | 영호 | 철호 | 길호 |
| 경우 2 | 치호 | 철호 | 길호 | 영호 |

[경우 1]
옥숙은 수요일에 보낼 수 없고, 철호와 영숙은 같이 보낼 수 없으므로 옥숙과 영숙은 수요일에 보낼 수 없다. 또한 영숙은 지숙과 미숙 이후에 보내야 하고, 옥숙은 지숙 이후에 보내야 하므로 조건에 따르면 다음과 같다.

|  | 월요일 | 화요일 | 수요일 | 목요일 |
|---|---|---|---|---|
| 남 | 치호 | 영호 | 철호 | 길호 |
| 여 | 지숙 | 옥숙 | 미숙 | 영숙 |

[경우 2]

|  |  | 월요일 | 화요일 | 수요일 | 목요일 |
|---|---|---|---|---|---|
|  | 남 | 치호 | 철호 | 길호 | 영호 |
| 경우 2-1 | 여 | 미숙 | 지숙 | 영숙 | 옥숙 |
| 경우 2-2 | 여 | 지숙 | 미숙 | 영숙 | 옥숙 |
| 경우 2-3 | 여 | 지숙 | 옥숙 | 미숙 | 영숙 |

문제에서 영호와 옥숙을 같이 보낼 수 없다고 했으므로, [경우 1], [경우 2-1], [경우 2-2]는 해당하지 않는다. 따라서 [경우 2-3]에 의해 목요일에 보내야 하는 남녀사원은 영호와 영숙이다.

*Answer* → 33.③ 34.②

**35** 지하철 10호선은 총 6개의 주요 정거장을 경유한다. 주어진 조건이 다음과 같을 경우, C가 4번째 정거장일 때, E 바로 전의 정거장이 될 수 있는 것은?

- 지하철 10호선은 순환한다.
- 주요 정거장을 각각 A, B, C, D, E, F라고 한다.
- E는 3번째 정거장이다.
- B는 6번째 정거장이다.
- D는 F의 바로 전 정거장이다.
- C는 A의 바로 전 정거장이다.

① F  
② E  
③ D  
④ B  
⑤ A

Tip C가 4번째 정거장이므로 표를 완성하면 다음과 같다.

| 순서 | 1 | 2 | 3 | 4 | 5 | 6 |
|------|---|---|---|---|---|---|
| 정거장 | D | F | E | C | A | B |

따라서 E 바로 전의 정거장은 F이다.

**┃36~37┃** 다음 자료를 읽고 이어지는 물음에 답하시오.

<각 등급별 성과급 지급액>

〈등급별 성과급 지급액〉

| 성과평가 종합점수 | 성과 등급 | 등급별 성과급 |
|---|---|---|
| 95점 이상 | S | 기본급의 30% |
| 90점 이상~95점 미만 | A | 기본급의 25% |
| 85점 이상~90점 미만 | B | 기본급의 20% |
| 80점 이상~85점 미만 | C | 기본급의 15% |
| 75점 이상~80점 미만 | D | 기본급의 10% |

〈항목별 평가 점수〉

| | 영업1팀 | 영업2팀 | 영업3팀 | 영업4팀 | 영업5팀 |
|---|---|---|---|---|---|
| 수익 달성률 | 90 | 93 | 72 | 85 | 83 |
| 매출 실적 | 92 | 78 | 90 | 88 | 87 |
| 근태 및 부서평가 | 90 | 89 | 82 | 77 | 93 |

* 항목별 평가 종합점수는 수익 달성률 점수의 40%, 매출 실적 점수의 40%, 근태 및 부서평가 점수의 20%를 합산해서 구함.

〈각 팀별 직원의 기본급〉

| 직원 | 기본급 |
|---|---|
| 곽 대리(영업1팀) | 210만 원 |
| 엄 과장(영업2팀) | 260만 원 |
| 신 차장(영업3팀) | 320만 원 |
| 남 사원(영업4팀) | 180만 원 |
| 권 대리(영업5팀) | 220만 원 |

* 팀별 성과급은 해당 팀의 모든 직원에게 적용된다.

*Answer┌→* 35.①

**36** 위의 자료를 참고할 때, 항목별 평가 종합점수 순위가 두 번째와 세 번째인 팀을 순서대로 짝지은 것은 어느 것인가?

① 영업2팀, 영업3팀

② 영업3팀, 영업4팀

③ 영업5팀, 영업2팀

④ 영업3팀, 영업2팀

⑤ 영업4팀, 영업2팀

Tip 주어진 규정에 의해 항목별 평가 종합점수를 계산해 보면 다음과 같다.

| | 영업1팀 | 영업2팀 | 영업3팀 | 영업4팀 | 영업5팀 |
|---|---|---|---|---|---|
| 수익 달성률 | 90×0.4=36.0 | 93×0.4=37.2 | 72×0.4=28.8 | 85×0.4=34 | 83×0.4=33.2 |
| 매출 실적 | 92×0.4=36.8 | 78×0.4=31.2 | 90×0.4=36 | 88×0.4=35.2 | 87×0.4=34.8 |
| 근태 및 부서평가 | 90×0.2=18 | 89×0.2=17.8 | 82×0.2=16.4 | 77×0.2=15.4 | 93×0.2=18.6 |
| 종합점수 | 90.8 | 86.2 | 81.2 | 84.6 | 86.6 |

따라서 항목별 평가 종합점수가 두 번째로 높은 팀은 영업5팀, 세 번째로 높은 팀은 영업2팀이 된다.

**37** 영업1팀의 곽 대리와 영업3팀의 신 차장이 받게 될 성과급은 각각 얼마인가?

① 55만 5천 원, 44만 원

② 54만 2천 원, 46만 원

③ 52만 5천 원, 48만 원

④ 51만 8천 원, 49만 원

⑤ 54만 5천 원, 44만 원

Tip 영업1팀과 영업3팀은 항목별 평가 종합점수(각 90.8점, 81.2점)에 의해 성과 등급이 각각 A등급과 C등급이 된다. 따라서 곽 대리는 210만 원의 25%, 신 차장은 320만 원의 15%를 각각 성과급으로 지급받게 된다. 이를 계산하면 곽 대리는 52만 5천 원, 신 차장은 48만 원이 된다.

**▌38~39 ▌** 다음은 W병원 신경외과의 진료 현황에 대한 안내이다. 다음 안내를 보고 이어지는 물음에 답하시오.

<이번 달 담당의사별 진료 시간 안내>

| 구분 | 신경외과 | | | | | | | |
|------|------|------|------|------|------|------|------|------|
| | A과장 | | B과장 | | C과장 | | D과장 | |
| | 오전 | 오후 | 오전 | 오후 | 오전 | 오후 | 오전 | 오후 |
| 월요일 | 진료 | 수술 | 진료 | 수술 | 수술 | 진료 | 진료 | 수술 |
| 화요일 | 수술 | 진료 | 진료 | 수술 | 진료 | 수술 | 진료 | 수술 |
| 수요일 | 진료 | 수술 | 수술 | 진료 | 진료 | 수술 | 진료 | 수술 |
| 목요일 | 수술 | 진료 | 진료 | 수술 | 수술 | 진료 | 진료 | 수술 |
| 금요일 | 진료 | 수술 | 수술 | 진료 | 진료 | 수술 | 진료 | 수술 |
| 토요일 | 진료 또는 수술 | | 진료 | | 진료 또는 수술 | | 수술 | |
| 토요일 휴무 | 넷째 주 | | 둘째 주 | | 첫째 주 | | 셋째 주 | |

* 토요일 진료시간: 09:00~13:00
* 평일 진료시간: 09:00~12:30 / 14:00~18:00
* 접수마감 시간: 오전 12:00, 오후 17:30

<기타 안내사항>
- 이번 달 15일(수)~18일(토)은 병원 내부 공사로 인해 외래진료 및 수술, 신규 환자 접수는 불가합니다.
- MRI 및 CT 촬영은 최소 3일 전 예약을 하셔야 합니다.
- 외래진료 시 MRI 등 영상 자료가 있어야 합니다(필요한 경우에 한함).
- 초진의 경우, 건강보험증을 지참하시고 원무과에서 접수를 하시기 바랍니다. 접수 후 진료실에서 진료를 마친 환자분께서는 다시 원무과로 오셔서 진료비를 수납 후 P창구에서 처방전을 받아 약을 받아 가시기 바랍니다. 예약 또는 재진하시는 환자분은 곧바로 진료실로 가셔서 진료 후 원무과에 수술 또는 영상 촬영 여부를 알려주시고 수술이신 경우 H창구에서 입원 수속을 하시고, 영상 촬영이 필요하신 분은 영상센터로 가시어 안내를 받으시기 바랍니다.

**38** 다음 중 위의 안내문에 대한 올바른 설명이 아닌 것은 어느 것인가?

① 일주일 전 예약을 하고 찾아 온 환자는 원무과를 거치지 않고 곧장 진료를 받으면 된다.

② 토요일 셋째 주에 수술이 가능한 의사는 A, C, D 과장이다.

③ 처음 내원한 환자는 '원무과 → 진료실 → 원무과 → P창구 → 약국'의 동선으로 이동하게 된다.

④ 평일의 경우, A ~ D 과장 모두 오전에 진료 일정이 더 많이 잡혀 있다.

⑤ 외래진료 환자는 15일~18일을 피해서 W병원에 내원해야 접수할 수 있다.

> (Tip) D과장은 토요일에 수술을 하지만, 셋째 주는 휴무이다. 토요일 셋째 주에 수술이 가능한 의사는 A, C이다.
> ① 예약과 재진 환자의 경우 진료실을 곧바로 찾아가면 된다.
> ③ 안내 사항에 언급되어 있다.
> ④ 평일의 경우, A ~ C 과장 모두 진료 일정이 '오전 3회〉 오후 2회'이며, D과장의 경우 진료 일정이 모두 오전에 잡혀 있다.
> ⑤ 15~18일에는 병원 내부 공사로 인해 외래진료 및 수술, 신규 환자 접수는 불가하다.

**39** K씨는 평소 앓고 있던 허리 디스크를 고치기 위하여 '이번 달'에 수술을 하기로 결정하였다. W병원 신경외과의 A과장이나 C과장에게 꼭 수술을 받고자 하며, 가급적 오전에 수술하기를 원하는 K씨의 상황에 대한 다음 설명 중 올바른 것은 어느 것인가?

① 20일에 MRI 촬영 예약을 하여 23일에 MRI 촬영 및 진료 후 다음 날인 24일에 수술을 하면 된다.

② 25일에 A과장에게 수술을 받을 수 있다.

③ 수요일과 금요일에는 K씨가 원하는 시간에 수술을 받을 수 없다.

④ '이번 달'에 수술을 받을 수 있는 토요일은 모두 두 번 있다.

⑤ 마지막 주에 K씨가 선택할 수 있는 수술날짜 일정이 네 번으로 가장 많다.

> (Tip) 15일이 수요일이라 했으므로 '이번 달'의 달력을 그려 A과장과 C과장의 오전 수술 일정을 확인해 보면 다음과 같다.

| 일 | 월 | 화 | 수 | 목 | 금 | 토 |
|---|---|---|---|---|---|---|
|  |  |  | 1 | 2  A, C | 3 | 4  A |
| 5 | 6  C | 7  A | 8 | 9  A, C | 10 | 11  A, C |
| 12 | 13  C | 14  A | 15  공사 | 16  공사 | 17  공사 | 18  공사 |
| 19 | 20  C | 21  A | 22 | 23  A, C | 24 | 25  C |
| 26 | 27  C | 28  A | (29) | (30) A, C | (31) |  |

> 따라서 수요일과 금요일은 A과장과 C과장이 모두 오전 수술 일정이 없어 K씨가 원하는 시간에 수술을 받을 수 없는 요일이 된다.
> ① 24일은 금요일이므로 A과장이나 C과장의 오전 수술 일정이 없는 날이다.
> ② 25일은 넷째 주 토요일이므로 A과장 휴무일이다.
> ④ 공사가 예정되어 있는 18일을 제외하고 4일, 11일, 25일 토요일에 수술 받을 수 있다.
> ⑤ 마지막 주에는 선택할 수 있는 일정이 최대 3일(월-C, 화-A, 목-A, C)이다. 둘째 주와 넷째 주가 네 번(월, 화, 목, 토)으로 K씨가 수술 일정을 잡을 수 있는 선택지가 가장 많다.

**40** 다음 글의 내용이 참일 때 최종 선정되는 단체는 어디인가?

> 문화체육관광부는 우수 문화예술 단체 A, B, C, D, E 중 한 곳을 선정하여 지원하려 한다. 문화체육관광부의 금번 선정 방침은 다음 두 가지이다. 첫째, 어떤 형태로든 지원을 받고 있는 단체는 최종 후보가 될 수 없다. 둘째, 최종 선정 시 올림픽 관련 단체를 엔터테인먼트 사업(드라마, 영화, 가요) 단체보다 우선한다.
>
> A 단체는 자유무역협정을 체결한 필리핀에 드라마 콘텐츠를 수출하고 있지만 올림픽과 관련한 사업은 하지 않는다. B 단체는 올림픽의 개막식 행사를, C 단체는 올림픽의 폐막식 행사를 각각 주관하는 단체이다. E 단체는 오랫동안 한국 음식문화를 세계에 보급해 온 단체이다. A와 C 단체 중 적어도 한 단체가 최종 후보가 되지 못한다면, 대신 B와 E 중 적어도 한 단체는 최종 후보가 된다. 반면 게임 개발로 각광을 받는 단체인 D가 최종 후보가 된다면, 한국과 자유무역협정을 체결한 국가와 교역을 하는 단체는 모두 최종 후보가 될 수 없다.
>
> 후보 단체들 중 가장 적은 부가가치를 창출한 단체는 최종 후보가 될 수 없고, 최종 선정은 최종 후보가 된 단체 중에서만 이루어진다.
>
> 문화체육관광부의 조사 결과, 올림픽의 개막식 행사를 주관하는 모든 단체는 이미 보건복지부로부터 지원을 받고 있다. 그리고 위 문화예술 단체 가운데 한국 음식문화 보급과 관련된 단체의 부가가치 창출이 가장 저조하였다.

① A  　　　　　　　　　　　　② B

③ C  　　　　　　　　　　　　④ D

⑤ E

 ① A 단체는 자유무역협정을 체결한 필리핀에 드라마 콘텐츠를 수출하고 있지만 올림픽과 관련된 사업은 하지 않는다. 최종 선정 시 올림픽 관련 단체를 엔터테인먼트 사업 단체보다 우선하므로 B, C와 같이 최종 후보가 된다면 A는 선정될 수 없다.

② 올림픽의 개막식 행사를 주관하는 모든 단체는 이미 보건복지부로부터 지원을 받고 있다. B 단체는 올림픽의 개막식 행사를 주관하는 단체이다. → B 단체는 선정될 수 없다.

③ A와 C 단체 중 적어도 한 단체가 최종 후보가 되지 못한다면, 대신 B와 E 중 적어도 한 단체는 최종 후보가 된다. 보기 ②⑤를 통해 B, E 단체를 후보가 될 수 없다. 후보는 A와 C가 된다.

④ D가 최종 후보가 된다면, 한국과 자유무역협정을 체결한 국가와 교역을 하는 단체는 모두 최종 후보가 될 수 없다. D가 최종 후보가 되면 A가 될 수 없고 A가 된다면 D는 될 수 없다.

⑤ 후보 단체들 중 가장 적은 부가가치를 창출한 단체는 최종 후보가 될 수 없고, 한국 음식문화 보급과 관련된 단체의 부가가치 창출이 가장 저조하였다. E 단체는 오랫동안 한국 음식문화를 세계에 보급해 온 단체이다. → E 단체는 선정될 수 없다.

*Answer*↝ 38.② 39.③ 40.③

# CHAPTER 04 정보능력

## 1 정보화사회와 정보능력

### (1) 정보와 정보화사회

① 자료 · 정보 · 지식

| 구분 | 특징 |
|---|---|
| 자료<br>(Data) | 객관적 실제의 반영이며, 그것을 전달할 수 있도록 기호화한 것 |
| 정보<br>(Information) | 자료를 특정한 목적과 문제해결에 도움이 되도록 가공한 것 |
| 지식<br>(Knowledge) | 정보를 집적하고 체계화하여 장래의 일반적인 사항에 대비해 보편성을 갖도록 한 것 |

② **정보화사회** … 필요로 하는 정보가 사회의 중심이 되는 사회

### (2) 업무수행과 정보능력

① 컴퓨터의 활용 분야
  ⊙ 기업 경영 분야에서의 활용 : 판매, 회계, 재무, 인사 및 조직관리, 금융 업무 등
  ⊙ 행정 분야에서의 활용 : 민원처리, 각종 행정 통계 등
  ⊙ 산업 분야에서의 활용 : 공장 자동화, 산업용 로봇, 판매시점관리시스템(POS) 등
  ⊙ 기타 분야에서의 활용 : 교육, 연구소, 출판, 가정, 도서관, 예술 분야 등

② 정보처리과정
  ⊙ 정보 활용 절차 : 기획 → 수집 → 관리 → 활용
  ⊙ 5W2H : 정보 활용의 전략적 기획
  • WHAT(무엇을?) : 정보의 입수대상을 명확히 한다.
  • WHERE(어디에서?) : 정보의 소스(정보원)를 파악한다.
  • WHEN(언제까지) : 정보의 요구(수집)시점을 고려한다.
  • WHY(왜?) : 정보의 필요목적을 염두에 둔다.
  • WHO(누가?) : 정보활동의 주체를 확정한다.
  • HOW(어떻게) : 정보의 수집방법을 검토한다.

• HOW MUCH(얼마나?) : 정보수집의 비용성(효용성)을 중시한다.

---

**예제 1**

5W2H는 정보를 전략적으로 수집·활용할 때 주로 사용하는 방법이다. 5W2H에 대한 설명으로 옳지 않은 것은?

① WHAT : 정보의 수집방법을 검토한다.
② WHERE : 정보의 소스(정보원)를 파악한다.
③ WHEN : 정보의 요구(수집)시점을 고려한다.
④ HOW : 정보의 수집방법을 검토한다.

[출제의도]
방대한 정보들 중 꼭 필요한 정보와 수집 방법 등을 전략적으로 기획하고 정보수집이 이루어질 때 효과적인 정보 수집이 가능해진다. 5W2H는 이러한 전략적 정보 활용 기획의 방법으로 그 개념을 이해하고 있는지를 묻는 질문이다.
[해설]
5W2H의 'WHAT'은 정보의 입수대상을 명확히 하는 것이다. 정보의 수집방법을 검토하는 것은 HOW(어떻게)에 해당되는 내용이다.

답 ①

---

### (3) 사이버공간에서 지켜야 할 예절

① 인터넷의 역기능
  ㉠ 불건전 정보의 유통
  ㉡ 개인 정보 유출
  ㉢ 사이버 성폭력
  ㉣ 사이버 언어폭력
  ㉤ 언어 훼손
  ㉥ 인터넷 중독
  ㉦ 불건전한 교제
  ㉧ 저작권 침해

② 네티켓(netiquette) ··· 네트워크(network) + 에티켓(etiquette)

(4) 정보의 유출에 따른 피해사례

① 개인정보의 종류

　　㉠ **일반 정보** : 이름, 주민등록번호, 운전면허정보, 주소, 전화번호, 생년월일, 출생지, 본적지, 성별, 국적 등

　　㉡ **가족 정보** : 가족의 이름, 직업, 생년월일, 주민등록번호, 출생지 등

　　㉢ **교육 및 훈련 정보** : 최종학력, 성적, 기술자격증/전문면허증, 이수훈련 프로그램, 서클활동, 상벌사항, 성격/행태보고 등

　　㉣ **병역 정보** : 군번 및 계급, 제대유형, 주특기, 근무부대 등

　　㉤ **부동산 및 동산 정보** : 소유주택 및 토지, 자동차, 저축현황, 현금카드, 주식 및 채권, 수집품, 고가의 예술품 등

　　㉥ **소득 정보** : 연봉, 소득의 원천, 소득세 지불 현황 등

　　㉦ **기타 수익 정보** : 보험가입현황, 수익자, 회사의 판공비 등

　　㉧ **신용 정보** : 대부상황, 저당, 신용카드, 담보설정 여부 등

　　㉨ **고용 정보** : 고용주, 회사주소, 상관의 이름, 직무수행 평가 기록, 훈련기록, 상벌기록 등

　　㉩ **법적 정보** : 전과기록, 구속기록, 이혼기록 등

　　㉪ **의료 정보** : 가족병력기록, 과거 의료기록, 신체장애, 혈액형 등

　　㉫ **조직 정보** : 노조가입, 정당가입, 클럽회원, 종교단체 활동 등

　　㉬ **습관 및 취미 정보** : 흡연/음주량, 여가활동, 도박성향, 비디오 대여기록 등

② 개인정보 유출방지 방법

　　㉠ 회원 가입 시 이용 약관을 읽는다.

　　㉡ 이용 목적에 부합하는 정보를 요구하는지 확인한다.

　　㉢ 비밀번호는 정기적으로 교체한다.

　　㉣ 정체불명의 사이트는 멀리한다.

　　㉤ 가입 해지 시 정보 파기 여부를 확인한다.

　　㉥ 남들이 쉽게 유추할 수 있는 비밀번호는 자제한다.

**2** 정보능력을 구성하는 하위능력

**(1) 컴퓨터활용능력**

① 인터넷 서비스 활용

  ㉠ 전자우편(E-mail) 서비스 … 정보 통신망을 이용하여 다른 사용자들과 편지나 여러 정보를 주고받는 통신 방법

  ㉡ 인터넷 디스크/웹 하드 : 웹 서버에 대용량의 저장 기능을 갖추고 사용자가 개인용 컴퓨터의 하드디스크와 같은 기능을 인터넷을 통하여 이용할 수 있게 하는 서비스

  ㉢ 메신저 : 인터넷에서 실시간으로 메시지와 데이터를 주고받을 수 있는 소프트웨어

  ㉣ 전자상거래 : 인터넷을 통해 상품을 사고팔거나 재화나 용역을 거래하는 사이버 비즈니스

② **정보검색** … 여러 곳에 분산되어 있는 수많은 정보 중에서 특정 목적에 적합한 정보만을 신속하고 정확하게 찾아내어 수집, 분류, 축적하는 과정

  ㉠ 검색엔진의 유형

  • 키워드 검색 방식 : 찾고자 하는 정보와 관련된 핵심적인 언어인 키워드를 직접 입력하여 이를 검색 엔진에 보내어 검색 엔진이 키워드와 관련된 정보를 찾는 방식

  • 주제별 검색 방식 : 인터넷상에 존재하는 웹 문서들을 주제별, 계층별로 정리하여 데이터베이스를 구축한 후 이용하는 방식

  • 통합형 검색방식 : 사용자가 입력하는 검색어들이 연계된 다른 검색 엔진에게 보내고 이를 통하여 얻어진 검색 결과를 사용자에게 보여주는 방식

  ㉡ 정보 검색 연산자

| 기호 | 연산자 | 검색조건 |
|------|--------|----------|
| *, & | AND | 두 단어가 모두 포함된 문서를 검색 |
| \| | OR | 두 단어가 모두 포함되거나 두 단어 중에서 하나만 포함된 문서를 검색 |
| –, ! | NOT | '–' 기호나 '!' 기호 다음에 오는 단어는 포함하지 않는 문서를 검색 |
| ~, near | 인접검색 | 앞/뒤의 단어가 가깝게 있는 문서를 검색 |

③ 소프트웨어의 활용

  ㉠ 워드프로세서

  • 특징 : 문서의 내용을 화면으로 확인하면서 쉽게 수정 가능, 문서 작성 후 인쇄 및 저장 가능, 글이나 그림의 입력 및 편집 가능

  • 기능 : 입력기능, 표시기능, 저장기능, 편집기능, 인쇄기능 등

ⓒ 스프레드시트
- 특징 : 쉽게 계산 수행, 계산 결과를 차트로 표시, 문서를 작성하고 편집 가능
- 기능 : 계산, 수식, 차트, 저장, 편집, 인쇄기능 등

---

**예제 2**

귀하는 커피 전문점을 운영하고 있다. 아래와 같이 엑셀 워크시트로 4개 지점의 원두 구매 수량과 단가를 이용하여 금액을 산출하고 있다. 귀하가 다음 중 D3셀에서 사용하고 있는 함수식으로 옳은 것은? (단, 금액 = 수량 × 단가)

|   | A | B | C | D | E |
|---|---|---|---|---|---|
| 1 | 지점 | 원두 | 수량(100g) | 금액 | |
| 2 | A | 케냐 | 15 | 150000 | |
| 3 | B | 콜롬비아 | 25 | 175000 | |
| 4 | C | 케냐 | 30 | 300000 | |
| 5 | D | 브라질 | 35 | 210000 | |
| 6 |   |   |   |   | |
| 7 |   | 원두 | 100g당 단가 | | |
| 8 |   | 케냐 | 10,000 | | |
| 9 |   | 콜롬비아 | 7,000 | | |
| 10 |   | 브라질 | 6,000 | | |
| 11 |   |   |   | | |

① =C3*VLOOKUP(B3, $B$8:$C$10, 1, 1)
② =B3*HLOOKUP(C3, $B$8:$C$10, 2, 0)
③ =C3*VLOOKUP(B3, $B$8:$C$10, 2, 0)
④ =C3*HLOOKUP($B$8:$C$10, 2, B3)

[출제의도]
본 문항은 엑셀 워크시트 함수의 활용도를 확인하는 문제이다.
[해설]
"VLOOKUP(B3,$B$8:$C$10, 2, 0)"의 함수를 해설해보면 B3의 값(콜롬비아)을 B8:C10에서 찾은 후 그 영역의 2번째 열(C열, 100g당 단가)에 있는 값을 나타내는 함수이다. 금액은 "수량 × 단가"로 나타내므로 D3셀에 사용되는 함수식은 "=C3*VLOOKUP(B3, $B$8:$C$10, 2, 0)"이다.
※ HLOOKUP과 VLOOKUP
ⓐ HLOOKUP : 배열의 첫 행에서 값을 검색하여, 지정한 행의 같은 열에서 데이터를 추출
ⓑ VLOOKUP : 배열의 첫 열에서 값을 검색하여, 지정한 열의 같은 행에서 데이터를 추출

**답 ③**

---

ⓒ 프레젠테이션
- 특징 : 각종 정보를 사용자 또는 대상자에게 쉽게 전달
- 기능 : 저장, 편집, 인쇄, 슬라이드 쇼 기능 등
ⓓ 유틸리티 프로그램 : 파일 압축 유틸리티, 바이러스 백신 프로그램

④ 데이터베이스의 필요성
ⓐ 데이터의 중복을 줄인다.
ⓑ 데이터의 무결성을 높인다.
ⓒ 검색을 쉽게 해준다.
ⓓ 데이터의 안정성을 높인다.
ⓔ 개발기간을 단축한다.

## (2) 정보처리능력

① **정보원** … 1차 자료는 원래의 연구성과가 기록된 자료이며, 2차 자료는 1차 자료를 효과적으로 찾아보기 위한 자료 또는 1차 자료에 포함되어 있는 정보를 압축·정리한 형태로 제공하는 자료이다.

　㉠ **1차 자료** : 단행본, 학술지와 논문, 학술회의자료, 연구보고서, 학위논문, 특허정보, 표준 및 규격자료, 레터, 출판 전 배포자료, 신문, 잡지, 웹 정보자원 등

　㉡ **2차 자료** : 사전, 백과사전, 편람, 연감, 서지데이터베이스 등

② **정보분석 및 가공**

　㉠ **정보분석의 절차** : 분석과제의 발생 → 과제(요구)의 분석 → 조사항목의 선정 → 관련정보의 수집(기존자료 조사/신규자료 조사) → 수집정보의 분류 → 항목별 분석 → 종합·결론 → 활용·정리

　㉡ **가공** : 서열화 및 구조화

③ **정보관리**

　㉠ 목록을 이용한 정보관리

　㉡ 색인을 이용한 정보관리

　㉢ 분류를 이용한 정보관리

---

### 예제 3

인사팀에서 근무하는 J씨는 회사가 성장함에 따라 직원 수가 급증하기 시작하면서 직원들의 정보관리 방법을 모색하던 중 다음과 같은 A사의 직원 정보관리 방법을 보게 되었다. J씨는 A사가 하고 있는 이 방법을 회사에도 도입하고자 한다. 이 방법은 무엇인가?

> A사의 인사부서에 근무하는 H씨는 직원들의 개인정보를 관리하는 업무를 담당하고 있다. A사에서 근무하는 직원은 수천 명에 달하기 때문에 H씨는 주요 키워드나 주제어를 가지고 직원들의 정보를 구분하여 관리하여, 찾을 때도 쉽고 내용을 수정할 때도 이전보다 훨씬 간편할 수 있도록 했다.

① 목록을 활용한 정보관리
② 색인을 활용한 정보관리
③ 분류를 활용한 정보관리
④ 1:1 매칭을 활용한 정보관리

[출제의도]
본 문항은 정보관리 방법의 개념을 이해하고 있는가를 묻는 문제이다.

[해설]
주어진 자료의 A사에서 사용하는 정보관리는 주요 키워드나 주제어를 가지고 정보를 관리하는 방식인 색인을 활용한 정보관리이다. 디지털 파일에 색인을 저장할 경우 추가, 삭제, 변경 등이 쉽다는 점에서 정보관리에 효율적이다.

**답 ②**

# 출제예상문제

※ 다음은 R그룹 물류창고의 책임자와 각 창고 내 보관된 제품의 코드 목록을 보고 물음에 답하시오. 【1~3】

| 책임자 | 제품코드번호 | 책임자 | 제품코드번호 |
|---|---|---|---|
| 이수현 | 17081B010300015 | 홍자영 | 18064J020900103 |
| 김지원 | 18076Q031400007 | 여하진 | 19023G041801001 |
| 최예원 | 19027T041700079 | 이지은 | 17092E010600005 |
| 김지호 | 18112E020700088 | 권민아 | 19108V031100753 |
| 황용식 | 17124L010400045 | 김선영 | 19037S021000015 |

| ex) 제품코드번호 (생산연월)-(생산공장)-(제품종류)-(생산순서) |
|---|

| 생산연월 | 생산공장 | | | | 제품종류 | | | | 생산순서 |
|---|---|---|---|---|---|---|---|---|---|
| | 지역코드 | | 고유번호 | | 분류코드 | | 고유번호 | | |
| | 1 | 성남 | A | 1공장 | 01 | 외투 | 01 | 가죽 | |
| | | | B | 2공장 | | | 02 | 면 | |
| | | | C | 3공장 | | | 03 | 폴리 | |
| | 2 | 구리 | D | 1공장 | | | 04 | 린넨 | |
| | | | E | 2공장 | | | 05 | 니트 | |
| | | | F | 3공장 | | | 06 | 패딩 | |
| | 3 | 창원 | G | 1공장 | 02 | 상의 | 07 | 니트 | |
| | | | H | 2공장 | | | 08 | 긴팔 | |
| • 1805 | | | I | 3공장 | | | 09 | 셔츠 | |
| -2018년 5월 | 4 | 서산 | J | 1공장 | | | 10 | 반팔 | 00001부터 시작하여 생 |
| • 1912 | | | K | 2공장 | 03 | 하의 | 11 | 치마 | 산 순서대로 5자리의 번 |
| -2019년 12월 | | | L | 3공장 | | | 12 | 바지 | 호가 매겨짐 |
| | 5 | 원주 | M | 1공장 | | | 13 | 데님 | |
| | | | N | 2공장 | | | 14 | 레깅스 | |
| | | | O | 3공장 | 04 | 악세서리 | 15 | 헤어 | |
| | 6 | 강릉 | P | 1공장 | | | 16 | 귀걸이 | |
| | | | Q | 2공장 | | | 17 | 목걸이 | |
| | | | R | 3공장 | | | 18 | 반지 | |
| | 7 | 진주 | S | 1공장 | | | | | |
| | | | T | 2공장 | | | | | |
| | 8 | 합천 | U | 1공장 | | | | | |
| | | | V | 2공장 | | | | | |

**1** R그룹 물류창고의 제품 중 2018년 7월에 구리 1공장에서 57번째로 생산된 하의 데님의 코드로 알맞은 것은?

① 18072D031200057

② 18072D031300057

③ 18072F031300057

④ 18072F031200570

> (Tip) 2018년 7월 : 1807
> 구리 1공장 : 2D
> 하의 데님 : 0313
> 57번째로 생산 : 00057

**2** 2019년 2월 진주 2공장에서 79번째로 생산한 목걸이의 관리 책임자는 누구인가?

① 여하진

② 홍자영

③ 최예원

④ 김선영

> (Tip) 문제의 제품의 코드번호는 '19027T041700079'이고 책임자는 최예원이다.

**3** 다음 중 성남 2공장과 서산 3공장의 제품을 보관하고 있는 물류창고의 책임자를 순서대로 나열한 것은?

① 이수현 – 황용식

② 권민아 – 김지호

③ 이수현 – 김지호

④ 권민아 – 황용식

> (Tip) 성남 2공장의 코드는 1B, 서산 3공장의 코드는 4L이다.
> 이수현(17081B010300015) – 황용식(17124L010400045)

Answer↱ 1.② 2.③ 3.①

※ 다음은 W사의 부서별 업무량에 관한 자료이다. 이 자료를 토대로 성과급을 지급한다고 했을 때 이어지는 물음에 답하시오. 【4～5】

| 소속부서 | 이름 | 직위 | 업무량 | 업무량 비율 |
| --- | --- | --- | --- | --- |
| 교육기획 | 정건주 | 사원 | 615 | 4.3% |
| 교육운영 | 민서연 | 대리 | 950 | 6.6% |
| 교육운영 | 도민준 | 사원 | 841 | 5.8% |
| 문화행정 | 양승엽 | 과장 | 672 | 4.7% |
| 재무회계 | 윤승희 | 과장 | 1,272 | 8.8% |
| 총무 | 정민철 | 대리 | 891 | 6.2% |
| 홍보마케팅 | 태공실 | 대리 | 1,581 | 11.0% |
| 총무 | 기도훈 | 사원 | 1,560 | 10.8% |
| 사무행정 | 한민준 | 과장 | 995 | 6.9% |
| 교육기획 | 김두준 | 대리 | 1,254 | 8.7% |
| 홍보마케팅 | 이은지 | 사원 | 876 | 6.1% |
| 경비청소 | 박민지 | 과장 | 1,134 | 7.9% |
| 사무행정 | 김지훈 | 대리 | 911 | 6.3% |
| 행사기획 | 윤혜린 | 과장 | 873 | 6.1% |

※ 성과급 지급 기준 : 업무량 1,000 이상인 자

**4** 다음은 성과급 지급 대상자의 명단으로 옳은 것은?

① 박민지, 기도훈, 태공실, 김지훈, 민서연
② 김두준, 한민준, 윤승희, 정민철, 박민지
③ 기도훈, 박민지, 양승엽, 태공실, 윤승희
④ 이은지, 김두준, 박민지, 윤승희, 박민지
⑤ 기도훈, 박민지, 태공실, 윤승희, 김두준

(Tip) 성과급 지급 대상자는 다음과 같다. 윤승희, 태공실, 기도훈, 김두준, 박민지

**5** 성과급 지급 기준이 다음과 같다면 성과급을 지급 대상인 직원은 누구인가?

---

업무량 7% 이상인 직급이 대리인 직원

---

① 기도훈　　　　　　　　　② 윤승희

③ 태공실　　　　　　　　　④ 김두준

⑤ 정건주

(Tip) 업무량 7% 이상인 직급이 대리인 직원은 태공실과 김두준이다.

**6** 다음은 한글 Windows XP의 휴지통에 관한 설명이다. 올바른 설명을 모두 고른 것은 어느 것인가?

---

(가) 각 드라이브마다 휴지통의 크기를 다르게 설정하는 것이 가능하다.

(나) 원하는 경우 휴지통에 보관된 폴더나 파일을 직접 실행할 수도 있고 복원할 수도 있다.

(다) 지정된 휴지통의 용량을 초과하면 가장 오래 전에 삭제되어 보관된 파일부터 지워진다.

(라) 휴지통은 지워진 파일뿐만 아니라 시간, 날짜, 파일의 경로에 대한 정보까지 저장하고 있다.

---

① (가), (나), (다), (라)

② (가), (나), (라)

③ (나), (다), (라)

④ (가), (나), (다)

⑤ (가), (다), (라)

(Tip) (가), (다), (라)는 모두 휴지통의 기능을 올바르게 설명하고 있다.

(나)→휴지통 내에 보관된 파일은 직접 사용할 수 없으며, 원래의 저장 위치로 복원한 다음 원래의 위치에서 실행이 가능하다.

Answer⌐→ 4.⑤ 5.④ 6.⑤

**7**  다음 설명을 참고할 때, 'ISBN 89 349 0490'코드를 EAN코드로 올바르게 바꾼 것은 어느 것인가?

---

    한국도서번호란 국제적으로 표준화된 방법에 의해, 전 세계에서 생산되는 각종 도서에 부여하는 국제표준도서번호(International Standard Book Number: ISBN) 제도에 따라 우리나라에서 발행되는 도서에 부여하는 고유번호를 말한다. 또한 EAN(European Artical Number)은 바코드 중 표준화된 바코드를 말한다. 즉, EAN코드는 국내뿐만 아니라 전 세계적으로 코드체계(자리수와 규격 등)가 표준화되어 있어 소매점이 POS시스템 도입이나 제조업 혹은 물류업자의 물류관리 등에 널리 사용이 가능한 체계이다.

    ISBN코드를 EAN코드로 변환하는 방법은 다음과 같다.

    먼저 9자리로 구성된 ISBN코드의 맨 앞에 3자리 EAN 도서번호인 978을 추가한다. 이렇게 연결된 12자리 숫자의 좌측 첫 자리 수부터 순서대로 번갈아 1과 3을 곱한다. 그렇게 곱해서 산출된 모든 수들을 더하고, 다시 10으로 나누게 된다. 이 때 몫을 제외한 '나머지'의 값이 다음과 같은 체크기호와 대응된다.

| 나머지 | 0 | 1 | 2 | 3 | 4 | 5 | 6 | 7 | 8 | 9 |
|---|---|---|---|---|---|---|---|---|---|---|
| 체크기호 | 0 | 9 | 8 | 7 | 6 | 5 | 4 | 3 | 2 | 1 |

    나머지에 해당하는 체크기호가 확인되면 처음의 12자리 숫자에 체크기호를 마지막에 더하여 13자리의 EAN코드를 만들 수 있게 된다.

---

① EAN 9788934904909

② EAN 9788934904908

③ EAN 9788934904907

④ EAN 9788934904906

⑤ EAN 9788934904905

**8** '수량'과 '품목코드'별 단가를 이용하여 금액을 다음과 같이 산출하였다. 다음 중 'D2' 셀에 사용된 함수식으로 올바른 것은 어느 것인가?

| | A | B | C | D |
|---|---|---|---|---|
| 1 | 매장명 | 품목코드 | 수량 | 총금액 |
| 2 | 갑 지점 | ST-03 | 15 | 45,000 |
| 3 | 을 지점 | KL-15 | 25 | 125,000 |
| 4 | 병 지점 | ST-03 | 30 | 90,000 |
| 5 | 정 지점 | DY-20 | 35 | 245,000 |
| 6 | | | | |
| 7 | | 품목코드 | 단가 | |
| 8 | | ST-03 | 3000 | |
| 9 | | KL-15 | 7000 | |
| 10 | | DY-20 | 5000 | |

① =C2*VLOOKUP(B2,$B$8:$C$10,1,1)

② =B2*HLOOKUP(C2,$B$8:$C$10,2,0)

③ =B2*VLOOKUP(B2,$B$8:$C$10,1,1)

④ =C2*VLOOKUP(B2,$B$8:$C$10,2,0)

⑤ =C2*HLOOKUP($B$8:$C$10,2,B2)

(Tip) VLOOKUP은 범위의 첫 열에서 찾을 값에 해당하는 데이터를 찾은 후 찾을 값이 있는 행에서 열 번호 위치에 해당하는 데이터를 구하는 함수이다. 단가를 구하기 위해서는 열에 대하여 품목코드를 찾아 단가를 구하므로 VLOOKUP 함수를 사용해야 한다.

찾을 방법은 TRUE(1) 또는 생략할 경우, 찾을 값의 아래로 근사값, FALSE(0)이면 정확한 값을 표시한다. VLOOKUP(B2,$B$8:$C$10,2,0)은 'B8:C10' 영역의 첫 열에서 ST-03에 해당하는 데이터를 찾아 2열에 있는 단가 값인 3000을 구하게 된다. 따라서 '=C2*VLOOKUP(B2,$B$8:$C$10,2,0)'은 15*3000이 되어 결과값은 45,000이 된다.

*Answer* 7.② 8.④

**9** 다음 자료를 참고할 때, B7 셀에 '=SUM(B2:CHOOSE(2,B3,B4,B5))'의 수식을 입력했을 때 표시되는 결괏값으로 올바른 것은 어느 것인가?

| | A | B |
|---|---|---|
| 1 | 성명 | 성과점수 |
| 2 | 오 과장 | 85 |
| 3 | 민 대리 | 90 |
| 4 | 백 사원 | 92 |
| 5 | 최 대리 | 88 |
| 6 | | |
| 7 | 부분합계 | |

① 175

② 355

③ 267

④ 177

⑤ 265

> **Tip** CHOOSE 함수는 'CHOOSE(인수, 값1, 값2,….)'과 같이 표시하며, 인수의 번호에 해당하는 값을 구하게 된다. 다시 말해, 인수가 1이면 값1을, 인수가 2이면 값2를 선택하게 된다. 따라서 두 번째 인수인 B4가 해당되어 B2:B4의 합계를 구하게 되므로 정답은 267이 된다.

**10** 다음은 '데이터 통합'을 실행하기 위한 방법을 설명하고 있다. 〈보기〉에 설명된 실행 방법 중 올바른 설명을 모두 고른 것은 어느 것인가?

〈보기〉
(가) 원본 데이터가 변경되면 자동으로 통합 기능을 이용해 구한 계산 결과가 변경되게 할지 여부를 선택할 수 있다.
(나) 여러 시트에 입력되어 있는 데이터들을 하나로 통합할 수 있으나 다른 통합 문서에 입력되어 있는 데이터를 통합할 수는 없다.
(다) 통합 기능에서는 표준편차와 분산 함수도 사용할 수 있다.
(라) 다른 원본 영역의 레이블과 일치하지 않는 레이블이 있는 경우에도 통합 기능을 수행할 수 있다.

① (나), (다), (라)

② (가), (나), (다)

③ (가), (나), (라)

④ (가), (다), (라)

⑤ (가), (나), (다), (라)

(내) 통합 문서 내의 다른 워크시트 뿐 아니라 다른 통합 문서에 있는 워크시트도 통합할 수 있다.

(개) 대화 상자에서 '원본 데이터 연결'을 선택하면 제시된 바와 같은 기능을 실행할 수 있다.

(대) 통합 기능에서 사용할 수 있는 함수로는 합계, 개수, 평균, 최대/최소값, 곱, 숫자 개수, 표준 편차, 분산 등이 있다.

(래) 제시된 바와 같은 경우, 별도의 행이나 열이 만들어지게 되므로 통합 기능을 수행할 수 있다.


**11** 귀하는 중견기업 영업관리팀 사원으로 매출분석업무를 담당하고 있다. 아래와 같이 엑셀 워크시트로 서울에 있는 강북, 강남, 강서, 강동 등 4개 매장의 '수량'과 '상품코드'별 단가를 이용하여 금액을 산출하고 있다. 귀하가 다음 중 [D2] 셀에서 사용하고 있는 함수식으로 옳은 것은 무엇인가? (금액 = 수량 × 단가)

**자료**

| 지역 | 상품코드 | 수량 | 금액 |
|------|---------|------|------|
| 강북 | AA-10 | 15 | 45,000 |
| 강남 | BB-20 | 25 | 125,000 |
| 강서 | AA-10 | 30 | 90,000 |
| 강동 | CC-30 | 35 | 245,000 |

| 상품코드 | 단가 |
|---------|------|
| AA-10 | 3,000 |
| BB-20 | 7,000 |
| CC-30 | 5,000 |

① =C2*VLOOKUP(B2,$B$8:$C$10, 1, 1)

② =B2*HLOOKUP(C2,$B$8:$C$10, 2, 0)

③ =C2*VLOOKUP(B2,$B$8:$C$10, 2, 0)

④ =C2*HLOOKUP($B$8:$C$10, 2, B2)

⑤ =C2*HLOOKUP($B$8:$C$10, 2, 1)

Tip C2*VLOOKUP(B2,$B$8:$C$10, 2, 0) 상품코드 별 단가가 수직(열)형태로 되어 있으므로, 그 단가를 가져오기 위해서는 VLOOKUP함수를 이용해야 되며, 상품코드 별 단가에 수량(C2)를 곱한다. $B$8:$C$10에서 단가는 2열이고 반드시 같은 상품코드 (B2)를 가져와야 되므로, 0 (False)를 사용하여 VLOOKUP (B2,$B$8:$C$10, 2, 0)처럼 수식을 작성해야 한다.

Answer⟶ 9.③ 10.④ 11.③

**12** 다음 워크시트에서 부서명[E2:E4]을 번호[A2:A11] 순서대로 반복하여 발령부서[C2:C11]에 배정하고자 한다. 다음 중 [C2] 셀에 입력할 수식으로 옳은 것은?

| | A | B | C | D | E |
|---|---|---|---|---|---|
| 1 | 번호 | 이름 | 발령부서 | | 부서명 |
| 2 | 1 | 황현아 | 기획팀 | | 기획팀 |
| 3 | 2 | 김지민 | 재무팀 | | 재무팀 |
| 4 | 3 | 정미주 | 총무팀 | | 총무팀 |
| 5 | 4 | 오민아 | 기획팀 | | |
| 6 | 5 | 김혜린 | 재무팀 | | |
| 7 | 6 | 김윤중 | 총무팀 | | |
| 8 | 7 | 박유미 | 기획팀 | | |
| 9 | 8 | 김영주 | 재무팀 | | |
| 10 | 9 | 한상미 | 총무팀 | | |
| 11 | 10 | 서은정 | 기획팀 | | |

① =INDEX($E$2:$E$4, MOD(A2, 3))

② =INDEX($E$2:$E$4, MOD(A2, 3)+1)

③ =INDEX($E$2:$E$4, MOD(A2-1, 3)+1)

④ =INDEX($E$2:$E$4, MOD(A2-1, 3))

⑤ =INDEX($E$2:$E$4, MOD(A2-1, 3)-1)

> (Tip) INDEX(범위, 행, 열)이고 MOD 함수는 나누어 나머지를 구해서 행 값을 구한다.
> INDEX 함수=INDEX($E$2:$E$4, MOD(A2-1, 3)+1)
> 범위 : $E$2:$E$4
> 행 : MOD(A2-1, 3)+1
> MOD 함수는 나머지를 구해주는 함수=MOD(숫자, 나누는 수), MOD(A2-1, 3)+1의 형태로 된다.
> A2의 값이 1이므로 1-1=0, 0을 3으로 나누면 나머지 값이 0이 되는데 0+1을 해줌으로써
> INDEX($E$2:$E$4,1)이 된다.
> 번호 6의 김윤중의 경우
> INDEX($E$2:$E$4, MOD(A7-1, 3)+1)
> 6(A7의 값)-1=5, 5를 3으로 나누면 나머지가 2
> 2+1=3이므로 3번째 행의 총무팀 값이 들어감을 알 수 있다.

**13** 다음과 같은 시트에서 이름에 '철'이라는 글자가 포함된 셀의 서식을 채우기 색 '노랑', 글꼴 스타일 '굵은 기울임꼴'로 변경하고자 한다. 이를 위해 [A2 : A7] 영역에 설정한 조건부 서식의 수식 규칙으로 옳은 것은?

| | A | B | C | D |
|---|---|---|---|---|
| 1 | 이름 | 편집부 | 영업부 | 관리부 |
| 2 | 박초롱 | 89 | 65 | 92 |
| 3 | 강원철 | 69 | 75 | 85 |
| 4 | 김수현 | 75 | 86 | 35 |
| 5 | 민수진 | 87 | 82 | 80 |
| 6 | 신해철 | 55 | 89 | 45 |
| 7 | 안진철 | 98 | 65 | 95 |

① =COUNT(A2, "*철*")

② =COUNT(A2:A7, "*철*")

③ =COUNTIF(A2, "*철*")

④ =COUNTIF(A2:A7, "*철*")

⑤ =COUNTIF(A7, "*철*")

(Tip) =COUNTIF를 입력 후 범위를 지정하면 지정한 범위 내에서 중복값을 찾는다.
ⓐ COUNT함수 : 숫자가 입력된 셀의 개수를 구하는 함수
ⓑ COUNTIF함수 : 조건에 맞는 셀의 개수를 구하는 함수
'철'을 포함한 셀을 구해야 하므로 조건을 구하는 COUNTIF함수를 사용하여야 한다.
A2행으로부터 한 칸씩 내려가며 '철'을 포함한 셀을 찾아야 하므로 A2만 사용한다.

**14** 다음 워크시트에서 매출액[B3:B9]을 이용하여 매출 구간별 빈도수를 [F3:F6] 영역에 계산하고자
한다. 다음 중 이를 위한 배열수식으로 옳은 것은?

| | A | B | C | D | E | F |
|---|---|---|---|---|---|---|
| 1 | | | | | | |
| 2 | | 매출액 | | 매출구간 | | 빈도수 |
| 3 | | 75 | | 0 | 50 | 1 |
| 4 | | 93 | | 51 | 100 | 2 |
| 5 | | 130 | | 101 | 200 | 3 |
| 6 | | 32 | | 201 | 300 | 1 |
| 7 | | 123 | | | | |
| 8 | | 257 | | | | |
| 9 | | 169 | | | | |

① {=PERCENTILE(B3:B9, E3:E6)}

② {=PERCENTILE(E3:E6, B3:B9)}

③ {=FREQUENCY(B3:B9, E3:E6)}

④ {=FREQUENCY(E3:E6, B3:B9)}

⑤ {=PERCENTILE(E3:E9, B3:B9)}

 FREQUENCY(배열1, 배열2) : 배열2의 범위에 대한 배열1 요소들의 빈도수를 계산
*PERCENTILE(범위, 인수) : 범위에서 인수 번째 백분위수 값
함수 형태=FREQUENCY(Data_array, Bins_array)
Data_array : 빈도수를 계산하려는 값이 있는 셀 주소 또는 배열
Bins_array : Data_array 를 분류하는데 필요한 구간 값들이 있는 셀 주소 또는 배열
수식 : {=FREQUENCY(B3:B9, E3:E6)}

**15** 다음 중 아래 워크시트에서 참고표를 참고하여 55,000원에 해당하는 할인율을 [C6]셀에 구하고자 할 때의 적절한 함수식은?

| | A | B | C | D | E | F |
|---|---|---|---|---|---|---|
| 1 | | <참고표> | | | | |
| 2 | | 금액 | 30,000 | 50,000 | 80,000 | 150,000 |
| 3 | | 할인율 | 3% | 7% | 10% | 15% |
| 4 | | | | | | |
| 5 | | 금액 | 55,000 | | | |
| 6 | | 할인율 | 7% | | | |

① =LOOKUP(C5,C2:F2,C3:F3)

② =HLOOKUP(C5,B2:F3,1)

③ =VLOOKUP(C5,C2:F3,1)

④ =VLOOKUP(C5,B2:F3,2)

⑤ =HLOOKUP(C5,B2:F3,2)

Tip LOOKUP은 LOOKUP(찾는 값, 범위 1, 범위 2)로 작성하여 구한다.
VLOOKUP은 범위에서 찾을 값에 해당하는 열을 찾은 후 열 번호에 해당하는 셀의 값을 구하며,
HLOOKUP은 범위에서 찾을 값에 해당하는 행을 찾은 후 행 번호에 해당하는 셀의 값을 구한다.

Answer↪ 14.③ 15.①

**16** 다음 중 아래 워크시트의 [A1] 셀에 사용자 지정 표시 형식 '#,###,'을 적용했을 때 표시되는 값은?

| ◢ | A | B |
|---|---|---|
| 1 | 2451648.81 | |
| 2 | | |

① 2,451

② 2,452

③ 2

④ 2.4

⑤ 2.5

**(Tip)** '#,###,'이 서식은 천 단위 구분 기호 서식 맨 뒤에 쉼표가 붙은 형태로 소수점 이하는 없애고 정수 부분은 천 단위로 나타내면서 동시에 뒤에 있는 3자리를 없애준다. 반올림 대상이 있을 경우 반올림을 한다.

2451648.81 여기에서 소수점 이하를 없애주면 2451648이 되고, 그 다음 정수 부분에서 뒤에 있는 3자리를 없애주는데 맨 뒤에서부터 3번째 자리인 6이 5 이상이므로 반올림이 된다. 그러므로 결과는 2,452가 된다.

**17** 다음 중 아래 워크시트에서 수식 '=SUM($B$2:C2)'이 입력된 [D2]셀을 [D4]셀에 복사하여 붙여 넣었을 때의 결과 값은?

| | D2 | | $f_x$ | =SUM($B$2:C2) | |
|---|---|---|---|---|---|
| | A | B | C | D | E | F |
| 1 | | | | | | |
| 2 | | 5 | 10 | 15 | | |
| 3 | | 7 | 14 | | | |
| 4 | | 9 | 18 | | | |
| 5 | | | | | | |

① 15                                    ② 27

③ 42                                    ④ 63

⑤ 72

 =SUM($B$2:C2) 이렇게 수식을 입력을 하고 아래로 채우기 핸들을 하게 되면 셀 주소가 다음과 같이 변하게 된다.
=SUM($B$2:C2) → D2셀
=SUM($B$2:C3) → D3셀
=SUM($B$2:C4) → D4셀
B2셀은 절대참조로 고정하였으므로 셀 주소가 변하지 않고, 상대참조로 잡은 셀은 열이 C열로 고정되었고 행 주소가 바뀌게 된다.
그러면 각각 셀에 계산된 결과가 다음과 같이 나온다.
D2셀에 나오는 값 결과 : 15 (5+10=15)
D3셀에 나오는 값 결과 : 36 (5+7+10+14=36)
D4셀에 나오는 값 결과 : 63 (5+7+9+10+14+18=63)

※ 글로벌기업인 K회사는 한국, 일본, 중국, 필리핀에 지점을 두고 있으며 주요 품목인 외장하드를 생산하여 판매하고 있다. 다음 규정은 외장하드에 코드를 부여하는 방식이라 할 때, 다음을 보고 물음에 답하시오. 【18 ~ 21】

예시〉 외장하드
2015년 2월 12일에 한국 제3공장에서 제조된 스마트S 500GB 500번째 품목
→150212－1C－04001－00500

| 제조연월일 | 생산라인 | | | | 제품종류 | | | | 완성된 순서 |
|---|---|---|---|---|---|---|---|---|---|
| | 국가코드 | | 공장 라인 | | 분류코드 | | 용량번호 | | |
| 2017년 11월 11일 제조<br>→171111<br>2018년 12월 20일 제조<br>→181220 | 1 | 한국 | A | 제1공장 | 01 | xs1 | 001 | 500GB | 00001부터 시작하여 완성된 순서대로 번호가 매겨짐<br><br>1511번째 품목<br>→01511 |
| | | | B | 제2공장 | | | 002 | 1TB | |
| | | | C | 제3공장 | | | 003 | 2TB | |
| | | | D | 제4공장 | 02 | xs2 | 001 | 500GB | |
| | 2 | 일본 | A | 제1공장 | | | 002 | 1TB | |
| | | | B | 제2공장 | | | 003 | 2TB | |
| | | | C | 제3공장 | 03 | oz | 001 | 500GB | |
| | | | D | 제4공장 | | | 002 | 1TB | |
| | 3 | 중국 | A | 제1공장 | | | 003 | 2TB | |
| | | | B | 제2공장 | 04 | 스마트S | 001 | 500GB | |
| | | | C | 제3공장 | | | 002 | 1TB | |
| | | | D | 제4공장 | | | 003 | 2TB | |
| | 4 | 필리핀 | A | 제1공장 | 05 | HS | 001 | 500GB | |
| | | | B | 제2공장 | | | 002 | 1TB | |
| | | | C | 제3공장 | | | 003 | 2TB | |
| | | | D | 제4공장 | | | | | |

**18** 2017년 10월 9일에 필리핀 제1공장에서 제조된 xs1 모델로 용량이 2TB인 1584번째 품목 코드로 알맞은 것은?

① 1701093A0100201584

② 1710094B0200301584

③ 1710094D0100315840

④ 1710094A0100301584

⑤ 1710094B0100301584

 2017년 10월 9일 : 171009
필리핀 제1공장 : 4A
xs1 2TB : 01003
1584번째 품목 : 01584

**19** 상품코드 1812222D05002201799에 대한 설명으로 옳지 않은 것은?

① 2018년 12월 22일에 제조되었다.

② 완성된 품목 중 1799번째 품목이다.

③ 일본 제4공장에서 제조되었다.

④ 스마트S에 해당한다.

⑤ 용량은 1TB이다.

 ④ 05002이므로 HS 1TB이다.

**20** 이 회사에 입사한지 1개월도 안된 신입사원은 상품 코드에 익숙해지기 위해 코드 읽는 연습을 하고 있는데 상사가 다가오더니 잘못된 부분이 있다며 수정해 주었다. 상사가 잘못 수정한 부분은?

---

1801193B0300101588
→2018년 1월 9일 제조
→일본 제2공장
→oz 1TB
→15880번째 완성 품목


1701093A0100201584
→ 2017년 10월 9일 제조
→ 중국 제1공장
→ xs1 1TB
→ 1584번째 완성 품목

---

① 2018년 1월 9일 제조→2018년 1월 19일 제조

② 일본 제2공장→중국 제2공장

③ oz 1TB→oz 2TB

④ 15880번째 완성 품목→1588번째 완성 품목

⑤ 2017년 10월 9일 제조 → 2017년 1월 9일 제조

**Tip** ③ 03001이므로 oz 500GB로 수정해야 한다.

**21** 기계결함으로 인해 코드번호가 다음과 같이 잘못 찍혔다. 사원 J씨가 수동으로 수정하려고 할 때 올바르게 수정한 것은?

---

2018년 9월 7일 한국 제4공장에서 제조된 xs2 2TB 13698번째 품목
1809071D0200213698

---

① 제조연월일 : 180907 → 180917
② 생산라인 : 1D → 2D
③ 제품종류 : 02002 → 02003
④ 완성된 순서 : 13698 → 13699
⑤ 수정할 부분 없음

(Tip) 2018년 9월 7일 제조 : 180907
한국 제4공장 : 1D
xs2 2TB : 02003
13698번째 품목 : 13698

**22** 다음 표에 제시된 통계함수와 함수의 기능이 서로 잘못 짝지어진 것은 어느 것인가?

| 함수명 | 기능 |
|---|---|
| ㉠ AVERAGEA | 텍스트로 나타낸 숫자, 논리값 등을 포함, 인수의 평균을 구함 |
| ㉡ COUNT | 인수 목록에서 공백이 아닌 셀과 값의 개수를 구함 |
| ㉢ COUNTIFS | 범위에서 여러 조건을 만족하는 셀의 개수를 구함 |
| ㉣ LARGE(범위, k번째) | 범위에서 k번째로 큰 값을 구함 |
| ㉤ RANK | 지정 범위에서 인수의 순위를 구함 |

① ㉠                     ② ㉡

③ ㉢                     ④ ㉣

⑤ ㉤

**Tip** 'COUNT' 함수는 인수 목록에서 숫자가 들어 있는 셀의 개수를 구할 때 사용되는 함수이며, 인수 목록에서 공백이 아닌 셀과 값의 개수를 구할 때 사용되는 함수는 'COUNTA' 함수이다.

**23** 다음 자료는 '발전량' 필드를 기준으로 발전량과 발전량이 많은 순위를 엑셀로 나타낸 표이다. 태양광의 발전량 순위를 구하기 위한 함수식으로 'C3'셀에 들어가야 할 알맞은 것은 어느 것인가?

| | A | B | C |
|---|---|---|---|
| 1 | <에너지원별 발전량(단위: Mwh)> | | |
| 2 | 에너지원 | 발전량 | 순위 |
| 3 | 태양광 | 88 | 2 |
| 4 | 풍력 | 100 | 1 |
| 5 | 수력 | 70 | 4 |
| 6 | 바이오 | 75 | 3 |
| 7 | 양수 | 65 | 5 |

① =ROUND(B3,$B$3:$B$7,0)

② =ROUND(B3,$B$3:$B$7,1)

③ =RANK(B3,$B$3:$B$7,1)

④ =RANK(B3,$B$2:$B$7,0)

⑤ =RANK(B3,$B$3:$B$7,0)

(Tip) 지정 범위에서 인수의 순위를 구하는 경우 'RANK' 함수를 사용한다. 이 경우, 수식은 '=RANK(인수, 범위, 결정 방법)'이 된다. 결정 방법은 0 또는 생략하면 내림차순, 0 이외의 값은 오름차순으로 표시하게 된다.

**24** 다음 중 컴퓨터 보안 위협의 형태와 그 내용에 대한 설명이 올바르게 연결되지 않은 것은 어느 것인가?

① 피싱(Phishing) – 유명 기업이나 금융기관을 사칭한 가짜 웹 사이트나 이메일 등으로 개인의 금융정보와 비밀번호를 입력하도록 유도하여 예금 인출 및 다른 범죄에 이용하는 수법

② 스푸핑(Spoofing) – 악의적인 목적으로 임의로 웹 사이트를 구축해 일반 사용자의 방문을 유도한 후 시스템 권한을 획득하여 정보를 빼가거나 암호와 기타 정보를 입력하도록 속이는 해킹 수법

③ 디도스(DDoS) – 컴퓨터 시스템에 불법적인 행위를 수행하기 위하여 다른 프로그램으로 위장하여 특정 프로그램을 침투시키는 행위

④ 스니핑(Sniffing) – 네트워크 주변을 지나다니는 패킷을 엿보면서 아이디와 패스워드를 알아내는 행위

⑤ 백 도어(Back Door) – 컴퓨터 시스템의 보안 예방책을 침입하여 시스템에 무단 접근하기 위해 사용되는 일종의 비상구

> (Tip) 디도스(DDoS)는 분산 서비스 거부 공격으로, 특정 사이트에 오버플로우를 일으켜서 시스템이 서비스를 거부하도록 만드는 것이다.
> 한편, 보기에 제시된 설명은 '트로이 목마'를 의미하는 내용이다.

**25** 다음은 엑셀 프로그램의 논리 함수에 대한 설명이다. 옳지 않은 것은?

① AND : 인수가 모두 TRUE이면 TRUE를 반환한다.

② OR : 인수가 하나라도 TRUE이면 TRUE를 반환한다.

③ NOT : 인수의 논리 역을 반환한다.

④ XOR : 모든 인수의 논리 배타적 AND를 반환한다.

⑤ IF : 조건식이 참이면 '참일 때 값', 거짓이면 '거짓일 때 값'을 출력한다.

> (Tip) XOR 또는 Exclusive OR이라고도 하며, 모든 인수의 논리 배타적 OR을 반환한다.

**26** NH농협은행에서 근무하고 있는 김 대리는 최근 업무 때문에 HTML을 배우고 있다. 아직 초보라서 신입사원 H씨로부터 도움을 많이 받고 있지만, H씨가 자리를 비운 사이 김 대리가 HTML을 사용할 수 있는 tag를 써 보았다. 다음 중 잘못된 것은 무엇인가?

① 김 대리는 줄을 바꾸기 위해 〈br〉을 사용하였다.
② 김 대리는 글자의 크기, 모양, 색상을 설정하기 위해 〈font〉를 사용하였다.
③ 김 대리는 표를 만들기 위해 〈table〉을 사용하였다.
④ 김 대리는 이미지를 삽입하기 위해 〈form〉을 사용하였다.
⑤ 김 대리는 연락처 정보를 넣기 위해 〈address〉를 사용하였다.

**(Tip)** HTML에서 이미지를 삽입하기 위해서는 〈img〉 태그를 사용하여야 한다.


**27** NH농협은행 보안팀에서 근무하는 정 과장은 회사 내 컴퓨터 바이러스 예방 교육을 담당하고 있으며 한 달에 한 번 직원들을 교육시키고 있다. 정 과장의 교육 내용으로 옳지 않은 것은?

① 중요한 자료나 프로그램은 항상 백업을 해두셔야 합니다.
② 램에 상주하는 바이러스 예방 프로그램을 설치하셔야 합니다.
③ 최신 백신프로그램을 사용하여 디스크검사를 수행하셔야 합니다.
④ 의심 가는 메일은 반드시 열어본 후 삭제하셔야 합니다.
⑤ 실시간 보호를 통해 멜웨어를 찾고 디바이스에서 설치되거나 실행하는 것은 방지해야 합니다.

**(Tip)** 의심 가는 메일은 열어보지 않고 삭제해야 한다.

*Answer* → 24.③  25.④  26.④  27.④

**28** 다음 중 아래 시트에서 야근일수를 구하기 위해 [B9] 셀에 입력할 함수로 옳은 것은?

| | A | B | C | D | E |
|---|---|---|---|---|---|
| 1 | 4월 야근 현황 | | | | |
| 2 | 날짜 | 도준영 | 전아홍 | 이진주 | 강석현 |
| 3 | 4월15일 | | ∨ | | ∨ |
| 4 | 4월16일 | ∨ | | ∨ | |
| 5 | 4월17일 | ∨ | ∨ | ∨ | |
| 6 | 4월18일 | | ∨ | ∨ | ∨ |
| 7 | 4월19일 | ∨ | | ∨ | |
| 8 | 4월20일 | ∨ | | | |
| 9 | 야근일수 | | | | |

① =COUNTBLANK(B3:B8)

② =COUNT(B3:B8)

③ =COUNTA(B3:B8)

④ =SUM(B3:B8)

⑤ =SUMIF(B3:B8)

(Tip) COUNTBLANK 함수는 비어 있는 셀의 개수를 세어 준다. COUNT 함수는 숫자가 입력된 셀의 개수를 세어 주는 반면 COUNTA 함수는 숫자는 물론 문자가 입력된 셀의 개수를 세어 준다. 즉, 비어있지 않은 셀의 개수를 세어주기 때문에 이 문제에서는 COUNTA 함수를 사용하여야 한다.

**29** 주기억장치 관리기법 중 "Best Fit" 기법 사용 시 8K의 프로그램은 주기억장치 영역 중 어느 곳에 할당되는가?

| 영역1 | 9K |
|---|---|
| 영역2 | 15K |
| 영역3 | 10K |
| 영역4 | 30K |
| 영역5 | 35K |

① 영역1        ② 영역2

③ 영역3        ④ 영역4

⑤ 영역5

> (Tip) "Best Fit"은 가장 낭비가 적은 부분에 할당하기 때문에 영역1에 할당한다.

**30** 검색엔진을 사용하여 인터넷에서 이순신 장군이 지은 책이 무엇인지 알아보려고 한다. 정보검색 연산자를 사용할 때 가장 적절한 검색식은 무엇인가? (단, 사용하려는 검색엔진은 AND 연산자로 '&', OR 연산자로 '+', NOT 연산자로 '!', 인접검색 연산자로 '~'을 사용한다)

① 이순신 + 책        ② 장군 & 이순신

③ 책 ! 장군        ④ 이순신 & 책

⑤ 장군 ~ 이순신

> (Tip) 이순신 장군이 지은 책을 검색하는 것이므로 많은 책들 중에서 이순신과 책이 동시에 들어있는 웹문서를 검색해야 한다. 따라서 AND 연산자를 사용하면 된다.

Answer ↦ 28.③  29.①  30.④

※ 다음 사례를 읽고 물음에 답하시오. 【31 ~ 32】

A그룹의 이 대리는 상사로부터 스마트폰 신상품에 대한 기획안을 제출하라는 업무를 받았다. 이에 이 대리는 먼저 기획안을 작성하기 위해 필요한 정보가 무엇인지 생각을 하였는데 이번에 개발하고자 하는 신상품이 노년층을 주 고객층으로 한 실용적이면서도 조작이 간편한 제품이기 때문에 우선 50 ~ 60대의 취향을 파악할 필요가 있었다. 따라서 이 대리는 50 ~ 60대 고객들이 현재 사용하고 있는 스마트폰의 모델과 좋아하는 디자인, 사용하면서 불편해 하는 사항, 지불 가능한 액수 등에 대한 정보가 필요함을 깨달았고 이러한 정보는 사내에 저장된 고객정보를 통해 얻을 수 있음을 인식하였다. 이 대리는 다음 주까지 기획안을 작성하여 제출해야 하기 때문에 이번 주에 모든 정보를 수집하기로 마음먹었고 기획안 작성을 위해서는 방대한 고객정보 중에서도 특히 노년층에 대한 정보만 선별할 필요가 있었다. 이렇게 사내에 저장된 고객정보를 이용할 경우 따로 정보수집으로 인한 비용이 들지 않는다는 사실도 이 대리에게는 장점으로 작용하였다. 여기까지 생각이 미치자 이 대리는 고객정보를 얻기 위해 고객센터에 근무하는 조 대리에게 관련 자료를 요청하였고 가급적 연령에 따라 분류해 줄 것을 당부하였다.

**31** 다음 중 이 대리가 수집하고자 하는 고객정보 중에서 반드시 포함되어야 할 사항으로 옳지 않은 것은?

① 연령
② 사용하고 있는 모델
③ 거주지
④ 사용 시 불편사항
⑤ 좋아하는 디자인

(Tip) 이 대리가 수집하고자 하는 고객정보에는 고객이 연령과 현재 사용하고 있는 스마트폰의 모델, 좋아하는 디자인, 사용하면서 불편해 하는 사항, 지불 가능한 액수 등에 대한 정보가 반드시 필요하다.

**32** 다음 〈보기〉의 사항들 중 위 사례에 포함된 사항은 모두 몇 개인가?

〈보기〉

- WHAT(무엇을?)
- WHERE(어디에서?)
- WHEN(언제까지?)
- WHY(왜?)
- WHO(누가?)
- HOW(어떻게?)
- HOW MUCH(얼마나?)

① 3개     ② 4개

③ 5개     ④ 6개

⑤ 7개

 **정보활용의 전략적 기획(5W2H)**

ⓐ WHAT(무엇을?) : 50 ~ 60대 고객들이 현재 사용하고 있는 스마트폰의 모델과 좋아하는 디자인, 사용하면서 불편해 하는 사항, 지불 가능한 액수 등에 대한 정보

ⓑ WHERE(어디에서?) : 사내에 저장된 고객정보

ⓒ WHEN(언제까지?) : 이번 주

ⓓ WHY(왜?) : 스마트폰 신상품에 대한 기획안을 작성하기 위해

ⓔ WHO(누가?) : 이 대리

ⓕ HOW(어떻게?) : 고객센터에 근무하는 조 대리에게 관련 자료를 요청

ⓖ HOW MUCH(얼마나?) : 따로 정보수집으로 인한 비용이 들지 않음

*Answer* ↪ 31.③ 32.⑤

**33** 다음 스프레드시트(엑셀) 문서에서 [C1] 셀의 채우기 핸들을 [D1] 셀로 드래그 했을 때 ㈎, ㈏에 출력되는 값이 바르게 연결된 것은?

| C1 | ▼ | ƒ𝑥 | =SUM(A1:B1) | |
|---|---|---|---|---|
| | A | B | C | D |
| 1 | 10 | 20 | 30 | (가) |
| 2 | | | | |

| C1 | ▼ | ƒ𝑥 | =SUM($A$1:B1) | |
|---|---|---|---|---|
| | A | B | C | D |
| 1 | 10 | 20 | 30 | (나) |
| 2 | | | | |

| | ㈎ | ㈏ | | | ㈎ | ㈏ |
|---|---|---|---|---|---|---|
| ① | 30 | 50 | | ② | 50 | 50 |
| ③ | 50 | 60 | | ④ | 60 | 30 |
| ⑤ | 60 | 60 | | | | |

> **Tip** ㈎ [C1] 셀의 수식 '=SUM(A1:B1)'를 채우기 핸들로 드래그하면, 상대주소는 변경되어야 하므로 [D1] 셀에 '=SUM(B1:C1)'이 복사되어 결과 값은 '50'이 출력된다.
> ㈏ [C1] 셀의 수식 '=SUM($A$1:B1)'를 채우기 핸들로 드래그하면, 절대주소는 변경되지 않으므로 [D1] 셀에 '=SUM($A$1:C1)'이 복사되어 결과 값은 '60'이 출력된다.

**34** 다음 업무를 처리하기 위한 응용 소프트웨어로 가장 적합한 것은?

> • 영업 실적을 발표하기 위한 자료를 제작한다.
> • 각각의 화면에 자료를 배치하여 제작한다.
> • 소리, 애니메이션, 이미지를 추가할 수 있다.
> • 다양한 화면 전환 효과를 메뉴에서 지정 및 수정 할 수 있다.

① 웹 브라우저　　　　　　　② 워드프로세서
③ 데이터베이스　　　　　　　④ 스프레드시트
⑤ 프레젠테이션

> **Tip** 프레젠테이션은 소리, 이미지, 애니메이션 등을 추가하여 발표 자료를 쉽게 만들 수 있는 응용 소프트웨어로서 파워포인트, 프리랜스 등이 있다.

**35** 다음 설명에 해당하는 용어를 바르게 연결한 것은?

> ㈎ 개인 정보가 타인에 의해서 도용되거나 유출되는 것을 차단한다.
> ㈏ 무료로 배포하는 소프트웨어를 인터넷 등으로 내려 받을 때, 그 속에 숨어 있다가 사용자의 컴퓨터에 있는 개인 정보를 빼내 가는 프로그램이다.

|  | ㈎ | ㈏ |  | ㈎ | ㈏ |
|---|---|---|---|---|---|
| ① | 개인정보 보호 | 코덱 | ② | 개인정보 보호 | 유틸리티 |
| ③ | 개인정보 보호 | 스파이웨어 | ④ | 개인정보 유출 | 해킹 |
| ⑤ | 개인정보 유출 | 바이러스 |  |  |  |

(Tip) 스파이웨어는 사용자의 동의 없이 설치되어 컴퓨터의 정보를 수집하고 전송하는 악성코드의 일종으로 개인의 금융정보, 신상정보 등의 각종 정보를 수집하여 전송한다.

**36** 다음의 스프레드시트(엑셀)에서 [A1:E1] 영역에 '조건부 서식'을 지정하였다. '굵게, 취소선'으로 적용되는 셀 값으로 옳은 것은?

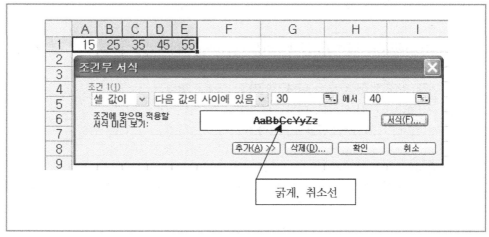

① 15

② 25

③ 35

④ 45

⑤ 55

(Tip) 조건부서식 창 안에 '다음 값의 사이에 있음', 30, 40이라고 되어있는 것은 30 이상 40 이하의 셀 값에 대해서만 지정된 서식인 '굵게, 취소선'을 지정한다는 의미이다.

*Answer⌐→* 33.③ 34.⑤ 35.③ 36.③

**37** [조건]을 참고하여 스프레드시트(엑셀) 문서를 작성하였다. ㈎에 사용된 함수와 ㈏의 결과를 바르게 연결한 것은?

---

[조건]
- 성별은 주민등록번호의 8번째 문자가 '1'이면 '남자', '2'이면 '여자'로 출력한다.
- [G5]셀의 수식은 아래와 같다.

  =IF(AND(D5〉=90,OR(E5〉=80,F5〉=90)),"합격","불합격")

---

| | A | B | C | D | E | F | G |
|---|---|---|---|---|---|---|---|
| 1 | | 00회사 신입사원 선발 시험 | | | | | |
| 2 | | | | | | | |
| 3 | 이름 | 주민등록번호 | 성별 | 면접 | 회화 | 전공 | 평가 |
| 4 | 김유신 | 900114-1010xxx | 남자 | 90 | 80 | 90 | 합격 |
| 5 | 송시열 | 890224-1113xxx | 남자 | 90 | 80 | 70 | |
| 6 | 최시라 | 881029-2335xxx | 여자 | 90 | 70 | 80 | 불합격 |
| 7 | 이순신 | 911201-1000xxx | 남자 | 90 | 90 | 90 | 합격 |
| 8 | 강리나 | 890707-2067xxx | 여자 | 80 | 80 | 80 | 불합격 |

( 가 ) → C4
( 나 ) → G5

| | ㈎ | ㈏ |
|---|---|---|
| ① | =IF(MID(B4,8,1)="1","남자","여자") | 합격 |
| ② | =IF(MID(B4,8,1)="1","여자","남자") | 불합격 |
| ③ | =IF(RIGHT(B4,8)="1","남자","여자") | 합격 |
| ④ | =IF(RIGHT(B4,8)="1","여자","남자") | 불합격 |
| ⑤ | =IF(LEFT(B4,8)="1","남자","여자") | 합격 |

Tip ㈎에서 '=MID(B4, 8, 1)'은 주민등록번호에서 8번째에 있는 1개의 문자를 추출하는 수식이다. ㈏에서 OR함수는 두 가지 중 한 가지 조건이라도 '참'이면 결과 값이 '참'이며, AND함수는 모든 조건이 '참'이어야 출력 값이 '참'이므로 ㈏의 결과 값은 '합격'으로 출력된다.

**38** 스프레드시트(엑셀)에서 다음과 같이 블록을 지정한 후 채우기 핸들을 아래로 드래그하였다. [B6], [C6], [D6]셀에 들어갈 값은?

|   | A | B | C | D |
|---|---|---|---|---|
| 1 |   |   |   |   |
| 2 |   | 2 | 2 | 2 |
| 3 |   |   | 월 | 2 |
| 4 |   |   |   |   |
| 5 |   |   |   |   |
| 6 |   |   |   |   |
| 7 |   |   |   |   |

|     | [B6]셀 | [C6]셀 | [D6]셀 |
|-----|--------|--------|--------|
| ①   | 2      | 월     | 2      |
| ②   | 2      | 화     | 2      |
| ③   | 6      | 수     | 4      |
| ④   | 2      | 2      | 2      |
| ⑤   | 6      | 6      | 6      |

Tip 스프레드시트에서 셀에 데이터를 입력하고 채우기 핸들을 드래그하면 [B4]셀은 2, [B5]셀은 공백, [B6]셀은 2가 된다. [C2]셀에 2, [C3]셀에 '월'이 있으므로 숫자 2는 복사되고 문자 '월'은 '화', '수'로 증가한다.

**39** 다음 인터넷 옵션에 대한 설명 중 옳은 것을 모두 고른 것은?

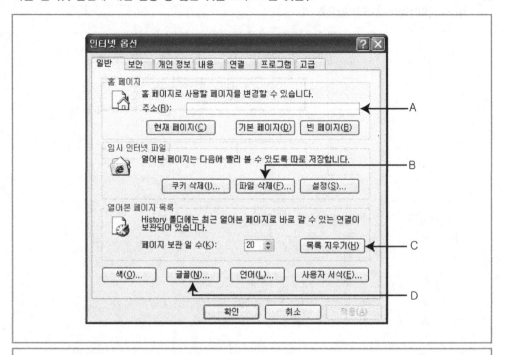

ⓐ A는 브라우저를 실행하면 처음으로 연결되는 홈페이지 주소를 설정한다.
ⓑ B를 선택하면 임시 인터넷 파일이 삭제된다.
ⓒ C는 즐겨찾기 목록을 삭제한다.
ⓓ D는 브라우저에서 사용되는 언어를 설정한다.

① ㉠, ㉡                              ② ㉠, ㉢

③ ㉡, ㉢                              ④ ㉡, ㉣

⑤ ㉢, ㉣

*Tip* 인터넷 옵션의 일반 설정 중 목록 지우기를 선택하면 최근 열어본 페이지의 목록이 지워지며 글꼴에서는 브라우저에서 사용되는 글꼴에 대한 설정을 할 수 있다.

**40** 다음은 스프레드시트(엑셀)를 이용하여 진급 대상자 명단을 작성한 것이다. 옳은 설명만을 모두 고른 것은? (단, 순위[E4:E8]은 '자동채우기' 기능을 사용한다)

⊙ 차트는 '가로 막대형'으로 나타냈다.

ⓒ 부서명을 기준으로 '오름차순' 정렬을 하였다.

ⓒ 순위 [E4]셀의 함수식은 '=RANK(D4,$D$4:$D$8,0)'이다.

① ⊙

② ⓒ

③ ⊙, ⓒ

④ ⓒ, ⓒ

⑤ ⊙, ⓒ, ⓒ

(Tip) 차트는 '가로 막대형'이며, 부서명은 '오름차순', 순위 [E4]셀 함수식은 '=RANK(D4,$D$4:$D$8,0)'이므로 ⊙, ⓒ, ⓒ 모두 맞다.

CHAPTER

# 05 자원관리능력

## 1 자원과 자원관리

### (1) 자원

① **자원의 종류** … 시간, 돈, 물적자원, 인적자원

② **자원의 낭비요인** … 비계획적 행동, 편리성 추구, 자원에 대한 인식 부재, 노하우 부족

### (2) 자원관리 기본 과정

① 필요한 자원의 종류와 양 확인

② 이용 가능한 자원 수집하기

③ 자원 활용 계획 세우기

④ 계획대로 수행하기

---

### 예제 1

당신은 A출판사 교육훈련 담당자이다. 조직의 효율성을 높이기 위해 전사적인 시간관리에 대한 교육을 실시하기로 하였지만 바쁜 일정 상 직원들을 집합교육에 동원할 수 있는 시간은 제한적이다. 다음 중 귀하가 최우선의 교육 대상으로 삼아야 하는 것은 어느 부분인가?

| 구분 | 긴급한 일 | 긴급하지 않은 일 |
|---|---|---|
| 중요한 일 | 제1사분면 | 제2사분면 |
| 중요하지 않은 일 | 제3사분면 | 제4사분면 |

**[출제의도]**
주어진 일들을 중요도와 긴급도에 따른 시간관리 매트릭스에서 우선순위를 구분할 수 있는가를 측정하는 문항이다.
**[해설]**
교육훈련에서 최우선 교육대상으로 삼아야 하는 것은 긴급하지 않지만 중요한 일이다. 이를 긴급하지 않다고 해서 뒤로 미루다보면 급박하게 처리해야하는 업무가 증가하여 효율적인 시간관리가 어려워진다.

| 구분 | 긴급한 일 | 긴급하지 않은 일 |
|---|---|---|
| 중요한 일 | 위기사항, 급박한 문제, 기간이 정해진 프로젝트 | 인간관계구축, 새로운 기회의 발굴, 중장기계획 |
| 중요하지 않은 일 | 잠깐의 급한 질문, 일부 보고서, 눈앞의 급박한 사항 | 하찮은 일, 우편물, 전화, 시간낭비거리, 즐거운 활동 |

① 중요하고 긴급한 일로 위기사항이나 급박한 문제, 기간이 정해진 프로젝트 등이 해당되는 제1사분면
② 긴급하지는 않지만 중요한 일로 인간관계구축이나 새로운 기회의 발굴, 중장기 계획 등이 포함되는 제2사분면
③ 긴급하지만 중요하지 않은 일로 잠깐의 급한 질문, 일부 보고서, 눈 앞의 급박한 사항이 해당되는 제3사분면
④ 중요하지 않고 긴급하지 않은 일로 하찮은 일이나 시간낭비거리, 즐거운 활동 등이 포함되는 제4사분면

**답 ②**

## 2  자원관리능력을 구성하는 하위능력

### (1) 시간관리능력

① 시간의 특성
  ㉠ 시간은 매일 주어지는 기적이다.
  ㉡ 시간은 똑같은 속도로 흐른다.
  ㉢ 시간의 흐름은 멈추게 할 수 없다.
  ㉣ 시간은 꾸거나 저축할 수 없다.
  ㉤ 시간은 사용하기에 따라 가치가 달라진다.

② 시간관리의 효과
  ㉠ 생산성 향상
  ㉡ 가격 인상
  ㉢ 위험 감소
  ㉣ 시장 점유율 증가

③ 시간계획

　　㉠ 개념 : 시간 자원을 최대한 활용하기 위하여 가장 많이 반복되는 일에 가장 많은 시간을 분배하고, 최단시간에 최선의 목표를 달성하는 것을 의미한다.

　　㉡ 60 : 40의 Rule

| 계획된 행동 (60%) | 계획 외의 행동 (20%) | 자발적 행동 (20%) |
|---|---|---|
| 총 시간 | | |

---

**예제 2**

유아용품 홍보팀의 사원 은이씨는 일산 킨텍스에서 열리는 유아용품박람회에 참여하고자 한다. 당일 회의 후 출발해야 하며 회의 종료 시간은 오후 3시이다.

| 장소 | 일시 |
|---|---|
| 일산 킨텍스 제2전시장 | 2016. 1. 20(금) PM 15:00~19:00<br>* 입장가능시간은 종료 2시간 전까지 |

**오시는 길**
지하철 : 4호선 대화역(도보 30분 거리)
버스 : 8109번, 8407번(도보 5분 거리)

• 회사에서 버스정류장 및 지하철역까지 소요시간

| 출발지 | 도착지 | 소요시간 | |
|---|---|---|---|
| 회사 | ×× 정류장 | 도보 | 15분 |
| | | 택시 | 5분 |
| | 지하철역 | 도보 | 30분 |
| | | 택시 | 10분 |

• 일산 킨텍스 가는 길

| 교통편 | 출발지 | 도착지 | 소요시간 |
|---|---|---|---|
| 지하철 | 강남역 | 대화역 | 1시간 25분 |
| 버스 | ×× 정류장 | 일산 킨텍스 정류장 | 1시간 45분 |

위의 제시 상황을 보고 은이씨가 선택할 교통편으로 가장 적절한 것은?

① 도보 – 지하철　　　　② 도보 – 버스
③ 택시 – 지하철　　　　④ 택시 – 버스

[출제의도]
주어진 여러 시간정보를 수집하여 실제 업무 상황에서 시간자원을 어떻게 활용할 것인지 계획하고 할당하는 능력을 측정하는 문항이다.
[해설]
④ 택시로 버스정류장까지 이동해서 버스를 타고 가게 되면 택시(5분), 버스(1시간 45분), 도보(5분)으로 1시간 55분이 걸린다.
① 도보-지하철 : 도보(30분), 지하철(1시간 25분), 도보(30분)이므로 총 2시간 25분이 걸린다.
② 도보-버스 : 도보(15분), 버스(1시간 45분), 도보(5분)이므로 총 2시간 5분이 걸린다.
③ 택시-지하철 : 택시(10분), 지하철(1시간 25분), 도보(30분)이므로 총 2시간 5분이 걸린다.

답 ④

(2) 예산관리능력

① 예산과 예산관리

   ㉠ 예산 : 필요한 비용을 미리 헤아려 계산하는 것이나 그 비용

   ㉡ 예산관리 : 활동이나 사업에 소요되는 비용을 산정하고, 예산을 편성하는 것뿐만 아니라 예산을 통제하는 것 모두를 포함한다.

② 예산의 구성요소

| 비용 | 직접비용 | 재료비, 원료와 장비, 시설비, 여행(출장) 및 잡비, 인건비 등 |
|---|---|---|
| | 간접비용 | 보험료, 건물관리비, 광고비, 통신비, 사무비품비, 각종 공과금 등 |

③ 예산수립 과정 … 필요한 과업 및 활동 구명 → 우선순위 결정 → 예산 배정

---

**예제 3**

당신은 가을 체육대회에서 총무를 맡으라는 지시를 받았다. 다음과 같은 계획에 따라 예산을 진행하였으나 확보된 예산이 생각보다 적게 되어 불가피하게 비용항목을 줄여야 한다. 다음 중 귀하가 비용 항목을 없애기에 가장 적절한 것은 무엇인가?

〈○○산업공단 춘계 1차 워크숍〉

1. 해당부서 : 인사관리팀, 영업팀, 재무팀
2. 일　정 : 2016년 4월 21일~23일(2박 3일)
3. 장　소 : 강원도 속초 ○○연수원
4. 행사내용 : 바다열차탑승, 체육대회, 친교의 밤 행사, 기타

① 숙박비　　　　　　　　　② 식비
③ 교통비　　　　　　　　　④ 기념품비

[출제의도]
업무에 소요되는 예산 중 꼭 필요한 것과 예산을 감축해야할 때 삭제 또는 감축이 가능한 것을 구분해내는 능력을 묻는 문항이다.

[해설]
한정된 예산을 가지고 과업을 수행할 때에는 중요도를 기준으로 예산을 사용한다. 위와 같이 불가피하게 비용 항목을 줄여야 한다면 기본적인 항목인 숙박비, 식비, 교통비는 유지되어야 하기에 항목을 없애기 가장 적절한 정답은 ④번이 된다.

답 ④

(3) 물적관리능력

① 물적자원의 종류

    ㉠ **자연자원** : 자연상태 그대로의 자원 ex) 석탄, 석유 등

    ㉡ **인공자원** : 인위적으로 가공한 자원 ex) 시설, 장비 등

② **물적자원관리** … 물적자원을 효과적으로 관리할 경우 경쟁력 향상이 향상되어 과제 및 사업의 성공으로 이어지며, 관리가 부족할 경우 경제적 손실로 인해 과제 및 사업의 실패 가능성이 커진다.

③ 물적자원 활용의 방해요인

    ㉠ 보관 장소의 파악 문제

    ㉡ 훼손

    ㉢ 분실

④ 물적자원관리 과정

| 과정 | 내용 |
|---|---|
| 사용 물품과 보관 물품의 구분 | • 반복 작업 방지<br>• 물품활용의 편리성 |
| 동일 및 유사 물품으로의 분류 | • 동일성의 원칙<br>• 유사성의 원칙 |
| 물품 특성에 맞는 보관 장소 선정 | • 물품의 형상<br>• 물품의 소재 |

## 예제 4

S호텔의 외식사업부 소속인 K씨는 예약일정 관리를 담당하고 있다. 아래의 예약일정과 정보를 보고 K씨의 판단으로 옳지 않은 것은?

<S호텔 일식 뷔페 1월 ROOM 예약 일정>

* 예약 : ROOM 이름(시작시간)

| SUN | MON | TUE | WED | THU | FRI | SAT |
|---|---|---|---|---|---|---|
|  |  |  |  |  | 1 | 2 |
|  |  |  |  |  | 백합(16) | 장미(11) 백합(15) |
| 3 | 4 | 5 | 6 | 7 | 8 | 9 |
| 라일락(15) | 백향목(10) 백합(15) | 장미(10) 백향목(17) | 백합(11) 라일락(18) | 백향목(15) | 백향목(15) | 장미(10) 라일락(15) |

| ROOM 구분 | 수용가능인원 | 최소투입인력 | 연회장 이용시간 |
|---|---|---|---|
| 백합 | 20 | 3 | 2시간 |
| 장미 | 30 | 5 | 3시간 |
| 라일락 | 25 | 4 | 2시간 |
| 백향목 | 40 | 8 | 3시간 |

- 오후 9시에 모든 업무를 종료함
- 한 타임 끝난 후 1시간씩 세팅 및 정리
- 동 시간 대 서빙 투입인력은 총 10명을 넘을 수 없음

안녕하세요, 1월 첫째 주 또는 둘째 주에 신년회 행사를 위해 ROOM을 예약하려고 하는데요, 저희 동호회의 총 인원은 27명이고 오후 8시쯤 마무리하려고 합니다. 신정과 주말, 월요일은 피하고 싶습니다. 예약이 가능할까요?

① 인원을 고려했을 때 장미ROOM과 백향목ROOM이 적합하겠군.
② 만약 2명이 안 온다면 예약 가능한 ROOM이 늘어나겠구나.
③ 조건을 고려했을 때 예약 가능한 ROOM은 5일 장미ROOM뿐이겠구나.
④ 오후 5시부터 8시까지 가능한 ROOM을 찾아야해.

[출제의도]
주어진 정보와 일정표를 토대로 이용 가능한 물적자원을 확보하여 이를 정확하게 안내할 수 있는 능력을 측정하는 문항이다. 고객이 제공한 정보를 정확하게 파악하고 그 조건 안에서 가능한 자원을 제공할 수 있어야 한다.

[해설]
③ 조건을 고려했을 때 5일 장미 ROOM과 7일 장미ROOM이 예약 가능하다.
① 참석 인원이 27명이므로 30명 수용 가능한 장미ROOM과 40명 수용 가능한 백향목ROOM 두 곳이 적합하다.
② 만약 2명이 안 온다면 총 참석 인원 25명이므로 라일락ROOM, 장미ROOM, 백향목ROOM이 예약 가능하다.
④ 오후 8시에 마무리하려고 계획하고 있으므로 적절하다.

답 ③

(4) 인적자원관리능력

① **인맥** … 가족, 친구, 직장동료 등 자신과 직접적인 관계에 있는 사람들인 핵심인맥과 핵심 인맥들로부터 알게 된 파생인맥이 존재한다.

② **인적자원의 특성** … 능동성, 개발가능성, 전략적 자원

③ **인력배치의 원칙**

　㉠ **적재적소주의**: 팀의 효율성을 높이기 위해 팀원의 능력이나 성격 등과 가장 적합한 위 치에 배치하여 팀원 개개인의 능력을 최대로 발휘해 줄 것을 기대하는 것

　㉡ **능력주의**: 개인에게 능력을 발휘할 수 있는 기회와 장소를 부여하고 그 성과를 바르게 평가하며 평가된 능력과 실적에 대해 그에 상응하는 보상을 주는 원칙

　㉢ **균형주의**: 모든 팀원에 대한 적재적소를 고려

④ **인력배치의 유형**

　㉠ **양적 배치**: 부문의 작업량과 조업도, 여유 또는 부족 인원을 감안하여 소요인원을 결 정하여 배치하는 것

　㉡ **질적 배치**: 적재적소의 배치

　㉢ **적성 배치**: 팀원의 적성 및 흥미에 따라 배치하는 것

---

| 예제 5 |

최근 조직개편 및 연봉협상 과정에서 직원들의 불만이 높아지고 있다. 온갖 루머가 난무한 가운데 인사팀원인 당신에게 사내 게시판의 직원 불만사항에 대한 진위여부를 파악하고 대안을 세우라는 팀장의 지시를 받았다. 다음 중 당신이 조치를 취해야 하는 직원은 누구인가?

① 사원 A는 팀장으로부터 업무 성과가 탁월하다는 평가를 받았는데도 조직개편으로 인한 부서 통합으로 인해 승진을 못한 것이 불만이다.

② 사원 B는 회사가 예년에 비해 높은 영업 이익을 얻었는데도 불구하고 연봉 인상에 인색한 것이 불만이다.

③ 사원 C는 회사가 급여 정책을 변경해서 고정급 비율을 낮추고 기본급과 인센티브를 지급하는 제도로 바꾼 것이 불만이다.

④ 사원 D는 입사 동기인 동료가 자신보다 업무 실적이 좋지 않고 불성실한 근무태도를 가지고 있는데, 팀장과의 친분으로 인해 자신보다 높은 평가를 받은 것이 불만이다.

[출제의도]
주어진 직원들의 정보를 통해 시급하게 진위여부를 가리고 조치하여 인력배치를 해야 하는 사항을 확인하는 문제이다.

[해설]
사원 A, B, C는 각각 조직 정책에 대한 불만이기에 논의를 통해 조직적으로 대처하는 것이 옳지만, 사원 D는 팀장의 독단적인 전횡에 대한 불만이기 때문에 조사하여 시급히 조치할 필요가 있다. 따라서 가장 적절한 답은 ④번이 된다.

**답** ④

# 출제예상문제

**1** 다음 중 예산 관리에 대한 설명으로 옳은 것을 모두 고르면?

> ㉠ 예산은 과거의 실적, 사업목표, 미래 사업 방향 들을 고려하여 수립한다.
> ㉡ 예산의 수립은 예산 관리자와 사용자 간의 협상이라고 볼 수 있다.
> ㉢ 예산 관리 능력이란 기업 활동에서 필요한 예산에 관계되는 능력이다.
> ㉣ 직접비용은 서비스 제공, 제품 생산을 위해 직접 소비된 비용으로 광고비, 공과금, 인건비 등이 있다.

① ㉠, ㉡

② ㉠, ㉡, ㉢

③ ㉡, ㉢

④ ㉡, ㉢, ㉣

⑤ ㉠, ㉡, ㉢, ㉣

 예산의 종류
• 직접비용 : 서비스를 제공하거나 제품을 생산하기 위해 직접 소비된 비용으로 재료비, 원료와 장비, 시설, 인건비 등이 있다.
• 간접비용 : 서비스를 제공하거나 제품을 생산하기 위해 소비된 비용 중 직접비용을 제외한 비용이다. 건물관리비, 광고비, 각종 공과금 등이 간접비용에 해당한다.

Answer⟶ 1.②

※ 다음을 신사업 추진을 위해 도시를 선정하기 위한 기준에 대한 자료이다. 이어지는 물음에 답하시오. 【2 ~ 3】

〈선정기준〉
• 심사의 평가지표는 '지원평가'와 '실적점수' 두 부문으로 구분된다.
• 지원평가는 7가지 조건(조례안, 중장기 수립계획, 여론호감도, 전담부서, 협의회 운영, 기술지원, 결의문 채택) 중 5개 이상이 충족되어야 하고, 대응투자액으로 1억 원 이상을 확보해야 통과된다.
• 실적점수는 기술력 추진 전략·기획에 대한 평가를 중심으로 하며, 심사위원(ㄱ, ㄴ, ㄷ, ㄹ, ㅁ)별 점수 중 최고점과 최저점을 제외한 나머지 점수의 합계로 산출한다.
• 기반평가를 통과한 도시 중 평가 결과 시적 및 계획 평가의 점수가 높은 순으로 5개의 도시가 선정되나, 평가점수가 같은 도시가 있을 경우 모두 선정하고 권역별 안배를 고려하여 각 권역별 최소 1개 이상의 도시가 선정되어야 한다.

〈지원평가: 지원도시별 현황〉

(단위 : 천원)

| 권역 | 도시 | 대응투자액 | 기반평가 조건 충족 여부 | | | | | | |
| | | | 조례안 | 중장기 수립계획 | 여론 호감도 | 전담부서 유무 | 협의회 운영 | 기술 지원 | 결의문 채택 |
|---|---|---|---|---|---|---|---|---|---|
| I | A | 52,383 | O | X | X | O | X | O | X |
| | B | 191,300 | O | O | O | O | O | X | O |
| | C | 432,423 | X | O | X | X | O | O | O |
| II | D | 300,000 | O | O | O | O | X | O | O |
| | E | 100,000 | O | O | O | O | O | O | O |
| | F | 160,000 | O | X | O | X | O | O | X |
| III | G | 150,000 | O | O | X | X | O | O | O |
| | H | 100,000 | O | O | O | O | X | X | O |
| IV | I | 70,000 | O | O | X | O | O | O | X |
| | J | 123,000 | X | O | O | O | O | X | O |

〈실적점수〉

(단위 : 점)

|  | ㄱ | ㄴ | ㄷ | ㄹ | ㅁ |
|---|---|---|---|---|---|
| A | 97 | 87 | 90 | 80 | 60 |
| B | 86 | 90 | 87 | 70 | 95 |
| C | 46 | 55 | 61 | 43 | 87 |
| D | 97 | 60 | 55 | 80 | 65 |
| E | 91 | 90 | 57 | 50 | 55 |
| F | 67 | 90 | 77 | 40 | 80 |
| G | 55 | 87 | 65 | 45 | 95 |
| H | 81 | 40 | 67 | 55 | 78 |
| I | 90 | 96 | 60 | 80 | 80 |
| J | 95 | 90 | 56 | 70 | 55 |

2  주어진 자료에 따라 선정된 5개의 도시를 실적점수가 높은 순으로 나열한 것으로 바른 것은?

① B, A, F, J, G

② B, A, J, G, D

③ B, J, G, D, E

④ B, F, J, G, D

⑤ B, A, I, F, J

> (Tip) 지원평가 기준에 미충족된 A, C, F는 제외, 대응투자액 조건이 미충족된 A, I도 제외된다.
> 주어진 조건을 반영하여 점수를 계산하면 다음과 같다.
>
> |  | ㄱ | ㄴ | ㄷ | ㄹ | ㅁ |  |
> |---|---|---|---|---|---|---|
> | A |  | 87 | 90 | 80 |  | 257 |
> | B | 86 | 90 | 87 |  |  | 263  ① |
> | C | 46 | 55 | 61 |  |  | 162 |
> | D |  | 60 |  | 80 | 65 | 205  ④ |
> | E |  | 90 | 57 |  | 55 | 202  ⑤ |
> | F | 67 |  | 77 |  | 80 | 224 |
> | G | 55 | 87 | 65 |  |  | 207  ③ |
> | H |  |  | 67 | 55 | 78 | 200 |
> | I | 90 |  |  | 80 | 80 | 250 |
> | J |  | 90 | 56 | 70 |  | 216  ② |

**3** 제시된 조건에서 전 도시에 대응투자액이 3,000만 원씩 증액 되었을 때 선정된 5개의 도시를 실적 점수가 높은 순으로 나열한 것으로 바른 것은?

① B, A, F, J, G

② B, I, J, G, D

③ B, J, G, D, E

④ B, F, J, G, D

⑤ B, A, I, F, J

(Tip) 대응투자액이 3,000만 원씩 증액 될 시 I는 평가 대상에서 제외되지 않는다. 지원평가 기준에 미충족된 A, C, F는 제외, 대응투자액 조건이 미충족된 A는 제외된다.
주어진 조건을 반영하여 점수를 계산하면 다음과 같다.

|   | ㄱ | ㄴ | ㄷ | ㄹ | ㅁ |     |   |
|---|----|----|----|----|----|-----|---|
| A |    | 87 | 90 | 80 |    | 257 |   |
| B | 86 | 90 | 87 |    |    | 263 | ① |
| C | 46 | 55 | 61 |    |    | 162 |   |
| D |    | 60 |    | 80 | 65 | 205 | ⑤ |
| E |    | 90 | 57 |    | 55 | 202 |   |
| F | 67 |    | 77 |    | 80 | 224 |   |
| G | 55 | 87 | 65 |    |    | 207 | ④ |
| H |    |    | 67 | 55 | 78 | 200 |   |
| I | 90 |    |    | 80 | 80 | 250 | ② |
| J |    | 90 | 56 | 70 |    | 216 | ③ |

**4** 다음은 ○○전시회의 입장료와 할인 사항에 관한 내용이다. 〈보기〉의 사항 중 5인 식사권을 사용하는 것이 유리한 경우를 모두 고르면?

〈전시회 입장료〉

(단위 : 원)

| | 평일(월~금) | 주말(토·일 및 법정공휴일) |
|---|---|---|
| 성인 | 25,800 | 28,800 |
| 청소년<br>(만 13세 이상 및 19세 미만) | 17,800 | 18,800 |
| 어린이<br>(만 13세 미만) | 13,800 | 13,800 |

- 평일에 성인 3명 이상 방문 시 전체 요금의 10% 할인
  (평일은 법정공휴일을 제외한 월~금요일을 의미함)
- 성인, 청소년, 어린이를 구분하지 않는 5인 입장권을 125,000원에 구매 가능(요일 구분 없이 사용 가능하며, 5인 입장권 사용 시 다른 할인 혜택은 적용되지 않음)
- 주말에 한하여 통신사 할인 카드 사용 시 전체 요금의 15% 할인(단, 통신사 할인 카드는 乙과 丙만 가지고 있음)

〈보기〉

㉠ 甲이 3월 1일(법정공휴일)에 자신을 포함한 성인 4명 및 청소년 3명과 전시회 관람
㉡ 乙이 법정공휴일이 아닌 화요일에 자신을 포함한 성인 6인과 청소년 2인과 전시회 관람
㉢ 丙이 토요일에 자신을 포함한 성인 5명과 청소년 2명과 전시회 관람
㉣ 丁이 법정공휴일이 아닌 목요일에 자신을 포함한 성인 5명 및 어린이 1명과 전시회 관람

① ㉠  
② ㉡  
③ ㉡, ㉢  
④ ㉢  
⑤ ㉢, ㉣

(Tip) ㉠ 성인 4명(28,800×4)+청소년 3명(18,800×3)=171,600원
5인 입장권 구매 시=162,600원
㉡ 성인 6명(25,800×6)+청소년 2명(17,800×2)×평일 10% 할인=171,360원
5인 입장권 구매 시=186,400원
㉢ 성인 5명(28,800×5)+청소년 2명(18,800×2)×주말 통신사 15% 할인=154,360원
5인 입장권 구매 시=162,600원
㉣ 성인 5명(25,800×5명)+어린이 1명(13,800)×평일 10% 할인=128,520원
5인 입상권 구매 시=138,800원

Answer↪ 3.② 4.①

**5** W는 다음 주 회사 워크숍을 위해 버스 대절을 비용을 알아보고 있다. 총 탑승 인원은 25명이며 출발지부터 도착지까지 왕복 4시간이 걸리고 그 중간에 1시간 정도 식사시간과 워크숍 진행 시간이 4시간 정도 된다. 운행비 외의 조건이 모두 같은 (가)~(마)버스사의 총 비용 순서대로 가장 바르게 나열한 것은?

[운행비 산정기준]
- 운행 시간은 대기시간을 포함하여 산정하고 운행거리는 출발지부터 도착지까지이다.
- 기본 운행 시간은 3시간이고 괄호 안의 금액은 시간당 추가 금액이다.

| 구분 | (가)버스<br>(12,000) | (나)버스<br>(10,000) | (다)버스<br>(17,000) | (라)버스<br>(20,000) | (마)버스<br>(15,000) |
|---|---|---|---|---|---|
| 20인승 | 100,000 | 120,000 | 120,000 | 90,000 | 90,000 |
| 28인승 | 140,000 | 140,000 | 150,000 | 130,000 | 160,000 |
| 45인승 | 190,000 | 230,000 | 160,000 | 200,000 | 210,000 |

① (가)버스 = (라)버스 < (나)버스 < (마)버스 < (다)버스

② (나)버스 < (가)버스 < (마)버스 = (라)버스 < (다)버스

③ (다)버스 < (나)버스 < (가)버스 < (라)버스 < (마)버스

④ (나)버스 < (마)버스 < (라)버스 < (가)버스 < (라)버스

⑤ (나)버스 < (다)버스 < (마)버스 = (가)버스 < (라)버스

> (Tip) 총 인원이 25명이므로 28인승 버스를 대절해야 한다. 출발지부터 도착지까지 총 4시간이 걸리고 식사시간 1시간, 워크숍 진행 시간이 4시간 걸린다고 했으므로 총 9시간 대절하는 것이다. 따라서 총 비용을 계산하면 다음과 같다.
> (가)버스 : 140,000(기본료) + 72,000(추가운임) = 212,000(원)
> (나)버스 : 140,000(기본료) + 60,000(추가운임) = 200,000(원)
> (다)버스 : 150,000(기본료) + 102,000(추가운임) = 252,000(원)
> (라)버스 : 130,000(기본료) + 120,000(추가운임) = 250,000(원)
> (마)버스 : 160,000(기본료) + 90,000(추가운임) = 250,000(원)

**6** 다음은 R기관의 직원 승진 평가 자료 및 평가 기준에 관한 내용이다. 다음 자료를 참고할 때, 최종 승진자로 선정될 사람은 누구인가?

〈승진 대상자 평가 내역〉

| | 매출 실적(점) | 대인관계(점) | 제안 실적(점) |
|---|---|---|---|
| A직원 | 7 / 8 | 8 / 8 | 8 / 7 |
| B직원 | 9 / 9 | 9 / 8 | 7 / 7 |
| C직원 | 9 / 8 | 7 / 9 | 7 / 8 |
| D직원 | 7 / 7 | 7 / 6 | 8 / 7 |
| E직원 | 7 / 8 | 8 / 8 | 7 / 6 |

〈최종 승진자 평가 기준〉

• 각 항목 점수는 '선임자 부여 점수 / 팀장 부여 점수'이다.
• 최종 승진은 종합 점수 최고 득점자 1명으로 한다.
• 가점 적용

| 매출 실적 | 대인관계 | 제안 실적 |
|---|---|---|
| $\dfrac{(선임자\ 점수 + 팀장\ 점수)}{2}$ 의 결과 값의 50% | $\dfrac{(선임자\ 점수 + 팀장\ 점수)}{2}$ 의 결과 값의 20% | $\dfrac{(선임자\ 점수 + 팀장\ 점수)}{2}$ 의 결과 값의 30% |

• 평가 점수 산정 기준
  - 각 항목별 $\dfrac{(선임자\ 점수 + 팀장\ 점수)}{2}$ 의 값에서 가점을 더한다.
  - 매출 실적 점수(가점 포함) + 대인관계 점수(가점 포함) + 제안 실적 점수(가점 포함) = 최종 평가 점수

① A직원
② B직원
③ C직원
④ D직원
⑤ E직원

> (Tip) 각 직원의 최종 평가 점수는 다음과 같다.
> A직원 : 7.5 + 3.75(가점) + 8 + 1.6(가점) + 7.5 + 2.25(가점) = 30.6
> B직원 : 9 + 4.5(가점) + 8.5 + 1.7(가점) + 7 + 2.1(가점) = 32.8
> C직원 : 8.5 + 4.25(가점) + 8 + 1.6(가점) + 7.5 + 2.25(가점) = 32.1
> D직원 : 7 + 3.5(가점) + 6.5 + 1.3(가점) + 7.5 + 2.25(가점) = 28.05
> E직원 : 7.5 + 3.75(가점) + 8 + 1.6(가점) + 6.5 + 1.95 = 29.3
> 따라서 최종 승진자는 B직원이 된다.

**Answer** ↪ 5.② 6.②

**7** R사에서는 2017년의 예산 신청 금액과 집행 금액의 차이가 가장 적은 팀부터 2018년의 예산을 많이 분배할 계획이다. 5개 팀의 2017년 예산 관련 내역이 다음과 같을 때, 2018년의 예산을 가장 많이 분배받게 될 팀과 가장 적게 분배받게 될 팀을 순서대로 올바르게 짝지은 것은 어느 것인가?

〈2017년의 예산 신청 내역〉

(단위 : 백만 원)

| 영업2팀 | 영업3팀 | 유통팀 | 물류팀 | 조달팀 |
|---|---|---|---|---|
| 26 | 24 | 32 | 29 | 30 |

〈2017년의 예산 집행률〉

(단위 : %)

| 영업2팀 | 영업3팀 | 유통팀 | 물류팀 | 조달팀 |
|---|---|---|---|---|
| 115.4 | 87.5 | 78.1 | 87.9 | 98.3 |

\* 예산 집행률＝집행 금액÷신청 금액×100

① 조달팀, 영업3팀
② 유통팀, 조달팀
③ 유통팀, 영업2팀
④ 조달팀, 유통팀
⑤ 영업2팀, 영업3팀

(Tip) 주어진 자료에 따라 예산 집행 금액을 계산해 보면 다음과 같다.

(단위 : 백만 원)

| 영업2팀 | 영업3팀 | 유통팀 | 물류팀 | 조달팀 |
|---|---|---|---|---|
| 26×1.154=30 | 24×0.875=21 | 32×0.781=25 | 29×0.879=25.5 | 30×0.983=29.5 |

따라서 팀별로 예산의 신청 금액과 집행 금액의 차이는 순서대로 각각 +4백만 원, -3백만 원, -7백만 원, -3.5백만 원, -0.5백만 원이 되어, 2018년에 가장 많은 예산을 분배받을 팀과 가장 적은 예산을 분배받을 팀은 각각 조달팀과 유통팀이 된다.

**8** S사에서는 일정한 기준과 지점별 특성에 근거하여 다음과 같이 각 지점별 선정자에게 자녀 학자금을 지급한다. 지난달에는 이 중 총 6명에게 모두 최대지급액이 지급되어 총 학자금 지급액이 954만 원이었다. 이 경우 각 지점별 학자금 현황에 대한 올바른 설명이 아닌 것은 어느 것인가? (동일 지점에 2명 이상이 지급받을 수도 있다.)

| 학자금 지급 대상 지점 | 최대지급액 |
|---|---|
| 제주 A지점 | 260만 원 |
| 제주 B지점 | 260만 원 |
| 전라 C지점 | 260만 원 |
| 경상 D지점 | 260만 원 |
| 강원 E지점 | 195만 원 |
| 충청 F지점 | 184만 원 |
| 충청 G지점 | 184만 원 |
| 인천 H지점 | 60만 원 |
| 경기 전 지점 | 43만 원 |

① 모두 네 개의 서로 다른 지점의 직원들에게 학자금이 지급되었다.

② 2명 이상이 학자금을 받은 지점은 2곳이다.

③ 충청 F지점 또는 충청 G지점에 속한 직원이 적어도 1명은 포함되어 있다.

④ 강원 E지점에 속한 직원이 포함되어 있다.

⑤ 도표의 위에서부터 제주 A지점~경상 D지점에 속하는 직원이 적어도 2명 이상이 포함되어 있다.

> **Tip** 총 지급액이 4만원 단위이므로 충청 F지점 또는 충청 G지점에 속한 직원이 1명 또는 6명이 포함되어 있어야 하나, 6명일 경우 총 지급액이 맞지 않으므로 1명 포함되어 있는 것이 된다. 이 경우, 5명의 직원에게 총 954-184=770만 원의 학자금이 지급된 것이 된다.
> 770만 원을 큰 금액부터 나누어 보면, 260만 원을 지급받은 직원이 3명일 수 없으며 2명일 경우 나머지 3명이 770-520=250만 원을 나누어 받았어야 하므로 이 방법 또한 적합하지 않게 된다.
> 따라서 260만 원을 받은 직원이 1명이라고 가정하면, 나머지 4명이 510만 원을 지급받은 것이 된다.
> 남은 금액은 195만 원과 60만 원이므로(43만 원은 계산상 맞지 않으므로 제외한다), 1명과 3명, 2명과 2명, 3명과 1명을 각각 대입해 보면, 195만 원을 지급받은 직원이 2명, 60만 원을 지급받은 직원이 2명일 경우 총 지급액이 정확히 일치하는 것을 알 수 있다.
> 따라서 260만 원 1명, 195만 원 2명, 184만 원 1명, 60만 원 2명으로 총 6명에게 지급되었음을 알 수 있다.

*Answer* 7.④  8.⑤

**9** 서 과장은 휴일을 맞아 A지역까지 나들이를 다녀오기 위해 렌터카를 이용하고자 한다. 서 과장이 알아본 렌터카 업체의 조건이 다음과 같을 때, 서 과장이 선택할 수 있는 가장 저렴한 이용 방법을 올바르게 설명한 것은 어느 것인가?

〈차량 렌트 비용〉

| 차종 | 업체 | 비용 | 연료비 |
|------|------|------|--------|
| S형 | 쌩쌩 렌터카 | 90,000원/1일 | 연료비 본인 부담 |
| T형 | 고고 렌터카 | 50,000원/1일 | 1km당 300원 |

\* 쌩쌩 렌터카 S형 차량 연비 : 10km/1L, 연료비 : 1,500원/1L

\* A지역까지의 거리 : 편도 300km(차량은 A지역까지의 왕복 이동에만 사용한다)

① 총 33만 원의 비용으로 쌩쌩 렌터카를 이용한다.

② 총 18만 원의 비용으로 쌩쌩 렌터카를 이용한다.

③ 총 18만 원의 비용으로 고고 렌터카를 이용한다.

④ 총 23만 원의 비용으로 고고 렌터카를 이용한다.

⑤ 총 23먼 원의 비용으로 쌩쌩 렌터카를 이용한다.

(Tip) 쌩쌩 렌터카의 경우 90,000원의 비용과 600km 이동에 소요되는 60L의 연료비 60×1,500 = 90,000원이 소요되므로 총 180,000원이 발생한다. 고고 렌터카의 경우 50,000원의 비용과 600km의 연료비 600×300=180,000원이 소요되어 총 230,000원이 발생한다. 따라서 쌩쌩 렌터카를 총 180,000원의 비용으로 이용할 수 있다.

**10** '갑'시에 위치한 B공사 권 대리는 다음과 같은 일정으로 출장을 계획하고 있다. 출장비 지급 내역에 따라 권 대리가 받을 수 있는 출장비의 총액은 얼마인가?

### 〈지역별 출장비 지급 내역〉

| 출장 지역 | 일비 | 식비 |
|---|---|---|
| '갑'시 | 15,000원 | 15,000원 |
| '갑'시 외 지역 | 23,000원 | 17,000원 |

\* 거래처 차량으로 이동할 경우, 일비 5,000원 차감
\* 오후 일정 시작일 경우, 식비 7,000원 차감

### 〈출장 일정〉

| 출장 일자 | 지역 | 출장 시간 | 이동계획 |
|---|---|---|---|
| 화요일 | '갑'시 | 09:00~18:00 | 거래처 배차 |
| 수요일 | '갑'시 외 지역 | 10:30~16:00 | 대중교통 |
| 금요일 | '갑'시 | 14:00~19:00 | 거래처 배차 |

① 75,000원
② 78,000원
③ 83,000원
④ 85,000원
⑤ 88,000원

 일자별 출장비 지급액을 살펴보면 다음과 같다. 화요일 일정에는 거래처 차량이 지원되므로 5,000원이 차감되며, 금요일 일정에는 거래처 차량 지원과 오후 일정으로 인해 5,000+7,000= 12,000원이 차감된다.

| 출장 일자 | 지역 | 출장 시간 | 이동계획 | 출장비 |
|---|---|---|---|---|
| 화요일 | '갑'시 | 09:00~18:00 | 거래처 배차 | 30,000-5,000=25,000원 |
| 수요일 | '갑'시 외 지역 | 10:30~16:00 | 대중교통 | 40,000원 |
| 금요일 | '갑'시 | 14:00~19:00 | 거래처 배차 | 30,000-5,000-7,000=18,000원 |

따라서 출장비 총액은 25,000+40,000+18,000=83,000원이 된다.

*Answer* ↪ 9.② 10.③

**11** 다음은 자원을 관리하는 기본 과정을 설명한 것이다. (가)~(라)를 효율적인 자원관리를 위한 순서에 맞게 바르게 나열한 것은?

> (가) 확보된 자원을 활용하여 계획에 맞는 업무를 수행해 나가야 한다. 물론 계획에 얽매일 필요는 없지만 최대한 계획대로 수행하는 것이 바람직하다. 불가피하게 수정해야 하는 경우는 전체 계획에 미칠 수 있는 영향을 고려하여야 할 것이다.
>
> (나) 자원을 실제 필요한 업무에 할당하여 계획을 세워야 한다. 여기에서 중요한 것은 업무나 활동의 우선순위를 고려하는 것이다. 최종적인 목적을 이루는데 가장 핵심이 되는 것에 우선순위를 두고 계획을 세울 필요가 있다. 만약, 확보한 자원이 실제 활동 추진에 비해 부족할 경우 우선순위가 높은 것에 중심을 두고 계획하는 것이 바람직하다.
>
> (다) 실제 상황에서 그 자원을 확보하여야 한다. 수집 시 가능하다면 필요한 양보다 좀 더 여유 있게 확보할 필요가 있다. 실제 준비나 활동을 하는데 있어서 계획과 차이를 보이는 경우가 빈번하기 때문에 여유 있게 확보하는 것이 안전할 것이다.
>
> (라) 업무를 추진하는데 있어서 어떤 자원이 필요하며, 또 얼마만큼 필요한지를 파악하는 단계이다. 자원의 종류에는 크게 시간, 예산, 물적자원, 인적자원으로 나누어지지만 실제 업무 수행에서는 이보다 더 구체적으로 나눌 필요가 있다. 구체적으로 어떤 활동을 할 것이며, 이 활동에 어느 정도의 시간, 돈, 물적·인적자원이 필요한지를 파악한다.

① (다) - (라) - (나) - (가)

② (라) - (다) - (가) - (나)

③ (가) - (다) - (나) - (라)

④ (라) - (나) - (다) - (가)

⑤ (라) - (다) - (나) - (가)

**Tip** 자원을 적절하게 관리하기 위해서 거쳐야 하는 4단계의 자원관리 과정과 순서는 다음과 같다.
1. 어떤 자원이 얼마나 필요한지를 확인하기 → 2. 이용 가능한 자원을 수집(확보)하기 → 3. 자원 활용 계획 세우기 → 4. 계획에 따라 수행하기
따라서 각 단계를 설명하고 있는 내용은 (라) - (다) - (나) - (가)의 순이 된다.

※ 다음은 특정 시점 A국의 B국에 대한 주요 품목의 수출입 내역을 나타낸 것이다. 이를 보고 이어지는 물음에 답하시오. 【12 ~ 13】

(단위 : 천 달러)

| 수출 | | 수입 | | 합계 | |
|---|---|---|---|---|---|
| 품목 | 금액 | 품목 | 금액 | 품목 | 금액 |
| 섬유류 | 352,165 | 섬유류 | 475,894 | 섬유류 | 828,059 |
| 전자전기 | 241,677 | 전자전기 | 453,907 | 전자전기 | 695,584 |
| 잡제품 | 187,132 | 생활용품 | 110,620 | 생활용품 | 198,974 |
| 생활용품 | 88,354 | 기계류 | 82,626 | 잡제품 | 188,254 |
| 기계류 | 84,008 | 화학공업 | 38,873 | 기계류 | 166,634 |
| 화학공업 | 65,880 | 플라스틱/고무 | 26,957 | 화학공업 | 104,753 |
| 광산물 | 39,456 | 철강금속 | 9,966 | 플라스틱/고무 | 51,038 |
| 농림수산물 | 31,803 | 농림수산물 | 6,260 | 광산물 | 39,975 |
| 플라스틱/고무 | 24,081 | 잡제품 | 1,122 | 농림수산물 | 38,063 |
| 철강금속 | 21,818 | 광산물 | 519 | 철강금속 | 31,784 |

**12** 다음 중 위의 도표에서 알 수 있는 A국 ↔ B국간의 주요 품목 수출입 내용이 아닌 것은? (단, 언급되지 않은 품목은 고려하지 않는다)

① A국은 B국과의 교역에서 수출보다 수입을 더 많이 한다.

② B국은 1차 산업의 생산 또는 수출 기반이 A국에 비해 열악하다고 볼 수 있다.

③ 양국의 상호 수출입 액 차이가 가장 적은 품목은 기계류이다.

④ A국의 입장에서, 총 교역액에서 수출액이 차지하는 비중이 가장 큰 품목은 광산물이다.

⑤ 수입보다 수출을 더 많이 하는 품목 수는 A국이 B국보다 많다.

 광산물의 경우 총 교역액에서 수출액이 차지하는 비중은 39,456÷39,975×100=약 98.7%이나, 잡제품의 경우 187,132÷188,254×100=약 99.4%의 비중을 보이고 있으므로 총 교역액에서 수출액이 차지하는 비중이 가장 큰 품목은 잡제품이다.
① A국의 총 수출액은 1,136,374천 달러이며, 총 수입액은 1,206,744천 달러이다.
② B국은 1차 산업인 농림수산물 품목에서 A국으로의 수출이 매우 적은 반면, A국으로부터 수입하는 양이 매우 크므로 타당한 판단으로 볼 수 있다.
③ 기계류는 10개 품목 중 가장 적은 1,382천 달러의 수출입 액 차이를 보이고 있다.
⑤ A국은 10개 품목 중 섬유류, 전자전기, 생활용품, 플라스틱/고무를 제외한 6개 품목에서 수입보다 수출을 더 많이 하고 있다.

*Answer*↪ 11.⑤ 12.④

**13** A국에서 무역수지가 가장 큰 품목의 무역수지 액은 얼마인가? (단, 무역수지=수출액−수입액)

① 27,007천 달러

② 38,937천 달러

③ 186,010천 달러

④ 25,543천 달러

⑤ 11,852천 달러

(Tip) 무역수지가 가장 큰 품목은 잡제품으로 무역수지 금액은 187,132−1,122=186,010천 달러에 달하고 있다.

**14** 다음 표는 T통신사에서 시행하는 이동 통화 요금제 방식이다. 다음과 같은 방식으로 통화를 할 경우, 한 달 평균 이동전화 사용 시간이 몇 분 초과일 때부터 B요금제가 유리한가?

| 요금제 | 기본 요금(원) | 1분당 전화 요금(원) |
|:---:|:---:|:---:|
| A | 15,000 | 180 |
| B | 18,000 | 120 |

① 35분             ② 40분

③ 45분             ④ 50분

⑤ 55분

(Tip) 한 달 평균 이동전화 사용 시간을 $x$라 하면 다음과 같은 공식이 성립한다.

$15,000+180x > 18,000+120x$

$60x > 3,000$

$x > 50$

따라서 $x$는 50분 초과일 때부터 B요금제가 유리하다고 할 수 있다.

**15** 다음은 총무팀 오 과장이 팀장으로부터 지시받은 이번 주 업무 내역이다. 팀장은 오 과장에게 가급적 급한 일보다 중요한 일을 먼저 처리해 줄 것을 당부하며 아래의 일들에 대한 시간 분배를 잘해 줄 것을 지시하였는데, 팀장의 지시사항을 참고로 오 과장이 처리해야 할 업무를 순서대로 바르게 나열한 것은?

| Ⅰ 긴급하면서 중요한 일<br>– 부서 손익실적 정리(A)<br>– 개인정보 유출 방지책 마련(B)<br>– 다음 주 부서 야유회 계획 수립(C) | Ⅱ 긴급하지 않지만 중요한 일<br>– 월별 총무용품 사용현황 정리(D)<br>– 부산 출장계획서 작성(E)<br>– 내방 고객 명단 작성(F) |
|---|---|
| Ⅲ 긴급하지만 중요하지 않은 일<br>– 민원 자료 취합 정리(G)<br>– 영업부 파티션 교체 작업 지원(H)<br>– 출입증 교체 인원 파악(I) | Ⅳ 긴급하지 않고 중요하지 않은 일<br>– 신입사원 신규 출입증 배부(J)<br>– 프린터기 수리 업체 수배(K)<br>– 정수기 업체 배상 청구 자료 정리(L) |

① (D) – (A) – (G) – (K)

② (B) – (E) – (J) – (H)

③ (A) – (G) – (E) – (K)

④ (B) – (F) – (G) – (L)

⑤ (I) – (E) – (C) – (J)

(Tip) 긴급한 일과 중요한 일이 상충될 경우, 팀장의 지시에 의해 중요한 일을 먼저 처리해야 한다. 따라서 시간관리 매트릭스 상의 Ⅰ → Ⅱ → Ⅲ → Ⅳ의 순으로 업무를 처리하여야 한다.
따라서 ④의 (B) – (F) – (G) – (L)이 가장 합리적인 시간 계획이라고 할 수 있다.

**16** 경비 집행을 담당하는 H대리는 이번 달 사용한 비용 내역을 다음과 같이 정리하였다. 이를 본 팀장은 H대리에게 이번 달 간접비의 비중이 직접비의 25%를 넘지 말았어야 했다고 말한다. 다음과 같이 H대리가 생각하는 내용 중 팀장이 이번 달 계획했던 비용 지출 계획과 어긋나는 것은?

---

〈이번 달 비용 내역〉

* 직원 급여 1,200만 원　　　　　　　　* 출장비 200만 원
* 설비비 2,200만 원　　　　　　　　　* 자재대금 400만 원
* 사무실 임대료 300만 원　　　　　　* 수도/전기세 35만 원
* 광고료 600만 원　　　　　　　　　　* 비품 30만 원
* 직원 통신비 60만 원

---

① '비품을 다음 달에 살 걸 그랬네…'

② '출장비가 80만 원만 더 나왔어도 팀장님이 원하는 비중대로 되었을 텐데…'

③ '어쩐지 수도/전기세를 다음 달에 몰아서 내고 싶더라…'

④ '직원들 통신비를 절반으로 줄이기만 했어도…'

⑤ '가만, 내가 설비비 부가세를 포함했는지 확인해야겠다. 그것만 포함되면 될텐데…'

> (Tip) 제시된 항목 중 직접비는 직원 급여, 출장비, 설비비, 자재대금으로 총액 4,000만 원이며, 간접비는 사무실 임대료, 수도/전기세, 광고료, 비품, 직원 통신비로 총액 1,025만 원이다. 따라서 출장비가 280만 원이 되면 직접비 총액이 4,080만 원이 되므로 여전히 간접비는 직접비의 25%가 넘게 된다.
> ① 30만 원이 절약되므로 간접비는 직접비의 25% 이하가 된다.
> ③ 간접비가 35만 원 절약되므로 팀장의 지시 사항에 어긋나지 않게 된다.
> ④ 간접비 총액이 1,000만원 밑으로 내려가므로 팀장의 지시 사항에 어긋나지 않게 된다.
> ⑤ 직접비가 220만 원 상승하므로 팀장의 지시 사항에 어긋나지 않게 된다.

**17** 다음 글에서 암시하고 있는 '자원과 자원관리의 특성'을 가장 적절하게 설명한 것은?

> 더 많은 토지를 사용하고 모든 농장의 수확량을 최고의 농민들이 얻은 수확량으로 올리는 방법으로 식량 공급을 늘릴 수 있다. 그러나 우리의 주요 식량 작물은 높은 수확량을 달성하기 위해 좋은 토양과 물 공급이 필요하며 생산 단계에 있지 않은 토지는 거의 없다. 실제로 도시의 스프롤 현상, 사막화, 염화 및 관개용으로 사용된 대수층의 고갈은 미래에 더 적은 토지가 농업에 제공될 수 있음을 암시한다. 농작물은 오늘날 사용되는 것보다 더 척박한 땅에서 자랄 수 있고, 수확량이 낮고 환경 및 생물 다양성이 저하될 환경일지도 모른다. 농작물의 수확량은 농장과 국가에 따라 크게 다르다. 예를 들어, 2013년 미국의 옥수수 평균 수확량은 10.0t/ha, 짐바브웨가 0.9t/ha였는데, 두 국가 모두 작물 재배를 위한 기후 조건은 비슷했다(2015년 유엔 식량 농업기구). 미국의 수확률이 다른 모든 나라의 목표겠지만 각국의 정책, 전문가의 조언, 종자 및 비료에 접근하는 데 크게 의존할 수밖에 없다. 그리고 그 중 어느 것도 새로운 농지에서 확실한 수확률을 보장하지는 않는다. 따라서 좋은 시기에는 수확 잠재력이 개선된 종자가 필요하지 않을 수도 있지만, 아무것도 준비하지 않는 건 위험하다. 실험실에서 혁신적인 방법을 개발하는 것과 그걸 바탕으로 농민에게 종자를 제공하는 것 사이에 20년에서 30년의 격차가 있다는 걸 감안할 때, 분자 공학과 실제 작물 육종 간의 격차를 줄이고 더 높은 수율을 달성하는 일은 시급하다.

① 누구나 동일한 자원을 가지고 있으며 그 가치와 밀도도 모두 동일하다.

② 특정 자원이 없음으로 해서 다른 자원을 확보하는 데 문제가 발생할 수 있다.

③ 자원은 유한하며 따라서 어떻게 활용하느냐 하는 일이 무엇보다 중요하다.

④ 사람들이 의식하지 못하는 사이에 자원은 습관적으로 낭비되고 있다.

⑤ 무엇이 자원이며 자원을 관리하는 방법이 무엇인지를 모르는 것이 자원관리의 문제점이다.

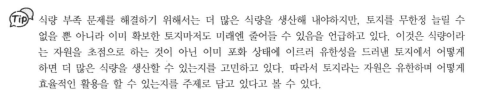 식량 부족 문제를 해결하기 위해서는 더 많은 식량을 생산해 내야하지만, 토지를 무한정 늘릴 수 없을 뿐 아니라 이미 확보한 토지마저도 미래엔 줄어들 수 있음을 언급하고 있다. 이것은 식량이라는 자원을 초점으로 하는 것이 아닌 이미 포화 상태에 이르러 유한성을 드러낸 토지에서 어떻게 하면 더 많은 식량을 생산할 수 있는지를 고민하고 있다. 따라서 토지라는 자원은 유한하며 어떻게 효율적인 활용을 할 수 있는지를 주제로 담고 있다고 볼 수 있다.

*Answer* → 16.② 17.③

**18** 다음은 공무원에게 적용되는 '병가' 규정의 일부이다. 다음을 참고할 때, 규정에 맞게 병가를 사용한 것으로 볼 수 없는 사람은?

---

**병가**(복무규정 제18조)

▲ 병가사유
- 질병 또는 부상으로 인하여 직무를 수행할 수 없을 때
- 감염병의 이환으로 인하여 그 공무원의 출근이 다른 공무원의 건강에 영향을 미칠 우려가 있을 때

▲ 병가기간
- 일반적 질병 또는 부상 : 연 60일의 범위 내
- 공무상 질병 또는 부상 : 연 180일의 범위 내

▲ 진단서를 제출하지 않더라도 연간 누계 6일까지는 병가를 사용할 수 있으나, 연간 누계 7일째 되는 시점부터는 진단서를 제출하여야 함

▲ 질병 또는 부상으로 인한 지각·조퇴·외출의 누계 8시간은 병가 1일로 계산, 8시간 미만은 계산하지 않음

▲ 결근·정직·직위해제일수는 공무상 질병 또는 부상으로 인한 병가일수에서 공제함

---

① 공무상 질병으로 179일 병가 사용 후, 같은 질병으로 인한 조퇴 시간 누계가 7시간인 K씨

② 일반적 질병으로 인하여 직무 수행이 어려울 것 같아 50일 병가를 사용한 S씨

③ 정직 30일의 징계와 30일의 공무상 병가를 사용한 후 지각 시간 누계가 7시간인 L씨

④ 일반적 질병으로 60일 병가 사용 후 일반적 부상으로 인한 지각·조퇴·외출 시간이 각각 3시간씩인 H씨

⑤ 진단서 없이 6일간의 병가 사용 후 지각·조퇴·외출 시간이 각각 2시간씩인 J씨

(Tip) 일반적 질병으로 60일 병가를 모두 사용하였고, 부상으로 인한 지각·조퇴·외출 누계 허용 시간인 8시간을 1시간 넘겼으므로 규정 내의 병가 사용이라고 볼 수 없다.
① 공무상 질병으로 인한 병가는 180일 이내이며, 조퇴 누계 시간이 8시간 미만이므로 규정 내에서 사용하였다.
② 일반적 질병으로 60일 범위 내에서 사용한 병가이므로 규정 내에서 사용하였다.
③ 정직일수는 병가일수에서 공제하여야 하므로 60일(정직 30일 + 공무상 병가 30일)의 공무상 병가이며, 지각 누계 시간이 8시간 미만이므로 규정 내에서 사용하였다.
⑤ 진단서 없이 6일간의 기한 내 병가 사용이며 지각·조퇴·외출 누계 시간이 각각 6시간으로 규정 내에서 사용하였다.

A사와 B사는 동일한 S제품을 생산하는 경쟁 관계에 있는 두 기업이며, 다음과 같은 각기 다른 특징을 가지고 마케팅을 진행하였다.

A사

후발 주자로 업계에 뛰어든 A사는 우수한 품질과 생산 설비의 고급화를 이루어 S제품 공급을 고가 정책에 맞추어 진행하기로 하였다. 이미 S제품의 개발이 완료되기 이전부터 A사의 잠재력을 인정한 해외의 K사로부터 장기 공급계약을 체결하는 등의 실적을 거두며 대내외 언론으로부터 조명을 받았다. A사는 S제품의 개발 단계에서, 인건비 등 기타 비용을 포함한 자체 마진을 설비 1대당 1천만 원, 연구개발비를 9천만 원으로 책정하고 총 1억 원에 K사와 계약을 체결하였으나 개발 완료 시점에서 알게 된 실제 개발에 투입된 연구개발비가 약 8천 5백만 원으로 집계되어 추가의 이익을 보게 되었다.

B사

A사보다 먼저 시장에 진입한 B사는 상대적으로 낮은 인건비의 기술 인력을 확보할 수 있어서 동일한 S제품을 생산하는 데 A사보다 다소 저렴한 가격 구조를 형성할 수 있었다. B사는 당초 설비 1대당 5백만 원의 자체 마진을 향유하며 연구개발비로 약 8천만 원이 소요될 것으로 예상, 총 8천 5백만 원으로 공급가를 책정하고, 저가 정책에 힘입어 개발 완료 이전부터 경쟁자들을 제치고 많은 거래선들과 거래 계약을 체결하게 되었다. 그러나 S제품 개발이 완료된 후 비용을 집계해 본 결과, 당초 예상과는 달리 A사와 같은 8천 5백만 원의 연구개발비가 투입되었음을 알게 되어 개발 단계에서 5백만 원의 추가 손실을 보게 되었다

**19** 다음 중 위와 같은 상황 속에서 판단할 수 있는 설명으로 적절하지 않은 것은?

① A사는 결국 높은 가격으로 인하여 시장점유율이 하락할 것이다.

② B사는 물건을 만들면 만들수록 계속 손실이 커지게 될 것이다.

③ A사가 경쟁력을 확보하려면 가격을 인하하여야 한다.

④ 비용을 가급적 적게 책정한다고 모두 좋은 것은 아니다.

⑤ 결국 실제 들어가는 비용보다 조금 높은 개발비를 책정하여야 한다.

(Tip) A사는 높은 가격으로 인한 거래선 유치의 어려움으로 인해 결국 시장점유율이 하락할 것이며, B사는 지속적인 적자 누적으로 제품 생산을 계속할수록 적자폭도 커지게 되는 상황을 맞이하게 될 것이다. 따라서 개발 책정 비용과 실제 발생하는 비용을 동일하게 유지하는 것이 기업에게 가장 바람직한 모습이라고 할 수 있다.

**20** 예산자원 관리의 측면에서 볼 때, 윗글이 암시하고 있는 예산관리의 특징으로 적절하지 않은 것은?

① 예산만 정확하게 수립되면 실제 활동이나 사업 진행하는 과정상 관리가 크게 개입될 필요가 없다.

② 개발 비용 > 실제 비용의 경우 결국 해당 기업은 경쟁력을 상실하게 된다.

③ 실제 비용 > 개발 비용의 경우 결국 해당 기업은 지속 적자가 발생한다.

④ 실제 비용 = 개발 비용으로 유지하는 것이 가장 바람직하다.

⑤ 예산관리는 최소의 비용으로 최대의 이익을 얻기 위해 요구되는 능력이다.

> **Tip** 기업이 예산 투입을 하는 과정에 있어 비용을 적게 들이는 것이 반드시 좋은 것은 아니다. 기업에서 제품을 개발한다고 할 때, 개발 책정 비용을 실제보다 높게 책정하면 경쟁력을 잃어버리게 되고, 반대로 낮게 책정하면 개발 자체가 이익을 주는 것이 아니라 오히려 적자가 나는 경우가 발생할 수 있다. 그로 인해 책정 비용과 실제 비용의 차이를 줄이고, 비슷한 상태가 가장 이상적인 상태라고 할 수 있다. 또한, 아무리 예산을 정확하게 수립하였다 하더라도 활동이나 사업을 진행하는 과정에서 계획에 따라 적절히 관리하지 않으면 아무런 효과가 없다. 즉 아무리 좋은 계획도 실천하지 않으면 되지 않듯이 예산 또한 적절한 관리가 필요하다. 이는 좁게는 개인의 생활비나 용돈관리에서부터 크게는 사업, 기업 등의 예산관리가 모두 마찬가지이며, 실행과정에서 적절히 예산을 통제해주는 것이 필수적이라고 할 수 있다.

※ 다음은 J공단 민원센터의 상담원 다섯 명에 대한 고객 설문지 조사 결과를 표로 나타낸 것이다. 공단에서는 이를 근거로 최우수 상담원을 선정하여 포상을 하려 한다. 제시된 표를 바탕으로 이어지는 물음에 답하시오. 【21 ~ 22】

〈상담원별 고객부여 득점 결과표〉

|  | 대면 | | 비대면 | | |
|---|---|---|---|---|---|
|  | 응대친절 | 의사소통 | 신속처리 | 전문성 | 사후 피드백 |
| 상담원A | 75 | 80 | 83 | 92 | 88 |
| 상담원B | 92 | 94 | 82 | 82 | 90 |
| 상담원C | 80 | 82 | 85 | 94 | 96 |
| 상담원D | 84 | 90 | 95 | 90 | 82 |
| 상담원E | 93 | 88 | 78 | 86 | 94 |

〈최우수 상담원 선정 방법〉

-각 항목별 득점에 다음 구간 기준을 적용하여 점수를 부여한다.

| 96점 이상 | 90~95점 | 85~89점 | 80~84점 | 79점 이하 |
|---|---|---|---|---|
| 5점 | 4점 | 3점 | 2점 | 1점 |

- 각 항목별 점수의 합이 큰 상담원 순으로 선정하되, 다음과 같은 가중치를 적용한다.
  - 응대친절과 의사소통 항목 : 점수의 30% 가산
  - 신속처리와 전문성 항목 : 점수의 20% 가산
  - 사후 피드백 : 점수의 10% 가산
- 점수가 동일한 경우 왼쪽 항목부터 얻은 점수가 높은 상담원을 우선순위로 선정한다.

**21** 다음 중 위의 기준에 의해 최우수 상담원으로 선정될 사람은 누구인가?

① 상담원A  ② 상담원B

③ 상담원C  ④ 상담원D

⑤ 상담원E

(Tip) 기준에 따라 각 상담원의 점수를 계산해 보면 다음과 같다.

|  | 응대친절 | 의사소통 | 신속처리 | 전문성 | 사후 피드백 | 합계 |
|---|---|---|---|---|---|---|
| 상담원A | 1×1.3=1.3 | 2×1.3=2.6 | 2×1.2=2.4 | 4×1.2=4.8 | 3×1.1=3.3 | 14.4 |
| 상담원B | 4×1.3=5.2 | 4×1.3=5.2 | 2×1.2=2.4 | 2×1.2=2.4 | 4×1.1=4.4 | 19.6 |
| 상담원C | 2×1.3=2.6 | 2×1.3=2.6 | 3×1.2=3.6 | 4×1.2=4.8 | 5×1.1=5.5 | 19.1 |
| 상담원D | 2×1.3=2.6 | 4×1.3=5.2 | 4×1.2=4.8 | 4×1.2=4.8 | 2×1.1=2.2 | 19.6 |
| 상담원E | 4×1.3=5.2 | 3×1.3=3.9 | 1×1.2=1.2 | 3×1.2=3.6 | 4×1.1=4.4 | 18.3 |

따라서 동일한 점수를 얻은 상담원B, D 중 응대친절 항목에서 높은 점수를 얻은 상담원B가 최우수 상담원이 된다.

**22** 다음 중 위와 같은 평가 방식과 결과를 잘못 이해한 의견은?

① 대면 상담에서는 상담원E가 상담원D보다 더 우수한 평점을 받았네.

② 이 평가방식은 대면 상담을 비대면 상담보다 더 중요하게 여기는구나.

③ 고객에게 친절하게 응대하는 것을 가장 중요시하는 평가 기준이군.

④ 평가항목 당 가중치가 없었다면 상담원D가 최우수 상담원이 되었겠어.

⑤ 고객이 부여한 득점 결과가 1위인 항목은 상담원C가 가장 많네.

(Tip) 평가항목 당 가중치가 없었다면 상담원B, C, D가 모두 16점이 되나 응대친절 항목에서 높은 점수를 얻은 상담원B가 최우수 상담원이 된다.
① 대면 상담에서는 상담원D가 7.8점, 상담원E가 9.1점을 받았다.
② 대면 상담 항목의 가중치가 비대면 상담 항목의 가중치보다 높으므로 대면 상담 항목을 더 중요하게 여긴다고 볼 수 있다.
③ 가중치와 동일 점수 시의 기준으로 볼 때 고객에게 친절하게 응대하는 것을 가장 중요시하는 평가 기준이라고 볼 수 있다.
⑤ 고객이 부여한 득점 결과가 1위인 항목은 상담원C가 전문성과 사후 피드백 2개로 가장 많다.

*Answer* → 20.① 21.② 22.④

**23** 다음은 특정년도 강수일과 강수량에 대한 자료이다. 다음 자료를 참고로 판단한 〈보기〉의 의견 중 자료의 내용에 부합하는 것을 모두 고른 것은?

〈장마 시작일과 종료일 및 기간〉

| | 2015년 | | | 평년(1981~2010년) | | |
|---|---|---|---|---|---|---|
| | 시작 | 종료 | 기간(일) | 시작 | 종료 | 기간(일) |
| 중부지방 | 6.25 | 7.29 | 35 | 6.24~25 | 7.24~25 | 32 |
| 남부지방 | 6.24 | 7.29 | 36 | 6.23 | 7.23~24 | 32 |
| 제주도 | 6.24 | 7.23 | 30 | 6.19~20 | 7.20~21 | 32 |

〈장마기간 강수일수 및 강수량〉

| | 2015년 | | 평년(1981~2010년) | |
|---|---|---|---|---|
| | 강수일수(일) | 강수량(mm) | 강수일수(일) | 강수량(mm) |
| 중부지방 | 18.5 | 220.9 | 17.2 | 366.4 |
| 남부지방 | 16.7 | 254.1 | 17.1 | 348.6 |
| 제주도 | 13.5 | 518.8 | 18.3 | 398.6 |
| 전국 | 17.5 | 240.1 | 17.1 | 356.1 |

〈보기〉
㉠ 중부지방과 남부지방은 평년 대비 2015년에 장마 기간과 강수일수가 모두 늘어났지만 강수량은 감소하였다.
㉡ 2015년의 장마 기간 1일 당 평균 강수량은 제주도-중부지방-남부지방 순으로 많다.
㉢ 중부지방, 남부지방, 제주도의 2015년 장마 기간 대비 강수일수 비율의 크고 작은 순서는 강수일수의 많고 적은 순서와 동일하다.
㉣ 강수일수 및 강수량의 지역적인 수치상의 특징은, 평년에는 강수일수가 많을수록 강수량도 증가하였으나, 2015년에는 강수일수가 많을수록 강수량은 오히려 감소하였다는 것이다.

① ㉠㉡
② ㉡㉢
③ ㉢㉣
④ ㉠㉡㉣
⑤ ㉡㉢㉣

 ㉠ 남부지방은 평년 대비 2015년에 장마 기간은 늘어났지만 강수일수와 강수량은 각각 17.1일 → 16.7일, 348.6mm → 254.1mm로 감소하였다.
㉡ 2015년의 장마 기간 1일 당 평균 강수량은 중부지방이 220.9÷35=약 6.3mm, 남부지방이 254.1÷36=약 7.1mm, 제주도가 518.8÷30=약 17.3mm로 제주도-남부지방-중부지방 순으로 많다.
㉢ 중부지방, 남부지방, 제주도의 2015년 장마 기간 대비 강수일수 비율은 각각 18.5÷35×100=약 52.9%, 16.7÷36×100=약 46.4%, 13.5÷30×100=45%이므로 강수일수의 많고 적은 순서(중부지방 18.5일, 남부지방 16.7일, 제주도 13.5일)와 동일하다.

ⓔ 평년에는 강수일수와 강수량이 모두 제주도, 중부지방, 남부지방의 순으로 높은 수치였으나, 2015년에는 강수일수는 중부지방, 남부지방, 제주도 순인 반면 강수량은 제주도, 남부지방, 중부지방의 순임을 알 수 있다.

**24** 기획팀 N대리는 다음 달로 예정되어 있는 해외 출장 일정을 확정하려 한다. 다음에 제시된 글의 내용을 만족할 경우 N대리의 출장 일정에 대한 설명 중 올바른 것은?

> N대리는 다음 달 3박 4일 간의 중국 출장이 계획되어 있다. 회사에서는 출발일과 복귀일에 업무 손실을 최소화할 수 있도록 가급적 평일에 복귀하도록 권장하고 있고, 출장 기간에 토요일과 일요일이 모두 포함되는 일정은 지양하도록 요구한다. 이번 출장은 기획팀에게 매우 중요한 문제를 해결할 수 있는 기회가 될 수 있어 팀장은 N대리의 복귀 바로 다음 날 출장 보고를 받고자 한다.
> 다음 달의 첫째 날은 금요일이며 마지막 주 수요일과 13일은 N대리가 빠질 수 없는 업무 일정이 잡혀 있다.

① 금요일에 출장을 떠나는 일정도 가능하다.
② 팀장은 월요일이나 화요일에 출장 보고를 받을 수 있다.
③ N대리가 출발일로 잡을 수 있는 날짜는 모두 4개이다.
④ N대리는 마지막 주에 출장을 가게 될 수도 있다.
⑤ 다음 달 15일 이후가 이전보다 출발 가능일이 더 많다.

(Tip) 다음 달의 첫째 날이 금요일이므로 아래와 같은 달력을 그려 볼 수 있다.

| 일 | 월 | 화 | 수 | 목 | 금 | 토 |
|---|---|---|---|---|---|---|
| | | | | | 1 | 2 |
| 3 | 4 | 5 | 6 | 7 | 8 | 9 |
| 10 | 11 | 12 | 13 | 14 | 15 | 16 |
| 17 | 18 | 19 | 20 | 21 | 22 | 23 |
| 24 | 25 | 26 | 27 | 28 | 29 | 30 |

3박 4일 일정이므로 평일에 복귀해야 하며 주말이 모두 포함되는 일정을 피하기 위해서는 출발일이 일, 월, 화요일이어야 한다. 또한 팀장 보고를 위해서는 금요일에 복귀하게 되는 화요일 출발 일정도 불가능하다.
따라서 일요일과 월요일에만 출발이 가능하다.
그런데 27일과 13일이 출장 일정에 포함될 수 없으므로 10, 11, 24, 25일은 제외된다.
따라서 3, 4, 17, 18일에 출발하는 4가지 일정이 가능하다.
⑤ 출발 가능일은 15일 기준으로 이전과 이후에 동일하게 이틀씩이다.

※ S사 홍보팀에서는 사내 행사를 위해 다음과 같이 3개 공급업체로부터 경품 1과 경품 2에 대한 견적서를 받아보았다. 행사 참석자가 모두 400명이고 1인당 경품 1과 경품 2를 각각 1개씩 나누어 주어야 한다. 다음 자료를 보고 이어지는 질문에 답하시오. 【25 ～ 26】

| 공급처 | 물품 | 세트당 포함 수량(개) | 세트 가격 |
|---|---|---|---|
| A업체 | 경품 1 | 100 | 85만 원 |
| | 경품 2 | 60 | 27만 원 |
| B업체 | 경품 1 | 110 | 90만 원 |
| | 경품 2 | 80 | 35만 원 |
| C업체 | 경품 1 | 90 | 80만 원 |
| | 경품 2 | 130 | 60만 원 |

– A업체 : 경품 2 170만 원 이상 구입 시, 두 물품 함께 구매하면 총 구매가의 5% 할인
– B업체 : 경품 1 350만 원 이상 구입 시, 두 물품 함께 구매하면 총 구매가의 5% 할인
– C업체 : 경품 1 350만 원 이상 구입 시, 두 물품 함께 구매하면 총 구매가의 20% 할인
* 모든 공급처는 세트 수량으로만 판매한다.

**25** 홍보팀에서 가장 저렴한 가격으로 인원수에 모자라지 않는 수량의 물품을 구매할 수 있는 공급처와 공급가격은?

① A업체 / 5,000,500원
② A업체 / 5,025,500원
③ B업체 / 5,082,500원
④ B업체 / 5,095,000원
⑤ B업체 / 5,120,000원

(Tip) 각 공급처로부터 두 물품 모두를 함께 구매할 경우(ⓛ)와 개별 구매할 경우(⑤)의 총 구매가격을 표로 정리해 보면 다음과 같다. 구매 수량은 각각 400개 이상이어야 한다.

| 공급처 | 물품 | 세트 당 포함 수량(개) | 세트 가격 | ⑦ | ⓛ |
|---|---|---|---|---|---|
| A업체 | 경품 1 | 100 | 85만 원 | 340만 원 | 5,025,500원 (5% 할인) |
| | 경품 2 | 60 | 27만 원 | 189만 원 | |
| B업체 | 경품 1 | 110 | 90만 원 | 360만 원 | 5,082,500원 (5% 할인) |
| | 경품 2 | 80 | 35만 원 | 175만 원 | |
| C업체 | 경품 1 | 90 | 80만 원 | 400만 원 | 5,120,000원 (20% 할인) |
| | 경품 2 | 130 | 60만 원 | 240만 원 | |

**26** 다음 중 C업체가 S사의 공급처가 되기 위한 조건으로 적절한 것은?

① 경품 1의 세트당 포함 수량을 100개로 늘린다.

② 경품 2의 세트당 가격을 2만 원 인하한다.

③ 경품 1의 세트당 수량을 85개로 줄인다.

④ 경품 2의 세트당 포함 수량을 120개로 줄인다.

⑤ 경품 1의 세트당 가격을 5만 원 인하한다.

 경품 1의 세트당 가격을 5만 원 인하하면 총 판매가격이 4,920,000원이 되어 가장 낮은 공급가가 된다.

① 경품 1의 세트당 포함 수량이 100개가 되면 세트 수량이 5개에서 4개로 줄어들어 판매가격이 80만 원 낮아지나, 할인 적용이 되지 않아 최종 판매가는 오히려 비싸진다.

② 경품 2의 세트당 가격을 2만 원 인하하면 총 판매가격이 5,056,000원이 되어 A업체보다 여전히 비싸다.

※ 다음 자료를 읽고 이어지는 물음에 답하시오. 【27 ～ 28】

전교생이 560명인 한국개발고등학교의 전교회장 선거에 동철과 혜린이 입후보하였다. 이번 선거의 최대 관심사는 자율학습 시간의 조정이다. 학생들은 자신이 선호하는 시간과 가장 가까운 시간을 공약하는 후보에게 반드시 투표한다. 예컨대, 동철이 2시간, 혜린이 5시간을 공약한다면 3시간을 선호하는 학생은 동철에게 투표한다. 만약 두 후보가 공약한 시간과 자신이 선호하는 시간의 차이가 같다면 둘 중 한 명을 50%의 확률로 선택한다. 설문조사 결과 학생들의 자율학습 시간 선호 분포는 다음 그림과 같다.

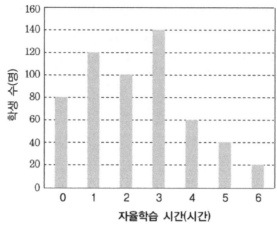

**27** 위의 자료에 대한 올바른 설명을 〈보기〉에서 모두 고른 것은?

〈보기〉

(개) 0~2시간을 선호하는 학생들이 4~6시간을 선호하는 학생들보다 많다.
(내) 혜린이 2시간을 공약하고 동철이 3시간을 공약한다면 동철이 더 많은 표를 얻을 수 있다.
(대) 혜린이 5시간을 공약한다면 동철은 4시간을 공약하는 것이 5시간을 공약하는 것보다 많은 표를 얻을 수 있다.
(래) 동철이 1시간을 공약한다면 혜린은 3시간을 공약하는 것이 2시간을 공약하는 것보다 많은 표를 얻을 수 있다.

① (개), (내)           ② (개), (대)
③ (개), (래)           ④ (내), (래)
⑤ (대), (래)

(나) 혜린이 2시간을 공약하고 동철이 3시간을 공약한다면, 0~2시간을 선호하는 학생들은 혜린에게, 3~6시간을 선호하는 학생들은 동철에게 투표할 것이다. 따라서 혜린이 더 많은 표를 얻을 것이다.

(다) 동철이 5시간을 공약하면 모든 학생이 50%의 확률로 동철에게 투표하므로 학생의 절반이 동철에게 투표한다고 할 수 있다. 동철이 4시간을 공약하면 0~4시간을 선호하는 학생들이 동철에게 투표한다. 따라서 4시간을 공약하면 더 많은 표를 얻을 수 있다.

(라) 동철이 1시간을 공약할 때 혜린이 2시간을 공약하면 2~6시간을 선호하는 학생들이 혜린에게 투표한다. 3시간을 공약하면 3~6시간을 선호하는 학생과 2시간을 선호하는 학생의 절반(2시간을 선호하는 학생이 50%의 확률로 동철에게 투표)이 혜린에게 투표한다. 따라서 2시간을 공약하면 더 많은 표를 얻을 수 있다.

**28** 각 후보가 자신이 당선될 가능성이 가장 높은 자율학습 시간을 공약으로 내세울 때, 동철과 혜린의 공약으로 적절한 것은?

① 동철은 2시간을 공약하고 혜린은 3시간을 공약한다.

② 동철은 3시간을 공약하고 혜린은 2시간을 공약한다.

③ 동철과 혜린 모두 2시간을 공약한다.

④ 동철과 혜린 모두 3시간을 공약한다.

⑤ 동철과 혜린 모두 4시간을 공약한다.

 동철이 0시간 혹은 1시간을 공약하면 혜린은 동철보다 1시간 더 많은 시간을 공약하는 것이 더 많은 표를 얻을 수 있다. 동철이 3, 4, 5, 6시간을 공약하면 혜린은 동철보다 1시간 더 적은 시간을 공약하는 것이 더 많은 표를 얻을 수 있다. 동철이 2시간을 공약하면 같은 2시간을 공약하는 것이 가장 많은 표를 얻을 수 있다. 이는 동철에게도 마찬가지이다. 따라서 동철과 혜린 모두 2시간을 공약하게 될 것이다.

\* 적은 시간을 선호하는 학생부터 줄을 세운다면 560명의 절반인 280번째 또는 281번째 학생(이를 '중위 투표자'라 한다. 중위 투표자란 중간의 선호를 가진 사람으로, 두 대안을 대상으로 하는 다수결 투표의 결과는 이 투표자에 의해 결정된다고 한다)은 2시간을 선호할 것이다. 위에서 제시된 논리에 따라 두 명의 후보는 모두 중위 투표자가 선호하는 시간을 공약할 것이다.

**29** 다음은 이륜차 배달종사자가 숙지해야 할 계절적, 환경적 요인에 의한 배달제한 권고사항이다. 이를 근거로 〈보기〉의 A, B 상황에 맞는 배달제한 권고사항을 순서대로 적절히 나열한 것은?

| 구분 | 상황 | 배달지역 제한 (최대 2km) |
|---|---|---|
| 비 오는 날 | 비가 내려 노면이 젖은 경우 | – |
| | 폭우 등으로 인해 가시거리 100m 이내의 경우 | 1.5km 이내 |
| | 시간당 15mm 이상, 1일 강수량 110mm 이상, 호우주의보 발령 시 | 1km 이내 |
| | 시간당 20mm 이상, 1일 강수량 180mm 이상, 호우경보 발령 시 | 배달 금지 |
| 눈 오는 날 | 눈이 2cm 미만 쌓인 경우 | – |
| | 눈이 2cm 이상 쌓인 경우 | 1.5km 이내 |
| | 눈이 내려 노면이 미끄러워 체인(사슬형, 직물형) 장착한 경우 | 1.5km 이내 |
| | 대설주의보 발령 시 | 1km 이내 |
| | 대설경보 발령 시 | 배달 금지 |
| 기타 | 안개, 연무, 박무 등으로 인해 가시거리 100m 이내의 경우 | 1.5km 이내 |
| | 야간운전 시 | – |

\* 호우주의보 – 6시간 70mm, 12시간 110mm 이상 강수
호우경보 – 6시간 110mm, 12시간 180mm 이상 강수
대설주의보 – 24시간 적설량이 5cm 이상
대설경보 – 24시간 적설량이 20cm 이상

〈보기〉
A : 출근길에 내린 비로 가시거리가 100m도 채 안 되었고, 새벽 4시경부터 내리기 시작한 비의 아침 9시쯤 강수량이 75mm였다.
B : 가게 주변 도로는 상인들이 수시로 눈을 치워 거의 쌓이지 않은 상태이며, 이륜차 바퀴에 체인을 장착해 두었다. 어제 이맘때부터 내린 눈은 23cm의 적설량을 보이고 있다.

① 1.5km 거리로 배달 제한, 1km 거리로 배달 제한
② 1.5km 거리로 배달 제한, 배달 금지
③ 1km 거리로 배달 제한, 1.5km 거리로 배달 제한
④ 1km 거리로 배달 제한, 배달 금지
⑤ 배달 금지, 1km 거리로 배달 제한

**30** M업체의 직원 채용시험 최종 결과가 다음과 같다면, 다음 5명의 응시자 중 가장 많은 점수를 얻어 최종 합격자가 될 사람은 누구인가?

〈최종결과표〉

(단위 : 점)

|  | 응시자 A | 응시자 B | 응시자 C | 응시자 D | 응시자 E |
|---|---|---|---|---|---|
| 서류전형 | 89 | 86 | 94 | 92 | 93 |
| 1차 필기 | 94 | 92 | 89 | 83 | 91 |
| 2차 필기 | 88 | 87 | 90 | 97 | 89 |
| 면접 | 90 | 94 | 93 | 92 | 93 |

* 각 단계별 다음과 같은 가중치를 부여하여 해당 점수에 추가 반영한다.
  서류전형 점수 10%
  1차 필기 점수 15%
  2차 필기 점수 20%
  면접 점수 5%
* 4개 항목 중 어느 항목이라도 5명 중 최하위 득점이 있을 경우(최하위 점수가 90점 이상일 경우 제외), 최종 합격자가 될 수 없음.
* 동점자는 가중치가 많은 항목 고득점자 우선 채용

① 응시자 A
② 응시자 B
③ 응시자 C
④ 응시자 D
⑤ 응시자 E

Answer ↝  29.④  30.③

응시자들의 점수를 구하기 전에 채용 조건에 따라 서류전형과 2차 필기에서 최하위 득점을 한 응시자 B와 1차 필기에서 최하위 득점을 한 응시자 D는 채용이 될 수 없다. 면접에서 최하위 득점을 한 응시자 A는 90점 이상이므로 점수를 계산해 보아야 한다. 따라서 응시자 A, C, E의 점수는 다음과 같이 계산된다.

응시자 A : 89×1.1+94×1.15+88×1.2+90×1.05 = 406.1점
응시자 C : 94×1.1+89×1.15+90×1.2+93×1.05 = 411.4점
응시자 E : 93×1.1+91×1.15+89×1.2+93×1.05 = 411.4점
응시자 C와 E가 동점이나, 가중치가 많은 2차 필기의 점수가 높은 응시자 C가 최종 합격이 된다.

※ 다음 자료를 보고 이어지는 물음에 답하시오. 【31 ~ 32】

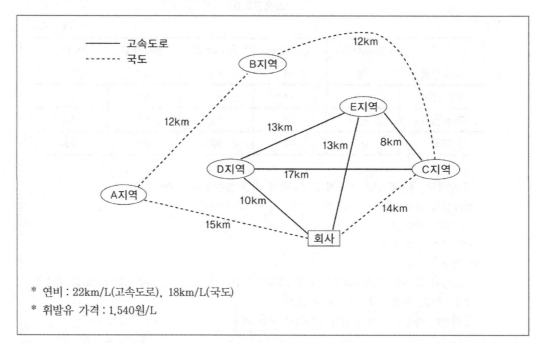

* 연비 : 22km/L(고속도로), 18km/L(국도)
* 휘발유 가격 : 1,540원/L

**31** K대리는 '회사'에서 출발하여 A ~ E지역을 모두 다녀와야 한다. 같은 곳을 두 번 지나지 않고 회사로부터 5개 지역을 모두 거쳐 다시 회사까지 돌아오는 경로는 모두 몇 가지인가?

① 2가지　　　　　　　　　　　　② 3가지

③ 4가지　　　　　　　　　　　　④ 5가지

⑤ 6가지

 회사에서 첫 번째로 갈 수 있는 곳은 모두 4개 지역이다.

그런데 C지역으로 가게 되면 같은 지역을 한 번만 지나면서 모든 지역을 거치는 방법이 없게 된다. 따라서 나머지 세 지역으로 갈 경우를 따져 보면 되며, 이것은 다음과 같다.

1. 회사-A지역-B지역-C지역-D지역-E지역-회사
2. 회사-A지역-B지역-C지역-E지역-D지역-회사
3. 회사-D지역-E지역-C지역-B지역-A지역-회사
4. 회사-E지역-D지역-C지역-B지역-A지역-회사

따라서 모두 4가지의 경로가 존재한다.

**32** K대리가 선택할 수 있는 최단 경로를 통해 차량(휘발유 사용)으로 방문을 하고 돌아올 경우, K대리가 사용한 연료비의 총 금액은 모두 얼마인가? (단, 원 단위 이하는 절삭한다)

① 5,230원　　　　　　　　　　　② 5,506원

③ 5,700원　　　　　　　　　　　④ 5,704원

⑤ 5,785원

 위 문제에서 총 4가지의 경로가 있다고 했으나 이동 거리를 살펴보면 첫 번째와 네 번째가 같은 방법이며, 두 번째와 세 번째가 같은 방법이라는 것을 알 수 있다.(상호 역순으로 이루어진 경로이다.) 이 두 가지 경우 중 최단 거리에 대한 연비를 계산하면 다음과 같다.

첫 번째의 경우 총 이동 거리는 15+12+12+17+13+13=82km이다.

두 번째의 경우 총 이동 거리는 15+12+12+8+13+10=70km이다.

따라서 두 번째 방법으로 이동했을 경우의 연비를 알아보면 된다.

앞의 세 가지 도로는 국도이며 뒤의 세 가지 도로는 고속도로이므로 연료비는 각각 (15+12+12) ÷ 18 × 1,540 = 3,336원과 (8 + 13 + 10) ÷ 22 × 1,540 = 2,170원이 된다.

따라서 총 금액은 3,336 + 2,170 = 5,506원이 된다.

**33** 변두리에 있는 R호텔은 3개 층으로 이루어져 있고 한 층에 4개의 방이 일렬로 있어 최대 12팀의 투숙객을 맞을 수 있다. 방의 호수가 101, 102~304호까지 지정되어 있고, 모든 객실이 비어 있는 어느 날 다음과 같은 운동부 선수단이 8개의 방에 투숙하게 되었다. 아래 〈보기〉를 근거로 할 때, 다음 중 올바른 설명은? (단, 다른 투숙객은 없다고 가정한다)

---

〈보기〉

a. 선수단은 2인 1조가 되어 A~H까지 8개 조가 조별로 한 개의 방을 사용한다.
b. 연이은 3개의 객실 사용은 1개 층에만 있고, 연이은 4개의 객실 사용은 없다.
c. B조와 D조, G조와 F조는 각각 같은 라인에 있다(방 번호 맨 뒤의 숫자가 같다).
d. E조의 방과 B조의 방은 가장 멀리 떨어져 있는 두 개의 방이다.
e. C조의 방과 한 개의 빈 방은 가장 멀리 떨어져 있는 두 개의 방이다.
f. H조는 102호이며 윗층과 옆방에는 각각 A조와 E조가 투숙해 있다.
g. 연이은 2개의 빈 방은 없다.

---

① F조가 103호에 투숙했다면 303호는 빈 방이다.
② H조는 D조와 같은 층에 투숙한다.
③ F조는 C조와 같은 층에 투숙할 수 없다.
④ G조의 방과 F조의 방 사이에는 빈 방이 있다.
⑤ 3층에는 2개 조가 투숙한다.

(Tip) f를 통해서 H조는 102호, 202호는 A조, 101호 또는 103호에는 E조가 있음을 알 수 있다. 이런 확정 조건을 가지고 방 번호별 그림을 그려보면 다음과 같다.

| 301호 | 302호 | 303호 | 304호 |
|---|---|---|---|
| 201호 | 202호<br>A조 | 203호 | 204호 |
| 101호<br>(E조) | 102호<br>H조 | 103호<br>(E조) | 104호 |

d에서 E조의 방과 B조의 방은 가장 멀리 떨어져 있는 두 개의 방이라고 했으므로 E조의 방은 103호가 될 수 없고 결국 101호가 E조 304호가 B조가 된다. 이 경우 c에 의해서 D조는 204호 또는 104호가 되는데 301호와 104호는 가장 멀리 떨어져 있는 두 개의 방이므로 C조와 한 개의 빈 방이 되어야 한다. 따라서 D조는 204호일 수밖에 없다. 이를 위의 표에 표기하면 다음과 같다.

| 301호<br>(C조 또는 빈 방) | 302호 | 303호 | 304호<br>B조 |
|---|---|---|---|
| 201호 | 202호<br>A조 | 203호 | 204호<br>D조 |
| 101호<br>E조 | 102호<br>H조 | 103호 | 104호<br>(C조 또는 빈 방) |

c에서 G조와 F조는 같은 라인이라 했으므로 이 두 조가 투숙할 수 있는 곳은 3호 라인일 수밖에 없다. 그런데 연이은 3개의 객실 사용은 1개 층에만 있다고 하였으므로 이 두 조가 각각 1층과 2층에 투숙할 수는 없으므로 303호에 한 개 조가 투숙해야 한다.
g에서 연이은 2개의 빈 방은 없다고 하였으므로 만일 C조가 104호에 투숙할 경우 301호와 302호는 연이은 2개의 빈 방이 될 수밖에 없다. 따라서 C조가 301호여야 하고 104호가 빈 방이어야 한

다. 또한 104호와 연이은 103호가 빈 방일 수 없으므로 G조와 F조 중 한 방은 103호에 투숙하여야 하며 203호는 빈 방이 될 수밖에 없다. 결국 다음과 같이 G조와 F조의 상호 방 번호를 제외한 모든 조의 방 번호가 결정된다.

| 301호<br>C조 | 302호<br>빈 방 | 303호<br>G조 또는 F조 | 304호<br>B조 |
|---|---|---|---|
| 201호<br>빈 방 | 202호<br>A조 | 203호<br>빈 방 | 204호<br>D조 |
| 101호<br>E조 | 102호<br>H조 | 103호<br>G조 또는 F조 | 104호<br>빈 방 |

따라서 보기 ④의 'G조의 방과 F조의 방 사이에는 빈 방이 있다'만이 올바른 설명이 된다.

**34** 다음에서 제시되는 인적자원개발의 의미를 참고할 때, 올바른 설명으로 볼 수 없는 것은?

> 인적자원개발은 행동의 변화를 통해 개인의 능력과 조직성과 향상을 통해 조직목표 달성 등의 다양한 목적이 제시되고 있다. 현행 「인적자원개발기본법」에서는 국가, 지방자치단체, 교육기관, 연구기관, 기업 등이 인적자원의 양성과 활용 및 배분을 통해 사회적 규범과 네트워크를 형성하는 모든 제반 활동으로 정의하고 있다. 이는 생산성 증대뿐만 아니라 직업준비교육, 직업능력개발을 위한 지속적인 교육에서 더 나아가 평생교육을 통한 국민들의 질적 생활을 향상시키는 데 그 목적을 두고 있다고 할 수 있다. 인적자원정책이라는 것은 미시적으로는 개인차원에서부터 거시적으로는 세계적으로 중요한 정책이며, 그 대상도 개인차원(학습자, 근로자, 중고령자 등), 기업차원, 지역차원 등으로 구분하여 볼 수 있다. 인력자원의 양성정책은 학교 및 교육훈련 기관 등의 교육기관을 통해 학습 받은 학습자를 기업이나 기타 조직에서 활용하는 것을 말한다.

① 인적자원개발의 개념은 교육, 개발훈련 등과 같이 추상적이고 복합적이다.
② 인적자원개발의 방법은 개인의 경력개발을 중심으로 전개되고 있다.
③ 인적자원개발은 가정, 학교, 기업, 국가 등 모든 조직에 확대 적용되고 있다.
④ 인적자원개발의 수혜자는 다양한 영역으로 구성되어 있다.
⑤ 인적자원개발은 개인뿐만 아니라 조직의 성장가능성도 높여주는 활동이다.

Answer↝ 33.④ 34.②

인적자원개발은 개인과 조직의 공동 목표 달성을 위해 진행되는 것이라고 이해할 수 있으므로 개인의 경력개발을 중심으로 전개된다는 것은 타당하지 않다.

① 인적자원개발은 학습을 통한 교육과 훈련이 핵심이므로 추상적이고 복합적인 개념이라고 할 수 있다.

③④ 기존의 조직 내 인력의 양성 차원을 넘어 근로자, 비근로자, 중고령자, 지역인재 등으로까지 확대 적용되는 것이 인적자원개발의 의의라고 판단할 수 있다.

⑤ 인적자원개발법에서는 '사회적 규범과 네트워크를 형성하는 모든 제반 활동'을 인적자원개발이라고 제시하고 있으므로 이는 개인과 조직의 성장을 동시에 도모하는 활동이라고 볼 수 있다.

**35** 다음에서와 같은 상황에 대한 적절한 설명이 아닌 것은?

> 신사업을 개발하기 위해 TF팀을 구성한 오 부장은 기술 개발의 가시적인 성과가 눈앞으로 다가와 곧 완제품 출시를 앞두고 있다. 경쟁 아이템이 없는 신제품으로 적어도 사업 초기에는 완벽한 독점 체제를 구축할 수 있을 것으로 전망된다. 오 부장은 그간 투입한 기술개발비와 향후 추가로 들어가게 될 홍보비, 마케팅비, 마진 등을 산정하여 신제품의 소비자 단가를 책정해야 하는 매우 중요한 과제를 앞두고 직원들과 함께 적정 가격 책정을 위해 머리를 맞대고 회의를 진행 중이다.

① 실제비용보다 책정비용을 낮게 산정하면 제품의 경쟁력이 손실될 수 있다.

② 향후 추가될 예상 홍보비를 실제보다 과도하게 책정하여 단가에 반영할 경우 적자가 발생할 수 있다.

③ 개발비 등 투입 예상비용이 실제 집행된 비용과 같을수록 이상적이라고 볼 수 있다.

④ 마케팅 비용을 너무 적게 산정하여 단가에 반영할 경우 적자가 쌓일 수 있다.

⑤ 마케팅비를 과다 선정할 경우 제품 가격 경쟁력이 낮아질 수 있다.

책정비용과 실제비용과의 관계는 다음과 같이 정리할 수 있다.

책정비용 > 실제비용 → 경쟁력 손실

책정비용 < 실제비용 → 적자 발생

책정비용 = 실제비용 → 이상적

따라서 ②와 같은 경우 예상되는 예산을 많이 책정하여 실제 비용을 예상보다 덜 집행한 경우가 되므로 적자가 발생하지는 않으나, 가격경쟁력이 약해지는 결과를 초래하게 된다.

**36** 업무상 발생하는 비용은 크게 직접비와 간접비로 구분하게 되는데, 그 구분 기준이 명확하지 않은 경우도 있고 간혹 기준에 따라 직접비로도 간접비로도 볼 수 있는 경우가 있다. 다음에 제시되는 글을 토대로 할 때, 직접비와 간접비를 구분하는 가장 핵심적인 기준은?

> - 인건비 : 해당 프로젝트에 투입된 총 인원수 및 지급 총액을 정확히 알 수 있으므로 직접비이다.
> - 출장비 : 출장에 투입된 금액을 해당 오더 건별로 구분할 수 있으므로 직접비이다.
> - 보험료 : 자사의 모든 수출 물품에 대한 해상보험을 연 단위 일괄적으로 가입했으므로 간접비이다.
> - 재료비 : 매 건별로 소요 자재를 산출하여 그에 맞는 양을 구입하였으므로 직접비이다.
> - 광고료 : 경영상 결과물과 자사 이미지 제고 등 전반적인 경영활동을 위한 것이므로 간접비이다.
> - 건물관리비 : 건물을 사용하는 모든 직원과 눈에 보이지 않는 회사 업무 자체를 위한 비용이므로 간접비이다.

① 생산물과 밀접한 관련성이 있느냐의 여부
② 생산물의 생산 완료 전 또는 후에 투입되었는지의 여부
③ 생산물의 가치에 차지하는 비중이 일정 기준을 넘느냐의 여부
④ 생산물의 생산에 필수적인 비용이냐의 여부
⑤ 생산물의 생산 과정에 기여한 몫으로 추정이 가능한 것이냐의 여부

(Tip) 인건비, 출장비, 재료비 등은 비용 총액을 특정 제품이나 서비스의 생산에 기여한 몫만큼 배분하여 계산할 수 있기 때문에 해당 제품이나 서비스의 직접비용으로 간주할 수 있는 것이다. 반면, 보험료, 광고료, 건물관리비 등 공통적인 비용으로 계산될 수밖에 없는 비용들은 간접비로 분류한다. 제시된 내용들은 모두 이러한 비용들의 기여도별 분배가 가능한 것인지의 여부에 따라 구분되고 있다고 볼 수 있다.

**37** 다음은 영업1~4팀의 팀별 총무용품의 구매 금액과 각 팀별 구매 총무용품의 항목별 구성비를 나타낸 자료이다. 다음 자료를 참고로 복사용품, 팩스용품, 탕비용품, 기타 총무용품의 구매를 위한 지출 금액이 각각 가장 큰 팀을 순서대로 올바르게 나열한 것은?

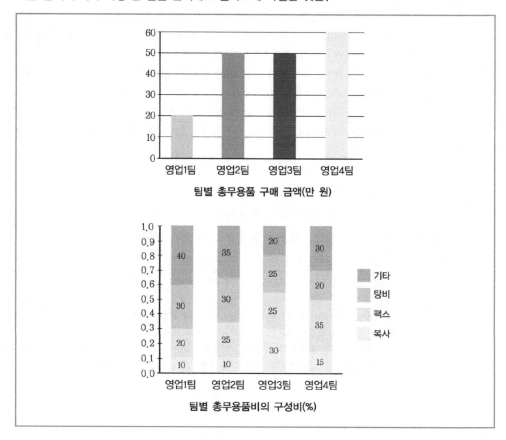

① 영업4팀, 영업3팀, 영업2팀, 영업1팀
② 영업2팀, 영업4팀, 영업3팀, 영업4팀
③ 영업3팀, 영업4팀, 영업2팀, 영업4팀
④ 영업4팀, 영업3팀, 영업2팀, 영업4팀
⑤ 영업3팀, 영업2팀, 영업4팀, 영업1팀

**Tip** 영업1~4팀은 총무용품 구매 비용으로 각각 20만 원, 50만 원, 50만 원, 60만 원을 지출하였다. 지출 금액의 구성비에 따라 팀별 금액을 계산해 보면 다음과 같다.

|  | 영업1팀 | 영업2팀 | 영업3팀 | 영업4팀 |
|---|---|---|---|---|
| 복사용품 | 20×10%=2만 원 | 50×10%=5만 원 | 50×30%=15만 원 | 60×15%=9만 원 |
| 팩스용품 | 20×20%=4만 원 | 50×25%=12.5만 원 | 50×25%=12.5만 원 | 60×35%=21만 원 |
| 탕비용품 | 20×30%=6만 원 | 50×30%=15만 원 | 50×25%=12.5만 원 | 60×20%=12만 원 |
| 기타 | 20×40%=8만 원 | 50×35%=17.5만 원 | 50×20%=10만 원 | 60×30%=18만 원 |

따라서 복사용품은 영업3팀, 팩스용품은 영업4팀, 탕비용품은 영업2팀, 기타는 영업4팀임을 알 수 있다.

**38** 다음은 특정 시점 우리나라의 주택유형별 매매가격 대비 전세가격 비율을 나타낸 도표이다. 다음 자료에 대한 올바른 설명을 〈보기〉에서 모두 고른 것은? (단, 비교하는 모든 주택들은 동일 크기와 입지조건이라고 가정한다)

(단위 : %)

| 구분 | 전국 | 수도권 | 지방 |
|------|------|--------|------|
| 종합 | 65 | 68 | 65 |
| 아파트 | 75 | 74 | 75 |
| 연립주택 | 66 | 65 | 69 |
| 단독주택 | 48 | 50 | 46 |

〈보기〉

(가) 수도권의 아파트가 지방의 아파트보다 20% 높은 매매가이고 A평형 지방의 아파트가 2.5억 원일 경우, 두 곳의 전세가 차이는 2천만 원이 넘는다.

(나) 연립주택은 수도권이, 단독주택은 지방이 매매가 대비 전세가가 더 낮다.

(다) '종합'의 수치는 각각 세 가지 유형 주택의 전세가 지수의 평균값이다.

(라) 수도권의 연립주택이 지방의 연립주택보다 20% 높은 매매가이고 A평형 지방의 연립주택이 2억 원일 경우, 두 곳의 전세가 차이는 2천만 원이 넘지 않는다.

① (나), (다), (라)  　　　　　② (가), (나), (라)

③ (가), (다), (라)  　　　　　④ (가), (나), (다)

⑤ (가), (나), (다), (라)

 (가) 지방의 아파트가 2.5억 원일 경우 수도권의 아파트는 3억 원이므로 전세가는 각각 1.875억 원과 2.22억 원이 되어 차이가 2천만 원을 넘게 된다.

(나) 연립주택은 수도권이 매매가 대비 전세가가 65%로 더 낮고, 단독주택은 지방이 46%로 더 낮다.

(다) '종합'의 수치는 각각 세 가지 유형 주택의 전세가 지수의 단순 평균값이 아니다. 지역별 주택 유형의 실제 수량에 근거한 수치이므로 해당 지역의 주택유형 분포 비율에 따라 평균값과 다르게 나타난다.

(라) 지방의 연립주택이 2억 원일 경우 수도권의 연립주택은 2.4억 원이므로 전세가는 각각 1.38억 원과 1.56억 원이 되어 차이가 2천만 원을 넘지 않게 된다.

| 39~40 | 다음은 A공단에서 운영하는 '직장여성아파트'에 대한 임대료와 신입사원인 김 미녀 씨의 월 소득 및 비용현황 자료이다. 이를 보고 이어지는 물음에 답하시오.

### 〈표 1〉 지역별 보증금

(단위 : 원)

| 구분 | 아파트 | K지역 | P지역 | D지역 | I지역 | B지역 | C지역 |
|------|--------|--------|--------|--------|--------|--------|--------|
| 보증금 | 큰방 | 990,000 | 660,000 | 540,000 | 840,000 | 960,000 | 360,000 |
| | 작은방 | 720,000 | 440,000 | 360,000 | 540,000 | 640,000 | 240,000 |

### 〈표 2〉 지역별 월 임대료

(단위 : 원)

| 구분 | 아파트 | K지역 | P지역 | D지역 | I지역 | B지역 | C지역 |
|------|--------|--------|--------|--------|--------|--------|--------|
| 월 임대료 | 큰방 | 141,000 | 89,000 | 71,000 | 113,000 | 134,000 | 50,000 |
| | 작은방 | 91,000 | 59,000 | 47,000 | 75,000 | 89,000 | 33,000 |

### 〈표 3〉 김 미녀 씨의 월 소득 및 비용현황

(단위 : 만 원)

| 월 급여 | 외식비 | 저금 | 각종세금 | 의류구입 | 여가 | 보험 | 기타소비 |
|---------|--------|------|----------|----------|------|------|----------|
| 300 | 50 | 50 | 20 | 30 | 25 | 25 | 30 |

* 월 소득과 비용 내역은 매월 동일하다고 가정함.

**39** 신입사원인 김 미녀 씨는 A공단에서 운영하는 '직장여성아파트'에 입주하려고 한다. 근무 지역은 별 상관이 없는 김 미녀 씨는 월 급여에서 비용을 지출하고 남은 금액의 90%를 넘지 않는 금액으로 가장 넓고 좋은 방을 구하려 한다. 김 미녀 씨가 구할 수 있는 방으로 가장 적절한 것은?

① P지역 작은 방
② I지역 작은 방
③ B지역 작은 방
④ D지역 큰 방
⑤ P지역 큰 방

> **(Tip)** 김 미녀 씨의 월 급여액에서 비용을 모두 지출하고 남은 금액은 70만 원이다. 90%를 넘지 않아야 하므로 아파트 입주를 위한 최대 지출 가능 금액은 63만 원이다. 또한, 한도액 내에서 가장 넓어야 하므로 보증금과 월 임대료의 합이 611,000인 D지역의 큰 방이 가장 적절한 곳이 된다.

**40** 업무상 직접비와 간접비를 구분하는 예산 관리를 개인의 소득과 지출에도 적용해 볼 수 있다. 의식주와 직접적으로 관계된 비용을 직접비라고 할 때, 원하는 아파트에 입주한 김 미녀 씨의 입주 둘째 달, 월 급여액에서 직접비가 차지하는 비중을 올바르게 설명한 것은?

① 50%보다 조금 적다.
② 40%보다 조금 많다.
③ 40%보다 조금 적다.
④ 30%보다 조금 적다.
⑤ 20%보다 조금 적다.

> **(Tip)** 둘째 달은 보증금이 지출되지 않으므로 의식주와 관련된 직접비용은 의류구입비 300,000원, 외식비 500,000원, 월 임대료 71,000원 도합 871,000이다. 따라서 이는 월 급여액인 3,000,000원의 30%보다 조금 적은 비중의 금액이 된다.

*Answer*→ 39.④  40.④

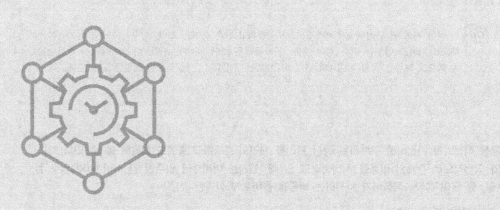

# PART

# IV

# 직무상식평가

# CHAPTER 01

# 농업 · 농촌 시사

1  우리나라는 지난 2019년 10월, 브라질, 싱가포르, 아랍에미리트(UAE), 대만 등에 이어 '세계무역기구(WTO) 내 개발도상국 지위'를 포기하였다. 이에 대한 내용 및 이로 인해 나타날 변화로 옳지 않은 것은?

① WTO 출범 당시 우리나라는 모든 분야에 있어 개발도상국의 지위를 가졌으나, OECD 가입을 계기로 '농업 · 기후 분야'에서만 개발도상국의 지위를 가져 왔었다.

② 우리나라는 미국이 제시한 4가지 WTO 개발도상국 제외 기준(OECD 회원국, G20 회원국, 세계은행에서 고소득 국가로 분류, 세계 무역량 0.5% 이상)에 모두 해당한다.

③ 개발도상국 지위가 박탈됨에 따라 향후 5년간 농산물에 대한 관세율을 50~70% 낮춰야 한다.

④ 수입농산물의 가격 경쟁력이 높아져 우리나라 농업이 피해를 입을 것에 대비해 농업보조금 확대 정책이 나타날 것이다.

⑤ 직불제도가 개편되어 2020년 5월부터 공익형 직불제가 새롭게 시행되고 있다.

Tip  WTO 개발도상국 지위가 박탈됨에 따라 농업보조금을 연간 1조 4,900억 원에서 8,195억 원으로 감축해야 한다.

**2** 로봇이나 인공지능을 통해 실제와 가상이 통합돼 사물을 자동적 · 지능적으로 제어할 수 있는 가상 물리 시스템의 구축이 기대되는 산업상의 변화를 '4차 산업혁명'이라 한다. 이에 대한 내용 및 다음에 나타난 4차 산업혁명의 각각의 핵심기술이 농업 분야에 적용되는 사례로 옳지 않은 것은?

---

〈4차 산업혁명의 핵심기술〉

(가) 무선 통신으로 각종 사물을 연결하는 기술

(나) 인간의 학습능력 등을 컴퓨터 프로그램으로 실현한 기술

(다) 대규모 데이터를 수집하고 분석하는 기술

---

① (가) – 센서를 이용하여 농산물 재배 환경의 데이터를 실시간으로 측정하고 수집할 수 있다.

② (나) – 숙련 농업인의 기술을 데이터로 수집하고 시각화하여 신규 농업인들이 단기간에 기술을 습득하거나 농작물의 병충해를 진단할 수 있도록 하는 해외의 농업기술학습지원시스템을 사례로 들 수 있다.

③ (다) – 비정형 데이터와 토양 및 기상데이터 등을 접목하여 생산량을 예측하거나 생산 · 유통 데이터를 연계 · 분석하여 수급 예측에 활용할 수 있다.

④ 통신 기업들이 통신사업의 장점을 이용하여 스마트 농업에 진출하는 것, 농산물 직거래 유통 플랫폼 사업을 추진하는 것 등을 4차 산업혁명으로 인해 나타난 변화로 볼 수 있다.

⑤ 과학기술정보통신부에 따르면 2세대 스마트 팜은 농수산 산업을 중심으로 확산되고 있다.

**Tip** (가) 사물인터넷(IoT), (나) 인공지능(AI), (다) 빅데이터(Big Data)
과학기술정보통신부에 따르면 2세대 스마트 팜은 축산과 시설원예 중심으로 확산되고 있다.

*Answer* → 1.④ 2.⑤

**3** 다음 설명에 해당하는 것은?

> 최근 우리나라 젊은 귀농자들을 중심으로 행해지고 있는 라이프스타일로, 농사에만 올인하지 않고 다른 직업을 병행하며 사는 것을 말한다.

① 노멀크러시            ② 소확행
③ 킨포크 라이프         ④ 반농반X
⑤ 엘리트 귀농

 **반농반X** … 일본에서 주창된 것으로 농사를 짓지만 농사에 올인하지 않고 반은 다른 일을 하며 사는 라이프스타일을 말한다.
  ① **노멀크러시** : Normal(보통의) + Crush(반하다)의 합성어로, 화려하고 자극적인 것에 질린 20대가 보통의 존재에 눈을 돌리게 된 현상을 설명하는 신조어이다.
  ② **소확행** : 작지만 확실한 행복의 줄임말로, 무라카미 하루키는 그의 수필에서 소확행을 '갓 구운 빵을 손으로 찢어 먹는 것, 서랍 안에 반듯하게 접어 넣은 속옷이 잔뜩 쌓여 있는 것, 새로 산 정결한 면 냄새가 풍기는 하얀 셔츠를 머리에서부터 뒤집어쓸 때의 기분…'이라고 정의했다.
  ③ **킨포크 라이프** : 미국 포틀랜드의 라이프스타일 잡지 「킨포크(KINFOLK)」의 영향을 받아 자연친화적이고 건강한 삶을 추구하는 현상을 말한다.
  ⑤ **엘리트 귀농** : 고학력자나 전문직 종사자, 대기업 출신 귀농자들이 귀농 준비 단계부터 정보를 공유하고, 지자체의 지원을 받아 시골살이에 성공적으로 적응하는 것을 말한다. 전북 장수의 '하늘소마을'과 경북 봉화의 '비나리마을', 전북 진안의 '새울터마을'은 고학력 귀농자들이 많이 모여 사는 대표적인 귀농 공동체다.

**4** 2019년 경기도 파주를 시작으로 경기도 북부와 인천, 강화를 중심으로 확산되고 있는 바이러스성 출혈성 돼지 전염병으로, 이병률이 높고 급성형에 감염되면 치사율이 거의 100%에 이르기 때문에 양돈 산업에 엄청난 피해를 주는 이 질병은?

① ASF            ② AI
③ FMD           ④ AHS
⑤ BSE

 아프리카돼지열병(African Swine Fever, ASF)에 대한 설명이다. 이 질병이 발생하면 세계동물보건기구(OIE)에 발생 사실을 즉시 보고해야 하며 돼지와 관련된 국제교역도 즉시 중단되게 되어 있다. 우리나라에서는 이 질병을 「가축전염병예방법」상 제1종 법정전염병으로 지정하여 관리하고 있다.
  ② 조류인플루엔자
  ③ 구제역
  ④ 아프리카마역
  ⑤ 소해면상뇌증

**5** 다음 자료에서 ㉠에 대한 설명 중 옳지 않은 것은?

> 도널드 트럼프 미국 행정부가 온실가스 감축 합의 내용을 담은 ___㉠___ 탈퇴를 위한 공식 절차에 돌입했다. ___㉠___ 은 2015년 기후변화 대응에 전 세계가 동참한 역사적 합의로, 최종 탈퇴가 이뤄지면 미국은 전 세계에서 ___㉠___ 을 지지하지 않는 유일한 국가가 된다.
>
> — 2019. 11.

① ㉠은 2020년 만료되는 교토의정서를 대체하여 2021년부터 효력을 발휘한다.

② ㉠은 190여 개 당사국을 대상으로 한다.

③ 우리나라의 경우 2030년 온실가스 배출전망치 대비 37% 감축을 목표로 한다.

④ ㉠은 '55개국 이상', '글로벌 배출량의 총합 비중이 55% 이상에 해당하는 국가의 비준'이라는 두 가지 기준이 충족되면서 발효되었다.

⑤ 농축산업에 대해서는 감축 목표가 할당되지 않았으나, 추후 감축 목표 할당을 대비하여 가축분뇨 에너지화, 저메탄 사료 사용, 신재생에너지 도입, 에너지 절감시설 도입 등에 힘써야 한다.

> **Tip** ㉠에 들어갈 말은 '파리기후변화협약'이다. 2019년 미국이 UN에 파리협약 탈퇴를 선언하였으며, 규정에 따라 탈퇴 통보 1년 뒤에 최종적으로 탈퇴가 이루어진다.
> 파리협정체제 하의 신기후체제(Post-2020)가 출범함에 따라 우리나라는 2030년 온실가스 배출전망치 대비 37%(약 536백만 톤)를 감축해야 하며, 농축산업에 대해서 7.9%(170만 톤)의 감축 목표가 할당되었다.

**6** 다음은 '1세대 스마트 팜'과 '2세대 스마트 팜'을 비교한 것이다. 다음 중 옳지 않은 것은?

| 구분 | 1세대 스마트 팜 | 2세대 스마트 팜 |
|---|---|---|
| 데이터 수집 | 동식물의 생육환경 정보 | 생육환경정보+㉠생체정보 |
| 데이터 분석 | 지식, 경험, 분석도구 | ㉡인공지능 |
| 서비스 | 편의성 제고, 긴급 알림, ㉢의사결정 | 1세대+자동조절 |
| 시스템 제어 | ㉣농장 단위 제어 | ㉤클라우드 시스템 |

① ㉠

② ㉡

③ ㉢

④ ㉣

⑤ ㉤

> **Tip** '의사결정' 서비스는 '2세대 스마트 팜'의 특징이다.

**Answer** 3.④ 4.① 5.⑤ 6.③

**7** 다음은 4차 산업혁명 시대의 농업 관련 직업에 대한 설명이다. 다음 설명에 해당하는 직업은?

> 정보통신(ICT), 생명공학(BT), 환경공학(ET) 기술을 접목한 농업을 통해 농업의 생산, 유통, 소비 등 모든 영역에서 생산성과 효율성을 높이고 농업과 농촌의 가치를 증대시키는 일을 하는 직업이다.

① 토양환경전문가                ② 농업드론전문가
③ 팜파티플래너                  ④ 스마트농업전문가
⑤ 친환경농자재개발자

 ① **토양환경전문가**: 현장에서 채취한 토양을 실험실로 가져와 토양 측정 장비로 분석하고, 토양의 물리적인 특성과 화학적인 특성을 정확하게 진단하는 일을 하는 직업으로 토양 진단 능력뿐 아니라 토양 분석과 빅데이터 시스템 및 모델링 구축 능력 등이 필요하다.
② **농업드론전문가**: 드론을 이용해 농장을 효율적으로 경영하도록 도와주는 직업으로 벼농사뿐만 아니라 콩, 채소 등 수많은 작물의 방제나 토양 및 농경지 조사, 파종, 작물 모니터링 등이 가능하다.
③ **팜파티플래너**: 팜파티는 팜(Farm)과 파티(Party)의 결합을 의미하는 말로, 도시의 소비자에게는 품질 좋은 농산물을 저렴한 가격에 만나볼 수 있도록 주선하고, 농촌의 농업인에게는 안정적인 판매 경로를 만들어 주는 직업이다.
⑤ **친환경농자재개발자**: 화학농약 등 합성 화학물질을 사용하지 않고 유기물과 식물 추출물, 자연 광물, 미생물 등을 이용한 자재만을 사용해 농자재를 만드는 사람이다.

**8** 다음 중 지역 축제가 잘못 연결된 것은?

① 청양 – 고추구기자축제
② 금산 – 인삼축제
③ 양평 – 메기수염축제
④ 청주 – 천등산고구마축제
⑤ 영동 – 포도축제

 ④ 천등산고구마축제는 충청북도 충주시의 지역 축제이다.

**9** 고랭지 농업에 대한 설명으로 옳은 것은?

① 남부지방이나 제주도에서 주로 이루어지는 농업이다.

② 여름철 강우량이 적고 일조시간이 긴 기후를 이용한다.

③ 표고(標高) 200~300m 정도의 지대가 적당하다.

④ 벼, 보리 등 곡식류 재배가 주로 이루어진다.

⑤ 진딧물, 바이러스병의 발생이 적다.

 고랭지 농업은 고원이나 산지 등 여름철에도 서늘한 지역에서 이루어지는 농업을 말한다.
① 강원도의 정선 · 평창 · 홍천 · 횡성군 등지에서 주로 이루어진다.
② 여름철 비교적 선선하고 강우량이 많으며 일조시간도 짧은 산간 기후를 이용한다.
③④ 표고 400m로부터 1,000m 정도의 높은 지대에서 채소 · 감자 · 화훼류 등을 재배하거나 가축을 사육한다.

**10** 다음은 농사 24절기를 나타낸 그림이다. (ㄱ)과 (ㄴ)에 들어갈 절기가 바르게 연결된 것은?

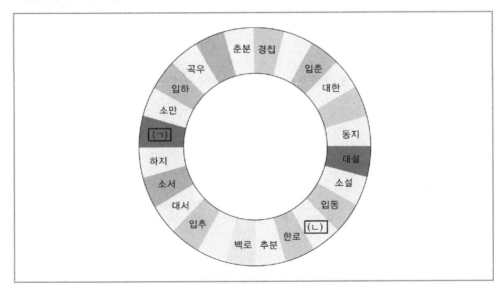

① (ㄱ): 우수, (ㄴ): 청명      ② (ㄱ): 청명, (ㄴ): 망종

③ (ㄱ): 망종, (ㄴ): 상강      ④ (ㄱ): 상강, (ㄴ): 소한

⑤ (ㄱ): 소한, (ㄴ): 처서

 소만과 하지 사이는 망종, 한로와 입동 사이는 상강이다. 입추와 백로 사이는 처서, 동지와 대한 사이는 소한, 입춘과 경칩 사이는 우수, 춘분과 곡우 사이는 청명이다.

Answer ↪ 7.④ 8.④ 9.⑤ 10.③

**11** 지역 간 균형발전과 영세규모 농가의 영농의욕을 높이기 위해 중산간 지역 등 소규모 경지정리사업 대상지구 중에서 규모가 아주 작은 지역에 대해서 간략한 설계로 사업비를 줄이고 소규모 기계화 영농이 가능한 수준으로 시행하는 사업을 일컫는 말은?

① 농지집단화                 ② 간이경지정리

③ 수리시설개보수           ④ 경지계획

⑤ 환지처분

 간이경지정리에 대한 설명이다. 간이경지정리는 경지정리사업 대상지구 중에서 일반경지정리 대상지구 내의 급경사지나 대상에서 제외된 1단지 규모 2~10ha 정도인 지역으로, 주민의 참여도가 좋아 사업시행이 가능하고 기계화 영농 효과가 뚜렷이 나타날 수 있는 지역을 대상지구로 선정한다.

① **농지집단화**: 각 농가의 분산되어 있는 소유농지를 서로의 권리를 조정함으로써 집단화하는 것이며, 교환, 분합, 환지처분 등은 이를 위한 수단이다.

③ **수리시설개보수**: 농업용수리시설로서 노후되거나 기능이 약화된 시설을 개량 또는 보수하여 재해위험을 방지하고 기능을 회복시키거나 개선하는 사업으로 시설의 유지관리를 위한 사업이다.

④ **경지계획**: 토지분류 결과에 따라 영농에 알맞게 구획을 나누는 것을 말한다.

⑤ **환지처분**: 경지정리사업이나 토지구획정리사업 시행 종료 후 토지의 형질, 면적, 위치 등이 변경되었을 때에 종래의 토지에 대신하여 이에 상당하는 토지를 주든지 금전으로 청산하는 등의 행정처분이다.

**12** 농촌공간상에서 최하위 중심지로서 기초마을 바로 위에 위계를 갖는 마을을 일컫는 용어는?

① 거점취락                 ② 배후마을

③ 대표취락                 ④ 중점마을

⑤ 성장마을

 농촌지역은 마을의 규모가 작아 규모 및 집적의 경제효과를 거둘 수 없으므로 중심성을 갖는 거점마을에 투자와 개발을 집중시켜 투자효과를 높이고 배후마을과의 접근도를 개선하여 중심마을에 대한 서비스 이용편의를 제공하고자 한다. 중심마을이라고도 한다.

**13** 다음은 농촌 및 먹거리 관련 정부 정책에 대한 내용이다. 이와 관련한 농협의 활동 내용 및 역할로 옳지 않은 것은?

---

- __(가)__ : 자연경관, 생태환경, 생활문화, 역사자원 등을 활용하여 도시민들에게 휴식, 휴양, 지역 먹거리 등의 상품과 서비스를 제공한다. 이는 농촌에서 농업 외의 소득을 발생시켜 전체적으로 농가 수익을 향상시키고, 도시의 경제적 자원이 농촌으로 유입될 수 있도록 하여 도시와 농촌 간 소득과 생활환경 양극화를 완화시켜 농촌지역을 활력화시킬 것으로 기대된다.
- __(나)__ : 먹거리 관련 시장실패를 치유하기 위한 정책으로, 먹거리와 관련된 '생산 · 유통 · 소비 · 폐기' 등의 모든 과정을 포괄한다. 이를 통해 지역생산과 지역 소비(로컬 푸드)를 지향하여 지역순환경제를 활성화시키며, 자원순환과 음식물 폐기물을 줄여 지속가능한 환경을 만들어가고자 한다. 또한 빈곤층에 대해 먹거리 차별을 방지하고 사회적 약자를 배려하여 먹거리 존엄성(Food Dignity)을 회복하려는 계획이기도 하다.

---

① (가) – 농협은 지역 농산물을 사용하는 로컬푸드 레스토랑을 운영하고 있으며, 이를 요리교실, 농산물 체험 등 다양한 로컬푸드 문화체험 장소로 활용할 수 있다.

② (가) – 팜스테이 마을 먹거리에 대하여 의미를 부여하여 향토음식 스토리로 차별성을 강화하는 한편, 지역을 대표하여 운영하는 것이기 때문에 전문인력으로 구성하는 것이 중요하다.

③ (나) – 기존의 농협 로컬푸드 직매장 사업에 중 · 소규모 농가의 참여를 확대하는 등 지역 내 생산–소비 시스템을 더욱 내실화하도록 한다.

④ (나) – 지역단위 통합 사업에 참여하여, 장기적으로 로컬푸드와 학교급식, 공공급식, 지역 가공사업, 식교육 등을 통합 수행하는 먹거리통합지원센터(Food Hub)를 지향한다.

⑤ (나) – 농촌 농협은 로컬푸드를 공급하는 한편, 인구가 집중되어 있는 도시 농협은 소비지 농축산물 판매 거점이 되도록 한다.

> **(Tip)** (가)는 '농촌 관광', (나)는 '푸드 플랜' 정책에 대한 내용이다.
> 농촌 관광의 일환으로 농협에서는 '팜스테이 마을'을 선정하여 운영하고 있다. 이를 활성화하기 위하여 먹거리 운영에 지역주민이 참여하도록 하고 있다. 먹거리 제공 운영 인력의 전문성을 강화하기 위해 교육을 지원하고, 먹거리 제조에 참여하는 지역 주민들에 대해서도 전문가 강의 등 정기적인 교육을 실시할 방침이다.

**Answer** → 11.② 12.① 13.②

**14** 최근 우리나라의 농업·농촌의 구조변화에 대한 다음 설명 중 옳지 않은 것은?

① 우리나라의 기온은 가파르게 오르고 있는 추세이며, 이에 따라 주요 농작물의 주산지가 남부 지방에서 중부 지방으로 이동하고 있다.

② 4차 산업혁명기술과의 융합으로 '첨단 융합기술 기반의 식물공장', '온실·축사·노지 등을 포괄하는 스마트 팜' 등 농업생산 및 유통·소비 전반에 걸쳐 폭넓은 변화가 나타날 것으로 예상된다.

③ 전문화 및 규모화 등으로 인해 위탁영농이 증가하고 있으며, 소득 상·하위 20% 농가 간 소득격차가 확대되는 양상을 보이고 있다.

④ 2013년 약 42만 명에서 2016년 약 50만 명으로 귀농·귀촌 인구가 증가하였는데, 이 중 대부분은 귀농인구이므로 농업노동력 증가에 보탬이 될 전망이다.

⑤ 최근 농업의 지속 발전을 위한 대안으로 농업의 공익적 기능이 강조되면서 농촌의 환경 및 경관 보전 등이 중요한 과제로 대두되고 있다.

**(Tip)** 귀농·귀촌 인구 중 대부분이 귀촌 인구이며, 귀농인구는 4.2%에 불과하다. 농업노동력 감소는 여전히 문제되고 있는 현실이다.

**15** 문재인 정부는 '사람중심의 농정개혁을 모토로 삼고 본격화에 들어갔다. 2019년 6개의 중점추진 과제로 꼽은 내용이 아닌 것은?

① 농업·농촌 일자리 창출　　　　② 스마트 농업 확산

③ 공익형 직불제 개편　　　　　　④ 로컬푸드 체계 확산

⑤ 신재생에너지 축소

**(Tip)** 문재인 정부는 2019년 다음의 6개 중점추진과제를 중심으로 국민체감 성과 창출을 추구하고 있다.

| 일자리 창출이 최우선 과제 | • 농업·농촌 일자리 창출<br>• 스마트 농업 확산 |
|---|---|
| 농촌공동체 활력유지 | • 공익형 직불제 개편<br>• 신재생에너지 확대 |
| 국민이 안심하고 소비하는 생산체계 구축 | • 로컬푸드 체계 확산<br>• 농축산업 안전·환경 관리 |

**16** 만 65세 이상 고령농업인이 소유한 농지를 담보로 노후생활 안정자금을 매월 연금형식으로 지급받는 제도는?

① 고농연금제도
② 농지연금제도
③ 토지연금제도
④ 농업연금제도
⑤ 농업안정제도

 농지연금제도 … 만 65세 이상 고령농업인이 소유한 농지를 담보로 노후생활 안정자금을 매월 연금형식으로 지급받는 제도로, 농지자산을 유동화하여 노후생활자금이 부족한 고령농업인의 노후 생활안정 지원하여 농촌사회의 사회 안정망 확충 및 유지를 목적으로 한다.

**17** 조류인플루엔자(AI)에 대한 설명으로 옳지 않은 것은?

① 야생조류나 닭, 오리 등 가금류에 감염되는 인플루엔자 바이러스이다.
② AI 확산을 방지하기 위해서는 축산농가 철새 도래지 방문을 자제한다.
③ AI 바이러스는 열에 강해 가열조리를 한 후에도 살아남는다.
④ AI 인체감염을 예방하기 위해서는 손을 자주, 30초 이상 씻고 가급적 손으로 눈, 코, 입을 만지지 않는다.
⑤ 닭, 오리의 AI가 의심된다면 즉시 가축방역기관으로 신고한다.

 AI 바이러스는 열에 약해 75℃ 이상에서 5분간 가열하면 사멸한다.

**18** 지역브랜드와 주요품목의 연결이 잘못된 것은?

① 부안해풍 – 양파
② 아산맑은 – 쌀
③ 광명 고운결 – 떡류
④ 파인토피아 봉화 – 과수
⑤ 충주 애플마 – 사과

 ⑤ 충주 애플마 브랜드의 주요품목은 '마'다.

*Answer* ↪ 14.④ 15.⑤ 16.② 17.③ 18.⑤

**19** 농림축산식품부의 주요 임무가 아닌 것은?

① 식량의 안정적 공급과 농산물에 대한 품질관리

② 농업인의 소득 및 경영안정과 복지증진

③ 농업의 경쟁력 향상과 관련 산업의 육성

④ 농촌지역 개발 및 국제 농업 통상협력 등에 관한 사항

⑤ 산림재해 예방과 대응을 통한 국민안전 실현

 ⑤ 산림청의 주요 임무이다.

※ **농림축산식품부의 주요 임무**
　㉠ 식량의 안정적 공급과 농산물에 대한 품질관리
　㉡ 농업인의 소득 및 경영안정과 복지증진
　㉢ 농업의 경쟁력 향상과 관련 산업의 육성
　㉣ 농촌지역 개발 및 국제 농업 통상협력 등에 관한 사항
　㉤ 식품산업의 진흥 및 농산물의 유통과 가격 안정에 관한 사항

**20** 2020년에 새로 개편된 '공익형 직불 제도'에 대한 설명으로 옳지 않은 것은?

① 공익 직불제는 농업활동을 통해 환경 보전, 농촌 공동체 유지, 먹거리 안전 등 공익을 증진하도록 농업인들을 장려하고 보조금을 지원하는 제도이다.

② 기존의 농정 패러다임이 규모화, 생산성 증대 등 '경쟁 및 효율'에 있었다면, 최근 변화된 패러다임에 맞춰 국민과 함께 하는 지속가능한 농업·농촌을 만드는 것을 목표로 한다.

③ 실제 농사를 짓지 않거나, 실제 관리하는 농지가 아니더라도 농업 외 종합소득액이 3,700만 원 이하인 자 및 논·밭 농지면적이 0.1ha 미만인 자는 직불금을 수령할 수 있다.

④ 직불금을 받고자 하는 농업인은 환경, 생태, 공동체, 먹거리 안전, 제도 기반 등의 분야별 준수사항을 지켜야 하며, 미이행 시 불이익 조치(직불금 감액)를 받게 된다.

⑤ 기존에는 논농업·밭농업 등을 기준으로 하여 직불금을 지급했다면, 개편된 제도에서는 '소규모 농가', '면적' 등을 기준(기본형 공익직접 직불 제도)으로 한다.

 공익 직불제는 실제 농사짓는 사람만 신청 가능하며, 실제 관리하는 농지에 대해서 신청 가능하다. 또, 직불금 지급 제한 대상으로 '농업 외의 종합소득액이 3,700만 원 이상인 자', '논·밭 농업에 이용하는 농지면적이 1,000㎡(0.1ha) 미만인 자' 등을 규정하고 있다.

# CHAPTER 02

# 금융 · 경제

**1**  다음 글을 통해 알 수 있는 것은?

> 2015년 2월 중국 내 모바일 결제시장 2위 업체인 텐센트가 세뱃돈을 스마트폰으로 건네주는 서비스를 내놓으면서 설날의 풍속도가 변화를 맞고 있다. 종이돈 대신 온라인으로 세뱃돈을 주는 것이다. 우리나라의 경우도 마찬가지이다. 카카오톡이 그동안 엑티브엑스와 공인인증서를 통한 복잡한 온라인 결제방식을 대신한 카카오페이를 선보이면서 우리들 일상생활에도 큰 변화가 예상된다.

① IP금융            ② 아슈르뱅킹
③ 핀테크            ④ 세큘러 스태그네이션
⑤ 비트코인

 핀테크(FinTech)는 금융(Financial)과 기술(Technology)의 합성어로, 주로 모바일을 통한 결제 · 송금 · 자산관리 · 크라우드 펀딩 등 금융과 IT의 결합을 통해 새롭게 등장한 산업 및 서비스를 지칭한다.

**2**  다음 (  ) 안에 들어갈 알맞은 용어는?

> 은행은 고객의 예금이 들어오면 일정비율의 지급준비금만을 남기고 나머지는 대출에 사용을 한다. 이 대출금이 또다시 은행에 예금으로 들어오면 그 금액의 일정부분을 지급준비금만 남기고 또다시 대출로 사용이 된다. 이와 같이 은행이 대출과 예금을 통해서 최초 예금액의 몇 배 이상으로 예금통화를 창출하는 현상을 (                 )라고 한다.

① 그렉시트            ② 신용창조
③ 블록체인            ④ 시뇨리지
⑤ 사모발행

 신용창조 … 예금과 대출이 꼬리에 꼬리를 물면서 당초 100만 원이었던 통화량은 100만 원을 훌쩍 넘는 큰 액수로 증대된다. 이와 같이 시중의 통화량이 한국은행이 발행한 통화량 이상으로 증가하는 현상을 예금창조 또는 신용창조라고 부른다.

*Answer*↬  19.⑤  20.③ / 1.③  2.②

**3** 다음은 소득불평등 지표에 대한 설명이다. 바르게 짝지어진 것을 고르면?

> ㉠ 가계소득 상위 10%의 인구의 소득점유율을 하위 40% 인구의 소득점유율로 나눈 값이다.
>
> ㉡ 가로축은 순서에 따른 누적인구, 세로축은 누적소득을 나타내며, 기울기가 45도인 경우 완전한 평등을 나타낸다.
>
> ㉢ ㉡의 의미를 수치화한 것으로, 0~1 사이의 값을 가지며, 1에 가까워질수록 소득양극화가 극심한 것을 나타낸다.
>
> ㉣ 최하위 40% 소득계층의 점유율을 최상위 20% 소득계층의 점유율로 나눈 값이다.

|     | ㉠ | ㉡ | ㉢ | ㉣ |
| --- | --- | --- | --- | --- |
| ① | 십분위분배율 | 로렌츠 곡선 | 앳킨슨 지수 | 팔마 비율 |
| ② | 십분위분배율 | 지니 계수 | 십분위분배율 | 소득5분위배율 |
| ③ | 지니계수 | 앳킨슨 지수 | 소득5분위배율 | 지니 계수 |
| ④ | 팔마 비율 | 앳킨슨 지수 | 지니 계수 | 소득5분위배율 |
| ⑤ | 팔마 비율 | 로렌츠 곡선 | 지니 계수 | 십분위분배율 |

 ㉠ : 팔마 비율, ㉡ : 로렌츠 곡선, ㉢ : 지니 계수, ㉣ : 십분위분배율
• 앳킨슨 지수 : 소득의 완전한 균등 분배란 전제하에서 현재의 사회후생 수준을 가져다 줄 수 있는 평균 소득이 얼마인지를 주관적으로 판단하고, 이를 한 나라의 1인당 평균 소득과 비교해서 그 비율을 따지는 지수
• 소득5분위배율 : 5분위계층(최상위 20%)의 평균소득을 1분위계층(최하위 20%)의 평균소득으로 나눈 값

**4** 다음과 같이 금융기관을 구분했을 경우 그 성격이 나머지와 다른 하나는?

① 비은행금융중개기관
② 투자금융기관
③ 보험금융기관
④ 비통화금융기관
⑤ 예금은행

 ①②③④ 비통화금융기관에 해당한다.
⑤ 통화금융기관에 해당한다.
※ 금융기관의 구분
  ㉠ **통화금융기관** : 중앙은행, 예금은행(일반은행, 특수은행)
  ㉡ **비통화금융기관** : 투자금융기관, 보험금융기관, 비은행금융중개기관, 기타 금융기관

**5** 다음 중 비은행예금취급기관이 아닌 것은?

① 우체국 예금　　　　　　　　　　② 상호저축은행
③ 농협중앙회 신용사업부문　　　　　④ 신용협동기구
⑤ 종합금융회사

 비은행예금취급기관은 은행과 유사한 금융상품을 취급하는 기관으로 종합금융회사, 상호저축은행, 신용협동기구, 우체국 예금 등이 있다. 농협중앙회 신용사업부문은 특수은행에 해당한다.

　　※ **비은행예금취급기관의 종류** … 종합금융회사, 투자신탁회사, 상호저축은행, 신용협동기구(신용협동조합, 새마을금고, 상호금융) 및 우체국 예금이 있다.
　　　㉠ **종합금융회사** : 장단기금융, 투자신탁, 시설대여업무 등 국내 금융기관이 영위하는 거의 모든 금융업을 영위한다.
　　　㉡ **투자신탁회사** : 일반투자자로부터 조달한 자금을 주식, 채권 등 유가증권에 투자하여 운용수익을 배당하는 것을 주요 업무로 하고 있다.
　　　㉢ **상호저축은행** : 지역의 서민, 소규모 기업을 대상으로 하는 여수신업무에 전문화하고 있다.
　　　㉣ **신용협동기구** : 조합원에 대한 여수신을 통한 조합원 상호간 상부상조를 목적으로 운영되고 있는데 신용협동조합, 새마을금고 그리고 농·수·축협 단위조합의 상호금융이 있다.
　　　㉤ **우체국 예금** : 전국의 우체국에서 취급하고 있는 공영금융기관이다.

**6** 일반 은행이 예금자의 인출 요구에 언제나 응할 수 있도록 예금의 일정 비율을 중앙은행에 에치하는 것을 무엇이라 하는가?

① 지급준비금　　　　　　　　　　② 손실보전금
③ 예치금　　　　　　　　　　　　④ 미납금
⑤ 국고금

 은행은 예금 중 일부를 지급준비금으로 한국은행에 예치해 두었다가 필요할 때 찾고, 한국은행으로부터 대출을 받기도 한다. 한국은행은 금융기관이 일시적으로 자금이 부족하여 예금자의 예금 인출 요구에 응하지 못할 경우에는 긴급 자금을 지원한다.

**Answer**↪ 3.⑤ 4.⑤ 5.③ 6.①

**7** 한국은행에 대한 설명으로 옳지 않은 것은?

① 한국은행은 우리나라의 중앙은행으로 물가안정을 최우선 목표로 국민경제의 건전한 발전에 이바지하고 있다.

② 한국은행은 금융기관이나 정부와 거래를 하고 민간인의 예금이나 대출은 직접 취급하지 않는다.

③ 한국은행의 조직은 정책결정기구인 금융통화위원회, 금융통화위원회에서 수립한 정책을 집행하는 총재, 업무를 감사하는 감사로 구성되어 있다.

④ 정책금리(기준금리)의 결정은 금융위원회에서 맡고 있으며, 한국은행은 조언과 감독을 맡는다.

⑤ 한국은행은 우리나라의 화폐를 발행하는 유일한 발권기관이다.

 기준금리는 한국은행의 최고의사결정기구인 금융통화위원회에서 연간 물가 목표와 실물 경제 및 금융시장 전망 등을 종합적으로 고려하여 결정한다. 기준금리는 한국은행이 금융기관과 거래 시 기준이 되는 금리이며, 기준금리 변동에 따라 물가가 어떤 영향을 받는지를 판단하여 결정한다.

※ **한국은행의 기능과 역할**
　㉠ **화폐 발행** : 한국은행은 우리나라의 화폐를 발행하는 유일한 발권기관으로 우리가 일상생활에서 사용하는 화폐 곧 지폐와 동전은 모두 한국은행에서 발행한 것이다.
　㉡ **통화신용정책의 수립** : 통화신용정책이란 화폐의 독점적 발행 권한을 부여받는 중앙은행이 다양한 정책수단을 활용하여 돈의 양이나 금리가 적정한 수준에 머물도록 영향을 미치는 정책을 말한다. 유통되는 돈의 양 또는 금리 수준은 가계나 기업의 경제활동 그리고 물가 등에 영향을 미친다는 점에서 통화신용정책의 중요성은 매우 크다고 할 수 있다.
　㉢ **은행의 은행** : 한국은행은 금융기관을 상대로 예금을 받고 대출을 해주며, 금융기관을 상대로 예금을 받고 대출을 해 주는 은행의 은행이다.
　㉣ **금융시스템의 안정** : 한국은행은 금융시스템의 안정성을 유지·강화하는 책무를 수행하는데, 이를 위해 한국은행은 국내외 경제여건, 금융시장의 안정성, 금융시스템의 건전성 상황 등을 종합적으로 점검한다. 또한 금융시스템의 이상 징후를 제때에 알아내어 그 위험성을 평가하고 조기에 경보하기 위해 다양한 지표를 개발하여 활용하기도 한다. 이를 토대로 금융시스템에 잠재해 있는 취약요인과 그 영향을 분석하고 시스템 전반의 안정성을 평가하는 금융안정보고서를 발표한다.
　㉤ **정부의 은행** : 한국은행은 국고금을 수납하고 지급하며, 국민이 정부에 내는 세금 등 정부 수입을 국고금으로 받아 두었다가 정부가 활동상 필요로 할 때 자금을 내주는 업무를 하는 한편 정부가 자금이 일시적으로 부족할 때 돈을 빌려주기도 하는 정부의 은행이다.
　㉥ **지급결제제도 운영** : 상품이나 서비스를 구입할 때 신용카드나, 계좌이체와 같은 금융기관의 서비스를 이용하는 경우 금융기관을 이용하여 대금을 지급하면 금융기관 사이에는 서로 주고받을 채권과 채무가 발생한다. 또한 금융기관 상호간의 금융거래를 통해서도 채권·채무가 발생할 수 있는데 이러한 금융기관들은 은행의 은행인 한국은행에 계좌를 개설하고, 이를 이용하여 서로 간의 채권·채무를 결제하는 지급결제제도를 운영한다.
　㉦ **외환 보유** : 우리나라 환율은 외환시장에서의 외환 수급에 따라 자유롭게 결정되어 투자금 유입으로 인한 지나친 쏠림현상 등으로 환율이 급격하게 변동할 경우 한국은행은 이를 완화하기 위해 미세조정 등의 시장안정화조치를 수행한다.

**8** 다음 중 일반 은행의 업무가 아닌 것은?

> ㉠ 대출업무 ㉡ 예금업무
> ㉢ 내국환 업무 ㉣ 보호 예수 업무
> ㉤ 지급 결제 제도 업무

① ㉠, ㉡  ② ㉡, ㉢

③ ㉢, ㉣  ④ ㉠, ㉣

⑤ ㉤

 한국은행은 지급 결제가 편리하고 안전하게 이루어지도록 지급 결제 제도의 운영 및 관리를 하고 있다.

※ **일반은행의 업무** … 「은행법」에 따르면 은행의 업무에는 은행만이 할 수 있는 예금·적금의 수입 등 고유업무와 채무의 보증 또는 어음의 인수, 보호예수 등 은행업무에 부수하는 업무인 부수업무, 은행업이 아닌 업무로서 「자본시장과 금융투자업에 관한 법률」에 따른 신탁업무 등의 겸영업무로 구분하고 있다.

㉠ **고유업무** : 예금·적금의 수입 또는 유가증권, 그 밖의 채무증서의 발행, 자금의 대출 또는 어음의 할인, 내국환·외국환

㉡ **부수업무** : 채무의 보증 또는 어음의 인수, 상호부금, 팩토링, 보호예수, 수납 및 지급대행, 지방자치단체의 금고대행, 전자상거래와 관련한 금고대행, 전자상거래와 관련한 지급대행, 은행업과 관련된 전산시스템 및 소프트웨어의 판매 및 대여, 금융 관련 연수, 도서 및 간행물 출판업무, 금융 관련 조사 및 연구업무

㉢ **겸영업무** : 파생상품 업무, 국채증권, 지방채증권 및 특수채증권의 업무, 집합투자업무 및 신탁업 업무, 환매조건부매도와 매수업무, 보험대리점업무 및 신용카드업무 등

**9** 다음 신용평가기관에 대한 설명 중 옳지 않은 것은?

① 신용평가기관의 국가, 기업 등급 평가는 이후 경제활동에 영향을 준다.

② 세계3대 신용평가기관은 영국의 '피치 Ratings', 미국의 '무디스(Moody's)', '스탠더드 앤드 푸어스(S&P; Standard & Poor's)'이다.

③ 우리나라의 대표적인 3개 신용등급 평가기관은 한국신용평가, 한국기업평가, 나이스 신용평가 기관이다.

④ 다우존스 지속가능경영지수(DJSI)는 우량기업 주가지수 중 하나로, 그 기준은 기업의 재무적 정보만을 대상으로 한다.

⑤ 한국신용평가는 무디스 자본과, 한국기업평가는 피치 자본과 연결되어 있다.

> (Tip) DJSI는 기업을 단순히 재무적 정보로 파악하는 데 그치지 않고 지배구조, 사회공헌도 등을 토대로 지속가능경영을 평가해 우량기업을 선정한다.

**10** 다음 중 특수은행이 아닌 곳은?

① 한국산업은행

② 한국수출입은행

③ 상호저축은행

④ 중소기업은행

⑤ 농협중앙회 신용사업부문

> (Tip) 특수은행이란 「은행법」의 적용을 받는 일반은행과 달리 특별 단행 법령의 적용을 받는 은행을 말한다. 일반은행의 특성상 특정부문에 대하여 필요한 자금을 충분히 공급하지 못하는 곳에 자금을 원활히 공급하기 위하여 개별법에 따라 설립된 은행을 말하며 상업금융의 취약점을 보완하는 보완금융기관으로서의 기능과 특정부문에 대한 전문금융기관으로서의 기능을 담당한다. 한국산업은행, 한국수출입은행, 중소기업은행, 농협중앙회 신용사업부문, 수협중앙회 신용사업부문이 특수은행에 해당한다.

**11** 다음 중 통화의 지표로 사용되지 않는 것은?

① M1                  ② M2

③ Lf                  ④ L

⑤ 경상수지

 시중에 유통되고 있는 화폐의 양을 통화량이라 하며 시중 통화량의 크기와 변동을 측정하기 위한 도구가 바로 통화지표이다. 통화지표는 통화의 성질에 따라 구성된 각각의 통화량의 크기를 나타낸 지표로 통화량의 크기와 변동을 파악하는 기준이 된다. 2006년 국제통화기금(IMF)의 권고와 돈의 흐름에 대한 보다 현실적인 지표가 필요하여 한국은행이 새로운 통화지표를 발표하였다. 기존의 M1(협의의 통화), M2(광의의 통화)는 그대로 두고, M3(총유동성)을 개편하여 Lf(금융기관유동성)로 만들고 L(광의유동성)을 새로 포함시켰다.

**12** 가구의 소득 흐름은 물론 금융 및 실물 자산까지 종합적으로 고려하여 가계부채의 부실위험을 평가하는 지표로, 가계의 채무상환능력을 소득 측면에서 평가하는 원리금상환비율(DSR ; Debt Service Ratio)과 자산 측면에서 평가하는 부채/자산비율(DTA ; Debt To Asset Ratio)을 결합하여 산출한 지수를 무엇이라고 하는가?

① 가계신용통계지수         ② 가계수지

③ 가계순저축률            ④ 가계부실위험지수

⑤ 가계처분가능소득지수

 가계부실위험지수(HDRI)는 가구의 DSR과 DTA가 각각 40%, 100%일 때 100의 값을 갖도록 설정되어 있으며, 동 지수가 100을 초과하는 가구를 '위험가구'로 분류한다. 위험가구는 소득 및 자산 측면에서 모두 취약한 '고위험가구', 자산 측면에서 취약한 '고DTA가구', 소득 측면에서 취약한 '고DSR가구'로 구분할 수 있다.

**13** 다음 내용을 읽고 문맥 상 괄호 안에 들어갈 말로 가장 적절한 것을 고르면?

> (    )은/는 중앙은행이나 금융기관이 아닌 민간에서 블록체인을 기반 기술로 하여 발행·유통되는 '가치의 전자적 표시'(digital representation of value)로서 비트코인이 가장 대표적이다.

① 가산금리　　　　　　　　　② 가상통화
③ 간접금융　　　　　　　　　④ 직접금융
⑤ 감독자협의회

 가상통화(virtual currency)는 중앙은행이나 금융기관이 아닌 민간에서 블록체인을 기반 기술로 하여 발행·유통되는 '가치의 전자적 표시'(digital representation of value)로서 비트 코인이 가장 대표적인 가상통화이다. 비트코인 등장 이전에는 특별한 법적 근거 없이 민간 기업이 발행하고 인터넷공간에서 사용되는 사이버머니(게임머니 등)나 온·오프라인에서 사용되고 있는 각종 포인트를 가상통화로 통칭하였다.

**14** 경기변동의 진폭이나 속도는 측정하지 않고 변화방향만을 파악하는 것으로서 경기의 국면 및 전환점을 식별하기 위한 지표를 무엇이라고 하는가?

① 경기조절정책　　　　　　　② 경기종합지수
③ 경기동향지수　　　　　　　④ 경상수지
⑤ 경영실태평가지수

 경기동향지수는 경기변동이 경제의 특정부문으로부터 전체 경제로 확산, 파급되는 과정을 경제부문을 대표하는 각 지표들을 통하여 파악하기 위한 지표이다. 이때 경제지표 간의 연관관계는 고려하지 않고 변동 방향만을 종합하여 지수로 만든다.

**15** 복지지표로서 한계성을 갖는 국민총소득(GNI)을 보완하기 위해 미국의 노드하우스(W. Nordhaus)와 토빈(J. Tobin)이 제안한 새로운 지표를 무엇이라고 하는가?

① 소비자동향지표 　　　　　　② 경제활동지표

③ 경제인구지표 　　　　　　　④ 고용보조지표

⑤ 경제후생지표

 경제후생지표(measure of economic welfare)는 국민총소득에 후생요소를 추가하면서 비후생요소를 제외함으로써 복지수준을 정확히 반영하려는 취지로 제안되었지만, 통계작성에 있어 후생 및 비후생 요소의 수량화가 쉽지 않아 널리 사용되지는 못하고 있는 실정이다.

**16** 다음 중 '데이터 3법'과 관련한 내용으로 옳지 않은 것은?

① 데이터 3법이란 '개인정보 보호법', '통신비밀보호법', '신용정보보호법(약칭)'을 일컫는다.

② 2020년 1월 '데이터 3법'이 통과되면서 개별 기업들이 관리하던 고객 정보를 기업 간 상호 교류 및 활용이 가능하게 되었다.

③ 데이터 3법에 의하면 '개인 정보'는 가명으로만 가능하며, 이름뿐 아니라 전화번호와 이메일 등도 가린 정보를 '가명 정보'라 한다.

④ '데이터 3법' 통과를 계기로, 은행과 보험회사, 카드회사 등 금융회사들은 '마이데이터(MyData-본인신용정보관리업)' 사업을 할 수 있게 되었다.

⑤ 행정안전부, 방송통신위원회, 금융위원회 등 정부 부처별로 나누어져 있던 개인정보 관리 및 감독권한이 개인정보보호위원회로 일원화하는 내용을 담고 있다.

 데이터 3법이란 '개인정보 보호법', '정보통신망법(약칭)', '신용정보보호법(약칭)'을 일컫는다.

**17** 다음 내용을 읽고 괄호 안에 들어갈 말로 가장 적절한 것을 고르면?

> (    )을/를 시행하게 되면 환율 변동에 따른 충격을 완화하고 거시경제정책의 자율성을 어느 정도 확보할 수 있다는 장점이 있다. 하지만 특정 수준의 환율을 지속적으로 유지하기 위해서는 정부나 중앙은행이 재정정책과 통화정책을 실시하는 데 있어 국제수지 균형을 먼저 고려해야하는 제약이 따르고 불가피하게 자본이동을 제한해야 한다.

① 고통지수
② 자유변동환율제도
③ 고정환율제도
④ 고정자본소모
⑤ 고정이하여신비율

 고정환율제도는 외환의 시세 변동을 반영하지 않고 환율을 일정 수준으로 유지하는 환율 제도를 의미한다. 이 제도는 경제의 기초여건이 악화되거나 대외 불균형이 지속되면 환투기공격에 쉽게 노출되는 단점이 있다

**18** 다음 중 인플레이션의 양상을 나타내는 단어와 그 원인으로 바르게 연결되지 않은 것은?

① 차이나플레이션 - 중국의 임금 및 물가 상승
② 피시플레이션 - 일본의 수산물 수요 증가
③ 아이언플레이션 - 철강재 가격 상승
④ 애그플레이션 - 농산물 가격 상승
⑤ 에코플레이션 - 환경기준 강화

 피시플레이션은 중국, 인도 등 신흥국들의 경제 성장으로 인해 수산물 소비가 급증함에 따라 수산물 가격이 오르는 현상을 말한다. 지구온난화에 따른 어족 자원 고갈도 그 원인 중 하나이다.

**19** 발행하는 채권에 주식이 연계되어 있다는 점에서 발행회사의 신주를 일정한 조건으로 매수할 수 있는 신주인수권부사채(BW ; Bonds with Warrant)나, 발행회사의 주식으로 전환할 수 있는 권리가 부여된 전환사채(CB ; Convertible Bond) 등과 함께 주식연계증권으로 불리는 것은?

① 무담보사채
② 교환성 통화
③ 교환사채
④ 부실채권
⑤ 채권투자

 교환사채(EB ; Exchangeable Bond)란 사채권자의 의사에 따라 사채를 교환사채 발행기업이 보유하고 있는 타사 주식 등 여타의 유가증권과 교환할 수 있는 선택권이 부여된 사채를 의미한다.

**20** 다음 경제 현상을 나타내는 용어 중 바르게 연결되지 않은 것은?

① 하우스 디바이드(House Divide) – 주택 유무, 집값의 격차에 따라 계층 격차가 벌어지는 현상

② 슬리포노믹스 – 바쁜 현대인들이 숙면을 취하기 위해 많은 돈을 지출함으로 관련 산업이 성장하는 현상

③ 세포마켓 – SNS를 통해 이루어지는 1인 마켓을 의미하며 계속해서 증식하는 특징을 나타내기도 한다.

④ 클래시 페이크(Classy Fake) – 가짜에 대한 관점이 바뀌며 생겨난 현상으로, 모피 대신 입는 인조털 '에코 퍼', 식물성 달걀 'Beyond Eggs'를 예로 들 수 있다.

⑤ 하이인컴트랩(High-Income Trap) – 고소득자에게서 나타나는 비혼주의, 저출산 등으로 인해 경제성장률에 영향을 미치는 현상을 의미한다.

 **하이인컴트랩** … 선진국 대열에 들어선 경제가 저성장에 빠지는 현상을 의미한다. 이 현상을 겪는 나라는 고학력의 젊은 세대가 취업에 어려움을 겪게 되고 고임금 현상으로 제조업체가 해외로 이전하는 등의 이유로 경제성장률이 떨어지게 된다.


**21** 다음 내용을 읽고 괄호 안에 들어갈 말로 가장 적절한 것을 고르면?

> (       ) 참가대상 기관은 기획재정부, 한국은행과 국고수납대리점계약을 체결한 금융기관 및 한국은행 이외의 국고금 수납기관(체신관서, 금융결제원)으로 한정하고 있으며, 운영시간은 오전 9시부터 오후 4시까지이다.

① 국고자원망                        ② 국고철도망
③ 국고전산망                        ④ 국고할인점
⑤ 국고백화점

2003년 1월 한국은행이 국고업무를 전자적으로 처리하기 위하여 구축한 전산망을 국고전산망이라고 말하며 정부(디지털예산·회계시스템(dBrain)), 한국은행, 금융기관(우정사업본부 포함) 및 금융결제원의 전산시스템을 서버접속 방식으로 연결한다. 국고전산망을 이용하여 취급하는 업무는 OLTP(On-line Real Time Transaction Processing) 방식으로 처리하는 실시간 전자이체업무와 FTP(File Transfer Protocol) 방식으로 처리하는 파일 송수신업무가 있다.

**Answer** ⌐→ 17.③  18.②  19.③  20.⑤  21.③

**22** 다음 내용을 읽고 괄호 안에 들어갈 말로 가장 적절한 것을 고르면?

> 국민경제 내에서 자산의 증가에 쓰인 모든 재화는 고정자산과 재고자산으로 구분되는데 전자를 국내 총고정자본 형성 또는 고정투자, 후자를 재고증감 또는 재고투자라 하며 이들의 합계를 ( )이라 한다.

① 국내총투자율
② 국내총생산
③ 국내신용
④ 국내공급물가지수
⑤ 국민계정체계

> (Tip) 국내총투자율(gross domestic investment ratio)은 국민경제가 구매한 재화 중에서 자산의 증가로 나타난 부분이 국민총처분가능소득에서 차지하는 비율을 의미한다.

**23** 다음 내용에서 설명하는 "이것"은 무엇인가?

> 이것이 널리 사용되기 시작한 것은 2005년경이나, 1953년 쿠웨이트 투자청 설립으로부터 시작되었다. 2000년대 이후 이것은 아시아와 중동을 비롯한 신흥시장국가들이 주로 조성하여 왔다. 이들은 석유수출과 경상수지 흑자를 통해 벌어들인 외환보유액을 이용하여 이것을 설립하여 운용하고 있다. 우리나라는 2005년 7월 한국투자공사(KIC ; Korea Investment Corporation)를 설립하였다. 이후 2007년 중국에서 중국투자공사(CIC ; China Investment Corporation)를, 2008년에는 러시아에서 러시아 National Welfare Fund 등이 설립되었다.

① 국외저축
② 국부펀드
③ 국제결제은행
④ 국내총생산
⑤ 경상수지

> (Tip) 국부펀드(sovereign fund)는 주로 투자수익을 목적으로 다양한 종류의 국내외 자산에 투자·운용하는 국가보유투자기금을 말한다. 국부펀드는 운용목적이나 투자자산 선택 등에서 사모펀드, 연기금 등과 유사한 면이 있으나 소유권이 민간이 아니라 국가에 있다는 점에서 근본적인 차이가 있다. 국부펀드의 종류는 재원을 조달하는 방법에 따라 상품펀드와 비 상품펀드로 나누어진다. 상품펀드의 재원은 국가기관의 원자재 수출대금 또는 민간기업의 원자재 수출소득에 대한 세금 등 정부의 외화수입으로 조달되며 비상품펀드의 경우는 국제수지 흑자로 축적된 외환보유액, 공적연기금, 재정잉여금 등으로 조달된다.

**24** 경상수지 적자와 일치하며 경상수지 적자는 순국외채무(국외채무–국외 채권)의 증가로 보전되는 것은?

① 국제결제은행      ② 국외수취요소

③ 국민총소득      ④ 국제금융기금

⑤ 국외저축

 국외저축은 개별 경제주체가 모자라는 돈을 다른 사람으로부터 조달하는 것과 마찬가지로 국민경제에서도 투자가 저축을 초과하게 되면 부족한 돈을 국외로부터 조달하게 되는 것을 말하며 이러한 국외저축은 경상수지 적자와 일치하며 경상수지 적자는 순국외채무(국외채무–국외 채권)의 증가로 보전된다.

**25** 은행의 전통적인 자금중개기능을 보완하는 한편 금융업의 경쟁을 촉진함으로써 효율적인 신용 배분에 기여하는 순기능을 발휘하지만 글로벌 금융위기 과정에서 느슨한 규제 하에 과도한 리스크 및 레버리지 축적, 은행시스템과의 직·간접적 연계성 등을 통해 시스템 리스크를 촉발·확산시킨 원인 중 하나로 지목되기도 한 이것은 무엇인가?

① 근원인플레이션      ② 그린 본드

③ 그림자 금융      ④ 글래스–스티걸법

⑤ 글로벌 가치사슬

 그림자 금융은 집합투자기구(MMF·채권형·혼합형 펀드 등), RP 거래, 유동화기구 등과 같이 은행시스템 밖에서 신용중개기능을 수행하지만 은행 수준의 건전성 규제와 예금자보호가 적용되지 않는 기관 또는 활동을 의미한다.

**26** 다음 중 이슬람 금융에 해당하지 않는 것은?

① 수쿠크      ② 이스티스나

③ 타카풀      ④ 뷰카

⑤ 이자라

 이슬람 금융 상품으로 수쿠크(채권), 타카풀(보험), 무다라바(신탁금융), 무샤라카(출자금융), 무라바하(소비자금융), 이스티스나(생산자금융), 이자라(리스금융) 등이 있다. 이슬람 금융은 수익의 극대화보다는 이슬람 교리 코란을 따르는 데 중점을 두고 있는 것이 특징이다.

Answer ✐ 22.①   23.②   24.⑤   25.③   26.④

**| 27~28 |** 다음에 제시된 자료를 보고 이어지는 물음에 답하시오.

| 〈2022년 ___ ㉠ ___ 종료에 따른 주요국 지표금리 개선 방향 및 대응 현황〉 ||
| --- | --- |
| 국제기준 | 주요국 대응 |
| 기존 지표금리 개선 | • 관리 및 통제 체계 구축<br>• 거래기반 확충<br>• 산출방법 개선 |
| 신규 무위험지표금리 개발 | • 기존 지표금리 활용(일본, 호주, 스위스 등)<br>• 신규 지표금리 개발(미국, 영국, EU 등) |
| 법률 제·개정 | • 「EU」 벤치마크법 제정<br>• ⓐ지표금리 관련 법률 제·개정(일본, 호주, 싱가포르) |

    오는 2022년 ___ ㉠ ___(이)가 중단됨에 따라 올해 6월까지 ___ ㉡ ___(이)나 환매조건부채권(RP)금리를 지표금리로 전환하는 방안이 추진된다. 우선 금융위원회의 지표금리 개선 추진단은 2022년부터 ___ ㉠ ___ 사용 신규계약을 점진적으로 축소하기로 했다. 이어 2020년 6월까지 국내 무위험지표금리를 선정할 계획이다. 주요국 사례를 감안해 익일물(만기 1일) ___ ㉡ ___ 또는 익일물 RP금리를 국내 무위험지표 후보금리로 유력하게 고려중이다. RP는 채권보유자가 일정 기간 후 다시 매입하는 조건으로 매도하는 채권이다. 현재 미국의 경우 새 지표를 개발했으며 영국과 유로지역 등은 기존 금리를 개선하고 일본은 금융기관 상호 간 단기 자금대차 이자율인 ___ ㉡ ___를 새 지표로 선정하고 있다.

**27** 위 자료에서 ㉠과 ㉡에 들어갈 금리의 종류로 알맞은 것은?

| | ㉠ | ㉡ |
| --- | --- | --- |
| ① | 우대금리 | 콜금리 |
| ② | CD금리 | 리보금리 |
| ③ | 우대금리 | CD금리 |
| ④ | 리보금리 | 콜금리 |
| ⑤ | 리보금리 | CD금리 |

 ㉠ 리보(LIBOR) 금리 : 국제금융거래에서 기준이 되는 런던은행 간 금리를 말하며, 국제금융에 커다란 역할을 하고 있어 이 금리는 세계 각국의 금리결정에 주요 기준이 되고 있다.
    ㉡ 콜금리 : 금융기관 간에 남거나 모자라는 자금을 30일 이내의 초단기로 빌려주고 받는 것을 '콜'이라 하며, 이때 은행·보험·증권업자 간에 이루어지는 초단기 대차(貸借)에 적용되는 금리

**28** 일본, 호주, 싱가포르와 마찬가지로 우리나라도 금융위원회에서 밑줄 친 ⓐ를 제정하여 ㉠의 종료에 대비하고 있다. 2020년 11월 27일부터 시행되는 이 법은 무엇인가?

① 금융거래지표 관리에 관한 법률
② 금융소비자 보호에 관한 법률
③ 중요거래지표 관리에 관한 법률
④ 국제금융기구에의 가입조치에 관한 법률
⑤ 무위험지표금리 관리에 관한 법률

 금융거래지표의 산출 및 사용에 관한 기본적인 사항을 정함으로써 금융거래지표의 타당성과 신뢰성을 확보하고, 금융거래의 투명성·효율성을 높여 금융소비자를 보호하고 금융시장을 안정시키려는 목적으로 「금융거래지표 관리에 관한 법률」이 제정되었다.


**29** 다음 내용을 가장 잘 설명하고 있는 것은?

> 과거에 한 번 부도를 일으킨 기업이나 국가의 경우 이후 건전성을 회복했다 하더라도 시장의 충분한 신뢰를 얻기 어려워지며, 나아가 신용위기가 발생할 경우 투자자들이 다른 기업이나 국가보다 해당 기업이나 국가를 덜 신뢰하여 투자자금을 더 빨리 회수하고 이로 인해 실제로 해당 기업이나 국가가 위기에 빠질 수 있다.

① 긍정 효과                    ② 자동 효과
③ 거래 효과                    ④ 분수 효과
⑤ 낙인 효과

 어떤 사람이 실수나 불가피한 상황에 의해 사회적으로 바람직하지 못한 행위를 한 번 저지르고 이로 인해 나쁜 사람으로 낙인찍히면 그 사람에 대한 부정적 인식이 형성되고 이 인식은 쉽게 사라지지 않는다. 이로 인해 추후 어떤 상황이 발생했을 때 해당 사람에 대한 부정적 사회인식 때문에 유독 그 사람에게 상황이 부정적으로 전개되어 실제로 일탈 또는 범죄행위가 저질러지는 현상을 낳는바, 이를 낙인효과라고 한다. 경제 분야에서도 이러한 현상이 발생한다.

**30** 2001년 미국 모건스탠리사의 이코노미스트였던 로치(S. Roach)가 미국경제를 진단하면서 처음 사용한 용어로, 경기순환의 모습이 영문자 "W"를 닮았다 해서 "W자형 경기변동"(또는 "W자형 불황")이라고도 하는 이것은?

① 동일인                 ② 더블 딥

③ 동행종합지수       ④ 등록발행

⑤ 디레버리징

 더블 딥은 경기가 두 번(double) 떨어진다(dip)는 뜻으로, 경기침체가 발생한 후 잠시 경기가 회복되다가 다시 경기침체로 접어드는 연속적인 침체 현상을 의미한다. 일반적으로 경기침체는 2분기 연속 마이너스 성장을 보이는 경우를 말하므로 더블 딥은 경기침체가 발생하고 잠시 회복 기미가 관측되다 다시 2분기 연속 마이너스 성장에 빠지는 것으로, 1980년대 초 있었던 미국의 경기침체는 더블 딥의 예로 자주 활용되어지고 있다.

**▌31~32▌ 다음 상황을 바탕으로 이어지는 물음에 답하시오.**

(가)
- 대기업 A가 은행을 가지고 있다면 모기업이나 계열사가 자금난을 겪게 될 때 '일반적으로 은행이 기업에 대출할 때 요구하는 기준'을 어기고 자금을 제공하게 될 수 있다.
- B기업이 부실경영을 할 경우 이에 대해 대책을 마련하거나 회생전략을 세우기보다 그룹 계열사 은행으로부터 자금을 제공받는 방법을 택할 수 있다. 이로써 부실경영은 더욱 심각해질 수 있다.

(나)
- 케이뱅크는 이 외에도 ICT 기술을 활용한 인공지능(AI)금융 형태를 지향한다는 전략이다. 오토 PB 자산관리, 알고리즘형 자산운용 등이 그것. KT의 인공지능 TV '기가지니'를 통해 세계 최초로 목소리로 인증, 송금할 수 있는 '카우치 뱅킹' 서비스도 향후 선보일 계획이다.

                           – 2017. 4.

- 한국카카오은행은 2017년 7월 서비스 시작과 함께 선보인 해외송금 서비스 이용건수가 100만 건을 돌파했다고 밝혔다. 월 평균 이용건수는 3만 건, 이 가운데 90%가 같은 고객이 두 번 이상 이용했다. 송금 비용이 싸고, 카카오뱅크 모바일 애플리케이션을 통해 비대면으로 송금 절차를 완료할 수 있다는 점이 사용자 기반 확대로 이어졌다.

                           – 2020. 4.

**31** (가)와 (나)에 따른 상황과 가장 밀접한 법으로 바르게 연결된 것은?

| | (가) | (나) |
|---|---|---|
| ① | 금융산업의 구조개선에 관한 법률 | 인터넷전문은행 설립 및 운영에 관한 특례법 |
| ② | 금융산업의 구조개선에 관한 법률 | 은행법 |
| ③ | 금융소비자 보호에 관한 법률 | 은행법 |
| ④ | 금융지주회사법 | 인터넷전문은행 설립 및 운영에 관한 특례법 |
| ⑤ | 금융소비자 보호에 관한 법률 | 한국산업은행법 |

> **Tip** (가) 금융과 산업이 분리되어야 하는 이유를 말하고 있다(우리나라의 경우 '은산분리'에 가깝다).
> (나) 인터넷전문은행의 등장으로 은산분리를 완화하는 내용이 '인터넷전문은행 특례법'에서 규정되었다.

**32** 위 제시문과 관련한 법 규정 내용 중 일부이다. ㉠~㉢에 들어갈 알맞은 숫자는?

> (가) 은행법 제16조의2 일부
> 　비금융회사는 은행의 의결권 있는 발행주식 총수의 ___㉠___ %를 초과하여 보유할 수 없다(지방은행의 경우에는 ___㉡___ %를 초과할 수 없다).
> (나) BC카드가 모회사인 KT 대신 케이뱅크 지분 ___㉢___ %(보유가능 최대치)를 취득하면서 최대주주가 될 전망이다. 자본확충이 지연되면서 개점휴업 상태에 빠진 케이뱅크를 살리기 위해 구원투수로 BC카드가 나서는 것이다. BC카드의 최대주주는 지분 69.54%를 보유한 KT다.
> 　　　　　　　　　　　　　　　　　　　　　　　　　　　　　　　　　　　　　　　　－ 2020. 4.

| | ㉠ | ㉡ | ㉢ |
|---|---|---|---|
| ① | 4 | 14 | 24 |
| ② | 4 | 15 | 24 |
| ③ | 4 | 15 | 34 |
| ④ | 5 | 14 | 34 |
| ⑤ | 5 | 15 | 34 |

> **Tip** 은행법 및 관련법에서는 비금융주력자의 주식보유제한을 4%(지방은행의 경우 15%)로 두고 있었으나 인터넷전문은행 특례법에서는 최대 34%까지 보유를 허용하는 규정을 두고 있다(ICT 업계 제한).

**Answer** 30.② 31.① 32.③

**|33~34|** 다음에 제시된 자료를 보고 이어지는 물음에 답하시오.

---

신종 코로나바이러스 감염증(코로나19) 사태로 금융시장의 불확실성이 커지고 경영위기를 겪는 기업들도 늘어나면서 산업은행의 정책적 중요성도 덩달아 커지고 있다. 산업은행은 지난 2012년부터 지난해까지 매년 5천억~7천억 원 수준의 후순위 산금채를 발행해 왔는데 가장 큰 목적은 '자본확충' 이다.

정책금융의 특성상 위험가중자산의 비중이 확대되는 것이 불가피한 만큼 꾸준히 자본을 확충해야 할 필요성이 있다. 정책금융 또는 구조조정 지원으로 위험가중자산이 높아지면 건전성 비율인 _____ ㉠ _____(은)는 하락할 수밖에 없다.

특히 올해는 코로나19 사태를 방어하기 위한 대규모 정책자금 공급이 불가피해 위험가중자산 비중은 대폭 늘어나고 건전성도 악화될 수 있다.

– 2020. 4. 연합○○ –

---

**33** ㉠은 국제적인 은행시스템의 건전성과 안정성을 확보하고 은행 간 경쟁조건상의 형평을 기하기 위해 국제결제은행의 은행감독규제위원회(바젤위원회)에서 정한 기준이다. ㉠에 들어갈 용어로 알맞은 것은?

① 순자본비율　　　　　　　　　② 단순자기자본비율
③ BIS 자기자본비율　　　　　　④ 위험자산비율
⑤ 지급여력비율

> **(Tip)** BIS 자기자본비율 ··· 국제결제은행에서 정한 기준으로, 무역을 할 때 국제금융을 거래할 수 있는 은행이 되려면 일정 비율 이상의 자기자산을 보유하고 있어야 한다는 것이다.

**34** ㉠을 산출하는 공식 및 국제결제은행이 권고하는 조건(바젤Ⅱ, Ⅲ 기준)으로 알맞은 것은?

① $\dfrac{기본자본}{위험가중자산} \times 100 \geq 8\%$　　　② $\dfrac{자기자본}{위험가중자산} \times 100 \geq 8\%$

③ $\dfrac{자기자본}{총 자산} \times 100 \geq 8\%$　　　④ $\dfrac{자기자본}{총 자산} \times 100 \geq 10\%$

⑤ $\dfrac{자기자본}{위험가중자산} \times 100 \geq 10\%$

> **(Tip)** BIS 규제는 '위험가중자산 대비 자기자본의 비율'이 최소 8% 이상이 될 것을 권고하고 있다. 위험가중자산은 주식, 채권, 부동산, 대출 등의 위험자산에 상대방의 거래신용도에 따라 위험가중치를 부여해서 산출한다.

**┃35~36┃ 다음 글을 읽고 이어지는 물음에 답하시오.**

---

- 1944년 출범한 <u>이것</u>은 기존의 금 대신 미국 달러화를 국제결제에 사용하도록 한 것으로, 금 1온스의 가격을 35달러로 고정해 태환할 수 있도록 하고, 다른 국가의 통화는 조정 가능한 환율로 달러 교환이 가능하도록 해 달러를 기축통화로 만든 것이다.
- 리처드 닉슨 대통령은 1971년 8월 15일 금과 달러의 태환을 중단한다고 발표했다. 이로써 기존의 <u>이것</u>이 사실상 와해되는 결과를 낳으며, 자본주의 경제는 거대한 전환기를 맞게 됐다.

---

**35** 위 글에서 밑줄 친 '이것'은 무엇인가?

① 바젤 협약 　　　　　　　　　② 국제앰네스티
③ 셍겐 조약 　　　　　　　　　④ 브레튼우즈 체제
⑤ 경제협력기본협정

>  **브레튼우즈 체제** … 1930년 이래의 각국 통화가치 불안정, 외환관리, 평가절하경쟁, 무역거래제한 등을 시정하여 국제무역의 확대, 고용 및 실질소득증대, 외환의 안정과 자유화, 국제수지균형 등을 달성할 것을 목적으로 1944년 7월 미국 브레튼우즈에서 체결되었다. 고정환율과 금환본위제를 통하여 환율의 안정, 자유무역과 경제성장의 확대를 추구하고자 하였다.

**36** 밑줄 친 <u>이것</u>의 문제점을 비판한 다음과 같은 주장을 나타내는 용어는?

---

　　달러화가 기축통화의 역할을 하기 위해서는 대외거래에서의 적자를 발생시켜 국외에 끊임없이 유동성을 공급해야 한다. 그러나 미국의 적자상태가 장기간 지속될 경우에는 유동성이 과잉돼 달러화의 가치는 흔들릴 수밖에 없다. 반면 미국이 대외거래에서 장기간 흑자상태를 지속하게 되면, 달러화의 가치는 안정시킬 수 있으나 국제무역과 자본거래를 제약할 수 있다. 적자와 흑자의 상황에도 연출될 수밖에 없는 달러화의 이럴 수도 저럴 수도 없는 모순이 발생하는 것이다.

---

① 샤워실의 바보 　　　　　　　② 트리핀 딜레마
③ 닉슨 쇼크 　　　　　　　　　④ 퍼펙트 스톰
⑤ 어닝 쇼크

>  **트리핀 딜레마** … 경제학자 로버트 트리핀이 브레튼 체제를 비판하면서 나온 말로, 브레튼우즈 체제 하에서 전 세계 기축통화국인 미국이 직면했던 범세계적 · 보편적 가치와 국가적 이해관계 간 상충관계를 가리키는 말이다.

*Answer* → 33.③ 34.② 35.④ 36.②

**37** 통신사업자가 대도시나 아파트 단지 등 고수익-저비용 지역에만 서비스를 제공하는 현상에 빗댄 것으로 기업이 이익을 창출할 것으로 보이는 시장에만 상품과 서비스를 제공하는 현상을 의미하는 것은?

① OSJD
② 스마일 커브
③ 크림 데미지
④ 코드 커팅
⑤ 크림 스키밍

 크림 스키밍(cream skimming)은 원유에서 맛있는 크림만을 골라 먹는데서 유래한 단어로 기업이 이익을 창출할 것으로 보이는 시장에만 상품과 서비스를 제공하는 현상을 뜻한다. 1997년 세계무역기구(WTO) 통신협상 타결 뒤 1998년 한국 통신시장이 개방하면 자본과 기술력을 갖춘 다국적 통신사가 국내 통신사업을 장악한다는 우려와 함께 '크림 스키밍'이 사용되었다.

**38** 다음은 GDP 산정식에 포함되는 항목을 나타낸 것이다. 이 중 지출접근을 통한 GDP 계산에 이용되는 항목으로만 고른 것은?

| | |
|---|---|
| • 피용자 보수 | • 정부구입 |
| • 소비 | • 순수출 |
| • 투자 | • 영업잉여 |
| • 고정자본소모 | • 순생산물세 |

① 피용자 보수, 고정자본소모, 정부구입, 영업잉여
② 소비, 투자, 순수출, 순생산물세
③ 투자, 고정자본소모, 정부구입, 영업잉여
④ 피용자 보수, 고정자본소모, 순생산물세
⑤ 소비, 투자, 정부구입, 순수출

 지출접근을 통한 계산에서 GDP = 소비 + 투자 + 정부구입 + 순수출

**39** ⑦~② 이 설명하는 바로 바르게 연결된 것은?

> ⑦ 화폐발행액과 예금은행이 중앙은행에 예치한 지급준비예치금의 합계로 측정한다.
> ⑥ 정기 예·적금 및 부금, 거주자외화예금, 시장형 금융상품, 실적배당형 금융상품, 금융채, 발행어음, 신탁형 증권저축을 포함한다.
> ⑥ 한 나라 경제가 보유하고 있는 전체 유동성 크기 지표로, 회사채, 국공채, 기업어음이 포함된다.
> ② 민간이 보유하고 있는 현금과 예금취급기관의 결제성예금의 합계이다.

|   | ⑦ | ⑥ | ⑥ | ② |
|---|---|---|---|---|
| ① | 본원통화 | 광의유동성 | 협의통화 | 광의통화 |
| ② | 본원통화 | 광의통화 | 광의유동성 | 협의통화 |
| ③ | 광의통화 | 광의유동성 | 협의통화 | 본원통화 |
| ④ | 광의통화 | 본원통화 | 광의유동성 | 협의통화 |
| ⑤ | 광의유동성 | 협의통화 | 광의통화 | 본원통화 |

- 본원통화 : 중앙은행인 한국은행이 지폐 및 동전 등 화폐발행의 독점적 권한을 통하여 공급한 통화
- 협의통화(M1) : 지급수단으로서의 화폐의 기능을 중시한 통화지표로, 민간이 보유하고 있는 현금과 예금취급기관의 결제성예금의 합계
- 광의통화(M2) : M1＋정기 예·적금 및 부금＋거주자외화예금＋시장형 금융상품＋실적배당형 금융상품＋금융채＋발행어음＋신탁형 증권저축 (*유동성이 낮은 만기 2년 이상의 장기 금융상품은 제외)
- 광의유동성(L) : 금융기관유동성에 정부 및 기업 등이 발행한 유동성 시장금융상품을 더한 개념

**40** 상당기간 자금이 묶이지 않기 때문에 최근 각광받고 있는 것으로 불안한 투자환경과 시장 변동성 속에서 잠시 자금의 휴식처가 필요하거나 당장 목돈을 사용할 계획이 없는 투자자들에게 유용한 이것은 무엇인가?

① 적금 통장
② 정기예금 통장
③ 파킹 통장
④ 마이너스 통장
⑤ 플러스 통장

파킹(parking) 통장은 잠시 주차를 하듯 짧은 시간 여유자금을 보관하는 통장을 의미한다. 일반 자유입출금 통장처럼 수시입출금이 가능하면서 비교적 높은 수준의 금리를 제공하는데, 특히 하루만 맡겨도 금리 수익을 거둘 수 있다는 게 장점으로 꼽힌다.

*Answer* → 37.⑤ 38.⑤ 39.② 40.③

# CHAPTER 03

# 디지털 · IT

**1**  다음 제시문에서 ㉠에 해당하는 설명으로 옳지 않은 것은?

> 전통적인 생산요소 세 가지가 노동, 토지, 자본이었다면 디지털 경제에서는 경영활동을 위해 '자본 투자'가 아닌 '디지털 투자'가 이루어지고, 실물 자산보다는 '디지털 자산'이 생산되고 유통•저장된다. 즉, 디지털 플랫폼이라는 가상의 자산이 만들어지는 것이다. 이러한 상황에서 기존의 법인세가 물리적 고정사업장이 있는 기업에만 부과가 가능하여, 물리적 고장사업장 업이 큰돈을 벌어들이는 디지털 기업에 대한 과세 형평성 문제가 제기되면서 ____㉠____ 도입이 논의되기 시작하였다.

① OECD가 「BEPS 프로젝트」를 추진하면서 주도적으로 ㉠에 대해 논의하기 시작하였다.

② 2019년 프랑스가 최초로 도입하였다.

③ 구글, 페이스북, 아마존 등 IT기업이 주 대상이다.

④ 법인세와는 별도로 부과되며, 영업이익을 기준으로 부과되는 것이 특징이다.

⑤ 미국은 EU에서 자국 기업이 불리해질 것을 우려해 반대 입장을 취하고 있으며, EU 내에서도 글로벌 IT기업이 각국 내에서 가지는 위치에 따라 입장 차가 나타나고 있다.

㉠에 들어갈 용어는 '디지털 서비스세(DST; Digital Service Tax)' 즉 '디지털세'이다. 디지털세는 영업이익이 아니라 '매출'을 기준으로 국가별로 보통 2~3% 부과되는 세금을 말한다(2020년 7월부터 인도네시아는 넷플릭스에 10%의 디지털세를 부과한다고 발표했다). 프랑스는 OECD에서 합의안이 도출(2020년 말 예정)되기 전 한시적 운영으로서 2019년 최초로 디지털세를 도입했다.

• BEPS(Base Erosion and Profit Shifting)란 다국적 기업이 각국의 조세제도 차이점 혹은 허점을 악용하여 조세부담을 줄이는 국제적 조세회피 행위이다. OECD는 이에 대응하기 위한 「BEPS 프로젝트」에서 15개 세부 과제 중 가장 우선순위로 '디지털세'를 선정한 바 있다.

**2** 4차 산업시대의 원유로 불리며 5V(Volume, Variety, Velocity, Value, Veracity)의 특징을 가지고 있는 것은 무엇인가?

① 인공지능  ② 사물 인터넷

③ 빅 데이터  ④ 빅 브라더

⑤ 클라우드

 빅 데이터가 다양한 가치를 만들어내기 시작하면서 사람들은 빅 데이터를 '원유'에 비유하기 시작했다. 기름이 없으면 기기가 돌아가지 않듯, 빅 데이터 없이 정보시대를 보낼 수 없다는 의미에서다. 미국의 시장조사기관 가트너는 "데이터는 미래 경쟁력을 좌우하는 21세기 원유"라며 "기업들은 다가오는 데이터 경제시대를 이해하고 이에 대비해야 한다."라고 강조했다. 21세기 기업에게 가장 중요한 자산은 '데이터'이며 이를 관리하고 여기서 가치를 이끌어내지 못하면 경쟁에서 살아남을 수 없다는 뜻이다. 빅 데이터는 '빅(Big)+데이터(Data)'식의 단순 합성어가 아니다. 빅 데이터를 '어마어마하게 많은 데이터'라는 식으로 받아들이면 본질적인 의미와 가치를 놓치게 된다. 기존의 기업 환경에서 사용되는 '정형화된 데이터'는 물론 메타정보와 센서 데이터, 공정 제어 데이터 등 미처 활용하지 못하고 있는 '반정형화된 데이터', 여기에 사진, 이미지처럼 지금까지 기업에서 활용하기 어려웠던 멀티미디어 데이터인 '비정형 데이터'를 모두 포함하는 것이 빅 데이터이다.

**3** 프로그래밍에 집중한 유연한 개발 방식으로 상호작용, 소프트웨어, 협력, 변화 대응에 가치를 두는 것은?

① 스크럼  ② 애자일

③ 백로그  ④ 린스타트업

⑤ 위키

 애자일은 문서작업 및 설계에 집중하던 개발 방식에서 벗어나 좀 더 프로그래밍에 집중하는 개발 방법론이다. 애자일(Agile)이란 단어는 '날렵한', '민첩한'이란 뜻을 가진 형용사이다. 애자일 개발 방식도 그 본래 의미를 따른다. 정해진 계획만 따르기보다, 개발 주기 혹은 소프트웨어 개발 환경에 따라 유연하게 대처하는 방식을 의미한다.

Answer⟶ 1.④ 2.③ 3.②

**4** 데이터에 의미를 부여하여 문제를 분석하고 해결해 나가는 신종 직업은?

① 빅 데이터 큐레이터        ② 인포그래픽 전문가

③ 데이터 마이닝 전문가       ④ 디지털광고게시판기획자

⑤ 데이터 사이언티스트

 Data Scientist … 데이터의 다각적 분석을 통해 조직의 전략 방향을 제시하는 기획자이자 전략가. 한 마디로 '데이터를 잘 다루는 사람'을 말한다. 데이터 사이언티스트는 데이터 엔지니어링과 수학, 통계학, 고급 컴퓨팅 등 다방면에 걸쳐 복합적이고 고도화된 지식과 능력을 갖춰야 한다. 빅데이터 활용이 늘어나며 이제 '빅'보다 '데이터'에 집중해야 한다는 주장이 설득력을 얻고 있다. 더는 데이터 규모에 매달리지 말고 데이터 자체의 가치와 활용을 생각하자는 것이다. 양보다 질에 초점이 맞춰지면서 데이터 정제·분석 기술과 이를 다루는 사람의 역할이 더욱 강조되고 있다. 특히 데이터에서 새로운 가치를 만들어내는 것은 결국 '사람'이라는 인식이 확대되면서 데이터 사이언티스트에 대한 관심이 높아지고 있다.

**5** 다음에서 ㉠에 해당하는 설명으로 옳지 않은 것은?

> 클라우드 컴퓨팅이란 중앙의 데이터 센터에서 모든 컴퓨팅을 수행하고, 그 결과 값을 네트워크를 통해 사용자에게 전달하는 방식의 기술이다. 디바이스들에 대한 모든 통제가 데이터센터에서 중앙집중형으로 진행된다. 그러나 5G시대에 (특히 IoT 장치가 확산되고 실용화되면서) 데이터 트래픽이 폭발적으로 증가할 경우 클라우드 컴퓨팅 기술로 대응하기 어려울 것에 대비하여 그 대체기술로서 ____㉠____ 이 주목받기 시작하였다.

① ㉠은 프로세서와 데이터를 중앙 데이터센터 컴퓨팅 플랫폼에 보내지 않고 네트워크 말단의 장치 및 기기 근처에 배치하는 것을 의미한다.

② ㉠은 IoT 사물 등 로컬 영역에서 직접 AI, 빅데이터 등의 컴퓨팅을 수행하므로 네트워크에 대한 의존도가 높을 수밖에 없다.

③ 클라우드 컴퓨팅이 주로 이메일, 동영상, 검색, 저장 등의 기능을 소화했다면, ㉠은 그를 넘어 자율주행, 증강현실, IoT, 스마트팩토리 등 차세대 기술을 지원할 수 있다.

④ 클라우드 컴퓨팅에 비해 연산능력이 떨어지더라도 응답속도가 빠르고, 현장에서 데이터를 분석·적용하기 때문에 즉시성이 높다는 장점이 있다.

⑤ 클라우드 컴퓨팅보다 해킹 가능성이 낮고, 안정성이 보장되는 기술로 평가받고 있다.

㉠에 해당하는 용어는 '엣지컴퓨팅'이다. 엣지컴퓨팅은 네트워크가 없어도 기기 자체에서 컴퓨팅을 구현할 수 있는 기술이다. 따라서 네트워크에 대한 의존도를 크게 낮출 수 있는 기술로 평가된다.

**6** 사용자 생활환경 안에서 자연스럽게 요구 사항을 인지하여 필요한 서비스를 제공하며 인터페이스를 최소화하는 것은?

① NUI                 ② NUX

③ GUI                 ④ SMI

⑤ 제로 UI

 제로 UI … 기존의 그래픽 유저 인터페이스(GUI)로 인식되던 개념에서 벗어난 것으로, 햅틱 피드백, 상황 인식, 제스처, 음성 인식 등 자연스러운 상호작용을 사용하는 새로운 디바이스 사용방식을 말한다.

**7** 우리나라는 은행 예금계좌 보유율이 90% 수준으로 아직 CBDC(Central Bank Digital Currency)와 큰 관련은 없는 것으로 보이지만, 중국 등에서는 적극 도입하려 하고 있다. '중앙은행이 발행하는 디지털 화폐', 즉 CBDC에 대한 설명으로 옳지 않은 것은?

① CBDC는 중앙은행이 발행한 전자적 명목화폐로, 자체 블록체인 기술을 통해 개발하고 직접 통제하고 관리한다.

② 암호화폐가 민간업체에서 발행하여 국가 차원에서 관리가 어려운 반면, 중앙은행 디지털 화폐는 중앙은행에서 발행하여 '자금 세탁 및 탈세' 방지 등 정부차원의 통제가 가능하다.

③ CBDC는 시장의 수요와 공급에 따라 교환가치가 달라지므로 중앙은행의 역할이 중요하다.

④ 화폐의 유통과 관리에 들어가는 비용이 절감되며, 중앙은행이 현금 유통을 추적할 수 있어 지하경제의 양성화 효과를 기대할 수 있다.

⑤ 금융자원이 중앙은행으로 집중되어 금융자원배분 효율성이 저하되며, 이에 따라 시중은행의 수익성은 약화될 수밖에 없다.

 시장의 수요와 공급에 따라 교환가치가 달라지는 것은 민간 발행 암호화폐의 특징이다. 중앙은행 디지털화폐는 액면가가 고정되어 있으며, 법정화폐 단위로서 법정통화와 일대일로 교환이 보장된다.

**Answer** 4.⑤ 5.② 6.⑤ 7.③

**8** 세계경제포럼(WEF)은 '전 세계 은행의 80%가 블록체인 기술을 도입할 것이며, 2025년 전 세계 GDP의 10%는 블록체인을 통해 이뤄질 것이라는 전망을 내놓았다. 블록체인에 대한 설명 및 금융 분야에서의 활용에 대한 설명으로 가장 적절하지 않은 것은?

① 중앙에서 관리되던 장부 거래 내역 등의 정보를 탈중앙화하여 분산•저장하는 기술이기 때문에 참여자들이 모든 거래 정보에 접근할 수는 없다.

② 체인화된 블록에 저장된 정보가 모든 참여자들의 컴퓨터에 지속적으로 누적되므로, 특성 참여자에 의해 정보가 변경되거나 삭제되는 것은 사실상 불가능하다.

③ 일반 공중뿐 아니라 거래 상대방에게도 거래 당사자의 신원을 공개하지 않고도 거래가 가능하다.

④ 고객이 보유하고 있는 금융, 의료, 신용정보 등의 디지털 자산을 안전하게 보관할 수 있는 모바일 금고 개념으로 '디지털 자산 보관 서비스'를 제공할 수 있을 것이다.

⑤ 블록체인을 기반으로 디지털 지역화폐(지방자치단체의 복지수당, 지역상품권 등) 플랫폼을 지원할 수 있다.

> **Tip** 블록체인이란 블록에 데이터를 담아 체인 형태로 연결하여 동시에 수많은 컴퓨터에 복제하여 저장하는 분산형 저장기술을 말하며, 공공 거래 장부라고도 불린다. 참여자들은 원장을 공유함으로써 모든 정보에 접근이 가능하며, 합의 과정을 통해 신뢰성이 보장된다.

**9** 분산처리시스템에 대한 설명으로 옳지 않은 것은?

① 여러 개의 분산된 데이터의 저장장소와 처리기들을 네트워크로 연결하여 서로 통신을 하면서 동시에 일을 처리하는 방식이다.

② 여러 개의 데이터 저장장소와 처리기들을 가지면 여러 처리기들이 동시에 여러 작업을 수행함으로써 성능이 향상될 수 있다.

③ 데이터 또한 복사본을 여러 곳에 여분으로 유지함으로써 신뢰도를 올릴 수 있다.

④ 네트워크에 새로운 처리기 등을 첨가함으로서 쉽게 시스템의 확장을 꾀할 수 있다.

⑤ 데이터 저장장소와 처리기들을 물리적으로 연결하여야 한다.

> **Tip** 분산처리시스템의 장점을 실제로 달성하려면 데이터 저장장소와 처리기들을 물리적으로 연결해서는 안 되고, 그 위에 논리적인 설계가 추가적으로 필요하다.

**10** 다음 중 4차 산업혁명의 핵심 기술인 '5G'가 가져올 변화 내용으로 가장 적절하지 않은 것은?

① 자동차 산업 – 주위 차량의 운행정보를 실시간으로 공유하여 안전하고 스마트한 자율 주행차의 운행을 지원

② 제조업 – 실시간으로 정보를 공유하고 최적상태를 자동으로 유지하도록 하는 스마트 팩토리 구현

③ 미디어 – 인터넷에서 음성이나 영상, 애니메이션 등을 실시간으로 재생

④ 금융 – 사용자 데이터와 AR기술을 활용한 마케팅 및 경제 기회 창출

⑤ 스마트시티 – 네트워크와 ICT로 교통, 유틸리티, 시설관리 등의 인프라의 효율적인 운영

> **Tip** 동영상 스트리밍은 4G의 특징이다. 5G 기술의 특징으로는 VR(가상 현실), AR(증강 현실), 자율 주행, IoT(사물인터넷), 홀로그램 등이 있다.

**11** 증강현실(AR ; Augmented Reality)은 현실의 이미지나 배경에 3차원 가상 이미지를 겹쳐서 하나의 영상으로 보여주는 기술을 가리킨다. 현재 국내외 금융회사들은 이와 같은 기술을 이용하여 위치정보 및 금융정보 제공, 고객 상담, 부동산, 쇼핑 및 결제, 마케팅 등 다양한 서비스를 출시하고 있다. 다음 중 증강현실 기술을 이용 혹은 활용할 수 있는 국내외 사례로 가장 적절하지 않은 것은?

① 스마트폰 카메라로 신용/직불 카드를 비추면 결제 금액 및 거래 내역을 제시해주는 서비스

② 절차를 간소화하고 자동화하기 위해 스마트 계약 등을 활용하여 자회사 간, 국가 간 운영되는 청산결제 시스템을 대체하는 서비스

③ 자동차 대출 앱을 사용하여 관심 있는 자동차를 스캔하면 동일 모델에 대한 가격, 대출한도, 대출금리, 월 상환 금액 등의 정보를 제공하는 서비스

④ 자회사 회원이 관계사 영업점이나 쿠폰 제휴사 매장 근처에서 앱을 실행하면, 스마트폰 화면에 다양한 쿠폰 아이콘이 자동으로 나타나고 이를 터치하면 쿠폰이 지급되는 서비스

⑤ 실제 매장에서 고객이 구매하고자 하는 제품을 기기에 비추면 가격 및 원산지 등 다양한 정보가 제공되는 쇼핑 서비스

> **Tip** ②는 블록체인 기술을 활용한 사례이다. 정보가 거래 참여자들에게 분산·저장되어 위·변조가 어려우므로 신뢰성이 높다는 장점을 이용한 것이라 할 수 있다.

**Answer**→ 8.① 9.⑤ 10.③ 11.②

**12** '이것은 자전거, 승용차, 버스, 택시, 철도, 비행기 등 모든 운송수단(모빌리티)의 서비스화를 의미한다. '이것'이 상용화되면 하나의 통합된 플랫폼에서 모빌리티 검색·예약·결제 서비스가 일괄 제공되고, 차량은 구매하는 대신 공유 또는 구독할 수 있게 된다. '이것'은 무엇인가?

① 자율주행(Automatic Driving)

② P2P

③ 스마트 공조 시스템

④ 인포테인먼트 응용 서비스

⑤ 마스(MaaS)

 지문은 MaaS(Mobility as a Service), 즉 서비스형 모빌리티에 대한 설명이다. MaaS는 '복합 이동시스템'으로, 여러 교통수단의 연계를 통하여 최적 이동경로, 비용 정보, 호출 및 결제 서비스 등 이동 관련 전 과정을 단일의 플랫폼을 통해 개인화된 서비스를 제공한다.
- P2P(peer to peer) : 인터넷에서 개인과 개인이 직접 연결되어 파일을 공유하는 것
- 스마트 공조 시스템 : 차량 실내 환경(온도, 습도, 냄새)을 인식하여 쾌적한 환경으로 전환시켜 주는 기술
- 인포테인먼트 응용 서비스 : 차량 내에서 IT 기술을 이용하여 정보검색 및 오락, 동영상 감상 등의 콘텐츠를 이용할 수 있도록 하는 서비스

**13** 최근 코로나 19의 확산으로 인해 극장 관객 수가 급감하면서 영화 제작사 및 배급사들이 극장 개봉 대신 VOD, 온라인 개봉 등을 선택하고 있다. 이는 '이것'을 기반으로 한 스트리밍 서비스 이용자가 증가한 이유와도 맞물린다. '이것'의 대표적인 플랫폼으로는 '넷플릭스'가 있는데, '이것'은 무엇인가?

① OTT 서비스

② 멀티플렉스

③ VR

④ 콘텐츠 식별 기술

⑤ 디지털 보호 기술

 OTT(Over The Top)에 대한 설명으로, OTT는 인터넷을 통해 영화·드라마·다큐 등 다양한 콘텐츠를 제공하는 서비스를 일컫는다.

**14** 다음 〈보기〉 중 정보보호 및 개인정보보호 관리체계인증(ISMS-P)에 대한 설명으로 적절한 것을 모두 고르면?

〈보기〉
㉠ 정보보호 관리체계 인증만 선택적으로 받을 수 있다.
㉡ 개인정보 제공 시뿐만 아니라 파기 시의 보호조치도 포함한다.
㉢ 위험 관리 분야의 인증기준은 보호대책 요구사항 영역에서 규정한다.
㉣ 관리체계 수립 및 운영 영역은 Plan, Do, Check, Act의 사이클에 따라 지속적이고 반복적으로 실행되는지 평가한다.

① ㉠, ㉡

② ㉡, ㉣

③ ㉢, ㉣

④ ㉠, ㉡, ㉣

⑤ ㉠, ㉢, ㉣

• 정보보호 및 개인정보보호 관리체계인증(ISMS-P)…정보통신망의 안정성 확보 및 개인정보 보호를 위해 조직이 수립한 일련의 조치와 활동이 인증기준에 적합함을 인증기관이 평가하여 인증을 부여하는 제도.
• 인증범위

| 구분 | | 내용 |
|---|---|---|
| ISMS-P<br>**ISMS·P**<br>Personal Information & Information Security Management System | 정보보호 및<br>개인정보보호<br>관리체계 인증 | • 정보서비스의 운영 및 보호에 필요한 조직, 물리적 위치, 정보자산<br>• 개인정보 처리를 위한 수집, 보유, 이용, 제공, 파기에 관여하는 개인정보처리 시스템, 취급자를 포함 |
| ISMS<br>**ISMS**<br>Information Security Management System | 정보보호<br>관리체계 인증 | • 정보서비스의 운영 및 보호에 필요한 조직, 물리적 위치, 정보자산을 포함 |

• 관리체계 수립 및 운영 영역은 관리체계 기반 마련, 관리체계 운영, 관리체계 점검 시 개선의 4개 분야 16개 인증 기준으로 구성되어 있으며 관리체계 수립 및 운영은 정보보호 및 개인정보보호 관리체계를 운영하는 동안 Plan, Do, Check, Act의 사이클에 따라 지속적이고 반복적으로 실행되어야 한다.

Answer↪ 12.⑤ 13.① 14.④

**15** 다음 중 전자화폐 및 가상화폐에 대한 설명으로 옳지 않은 것은?

① 전자화폐는 전자적 매체에 화폐의 가치를 저장한 후 물품 및 서비스 구매 시 활용하는 결제 수단이며, 가상화폐는 전자화폐의 일종으로 볼 수 있다.

② 전자화폐는 발행, 사용, 교환 등의 절차에 관하여 법률에서 규정하고 있으나, 가상화폐는 별도로 규정하고 있지 않다.

③ 가상화폐인 비트코인은 분산원장기술로 알려진 블록체인을 이용한다.

④ 가상화폐인 비트코인은 전자화폐와 마찬가지로 이중 지불(Double Spending)문제가 발생하지 않는다.

⑤ 비트코인은 P2P로 파일을 내려 받는 방식으로 작동한다.

 이중지불(double spending) … 만일 악의를 가진 사람이 동시에 각각 다른 유저에게 암호화폐(비트코인, 이더리움 등)를 사용할 경우 이를 '이중 지불'이라 한다. 이중 지불의 문제를 해결하는 것이 암호화폐의 핵심 기능이라 할 수 있다. 비트코인 채굴과 블록체인은 이중지불을 방지하는 데 그 목적이 있으며, 이로써 네트워크가 어떤 비트코인 거래들이 유효한 것인지를 확인하고 합의할 수 있다.


**16** 인터럽트의 요청이 있을 경우 처리하는 내용 중 가장 관계가 없는 것은?

① 중앙처리장치는 인터럽트를 요구한 장치를 확인하기 위하여 입출력장치를 폴링한다.

② PSW(Program Status Word)에 현재의 상태를 보관한다.

③ 인터럽트 서비스 프로그램은 실행하는 중간에는 다른 인터럽트를 처리할 수 없다.

④ 인터럽트를 요구한 장치를 위한 인터럽트 서비스 프로그램을 실행한다.

⑤ 인터럽트가 수행되면 인터럽트가 걸리기 전의 명령어들을 수행하고 있던 루틴이 종료하게 된다.

 인터럽트 서비스 프로그램은 실행 중이더라도 우선순위가 더 높은 다른 인터럽트를 처리할 수 있다.

**17** OECD 개인정보보호 8개 원칙 중 다음에서 설명하는 것은?

> 개인정보 침해, 누설, 도용을 방지하기 위한 물리적·조직적·기술적인 안전조치를 확보해야 한다.

① 수집 제한의 원칙　　　　　　② 이용 제한의 원칙
③ 정보 정확성의 원칙　　　　　④ 안전성 확보의 원칙
⑤ 개인 참가의 원칙

 개인정보 보호에 관한 OECD 8원칙

| 원칙 | 내용 |
|---|---|
| 수집제한의 원칙 | 무차별적인 개인정보를 수집하지 않도록 제한, 정보 수집을 위해서는 정보 주체의 인지 또는 동의가 최소한의 요건(범죄 수사 활동 등은 예외) |
| 정보정확성의 원칙 | 개인정보가 사용될 목적에 부합하고, 이용목적에 필요한 범위 안에서 정확하고, 완전하며, 최신의 정보일 것 |
| 목적 명확화의 원칙 | 수집 목적이 수집 시점까지는 명확할(알려질) 것, 목적 변경 시 명시될 것 |
| 이용 제한의 원칙 | 목적 명확화 원칙에 의거 명시된 목적 외 공개, 이용 등 제한 |
| 정보의 안전한 보호 원칙 | 개인정보 유실, 불법접근, 이용, 수정, 공개 등 위험에 대한 적절한 보안유지 조치에 의해 보호 |
| 공개의 원칙 | 개인정보 관련 제도 개선, 실무, 정책 등에 대해 일반적 정책 공개 개인정보 존재, 성격, 주요이용목적, 정보처리자의 신원 등을 즉시 파악할 수 있는 장치 마련 |
| 개인 참가의 원칙 | 개인은 자신과 관련한 정보를 정보처리자가 보유하고 있는지 여부에 대해 정보처리자로부터 확인받을 권리, 요구 거부 이유를 요구하고, 거부에 대해 이의를 제기할 권리 |
| 책임의 원칙 | 정보처리자가 보호 원칙 시행조치를 이행하는 데 책임성을 가질 것 |

**18** 디지털 서명에 대한 설명으로 옳은 것을 〈보기〉에서 모두 고른 것은?

〈보기〉

㉠ 디지털 서명은 부인방지를 위해 사용할 수 있다.

㉡ 디지털 서명 생성에는 개인키를 사용하고 디지털 서명 검증에는 공개키를 사용한다.

㉢ 해시 함수와 공개키 암호를 사용하여 생성된 디지털 서명은 기밀성, 인증, 무결성을 위해 사용할 수 있다.

① ㉠                    ② ㉡

③ ㉢                    ④ ㉠, ㉡

⑤ ㉡, ㉢

 **디지털 서명**(digital signature) … 공개키 암호방식을 이용한 전자서명의 한 종류로 전자서명에 작성자로 기재된 자가 그 전자문서를 작성하였다는 사실과 작성내용이 송수신 과정에서 위조, 변조되지 않았다는 사실을 증명하고, 작성자가 그 전자문서 작성 사실을 나중에 부인할 수 없도록 한다.

**19** DMA에 대한 설명으로 가장 옳은 것은?

① 인코더와 같은 기능을 수행한다.

② inDirect Memory Acknowledge의 약자이다.

③ CPU와 메모리 사이의 속도 차이를 해결하기 위한 장치이다.

④ 메모리와 입출력 디바이스 사이에 데이터의 주고받음이 직접 행해지는 기법이다.

⑤ 주변기기와 CPU 사이에서 데이터를 주고받는 방식으로 데이터가 많아지면 효율성이 저하된다.

 DMA(Direct Memory Access)는 입출력장치가 다이렉트로 직접 주기억장치에 접근하여 데이터블록을 입출력하는 방식으로 입출력을 전송한다. 장치들의 데이터가 CPU를 경유하지 않고 수행된다.

**20** 이메일, ERP, CRM 등 다양한 응용 프로그램을 서비스 형태로 제공하는 클라우드 서비스는?

① IaaS(Infrastructure as a Service)  ② NaaS(Network as a Service)

③ PaaS(Platform as a Service)  ④ SaaS(Software as a Service)

⑤ DaaS(Desktop as a Service)

 클라우드 서비스(cloud service) … 인터넷으로 연결된 초대형 고성능 컴퓨터(데이터센터)에 소프트웨어와 콘텐츠를 저장해 두고 필요할 때마다 꺼내 쓸 수 있는 서비스

ㄱ 전통적 분류

- IaaS(Infrastructure as a Service) : 응용서버, 웹서버 등을 운영하기 위해서는 기존에는 하드웨어 서버, 네트워크, 저장장치, 전력 등 여러 가지 인프라가 필요한 가상의 환경에서 쉽고 편하게 이용할 수 있게 제공하는 서비스
- PaaS(Platform as a Service) : 개발자가 개발환경을 위한 별도의 하드웨어, 소프트웨어 등의 구축비용이 들지 않도록 개발구축하고 실행하는 데 필요한 환경을 제공하는 서비스
- SaaS(Software as a Service) : 제공자가 소유하고 운영하는 소프트웨어를 웹 브라우저 등을 통해 사용하는 서비스

ㄴ 추가적 분류

- BPass(Business Process as a Service) : IBM에서 제시한 클라우드 컴퓨팅 참조 모델에서는 상기 이외에 비즈니스 프로세스를 서비스
- DaaS(Desktop as a Service) : 고객의 데스크탑이 클라우드 인프라 상에서 가상 머신 형태로 실행되며, 사용자는 다양한 경량 클라이언트 또는 제로 클라이언트를 이용하여 데스크탑에 접근
- SecaaS(Security as a Service) : 클라우드 컴퓨팅 안에서 보안 보장을 제공하기 위한 방법
- CaaS(Communication as a Service) : 실시간 통신과 협력 서비스를 제공하기 위한 클라우드 서비스를 제공
- NaaS(Network as a Service) : 트랜스포트 연결 서비스와 인터-클라우드 네트워크 연결 서비스를 제공하기 위한 클라우드 서비스를 제공

**21** 사진이나 동영상 등의 디지털 콘텐츠에 저작권자나 판매자 정보를 삽입하여 원본의 출처 정보를 제공하는 기술은?

① 디지털 사이니지  ② 디지털 워터마킹

③ 디지털 핑거프린팅  ④ 콘텐츠 필터링

⑤ 디지털 스트리밍

- 디지털 사이니지(Digital Signage) : 움직이고 소리나는 옥외 광고
- 디지털 핑거프린팅(Digital Fingerprinting) : 인간의 감지 능력으로는 검출할 수 없도록 사용자의 정보를 멀티미디어 콘텐츠 내에 삽입하는 기술
- 콘텐츠 필터링(Contents Filtering) : 콘텐츠 이용 과정에서 저작권 침해 여부 등을 판단하기 위해 데이터를 제어하는 기술

**Answer** ↪ 18.④ 19.④ 20.④ 21.②

**22** 릴레이션의 특성에 대한 설명으로 옳지 않은 것은?

① 한 릴레이션에 포함된 튜플들은 모두 상이하다.

② 한 릴레이션에 포함된 튜플 사이에는 순서가 없다.

③ 한 릴레이션을 구성하는 애트리뷰트 사이에는 일정한 순서가 있다.

④ 모든 튜플은 서로 다른 값을 갖는다.

⑤ 모든 애트리뷰트 값은 원자값이다.

 **릴레이션의 특성**
ⓐ 하나의 릴레이션에는 동일한 튜플이 존재할 수 없다.
ⓑ 하나의 릴레이션에서 튜플 사이의 순서는 무의미하다.
ⓒ 하나의 릴레이션에서 속성 사이의 순서는 무의미하다.
ⓓ 속성값으로 원자값만 사용할 수 있다.

**23** 인덱스 순차 파일의 인덱스 영역 중 다음 설명에 해당하는 것은?

인덱스 영역의 첫 번째 테이블로서 실린더 인덱스 정보가 많을 때 그것을 효율적으로 탐색하기 위하여 만든 인덱스 순차 파일에서의 최상위 인덱스로서 일정한 크기의 블록으로 블록화하여 처리하고자 하는 데이터 레코드가 어느 실린더 인덱스 영역에 기록되어 있는지를 나타낸다.

① 기본 인덱스 영역      ② 트랙 인덱스 영역

③ 실린더 인덱스 영역      ④ 마스터 인덱스 영역

⑤ 프라임 인덱스 영역

 마스터 인덱스 영역운 색인된 순차 파일(indexed sequential file)에 있어 가장 레벨이 높은 색인이다.

**24** 다음 중 데이터베이스의 특성으로 옳지 않은 것은?

① 실시간 접근성
② 동시 공용
③ 계속적인 변화
④ 내용에 의한 참조
⑤ 주소에 의한 참조

 데이터베이스의 특성
ⓐ 데이터베이스는 실시간 접근이 가능하다.
ⓑ 데이터베이스는 계속 변화한다.
ⓒ 데이터베이스는 동시 공유가 가능하다.
ⓓ 데이터베이스는 내용으로 참조가 가능하다.

**25** 다음 논리 회로에 대한 설명으로 옳은 것만을 모두 고른 것은?

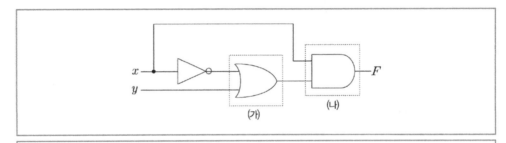

ⓐ 논리 회로를 간소화하면 $F = xy$이다.
ⓑ ㈎와 ㈏를 서로 바꾸면 $F = x + y$이다.
ⓒ 피드백 회로가 있어 메모리 기능을 수행한다.

① ⓐ
② ⓐ, ⓑ
③ ⓐ, ⓒ
④ ⓑ, ⓒ
⑤ ⓐ, ⓑ, ⓒ

 피드백 회로가 없는 조합 논리 회로로 메모리 기능이 없으며,
$F = x(x' + y) = xx' + xy = xy$가 된다.
㈎, ㈏의 논리게이트를 바꾸면
$F = x + x'y = (x + x')(x + y) = x + y$가 된다.

Answer↪ 22.③ 23.④ 24.⑤ 25.②

**26** 다음 순서도의 최종 출력 값으로 옳은 것은?

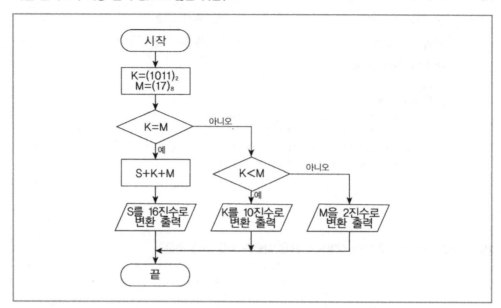

① $S = (1A)_{16}$

② $S = (26)_{16}$

③ $K = (11)_{10}$

④ $K = (13)_{10}$

⑤ $M = (1111)_2$

> **Tip** $M = (17)_8 = (1111)_2$로 $K = (1011)_2$ 보다 크다.
> 따라서, $K$를 십진수로 변환하면 $(11)_{10}$이 된다.

**27** 멀티프로그래밍과 멀티프로세싱에 대한 설명으로 옳지 않은 것은?

① 멀티프로그래밍 시스템은 하나의 프로세서에 하나 이상 프로그램을 동시에 수행시킨다.

② 멀티프로그래밍 시스템은 여러 개의 프로그램을 메인 메모리에 저장해 놓고 프로세서를 여러 개의 프로그램들 사이로 빠르게 스위치하여 프로그램을 동작시킨다.

③ 멀티프로세싱 시스템은 둘 이상의 프로세서를 가진 컴퓨터 시스템이다.

④ 멀티프로그래밍은 프로세서와 I/O 자원 이용률을 증진하기 위해 개발되었다.

⑤ 멀티프로세싱은 CPU 연산과 입출력 연산을 동시에 할 수 있다.

(Tip) 멀티프로그래밍은 CPU 연산과 입출력 연산을 동시에 할 수 있다. 연산을 병행하여 수행하므로 사용자가 느끼기에 연속적으로 처리하는 것처럼 보인다.
멀티프로세싱은 여러 개의 프로세스가 협력하여 하나 혹은 여러 프로그램을 동시에 수행한다.

**28** 퀀텀의 크기를 정하는 일은 효율적인 운영체제를 만드는데 매우 중요하다. 퀀텀이 매우 긴 시간을 사용할 경우에도 문제이고 또한 매우 짧은 시간을 사용하는 경우에도 문제이다. 이러한 두 경우에 왜 문제가 생기는 지 그 이유를 바르게 설명한 것은?

① 퀀텀이 매우 길 경우 여러 프로세스들에게 빠른 응답을 할 수 있게 된다.

② 퀀텀이 매우 짧다면 운영체제가 매우 많은 수의 문맥 교환을 하기 때문에 실제로 프로그램 실행은 매우 빠르게 된다.

③ 한 퀀텀의 사용 시간을 비교하면 문맥 교환의 시간이 실제 프로그램 수행 시간보다 짧기 때문에 효율적인 프로그램 수행이 가능하다.

④ 한 퀀텀의 사용 시간을 비교하면 문맥 교환의 시간이 실제 프로그램 수행 시간보다 길 수 있기 때문에 효율적이지 못하나 프로그램 수행 완료까지는 빠르다.

⑤ 퀀텀이 매우 길 경우 한 프로그램이 퀀텀 동안 시스템을 독점하여 다른 프로세스들에게 빠른 응답을 하지 못하게 된다.

(Tip) 퀀텀이 매우 길다면 한 프로그램이 퀀텀 동안 시스템을 독점하여 다른 프로세스들에게 빠른 응답을 하지 못하게 된다. 또한 퀀텀이 매우 짧다면 운영체제가 매우 많은 수의 문맥 교환을 하기 때문에 실제로 프로그램 실행은 매우 더디게 된다. 즉, 한 퀀텀의 사용 시간을 비교하면 문맥 교환의 시간이 실제 프로그램 수행 시간보다 길 수 있기 때문에 효율적이지 못하고 프로그램 수행 완료까지 오래 걸린다.

*Answer* → 26.③  27.⑤  28.⑤

**29** 사용자 모드, 커널 모드와 특권 명령어를 최소 권한 원칙을 가지고 설명한 것으로 옳지 않은 것은?

① 운영체제를 사용하는 모든 사용자가 운영체제의 모든 권한을 갖게 된다면 고의적이거나 악의적인 명령어에 의해 시스템에 문제가 발생할 수 있는데 이를 방지하기 위해 사용자 모드와 커널 모드를 만들었다.

② 사용자 모드에서는 메모리 접근과 기타 주요한 데이터로의 접근을 금지하는데 이를 최소 권한의 원칙이라 한다.

③ 커널 모드에서는 제한된 명령어를 사용하여야 하며 메모리 접근이 불가능하다.

④ 특권 명령어는 커널 모드에서만 접근할 수 있는 명령어를 의미한다.

⑤ 최소 권한의 원칙은 시스템 공격이나 사고에 의한 시스템의 위험을 감소시킨다.

> (Tip) 커널 모드에서는 모든 명령어 사용과 메모리 접근이 가능하다.


**30** 사용자 수준 스레드와 커널 수준 스레드와 그들의 조합 방법에 대한 설명으로 옳지 않은 것은?

① 사용자 수준 스레드는 사용자 영역에서 스레드 연산을 수행한다.

② 사용자 수준 스레드는 특권 명령을 실행할 수 없거나 커널 프리미티브에 직접 접근할 수 없는 런 타임 라이브러리가 스레드를 생성한다.

③ 커널 수준 스레드는 각 스레드마다 고유한 실행 문맥을 맵핑하는 방법으로 사용자 수준 스레드의 한계를 해결한 것이다.

④ 사용자 수준 스레드와 커널 수준 스레드의 조합을 수행하면 다대다 스레드 맵핑이 되며 많은 사용자 수준 스레드를 한 그룹의 커널 스레드에 맵핑하므로 오버헤드 문제를 해결한다.

⑤ 커널 수준 스레드는 다대일 스레드 맵핑이라고도 하며, 멀티 스레드 프로세스 하나에 있는 모든 스레드에 실행 문맥 하나를 맵핑한다.

> (Tip) 커널 수준 스레드는 일대일 스레드 맵핑이라고도 하며 상호작용성이 증가하는 장점이 있다.
> 사용자 수준 스레드는 다대일 스레드 맵핑이라고도 하며 멀티 스레드 프로세스 하나에 있는 모든 스레드에 실행 문맥 하나를 맵핑한다.

**31** micro-kernel OS에 대한 설명으로 알맞은 것을 모두 고른 것은?

> ㉠ speedy kernel execution
>
> ㉡ adding a new service does not require modifying the kernel
>
> ㉢ easy to port to new hardware
>
> ㉣ less message communication
>
> ㉤ Unix was a micro-kernel structured system

① ㉠, ㉡        ② ㉠, ㉢

③ ㉡, ㉢        ④ ㉡, ㉣

⑤ ㉣, ㉤

 ㉠ 빠른 커널 실행→커널과 사용자 공간의 대화로 빠르지는 않다.

㉡ 새로운 서비스를 추가하는 것은 커널의 수정을 필요로 하지 않는다.

㉢ 쉽게 새 하드웨어 포트 추가

㉣ 적은 메시지 통신→프로그램이 파일에 접근하기 위해서는 커널와 통신을 해야 하므로 자주 메시지를 교환한다.

㉤ 유닉스는 마이크로 커널 구조 시스템을 사용→제한적 구조 시스템 사용한다.

**32** 운영체제의 성능 판단 요소로 거리가 먼 것은?

① 처리능력        ② 신뢰도

③ 사용가능도        ④ 비용

⑤ 반환시간

 운영체제 성능 평가 요소

㉠ 처리능력

㉡ 사용가능도

㉢ 신뢰도

㉣ 반환시간

*Answer* 29.③ 30.⑤ 31.③ 32.④

**33** 한 모듈 내의 각 구성요소들이 공통의 목적을 달성하기 위하여 서로 얼마나 관련이 있는지의 기능적 연관의 정도를 나타내는 것은?

① cohesion

② coupling

③ structure

④ unity

⑤ utility

> **Tip** cohesion은 응집도를 나타내는 말로 모듈의 내부 요소들이 서로 연관되어 있는 정도를 의미한다.
> coupling은 결합도로 모듈 간의 상호 의존하는 정도를 의미한다.

**34** 소프트웨어 수명 주기 모형 중 폭포수 모형(Waterfall Model)의 개발 단계로 옳은 것은?

① 계획→분석→설계→시험→구현→유지보수

② 계획→분석→설계→구현→시험→유지보수

③ 계획→설계→분석→구현→시험→유지보수

④ 계획→분석→설계→구현→시험→설치

⑤ 계획→설계→분석→구현→시험→설치

> **Tip** 폭포수 모형(Waterfall Model)
> ㉠ 요구사항 분석→설계→구현→시험→유지보수 과정을 순차적으로 접근하는 방법으로 가장 오래되고 널리 사용되었던 고전적 라이프사이클이다.
> ㉡ 폭포에서 내려오는 물이 아래로만 떨어지듯이 각 단계가 순차적으로 진행되는 즉 병행되어 진행되거나 거슬러 반복 진행되는 경우가 없다.
> ㉢ 설계와 코딩 및 테스팅을 지연시킬 우려가 크다.
> ㉣ 사용자의 요구에 대하여 정확한 의견을 듣기 어렵고, 시스템을 한 번의 계획과 실행으로 완성시키기 때문에 재사용을 위해 결과들을 정비하고 개선시키는 기회가 없다.

**35** 시스템의 구성요소 중 입력된 데이터를 처리방법과 조건에 따라 처리하는 것을 의미하는 것은?

① process

② control

③ output

④ feedback

⑤ input

> (Tip) 시스템의 구성요소
> ㉠ 입력(input)
> ㉡ 처리(process)
> ㉢ 제어(control)
> ㉣ 출력(output)
> ㉤ 환원(feedback)

**36** 인터넷 프로토콜로 사용되는 TCP/IP의 계층화 모델 중 Transport 계층에서 사용되는 프로토콜은?

① FTP

② IP

③ ICMP

④ UDP

⑤ SMTP

> (Tip) 프로토콜의 종류
> ㉠ 응용 계층 : telnet, FTP, SMTP, SNMP
> ㉡ 전송 계층 : TCP, UDP
> ㉢ 인터넷 계층 : IP, ICMP, IGMP, ARP, PARP
> ㉣ 네트워크 엑세스 계층 : 이더넷, IEEE, HDLC, X.25 등

**37** 네트워크의 구성 유형에서 중앙에 컴퓨터가 있고 이를 중심으로 단말기를 연결시킨 중앙 집중식 네트워크 구성 유형은?

① 스타(star) 형

② 트리(tree) 형

③ 버스(bus) 형

④ 링(ring) 형

⑤ 그물(mesh) 형

> (Tip) 스타(star) 형 네트워크는 모든 노드가 중앙으로 연결되어 있는 형태로 한 워크스테이션이 동작을 멈추더라도 전체 시스템에는 영향을 주지 않으며, 확장성도 뛰어나다는 장점이 있다.

**Answer** ↝ 33.① 34.② 35.① 36.④ 37.①

**38** DRM 프레임워크 구성요소에 대한 설명으로 옳지 않은 것은?

① 데이터 모델 – 데이터 분류 체계기반 데이터 식별 및 도식화

② 데이터 분류체계 – 데이터 의미기반 영역 분류, 클래스 식별

③ 데이터 구조 – 데이터 소유자의 식별

④ 데이터 교환 – 데이터 교환 식별명세, 참조 권한, 교환정보 속성 제시

⑤ 데이터 관리 – 데이터 관리를 위한 주요 원칙과 가이드 제시

> **Tip** 데이터 구조 – 데이터 요소와 속성, 단어사전, 데이터 구조의 정의 및 표준화 항목 가이드 제시

**39** 전이중 통신에 대한 설명으로 옳은 것은?

① 한 방향으로만 전송이 가능한 방식이다.

② 데이터의 동시 전송이 불가능하다.

③ 시간을 분할하여 송신만 또는 수신만 할 수 있다.

④ 라디오나 텔레비전 방송에 많이 사용된다.

⑤ 전송량이 많고 통신 회선 용량이 클 때 사용한다.

> **Tip** **전이중 통신(full-duplex communication)** … 전화 회선처럼 송신자와 수신자가 동시에 양방향 통신을 할 수 있다. 서로 다른 회선이나 주파수를 이용하여 데이터 신호가 충돌되는 것을 방지한다. 이더넷의 오리지널 규격인 CSMA/CD에서는 송신과 수신이 동시에 불가능하다. 스위칭 허브를 사용하면 CSMA/CD의 절차를 따르지 않아도 되므로 NIC/허브 간, 허브/허브 간의 동시 송수신이 가능해진다. 전송량이 많고 통신 회선의 용량이 클 때 사용한다.

**40** 데이터 전송에서의 검사 방식의 하나이며, 블록(block) 혹은 프레임(frame)마다 나눗셈을 기반으로 한 결과를 부여하여 추가적으로 전송하고, 그것에 따라서 전송 내용이 정확했는지의 여부를 조사하는 방법은?

① 블록 검사

② 해밍코드

③ 순환 중복 검사

④ 패리티 검사 비트

⑤ 오류 검출 코드

 ① 데이터 전송에서 오차 제어 절차의 일부. 전송해야 할 데이터를 적당한 크기의 블록으로 구분 짓고, 그 블록마다 오차를 조사하는 것으로, 실제로는 한 블록 모두를 전송하며, 그 후에 오차를 조사하여 오차가 있으면 그 블록을 재전송하고, 오차가 없으면 다음 블록을 전송한다. 각 블록 뒤에 검사용 문자가 부가되는데, 이 문자를 블록 검사 문자(BCC)라고 한다.

② 오류 검출이나 수정 코드 중의 하나로 구별되는 정보 비트의 조합마다 짝수 패리티 검사 비트를 더하여 만든다.

③ 데이터 전송에서의 검사 방식의 하나이며, 블록(block) 혹은 프레임(frame)마다에 여유 부호를 붙여 전송하고, 그것에 따라서 전송 내용이 정확했는지의 여부를 조사하는 방법으로, 순환 중복 검사(CRC) 방식은 시간적으로 나뉘어져 발생하는 연속적인 오류(버스트 오류)에 대해서 효과가 있다.

④ 사용되는 패리티가 짝수인지 홀수인지에 따라 비트 그룹에 추가되어 홀수나 짝수를 만드는 추가 비트(0 또는 1). 패리티 비트는 대개 모뎀이나 널 모뎀을 통해 컴퓨터 간에 데이터를 전송할 때 오류를 검사하는 데 사용된다.

⑤ 데이터의 처리나 전송중에 데이터의 오류가 발생했는지의 여부를 조사하기 위해 첨가된 코드. 수직 패리티 비트, 수평 패리티 비트, 사이클릭 코드, 해밍 코드 등이 있다. 이 코드는 오류가 일어났을 때 금지된 조합을 만들어내는 코드이다.

*Answer* ↪ 38.③ 39.⑤ 40.③

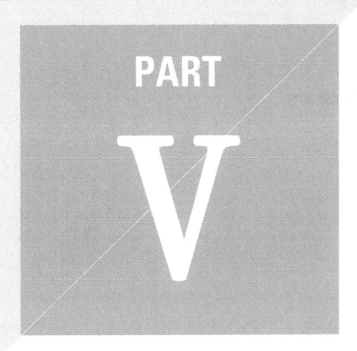

# PART

# V

# 논술평가

# CHAPTER

# 01 논술의 기초와 논술 작성방법

## 1 논술의 정의와 특징

### 》 논술이란?

사람들은 어떠한 주제에 대해 자신의 의견을 전달하고 싶어 한다. 이렇게 주장을 피력하는 방법으로 글로 쓰는 논술과 말로 전달하는 구술이 있다. 논술과 구술 모두 자신의 의견을 전달하는 방법이라는 공통점을 지니지만 표현하는 수단이 다르기 때문에 그 방법에서도 차이가 날 수 밖에 없다. 논술은 어떤 논제에 관하여 의견을 논리적으로 서술하는 행위 또는 그런 서술을 말한다. 따라서 논술을 할 때에는 자신이 주장하는 의견에 대하여 그것을 뒷받침할 수 있는 근거가 필요하다. 타당한 근거가 제시될 때만이 자신이 주장하는 의견이 받아들여 질 수 있으며, 논술의 목표라고 할 수 있는 독자의 설득이 가능해진다. 정리하자면 논술의 답안을 작성할 때에는 두 가지의 핵심 요소가 필수적이라고 할 수 있다.

① 자신이 주장하고자 하는 바를 명료하게 제시한다.

② 주장에 따른 타당한 근거를 제시하여 설득력을 높인다.

논술 쓰기에 있어서 가장 우선적으로 해야 할 것은 논제를 파악하는 것이다. 제시문 또는 문제를 읽고 출제자의 의도를 고려하여 정확한 논점을 확립해야 한다. 논제에 대한 파악이 끝나면 논지를 설정해야 한다. 논지 설정은 논제에 대해 어떤 주장을 어떻게 할 것인지에 대한 결정이다. 보통 논지(논제에 대한 자신의 주장)는 한두 문장 정도의 주제문 또는 결론으로 표현될 수 있다. 논지를 정할 때에는 출제자의 의도와 자신의 견해를 반영하되 타당한 근거를 찾기 쉬운 논지로 정하는 것이 논술 답안을 작성할 때 수월할 수 있다. 이렇게 논지가 설정되면 이에 대한 적합한 논거를 생성하여 개요를 짜고 답안을 작성한 후 고쳐 쓰기를 하는 순서로 논술 쓰기가 마무리 된다. 순서도로 나타내면 다음과 같다.

논제 파악 ➡ 논지 설정 ➡ 논거 생성 ➡ 개요 짜기 ➡ 답안 작성 ➡ 고쳐 쓰기

## 》 사고력

논술에서 가장 중요한 요소는 생각하는 힘, 즉 사고력의 증진이다. 사고력을 키우기 위해서는 다양한 체험과 폭 넓은 독서로 배경지식을 쌓아야 한다. 타인과의 의견 교환인 토론 역시 사고력 향상에 도움이 된다. 하지만 아무리 많은 체험을 하고 창의적인 생각을 지녔다 하더라도 적절히 활용하지 못한다면 소용이 없다. 따라서 논술 학습이 필요하다. 논술을 잘하기 위해서는 사고에 대한 훈련이 필요한데 사고의 유형으로는 다음과 같은 것이 있다.

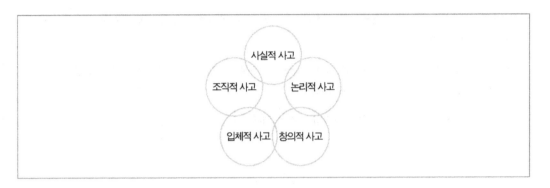

① **사실적 사고** : 독자를 설득하기 위해서는 사실에 근거하여 논술해야 한다.

② **조직적 사고** : 자신의 주장과 주장을 뒷받침할 근거를 조직적으로 구조화해야 한다.

③ **논리적 사고** : 이치를 따지고 앞뒤를 가려 모순 없이 타당하게 생각해야 한다.

④ **입체적 사고** : 올바른 판단을 위해 다양한 시각에서 종합적으로 생각해야 한다.

⑤ **창의적 사고** : 논제에 대한 독창적인 생각으로 뻔함이 아닌 새로움을 반영해야 한다.

## 2 논술 작성 개요(서론 · 본론 · 결론)

논술의 구성 방법에는 여러 가지가 있는데 실제 시험에 임했을 때 어떤 구성 방법을 취하는 것이 바람직한가에 대한 고찰이 필요하다. 논술 시험에서는 독자가 바로 채점자가 된다. 채점자는 정해진 시간 안에 다수의 논술을 읽고 평가해야 하기 때문에 그 내용이 얼마나 쉽게 읽히는지의 여부가 큰 영향을 미친다. 즉 가독성이 좋은 글을 써야 한다는 것이다. 논술에서의 가독성은 논제와 결론에 대해 명확하게 표현하는 것으로 높일 수 있다. 취업 논술의 논제는 경제 용어 또는 사회 현상에 대한 의견 및 대안을 질문하는 형태들이 많은 비중을 차지한다. 일반적인 논술이 그러하듯 서론, 본론, 결론의 세 단계로 논술하는 것이 바람직하다.

① **서론** … 논제에 제시된 용어를 정의한다. 용어의 정의가 필요한 이유는 이후 논리를 전개 할 때 의미의 혼동을 줄이고, 독자로 하여금 내용을 쉽게 이해시키기 위함이다.

② **본론** … 사회 · 경제적인 현상을 설명한다. 자신의 생각보다는 이론이나 일반적으로 통용되는 현상을 소개하는 것이 바람직하다.

③ 결론 … 본론에서 언급한 것을 근거로 자신의 주장을 정리한다.

〈개요 작성의 예시〉

논제 : 사회 양극화현상이 불러올 수 있는 소비성향 변화를 서술하고, 경제학적 관점에서 전체 소비에 어떤 영향을 미치는지 논하시오.

· 서론 : '사회 양극화현상', '소비 성향', '전체 소비' 등 주요 용어를 정의한다. 용어 정의는 간단하게 한 두 문장 정도면 충분하다.

· 본론 : '소비성향 변화가 전체 소비에 미치는 영향'에 대해 설명한다. 주요 현상을 정리하고 일반화하며, 몇 가지의 예시를 드는 것이 바람직하다.

· 결론 : 본론의 내용을 근거로 '전체 소비의 변화'에 대해서 자신의 의견을 정리한다.

## 3 논술 잘 쓰기

논술은 앞에서 살펴본 바와 같이 논리적인 글쓰기이다. 소설이나 수필 등 다른 산문과의 가장 큰 차이도 이러한 논리성에 있다. 대다수의 학습자들이 논술에 익숙하면서도 어려움을 느끼는 이유는 여러 가지가 있지만 그 중에서도 이 논리성이 큰 부분을 차지한다. 정답이 정해져 있지 않다는 논술의 특징은 수험생들에게 장점으로 작용할 수 있음에도 불구하고 많은 수험생들이 오히려 부담을 느낀다. 논술은 정해진 답을 외워서 빨리 옮겨 쓰는 것이 아니기 때문에 그 전개 방식이 다양하다. 채점하는 입장에서도 이러한 다양성을 존중하여 정해진 틀에 의한 글만을 답으로 인정하지 않고 폭넓은 논리 구조를 허용하고 있다. 그러므로 자신의 생각을 조리 있게 정리하여 풀어쓰는 것이 논술의 핵심이라 할 수 있다. 그러나 이러한 내용을 알고 있음에도 불구하고 현실적으로 직면하는 문제는 논술 실력이 금방 늘지 않는다는 것이다.

### 》논술을 잘 쓰기 위해서는 어떻게 해야 할까?

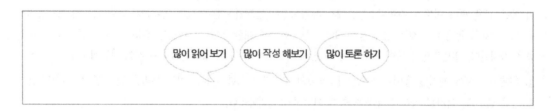

많이 읽어 보기    많이 작성 해보기    많이 토론 하기

점수를 위한 글쓰기와 결과에 대한 부담, 상대적으로 빈약한 학습 자료 등은 수험생들이 논술을 어렵게 느끼게 하는 요인이 되어왔다. 하지만 논술은 고급 개별 지도를 받아야만 향상되는 것은 아니다. 앞으로 소개하는 내용을 잘 숙지한다면 누구나 논술을 잘 쓸 수 있게 된다. 논술을 잘 쓰기 위해서 반드시 행해야 할 세 가지를 살펴보자.

① 좋은 글을 쓰는 방법 첫 번째는 '다독(多讀)'이다.

- 많이 읽는 것이 좋은 글쓰기의 시작임을 강조하는 것은 새삼스러워 보이기까지 하지만 현실적으로 제일 지켜지지 않는 분야중 하나이다. 결코 많이 읽는 것이 대충 읽는 것을 뜻하지는 않는다. 인터넷 신문, 태블릿PC를 이용한 모바일 잡지 등 기존에는 존재하지 않던 다양한 매체들이 우리 주변에 등장하였다. 우리는 이러한 정보의 바다에 수시로 접속하면서 다양한 자료를 접하지만 이러한 형태의 읽기는 올바른 다독(多讀)의 방법이 아니다. 이러한 읽기가 초래하는 제일 큰 문제점은 읽는 속도이다. 전자 매체는 그 특성상 다양한 메뉴와 기능들을 활용하여 손쉽게 내용의 전이가 가능하다. 글을 읽다가도 재미가 없어지거나, 마음에 들지 않는 내용이 등장하면 손쉽게 페이지를 바꿀 수 있다. 이러한 특징은 기존의 신문, 책이 가지지 못하는 것으로 속독을 넘어서서 훑어보기 수준의 독서 형태를 초래한다.

- 문제는 이렇게 쉽고 빠르게 읽는 과정에서 그 글에 담긴 내용의 흐름을 잡지 못한다는 것에 있다. 다른 사람의 글을 읽는 것의 핵심은 그 글이 잘 써진 글인지 여부와 무관하게 그에 담긴 핵심 흐름을 파악하는 것이다. 나쁜 글은 그 내용에 일관성이 떨어지고 핵심 논리 구조가 존재하지 않으며 좋은 글은 그 글의 형태적 구성과 핵심 내용의 흐름도 자연스럽다는 것을 다독(多讀)을 통해 느껴야 한다. 이러한 생각 없이 막연히 많이 읽는 방식은 결코 자신의 글쓰기 실력과 연관되지 않는다. 엄밀히 말하면 그러한 읽기 방법은 눈으로 '보았다' 이지 '읽었다'라고 말할 수 없기 때문이다. 안 좋은 글을 보면 오히려 글쓰기에 해가 된다고 생각하는 독자들도 있다. 그러나 그것은 잘못된 생각이다. 글은 문제 풀이와 같이 맞고 틀림이 명확하지 않다. 그러나 그 글의 질을 평가할 수는 있는데 이러한 평가의 핵심이 바로 논리구조이다. 그러므로 어떠한 글의 논리 구조가 흐리멍덩하다면 그 글은 안 좋은 글이지만 그 글을 읽음으로써 논리구조의 부족을 생각하게 되고 스스로 부족한 부분을 채우려는 노력을 시도하게 된다. 다른 이의 나쁜 글도 자신에게 '타산지석(他山之石)'이 될 수 있다.

- 또한 경계해야 할 맹신 중 하나는 '잘 써진 좋은 글을 많이 읽으면 좋다'라는 것이다. 분명 좋은 글을 많이 접하는 것은 어휘나 글의 구성, 내용의 흐름 등에 있어서 본받을 점들이 많다. 하지만 좋은 글을 '많이' 읽는 것만으로 자신의 글쓰기 실력을 향상시킬 수는 없다. 자신의 주장을 논리적으로 펼 수 있는 생각을 가진 상태로 다른 좋은 글에서 접한 미사여구와 논리구조를 적용하는 것이 중요하다.

② 좋은 글을 쓰는 방법 두 번째는 바로 '다작(多作)'이다.

- 다작(多作)이란 직접 많이 써보는 것인데 이 역시 식상할 정도로 많이 들어왔던 말일 것이다. 하지만 다독(多讀)에서의 핵심이 단순히 '많이' 읽는 것이 아니었음을 상기한다면 다작(多作)에서도 단순히 '많이' 글을 쓴다는 것을 의미하지 않음을 짐작해 볼 수 있을 것이다. 글쓰기는 생각의 투영과 같아서 생각하는 것이 변하지 않으면 글쓰기도 크게 변하지 않는다. 이는 한 자리에서 같은 주제로 두 개 이상의 서로 다른

글쓰기를 하는 것이 얼마나 어려운지를 살펴보면 알 수 있다. 이러한 보완(feed-back) 없는 글쓰기는 결국 유사한 글의 중복된 작성과 같다. 그렇다고 여기서 말하는 다작이 글을 쓸 때마다 매번 문체를 바꾸는 것을 의미하지는 않는다. 문체를 수시로 바꾼다는 것은 현실적으로 불가능에 가깝다. 또한 문체는 사람마다 글을 쓰는 성향으로서 일관성을 가지는 것도 중요하기 때문에 문체가 다작의 핵심이 되지는 못한다.

- 다작(多作)의 중심에는 바로 개선(改善)이 있다. '많이' 표현을 해보는 과정이 중요하지만 그러한 과정을 통해 일련의 개선(改善)이 발생하여야 그 글쓰기가 진정으로 의미있는 행위가 된다. 논술은 교재에 나온 주제를 몇 번이고 반복해서 쓰는 것만으로 실력이 향상되지 않는다. 심지어 대부분 논술의 주제들은 매우 상식적이고 친숙하지 않던가. 그러한 친숙한 주제들을 반복해 답변하는 것이 시간의 효용상 얼마나 가치있는 일인지는 스스로 반문해볼 필요가 있다. 그렇다면 개선(改善)은 어떻게 '다작(多作)'의 효과가 있으며 어떻게 그러한 개선(改善)을 얻어낼 수 있을까?

- 같은 주제에 대하여 글을 쓰더라도 생각의 흐름이 변하면 글도 변하게 된다. 수필이나 산문이 아닌 논술의 핵심이 논리성에 있는 것을 감안할 때, 이러한 생각의 흐름의 변화는 논술에서 매우 중요하다고 할 수 있다. 생각에는 정해진 틀이 존재하지 않으므로 다양한 각도로 구성을 엮어갈 수 있다. 이러한 생각의 장점은 간혹 논리성의 부재라는 치명적 단점을 초래하기도 하는데 우리가 속담으로 친숙한 '까마귀 날자 배 떨어졌다'와 같은 것이 그것이다. 우연적 상황에 많이 인용되는 본 속담은 논리적인 글이 지양(止揚) 해야 할 특징을 극명하게 보여준다. 논리적인 글은 그 연결구조가 우연에 의하면 안 된다. 끈끈한 논리적 결속력을 바탕으로 글을 전개해야 독자들의 혼돈을 줄이고 핵심을 빨리 이해하도록 할 수 있다. 그러므로 논술을 위한 글쓰기 연습을 할 때 '다작'을 통하면서 본인의 논리구조에 개선을 행해야 한다.

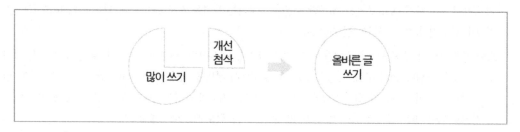

③ 논술을 잘 쓰기 위한 마지막 핵심은 바로 '다화(多話)'이다.

- 많이 말해야 한다는 '다화(多話)'의 핵심은 위에서 살펴본 '다작(多作)'의 경우와 같이 개선(改善)에 있다. 논술은 생각의 표현이라 하였는데 이러한 생각을 함양시켜 주는 방법으로 많이 이야기 하는 방법이 있다. 글쓰기의 문체만큼이나 사람의 생각도 가치관에 따라 특징이 있어서 그러한 특징을 벗어나기가 쉽지 않다. 문제는 생각이 가치관을 투영하여 보여준다는 것이 아니라 이러한 가치관에 얽매여서 다른 관점을 이해하지 못하거나 일방적으로 매도하는 경우가 발생할 수 있다는 데 있다. 자신의 생각이 확실한 사람일수록 글쓰기가 쉬워지는 경향이 있으나 이러한 글쓰기는 두 번째에 언급한 '다작의 함정'에 빠지기 쉽다. 주제에 대해 다양한 방법의 접근이 가능하고 본인의 생각이 논리적으로 완벽하지 않을 수 있기 때문에 다른 이들과의 대화를 통하여 자신의 생각을 확인해보고 발상을 전환해보는 과정이 반드시 필요하다. 이러한 과정을 통해 개선된 생각과 더 완성된 논리 흐름을 만들어 낼 수 있기 때문이다.

- 이러한 '다화'의 방법은 이야기를 통하는 경우도 많고 논술의 경우 '첨삭(添削)'을 통하여 이루어지게 된다. 첨삭은 직접 대화하지 못하는 경우에도 일정 부분 의견을 주고받을 수 있는 길을 열어주어 글쓰기의 개선에 큰 도움을 준다. 대부분의 논술학원들에서 이러한 '첨삭'을 강조하고 첨삭 능력이 그 학원의 경쟁력으로 작용할 정도이니 다자간 대화가 불가능한 논술에 있어서 이러한 '첨삭'이 '다화'의 기능으로서 얼마나 중요한지 알 수 있다.

- 정리해보면 좋은 글쓰기를 위해서는 평소에 많은 자료들을 접하고, 친구들과 많은 대화를 통하여 본인의 생각을 정리하며, 그것을 다작을 통해 표현하면서 이에 첨삭을 첨가하여 개선을 꾀하는 것이 필요하다. 좋은 논술을 쓰는 방법은 '저 언덕 너머에' 있지 않다. 우리 주변 가까운 곳에 있는 자료들로부터 시작하여 우리의 머릿속에서 완성이 되고 누군가의 질문과 조언으로 보완이 되는 것이다.

## 4 논술은 쓰는 사람보다 읽는 사람이 항상 유리하다.

① 논술을 잘 쓰기 방법에 첨언해 보자면 논술은 그 특징상 쓰는 사람보다 글을 읽는 사람이 유리하다. 여기서 유리하다는 말은 심신의 흐트러짐이 적고 정신이 정돈되어 있다는 것을 의미한다. 왜 논술은 읽는 사람이 유리할까?

② 논술을 쓰는 현실적인 상황을 생각해보면 논술은 우리가 집에서 서너 시간씩 책과 노트북을 끼고 인터넷을 거쳐 가며 쓰지 않는다. 제한된 1시간 남짓한 시간 내에 1,500자에 달하는 분량을 채워야 하다 보니 물리적인 필기 시간의 압박도 상당하다. 이러한 현실적인 상황에서 아무리 머리에 잘 정리가 되어 있고 많은 양을 암기했다고 해도 교과서에 판 박힌 그대로 훌륭한 논술을 즉석에서 써내는 것은 불가능하다. 그러므로 교과서적 글쓰기를 100점 만점으로 본다면 실전 논술에서는 80점만 받아도 만점수준에 가깝게 썼다고 할 수 있는 것이다. 그러므로 본인의 글쓰기를 평가할 때 결코 교과서나 학습서에 나온 모범답안과 직접 비교하는 우를 범하지 않았으면 한다. 이러한 모범 답안은 말 그대로 모범적인 답안이다. 현실적인 제약들이 거의 제거된 상태에서 퇴고를 거쳐 완성된 답안인 것이다. 이러한 답안과 수험생 여러분이 현장에서 작성하는 답안은 같이 평가되어서는 안 된다.

③ 이렇게 급하게 써진 실제 논술 시험지는 채점자에 의해 채점되게 되는데 채점자들은 읽는 이의 입장에서 글쓴이의 논리 구조를 파악하는데 주력할 충분한 시간이 있다. 이는 채점자가 아닌 일반적인 누구라도 읽는 사람이면 누구나 되돌려 읽기, 생각하고 다시 읽기 등의 과정을 거쳐 더 유리한 위치에 있게 되는 것을 의미한다. 그러므로 여러분의 글이 이를 읽는 친구들이나 다른 사람들에 의해 지적받고 교정되어지더라도 그것은 지극히 당연한 결과임을 생각해야 한다. 다시 한 번 강조하지만 논술의 핵심은 머리속에 구조화 시켜놓은 생각을 글의 뼈대로 삼아 현장에서 그동안의 상식들과 글솜씨로 살을 붙여내는 과정이다.

이를 읽는 채점관이나 독자들이 제일 우선 느끼는 것도 그 논리 핵심의 유무이며 현실적 한계로 이러한 구조에 빈틈이 있을 경우 쉽게 찾아내게 된다. 그러므로 단지 첨삭(添削)이 많은 글이 나쁜 글도 아니오, 첨삭이 적은 글이 항상 좋은 글이 아님은 명백하다. 이를 잘 이해하고 글쓰기에 임하게 된다면 글을 쓰고 평가받는 데서 오는 불안감을 덜 수 있고 본인의 생각을 정리하여 핵심화하는데 더욱 집중할 수 있게 된다. 논술을 잘 쓰는 방법은 이와 같이 쓰고 평가받는 방법을 되풀이 하는 것이다. 그러므로 수험생 누구나 이것을 잘 숙지하면 훌륭히 논술을 소화해 낼 수 있게 됨을 명심하자.

## 5  경제신문 효과적으로 잘 읽기

① 경제 신문은 최근 취업 논술 준비에 있어서 필수 기초 자료로서 각광받고 있다. 그동안은 각종 구술 면접과 문제풀이식 시험이 평가의 주를 이뤘다면 점차 논술이 그 과정에서 차지하는 비중이 증가하는 추세다. 경제 신문의 장점은 무엇보다도 신속성이다. 시사적인 자료들이 시의적절(時宜適切)하게 등장하여 현재의 사회적인 쟁점과 흐름을 볼 수 있게 해준다. 또한 신문이 가지는 특징으로 정갈한 문체와 구체적인 자료의 제시를 들 수 있다. 확실한 자료를 바탕으로 한 논리적 전개 흐름은 경제 기사의 핵심으로 여타 정치, 연예 부문 기사에 비해 논증력이 강하다. 그래서 그 주제가 주는 시사성과 더불어 기사 흐름의 논리성에서 배울 점이 많기 때문에 논술 쓰기에 준비에 더 없이 좋은 자료가 된다.

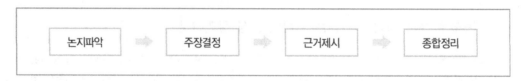

② 이러한 경제 기사를 접할 때 주의해야할 점이 있는데, 첫 번째는 그 용어의 친숙성에 너무 연연하지 않는 것이다. 일반적인 신문도 자주 접하지 않았던 사람이 경제신문을 접하면 제일 먼저 느끼는 것은 그 용어가 난해하여 글의 이해를 방해하고 결국 기사 읽는 것을 포기하고 싶어지는 느낌이다. 이는 일반 신문을 자주 접하는 사람들에게서도 흔하게 발생하는 현상으로서 경제 기사들이 시사성 짙고 영역이 특화된 용어들을 많이 담고 있기 때문에 발생하는 것이다. 그래서 대부분의 경제 기사들은 그 기사의 끝부분에 핵심 용어의 정의를 달아 놓아 독자의 이해를 돕고 있다. 여기서 중요한 것은 경제 기사를 읽는 핵심은 그 해당 업무에 임하는 직접 이해관계 당사자를 제외하고는 큰 흐름을 읽는 것이지 그 자체 결과를 분석하는 것이 아니라는 것이다.

③ 예를 들어 '2011년 우리나라의 엥겔지수가 0.2로서 2010년 0.14에 비해 상승했다...' 라는 기사의 내용이 있을 때, 엥겔지수가 무엇인지를 당장 모르더라도 기사를 끝까지 읽어나가야 한다. 기사를 계속 읽어보게 되면 엥겔지수에 대한 정의를 꼬리말에 달아 놓기 전에도 '엥겔지수가 상승한 현상은 국민들의 식료품 지출 비중이 증가함을 뜻하는데, 이는 국민들의 장바구니 물가가 상승한 결과로 보여 진다.' 라는 기사의 부분에서 엥겔지수의 실용적 의미를 파악할 수 있다. 그러므로 경제 기사를 읽을 때, 제시된 숫자의 값 자체에 연연하지 말고, 그 값들을 등장시킴으로써 기자가 보여주고자 하는 핵심을 이해해야 한다. 또한 특정 인물의 등장도 그 인물 자체보다 그렇게 등장시킨 배경에 집중하여 기사의 맥을 짚어낼 수 있도록 한

다. 일반 독자가 GDP 상승률이 4%인 것과 4.3%인 것의 차이를 신경 쓰는 것은 무의미하므로 경제 기사는 그 기사의 디테일보다 내용의 구성에 집중하여 읽는 연습을 해야 한다.

④ 또한 경제 기사는 제목에 그 기사의 성향이나 의견이 묻어있는 경우가 많다. 기사에는 사실적인 자료와 함께 개괄적인 의견이 포함되곤 하는데 경제라는 것이 현상을 설명하고 해석하는 것에서 시작했음을 감안하면 정해진 원인에 의한 정해진 결과로 해석되는 기사는 거의 없음을 쉽게 알 수 있다. 사회적 현상에 대한 합리적인 이론에 기초한 주장을 담게 되는데 이 과정에서 논리 구조가 형성되게 된다. 논술의 학습 목적으로 경제 기사를 접하는 것이 매우 좋은 이유가 바로 여기에 있다. '카더라...', '일 지도 모른다'와 같은 막연하고 약한 주장은 경제 기사에 담기기 어렵다. 정해진 정답이 없기 때문에 현실에 비추어 보아 합당하다고 생각되는 이론을 나름의 논리구조와 함께 도입하기 때문에 다른 어떠한 부문의 기사들 보다 논리성이 뛰어나다. 물론, 어휘력과 글 쓰는 기교의 측면에서 정치 부문의 기사를 참조하는 것도 추천할 수 있으나 우선 논술을 위해서는 생각의 발전과 논리적 연결을 함양해볼 수 있는 경제 기사를 반드시 접하는 노력이 필요하다.

⑤ 경제 기사를 효과적으로 읽는 또 다른 방법으로는 한 기사에 많은 시간을 할애하지 않는 것이다. 경제 기사는 일정부분의 실제적 수치나 결과물과 이에 관계된 이론을 담고 있다. 이러한 기사는 그 분량이 짧게는 십수 줄에서 길게는 서너 단락까지 다양한데 많은 시간을 할애하여 천천히 읽을수록 오히려 큰 흐름을 읽기는 어려워진다. 그러므로 속독의 형태로 두어 번 읽어 주는 것이 경제 기사를 읽고 그 기사가 담고 있는 핵심을 파악하는데 유리하다. 경제 기사는 외우기 위해 읽는 것이 아니다. 지면의 수치들과 이름들은 망각될 수 있다. 그러나 그 핵심이 마음에 남아 머리에서 상식으로 전환되도록 자주 접해줄 필요가 있다. 그래야 경제 기사를 눈으로 '본' 것이 아닌 '읽은' 것이 된다.

CHAPTER

# 02 금융권 경제논술 해제

## 1 경제논술

영어점수와 학점만으로 취직하는 시대는 지났다. 금융권 취업을 준비하는 사람이면 전공지식을 기반으로 한 각종 자격증들과 경제경영 기본상식을 체크하는 매경TEST와 한경TESAT 시험들과 함께 반드시 준비해야 할 것으로 경제논술이 있다. 경제논술은 가벼운 도식과 말로 논리 전개하는 구술식부터 A4 2장(200자 원고지 10장 ; 2,000자)내외로 주어진 주제에 대한 생각을 글로 표현하는 서술형으로 이루어져 있다. 이미 유수[有數]의 컨설팅회사, 대기업 경영전략부서, 시중은행, 외국증권사, 금융감독원, 한국은행, 각종 금융공기업 등에 취업 시 2차 면접,시험으로서 경제논술을 보고 있다. 자체 전공시험이 있는 기업부터, 별도의 전공시험이 없는 기업들 모두에까지 경제논술이 취업 시 작용하는 비중이 커지고 있다. 이는 각종 자격증, 높은 영어성적 등을 갖춘 고스펙 지원자들이 많아지는 금융권 취업추세에서 경제·경영분야의 중요한 이슈들과 현재 당면한 시사적 문제점들을 전공지식과 논리력을 바탕으로 풀어낼 수 있는 지원자를 가려내려는 작업으로 판단된다. 단순한 법칙과 공식 암기에서 벗어나 경제이론, 경영전략 등에 있어서 배운 전공을 제대로 숙지하고 논리적으로 연결시킬 수 있는가가 경제논술의 핵심이다.

## 2 경제논술과 일반논술의 차이점

대학교 입학 시부터 학창시절 작성하던 과제 리포트와 일반적인 취업논술까지 논술은 생각보다 우리 주변 가까운 곳에 항상 자리하고 있다. 일반적으로 논술은 다양한 사회적 주제들에 대해 자신의 의견을 표현하고 그 주장을 뒷받침하는 증거, 자료 들을 제시함으로써 자신의 주장에 설득력을 실어주는 것이 그 핵심이다. '논술'이라는 단어에서 중압감을 받는 많은 사람들은 자신의 글 솜씨와 글 쓰는 수고스러움에 지레 겁먹고 논술을 부담스러워 한다. 논술의 특성상 정답이 있는 문제들을 정해진 풀이과정에 맞게 풀어내는 지를 보는 것이 아니라는 점에서 맞고, 틀림의 극단성이 주는 부담감은 덜 수 있으나 주장을 펴는데 익숙지 않거나 주장의 근거가 빈약한 경우 공허한 외침이나 궤변으로 전락하기 쉬운 어려움을 지니고 있다. '경제논술'이라는 이름에서 보이듯 주제가 경제·경영 쪽에 초점이 맞추어져있다. 자신의 주장을 펼쳐야 할 주제 자체가 경제·경영·시사 적인 문제라는 것이다. 경제·경영이라는 것이 우리가 접하는 사회의 일부라는 점에서 그것들이 던지는 문제들은 신문에서 접하듯 익숙하게 다가올 수 있으나 다양한 경제적 사건에 대해 경영·경제학적 배경 이론들을 사용하여 주장을 뒷받침하고 글의 흐름을 끌어내야하기 때문에 이러한 주제로 논술·구술을 해야 하는 대비생 입장에서는 여간 부담스럽지 않을 수 없다. 경제·경영 쪽 공부를 하고 다수의 문제들을 접한 수험생, 취업준비생 들도 각론적 지식들을 연결하여 자신의 논지에 맞게 배치하는 작업에서 상당한 어려움을 느낀다. '경제논술' 역시 논술이므로 일반적인 논술과 크게 다를 바 없으나 몇 가지 점에서 꼭 짚고 넘어가야 할 차이점이 있다.

일반논술과 달리 경제논술이 가지는 첫 번째 차이점은 경제논술은 도덕적, 가치관적 찬반 논란과 다소 거리가 있으므로, 최대한 감정적인 논리전개를 배제해야 한다는 것이다. 무상급식과 같은 것이 주요 예인데 일반적으로 무상급식 찬반 논쟁을 하는 경우 무상급식의 비용부담 측면과 저소득층 학생들의 복지적 측면을 반드시 언급해야 하겠지만 경제 논술적 측면에서는 복지수준 향상, 가치관 과 같이 측정이나 이론적 받침이 어렵고 추상적인 개념보다 공리주의나 역차별 문제, 국가의 보조금 지급에서 생기는 사중손실(deadweight loss) 등을 고려해주어야 좋은 글쓰기가 되는 것이다. 존재여부조차 논란의 여지가 있는 막연한 책임감이나 도덕적 의제의무 등을 주장하거나 주장의 근거로 삼아서도 안 된다. 10장~20장 분량의 에세이를 작성하거나 일기장을 쓰는 것이 아닌 만큼 주어진 주제의 핵심을 파악하고 자신의 방향성을 정하여 적절한 인용을 통해 논술 답안을 작성하여야 한다.

일반논술과 달리 경제논술이 가지는 두 번째 차이점은 경제논술은 그 문제에 대한 자신의 주장을 뒷받침할 때 반드시 이론과 법칙들을 논리적으로 연결하여 사용하여야 한다는 점이다. 예를 들어, 러시아가 채무지불 유예(모라토리엄)선언이 우리나라 경제에 미치는 영향을 분석하는 문제의 경우 단순히 러시아는 세계 강대국 중 하나인데 경제가 어려워져서 빚을 갚을 수 없게 되었으므로 빚을 갚지 못한다는 점에서 우리나라도 빚을 갚지 못하는 영향이 파급되어 올 것이라고 주장한다면 너무 막연하고 신빙성이 없다. 적어도 세계 12위의 러시아의 경제규모와 러시아의 모라토리엄이 불러오는 신용경색이 전 세계 자금시장에 주는 영향도 주장의 배경으로 언급해줘야 한다. 자신의 주장이라는 큰 그림을 그리기 위해서 경제적 이론들에 기반을 둔 작은 연결고리들을 생각하고 이어나가야 한다. 어떠한 사건이 주는 느낌으로만 그 효과를 분석하는 것은 무모하다. 논술에서 정해진 답은 없으므로 자신의 주장이 옳은가에 신경을 쏟는 것은 바람직하지 않다. 오히려 작은 연결고리들로 큰 논리적 흐름을 구성하기 위해 노력하는 과정같이, 자신의 주장을 옳게 만들기 위해 증명하는 데 신경을 쏟아야 한다. 이러한 활동은 마치 우리가 접하는 모든 겉모습과 사건들을 시계가 시간을 표현해주는 것이라 비유면 시침과 분침이 돌아가는 그 배경이 되는 시계속의 태엽(무브먼트)을 탐구하는 것과 같다. 겉모습에서는 확연히 드러나지 않는 막후의 논리구조에 집중해야 경제논술을 잘 쓸 수 있다.

논술을 하는데 정해진 구도나 표현 기법이 있는 것은 아니므로 경제적 법칙의 인용 시 본인의 문체와 논지와의 연결성을 고려하여 원하는 곳에 배치할 수 있다. 몇 개의 개념들을 인용해야 하는지도 글 쓰는 이의 선택이다. 그러나 일반적으로 논술에서 정해진 분량 (예를 들어 2000자 내외)이 있는 경우 선호되는 구도와 그 구도에서 효과적인 전개방법이 존재한다. 경제논술에 초점을 맞추어 좋은 경제논술 쓰는 법을 살펴보자.

## (1) 경제논술 분류

일반논술에서 다소 특화된 경제논술의 핵심을 정리해보면, 첫째 추상적 표현과 모호한 도덕적 기준 등의 사용은 최대한 자제해야 한다. 둘째로 인용을 통해 본인의 논지를 뒷받침 할 때 그 인용 각론들이 최대한 유기적으로 잘 어우러져서 매끄러운 논리흐름을 갖도록 주의해야 한다.

경제논술은 과연 그 주제의 범위가 어떻게 될까? 경제논술의 주제를 분류하는 것은 복잡한 사고를 요한다. 왜냐하면 경제논술의 문제 형태에 따라서, 문제 난이도에 따라서 그 주제가 품고 있는 핵심개념의 범주가 변화할 수 있기 때문이다. 주제는 시사적 포괄성을 가진 개론적 형태로 주어질 수도 있고 일련의 사건에 대한 각론적 해석을 요구할 수도 있다. 주제가 자세하고 각론적일수록 핵심개념의 탐색과정이 비교적 쉬우나 정확한 논리구조전개에 신경을 많이 써야 하는 어려움이 있고 주제가 포괄적일 수록 핵심개념의 탐색이 어려워 글의 방향성을 잡기 어려워 글의 집중도가 떨어지는 경향이 있다.

예를 들어, 한미 간 FTA의 효과를 논하거나 러시아의 모라토리엄(채무이행유예) 선언이 우리나라에 미치는 영향을 해설하는 것과 주제는 매우 시사적이고 포괄적인 주제에 포함되는데 이들은 핵심개념에 관해 다양한 접근각을 가지고 있다. 고용시장의 변화를 생산함수 측면에서 보아 노동의 수요·공급 변화와 자본의 수요·공급 변화로 접근할 수도 있고 동시에 관세철폐에 따른 수입확대, 수출확대 등에 의한 교역조건 변화와 소비자·공급자 잉여 변화로 접근할 수도 있다. 또한 거시경제적으로 우리나라 GDP의 변화 예측이나 산업별 경쟁구도 변화, 비교우위 무역론 등의 개념을 접목시킬 수도 있다. 유동성 확대와 신용위험 측면에서 문제를 해석할 수도 있다. 이렇게 다양한 접근을 선택적으로 사용할 수 있기 때문에 포괄적 주제가 주어진 경우 경제논술에서 서론 부분의 방향성을 잡는 것이 중요하다. 자칫하면 생산측면의 노동·실업률을 언급하다가 갑자기 거시경제의 교역조건이 언급되는 등 중구난방이 되기 쉽기 때문이다. 다행인 점은 경제논술은 논문을 작성하는 것이 아니기에 포괄적 주제 해석에 인용할 법칙, 개념들의 선택과 배열에 자유도가 높고 그 인용 자료들 간의 견련성도 덜 엄격하게 제어된다.

포괄적 주제가 아닌 각론적 주제가 제시되는 경우에는 위와는 달리 핵심개념 접근 방향성 설정에 대한 고민은 줄어들게 된다. 대신, 논리전개의 자유도가 줄어드는 만큼 인용들 간에 적절한 구도 형성과 일련의 일관성 있는 흐름이 요구된다. 그러한 논리전개 흐름의 현실설명력을 높이는 것이 각론적 주제 논술에서 매우 중요하다. 예를 들어, 최근 미국의 2차 양적완화정책(QE2)의 효과에 대한 주제가 주어진 경우 폴 크루그먼 프린스턴대 교수와 니얼 퍼거슨 하버드대 교수 간 첨예한 의견 대립으로 표방되는 케인즈 학파와 고전학파의 경제 해석의 차이와 차이의 원인 등을 나열해 주어야 한다. 글 쓰는 여유가 있다면 한쪽 학파를 옹호하는 논술법도 가능하지만 그러한 경우에도 반대 학파의 가치관에 대한 언급은 반드시 필요하다.

경제논술은 그 주제의 방향에 따라 FTA의 효과를 묻는 질문처럼 넓은 시각으로 시사적인 사안을 묻는 유형과 위안화절상문제, 유로화가 지닌 문제점 같이 국가 경제적 관점으로 미시·거시적 현안에 대한 경제학적 사안을 묻는 유형, 그리고 M&A전략, 대리인문제, 블루오션 전략 등 기업을 둘러싼 환경의 변화와 기업 경영전략을 묻는 유형으로 크게 나뉜다. 물론 경제와 경영적 문제를 별개의 각론으로 취급할 수는 없다. 모두 유기적으로 연결되어 우리 사회를 구성하고 있기 때문이다. 그러나 경제논술의 목적상 항상 주어지는 주제마다 그 주제가 요구하는 핵심개념이 있으며 이 핵심개념과 그 개념을 풀어내는 논리구조를 바탕으로 문제의 유형을 구별할 수 있는 것이다. 위 내용을 정리한 도표는 아래와 같다.

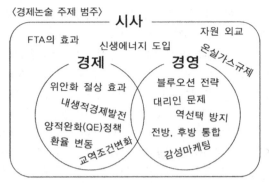

〈경제논술 주제 범주〉

위의 도표에서 각 유형별 핵심 주제들의 분류 예시를 간단히 살펴볼 수 있다. 제시문을 주고 소문항들을 제시하는 문제의 경우 경제와 경영적 핵심 사안을 모두 물어볼 수도 있으며 사회 경제학적 사안들이 국가경제와 기업경영과 모두 연관되어 있기 때문에 위의 예시 주제조차도 질문의 난이도에 따라 범주는 다소 변동될 수 있다.

## (2) 경제논술 잘 쓰는 법

경제논술을 잘 쓰는 첫걸음은 주어진 주제를 정확히 파악하는 것이다. 이미 경제논술과 일반논술의 차이를 살펴볼 때 언급하였지만 경제논술의 주제 자체는 생각보다 친숙하다. 그러나 그 주제의 친숙함과는 다르게 그 막후에 숨겨진 논리전개를 찾는 것은 어렵다. 이러한 논리전개 방향을 잘 잡기 위해서는 주제를 접하고 그 주제를 큰 범주별로 구별해야 한다. 주어진 제시문이 있다면 제시문을 읽고 그 제시문과 주제의 핵심이 포괄적이고 시사적인 접근인지 아니면 경제학적인 접근인지 경영학적인 접근인지 아니면 그것들을 모두 물어보고 있는지를 먼저 파악하는 것이 중요하다. 세 가지 유형마다 각자 논리구조 전개 방법과 인용 분야가 다소 다르기 때문이다. 관세율 하락의 효과나 공개시장조작 등의 주제를 전개할 때 기업 통합전략이나 신규마케팅 전략 등을 언급하고 인용하는 것이 글을 엉망으로 만들 수 있음은 굳이 강조하지 않아도 될 것이다.

문제 파악과 분류를 마쳤으면 그 다음단계로 유기적인 논리전개를 해야 하는데, 이때에는 그동안 학습해온 내용을 바탕으로 서너 단계의 인과관계를 구상한다. 논리 연결이 과도하게 많아질 수 록 그 연결사이의 견련성이 약화될 수 있고 현실 설명력이 떨어질 수 있다. 또한 단순하게 이단 논법을 사용하여 ~이므로 ~이다. 라는 논지로만 논술을 구성하는 것은 논증이 빈약하고 무성의해 보일 수 있으므로 피해야 한다. 파급효과들의 구성을 마쳤다면 각 논리연결 단계마다 그 연결을 뒷받침할 법칙이나 사례들을 찾아야 한다. 이 경우 주어진 사회적 현상에 대한 기존의 이론적 해석이나 이론적으로 해석된 전례들을 인용하는 방법이 사용되는데 경제논술에 주로 사용되는 인용의 예를 보면 다음과 같다. 외부효과(네트워크 효과), 코즈의 정리, 무임승차 문제, 가치재, 공유지의 비극, 정부실패, 공리주의, 경제적지대, 신호이론, 정보비대칭, 내생적 성장모형, 성장회계분석, 총요소생산성, 구축효과, 통화승수, 효율적시장가설, 대부자금설, 필립스곡선, 화폐수량설, 피셔효과, 메츨러의 역설, 교역조건, 수입할당제, 구상무역, 사중손실, 신보호무역주의, 구매력평가설, 이자율평가설, 트리핀의 딜레마, 캐리트레이드, 한계소비성향, 래퍼곡선, 토빈의 q, 톱니효과, 전시효과, 총수요곡선의 자산효과, 이자율효과, 제품 간 대체효과, 소득효과, 메뉴비용, 스태그플레이션, 경기지수, 립스틱효과, 재할인율 정책, 지급준비율 정책, 공개시장조작, 공급충격, 재정정책의 시차 등의 경제학적 관점들을 도입하여 자신의 주장을 뒷받침 할 수 있다.

마지막으로 중요한 것은 법칙들을 인용할 때 단순히 정의의 나열이나 끼워 맞추기 식의 배열은 전혀 도움이 되지 않으므로 주의하여야 한다. 수개의 경제학적 개념들을 단순히 나열하는 것은 오히려 글의 흐름을 방해하고 원하는 인용의 효과를 얻어낼 수 없게 된다. 적은 수의 인용을 하더라도 논지에 알맞은 분석의 틀로서 적용하는 것이 제일 중요하다. 인용 법칙과 설명하고자 하는 현실적 사안을 유기적으로 연결하여 현실 설명력을 높이는 글쓰기를 하여야 한다. 그리고 그 법칙의 현실적 한계와 기타 변수들의 영향도 언급해 주는 것이 좋다. 법칙들이 현실을 완벽하게 설명하지는 못하기 때문에 그 법칙이 갖는 가정과 관련된 내용들도 언급해주어야 좋은 경제논술이 될 수 있다. 수치의 인용 시에도 논술에서 소수점 둘째자리까지의 정확도를 요구한다던지 하는 일은 없으므로 펼치고자 하는 주장에 일부로서 수치를 사용하는 것이 좋다. 물론 터무니없는 숫자를 사용하는 것은 안되겠지만 합리적인 수준에서 숫자는 보조적으로만 사용하면 된다. 중국의 경제성장률이 8.9% 인지 8.5%인지는 논술에서 크게 중요하지 않다. 이런 경우 '약 8%의 경제성장을 유지하던' 이라는 문구로도 충분히 원하는 효과를 거둘 수 있으므로 숫자의 정확성에 너무 매달리지 않도록 한다. 결국 평소에 경제 경영에 관한 이론지식과 시사상식들을 많이 알고 이에 대한 단순암기를 넘어서서 이해도를 높여놓는 것이 경제논술 잘 쓰는 법의 핵심이라 볼 수 있다.

## 4 경제논술 논제들

① 사이드카와 서킷브레이커의 차이점에 대해서 약술하시오.

② 상평통보의 도입배경과 그 영향에 대해서 쓰시오.

③ 동북공정에 대해 쓰고 자신의 의견을 쓰시오.

④ 이스라엘의 요즈마펀드에 대한 고찰 및 시사점에 대해 쓰시오.

⑤ 갈라파고스 신드롬의 개념에 대해 설명하시오.

⑥ p2p대출 개념에 대해 설명하시오.

⑦ 코리보(KORIBOR) 개념에 대해 설명하시오.

⑧ 슈퍼노트 개념에 대해 설명하시오.

⑨ 민간 소비부진의 원인과 이러한 현상이 중소기업과 은행에 미치는 영향에 대하여 논하시오.

⑩ 금융기관에서 SNS서비스를 도입함으로써 얻을 수 있는 효과와 이를 활용한 마케팅이 수익으로 연결되기 위한 방안에 대하여 논하시오.

⑪ 중소기업의 해외진출에 따르는 애로사항과 이에 대한 은행의 역할에 대하여 논하시오.

⑫ 세계적으로 재정건전성을 강화하는 가운데, 대선을 앞두고 지속가능한 복지정책을 이어가기 위한 방법을 논하시오.

⑬ 최근 국제유가가 배럴당 120달러를 상회하며 세계경제 회복에 대한 전망을 위협하고 있는데, 최근 국제유가 상승의 원인과 국내외 경제의 금융과 실물 측면에서 각각 논하시오.

⑭ 최근 일본정부의 엔고저지에도 불구하고 유럽재정위기 우려가 재확대 되면서 엔고현상이 다시 나타나고 있는데, 엔고현상이 지속될 경우 우리경제에 미칠 영향에 대해 논하시오.

⑮ 금융위기 이후 정치권을 중심으로 투기거래 억제와 세수증대를 목적으로 파생상품의 거래세 도입 필요성 등이 논의되고 있다. 금융거래에 대한 세금이 현재보다 확대될 경우, 금융시장 및 금융기관에 미칠 영향에 대해 논하시오.

⑯ 인터넷과 미디어의 보급이 전 세계적으로 확대된 가운데, 세계적으로 한류문화가 급속히 퍼져나가고 있는데, 이러한 한류열풍을 기업이 어떻게 활용할 수 있는지 논하시오.

⑰ 2019년 도입예정인 바젤3 등으로 위험가중치가 낮은 자산으로의 편중이 심화될 가능성이 대두하고 있는데, 이에 따른 금융산업을 포함한 국내경제의 영향에 대해 논하시오.

⑱ 고성장·고수익을 창출할 수 있는 투자 대상인 신흥국에 대한 리스크 평가 및 대응전략에 대해 논하시오.

⑲ 글로벌 기업들의 재무관리에 있어 중요시되는 자금조달의 다각화 및 재무적 유연성에 대해 논하시오.

⑳ 은행의 가계대출 연체율과 부실채권 비율이 상승하는 가운데, 연체 초기 단계에서 프리워크아웃 및 개인회생을 신청하는 사람들이 증가하고 있다. 신정부 가계부채 관련 대책이 효과적으로 작용하기 위한 방법에 대해 논하시오.

# 기출 논제 및 예시답안

**논제 ❶**

농협의 상생마케팅에 관하여 서술하고, 상생마케팅 지속 방안을 제시하시오.

〈개요 작성〉

# 논술 시험 답안지

수험번호 _____          성명 _____

## ※ 상생마케팅 (기증마케팅)

- 신 시장의 창출을 위해 일반 사용자들에게 혜택을 주면서 기업의 수익성 또한 동시에 추구하는 마케팅 기법을 의미한다.
- 소비자 및 기업 모두에게 이익이 되므로 이를 '상생마케팅'이라고 한다.

## ※ 농협의 상생 마케팅 흐름도

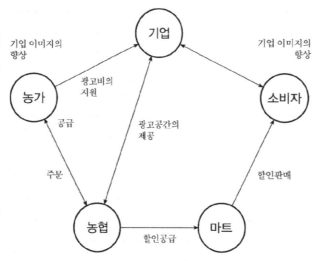

- 농협의 경우에는 농가에 주문을 하게 되고 농가는 농산물을 공급해 주게 된다.
- 통상적으로 공급을 받은 농산물을 여러 마트에 다시 공급을 하고 대형 및 중소마트는 소비자들에게 시장가격으로 판매를 하게 된다.
- 풍년이 들었을 시에는 공급과잉의 문제로 인해 힘들여 재배한 농산물들을 팔 수가 없게 되어 손해를 보게 된다.
- 하지만 이러한 상황에서 기업 조직이 참여하게 되면서 이런 문제들을 해결하게 된다.
- 기업이 농협에 광고비를 지원해 주게 되고, 농협은 해당 농가에 더욱 더 많은 공급을 요청할 수 있게 된다.
- 그로 인해 농가로서는 처리가 불가능하여 폐기처분할 수밖에 없는 농산물을 모두 판매할 수 있게 되며, 농협 또한 광고비의 지원으로 인해 마트에 할인공급이 가능해지게 된다.
- 결국, 소비자들로서는 더욱 저렴한 가격으로 농산물의 구입이 가능해지게 되는 것이다.
- 정리하면, 소비자들은 소비를 늘리게 되며 해당 수요가 증폭함으로써 농가 및 마트, 소비자 모두가 서로 이익을 얻게 되는 것이다.

- 이렇듯 기업 조직이 하게 되는 광고비의 지원은 해당 기업의 이미지 향상에 기여하게 되는 것이다.
- 기업 조직의 좋은 이미지는 다른 그 어떤 요소보다도 자사의 이익을 높이는데 상당히 중요한 역할을 하게 된다.
- 상생마케팅을 통해 전체 농산물 제품 표면(본 농산물을 xx기업에서 제공 및 후원합니다 등)에 해당 기업의 착한 이미지를 실어 광고를 하게 된다.
- 그럼으로써 제품을 구입하는 소비자들은 농산물을 구입할 때마다 xx기업에 대한 좋은 이미지를 가지게 되고 기업의 경우에는 농산물에 자사를 광고하게 되어 많은 수익을 올릴 수 있게 되는 것이다.

※ 농협의 상생마케팅 스티커 부착 모습

## 농협의 상생마케팅

농협이 추진 중에 있는 '상생마케팅'은 기업 조직의 후원으로 인해 농산물의 물가 민감 품목의 가격안정 및 소비자들의 소비촉진을 통해서 생산자는 제품에 대해 제 값을 받고, 소비자의 입장에서는 저렴한 값에 구입하며, 기업 조직은 '상생' 이미지를 제고하는 이른바 생산자 – 소비자 – 기업 조직의 상생 협력 마케팅이다.

농협의 경우에는 기업 조직 및 제품광고의 문구, 할인금액 등의 내용을 담은 스티커를 해당 제작 농산물에 부착하게 되면 기업 조직은 농산물 광고로 인한 이미지의 제고 및 제품의 홍보 등에 활용하는 한편 소비자들은 인하된 가격으로 필요로 하는 농산물을 구매하게 되는 방식이다.

농협에 의하면 '상생마케팅'의 운영에 앞서서 기업 조직은 자사의 이미지 광고, 브랜드 광고, 사회적 기부 등의 광고 내용에 대한 주제 선정을 하고, 품목은 계절 농산물 중에서 가격 진폭이 큰 소비자 민감 품목 등을 대상으로 농협과 후원사가 서로 상호 협의 하에 결정하게 된다.

## 상생마케팅 지속 방안

① 각 지역 또는 농가의 우수한 관광자원과의 연계 홍보 및 상품의 개발

② 각 기관 인터넷 및 홍보물 등에 관광 상품 및 축제 등의 대형행사 상호게제 및 홍보

③ 공동 홍보물의 제작 및 광고

④ 관계자를 대상으로 한 팸 투어 및 일반인 대상 모니터 투어의 실시

⑤ 기타 공동 상생발전을 위한 협력사항 등의 사업에 대해서 공동 추진 및 협력 등을 통해서 패키지 관광개발 사업을 공동으로 추진하고 지역축제발전을 위한 노력의 경주

**논제 ❷**

저금리 기조가 유지되고 있는 가운데 은행은 전통적 예대마진에서 벗어나 비이자 비즈니스로 진출해야 한다는 의견이 나오고 있다. 이에 대한 자신의 생각을 서술하시오.

〈개요 작성〉

## 논술 시험 답안지

수험번호_____                              성명_____

## ※ 비이자 수익모델

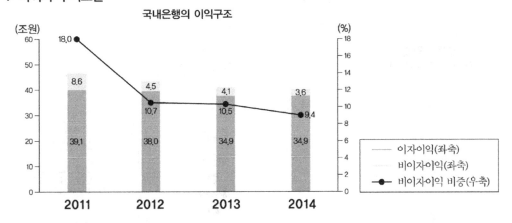

국내은행의 이익구조

## ※ 순이자마진(NIM ; Net Interest Margin)

은행 등 금융기관이 자산을 운용해 낸 수익에서 조달비용을 뺀 나머지를 운용자산 총액으로 나눈 수치로 금융기관 수익성을 나타내는 지표를 말한다.

## ※ 은행의 이자이익과 비이자이익

| 구분 | | 내용 |
|------|------|------|
| 이자이익 | | 예금과 대출 금리의 차이로 인해 발생하는 이익 |
| 비이자이익 | 수수료 이익 | 송금, ATM기기, 펀드, 방카슈랑스, 카드 등에서 나오는 각종 수수료 이익 |
| | 외환파생 관련이익 | 외한 관련 이익 |
| | 유가증권이익 | 주식 · 채권 투자 등과 관련한 유가증권 관련 이익 |
| | 신탁관련이익 | 고객의 자산을 위탁받아 대신 운용하면서 받는 이익 |

## ※ 총자산순이익률(ROA)

기업의 일정기간 순이익을 자산총액으로 나누어 계산한 수치로, 특정기업이 자산을 얼마나 효율적으로 운용했느냐를 나타낸 지표이다.

## ※ ROA 구성

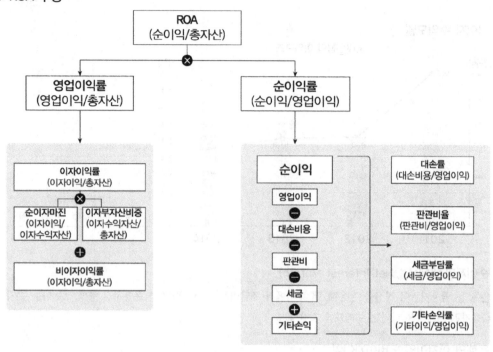

## ※ 예대마진

예금과 대출의 차이란 뜻으로 예금금리와 대출금리의 차이로 얻는 이익을 말한다. 예대마진은 전통적인 은행의 수익 분야로 예금자에게 예금금리를 3%를 지급하고, 대출을 하러 온 대출자에게 대출금리를 10%를 받는다면 7%의 차액인 즉 예대마진이 발생한다.

## ※ 뉴노멀

2008년 글로벌 경제위기 이후에 부상한 새로운 경제질서를 일컫는 용어로 과거를 반성하고 새로운 질서를 모색하는 시점에 자주 등장하는 단어이다.

우리나라의 은행은 전통적으로 예대마진으로 수익을 내는 구조이다. 그러나 현재처럼 은행이 단순히 전통적인 예대금리차에 의존하여 이자이익만 추구한다면 매우 힘든 상황을 겪게 될 것이다. 왜냐하면 지금은 경제의 변화 흐름에 따른 새로운 기준인 이른바 '뉴노멀 시대'에 돌입한 상태이기 때문이다.

현재의 뉴노멀은 한마디로 '저금리'다. 저금리가 지속되면 은행의 경우 전통적인 수익원인 예금과 대출 금리차에 따른 수익에 빨간불이 켜진다. 그 이유는 기준금리 인하로 예금과 대출금리차가 줄어들어 순이자마진(NIM)이 줄어들기 때문이다. 순이자마진은 은행 등 금융기관이 자산을 운용해 낸 수익에서 조달비용을 뺀 나머지를 운용자산 총액으로 나눈 수치로 금융기관 수익성을 나타내는 지표인데 순이자마진이 줄어들면 당연히 이자이익 감소가 나타난다.

경기침체로 저금리 시대에 잠재성장률 둔화는 은행간 경쟁 심화로 나타난다. 이런 시기에 은행은 국내시장에서 자산성장에 한계에 부딪힐 수밖에 없다. 따라서 뉴노멀 시대 은행들의 생존과 발전을 위해서 새로운 방식의 장기적인 비이자이익중심 구조로의 변화가 필요한 시점이다.

2014년 금융감독원이 발표한 자료에 따르면 농협은행의 지난해 3분기말 이자이익 비중은 100.5%를 기록했다. 이는 이자이익과 비이자이익을 합친 총이익 가운데 이자이익 비중을 구한 것으로 100%를 넘었다는 것은 비이자이익이 손실을 기록했다는 것을 의미한다.

앞서 말한 것처럼 저금리 시대에서 이자이익만으로는 순이자마진(NIM)이 줄어들기 때문에 이를 상쇄할 비이자이익 모델은 필수적이다. 비이자이익이 높은 비중을 차지하는 미국의 상업은행들의 총자산수익률을 따져보면 그 이유를 알 수 있다.

미국 상업은행 총자산순이익률(ROA)은 2.56%이며, 우리나라 은행의 총자산순이익률은 외국 은행에 비해 현저히 낮은 0.53%로 1/5 수준에 불과하며, 수익성에서 극명한 대비를 보여준다.

지금과 같은 저금리 시대에서는 대출자산 성장에 따른 이익증대 효과가 낮아 이자이익 확대를 통한 수익성 개선이 어렵기 때문에 비이자 이익 증대를 통해 은행의 총자산이익률(ROA)을 개선하는 노력이 필요하다. 이를 위해서는 은행 수수료와 펀드 및 방카슈랑스 판매 수수료 등을 인상할 수 있는 유인책을 마련하는 것이 우선시 되어야 한다. 은행 수수료는 특성상 경제주체들의 기본적인 경제활동 과정과 연계된 금융거래로부터 필수적으로 파생된다. 즉 경기변동에 따른 은행 전체 수익의 변동성을 완충하는 데 적합한 최적의 비이자이익 구조를 가지기 때문에 이를 높여 수익의 다각화를 모색해야 한다.

또한 복합점포·프라이빗뱅킹서비스(PB) 등을 통해 비이자 이익 확대 등도 연구해보아야 한다. 다만, 무조건적인 비이자수익 창출보단 해당 은행의 전체적인 성장성과 수익안정성 등을 고려하고 비이자비즈니스의 세부 구성과 구성 요소별 규모의 적정성을 평가하여 올바른 전략을 도출하여야 할 것이다.

## 논제 ❸

영유아, 청소년, 대학생, 사회 초년생에 따른 농협의 전략은 무엇인지 서술하시오.

〈개요 작성〉

수험번호_____          성명_____

## ※ 제품수명주기(Product Life Cycle)

제품도 사람과 마찬가지로 처음 태어날 때부터 죽을 때까지 일련의 단계를 거치게 되는데, 이러한 과정을 제품수명주기(Product Life Cycle)라 한다. 보통, 제품이 시장에 처음 출시되는 도입기→본격적으로 매출이 증가하는 성장기→매출액 증가율이 감소하기 시작하는 성숙기→매출액이 급격히 감소하여 더 이상의 제품으로 기능을 하지 못하는 쇠퇴기로 이루어진다. 이들 각각 단계마다 다른 전략들을 적용해야 하며, 일반적으로 마케팅관리자는 제품수명주기가 마케팅 전략의 개발에 있어 차지하는 전략적 의미와 중요성을 반드시 인식하고 있어야 한다. 제품수명주기는 제품의 단계에 따른 발전과정을 가늠함으로써, 마케팅 계획을 수립하는데 있어 중요한 기준점이 되고 있다.

## ※ 제품수명주기와 생애주기 비교

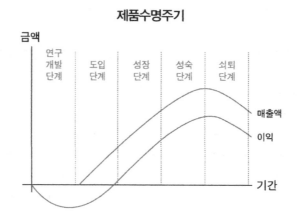

제품수명주기

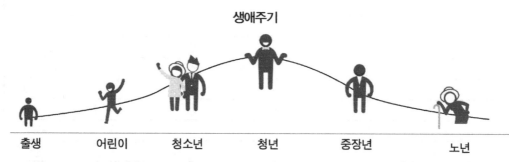

생애주기

| 라이프<br>사이클 | 영유아기 | 청소년기 | 청년기 | 중장년기 | 노후생활기 |
|---|---|---|---|---|---|
| 필요자금 | 예방접종 및<br>보건예방<br>교육자금<br>보육시설자금 | 교육자금 | 교육자금<br>유학자금<br>취업자금<br>결혼준비자금 | 자녀교육자금<br>자녀결혼자금 | 기본생활자금<br>노후생활자금 |

인간은 영유아기를 거쳐 아동기기→청소년기→청년기→장년기→중년기→노년기를 거치게 된다. 이처럼 우리 인생은 단기간에 끝나는 것이 아니라 수십 년의 세월 동안 연속적인 과정이며 끊임없이 변화하는 인생의 긴 여정을 거치게 되는데 이를 '생애주기'라 부른다.

인간은 생애주기별로 소득과 지출이 달라지는 특성이 있다. 또한 소비는 평생에 걸쳐 필요하지만, 소득은 생애의 일정 기간 동안에만 발생하기 때문에 각 시기별로 필요한 자금을 마련하려면 장기적인 관점에서 수입과 지출을 관리하는 '생애주기적 재무관리'가 필요하다.

전 생애에 걸쳐 경제적으로 안정된 삶을 누리기 위해서는 인생의 각 단계에서 직면할 수 있는 여러 금융문제에 대비해 미리 계획을 세우고, 현명한 의사결정을 내릴 줄 알아야 한다.

우선 영·유아기에는 출산비를 비롯하여 아이의 예방접종과 각종 의료비 지출처럼 양육비에 대한 소유가 늘어나는 시점이다 따라서 이 시기는 아동기 골절과 화상, 출생적 위험이 크기 때문에 이에 관련한 보험이나 양육자금에 대한 대출상품 등이 필요하다고 볼 수 있다. 또한 영유아기는 앞으로 있게 될 자녀의 청소년기에 필요한 자금을 미리 대비할 수 있는 시기이기 때문에 이에 관련한 적금 등의 상품도 함께 이어야 할 것이다.

청소년기에는 학원과 같은 교육자금에 대한 비중이 높으므로 이에 대비한 교육자금 마련 대출의 상품이 적절하며, 높은 대학 등록금 마련을 위한 대학등록금 마련 예·적금을 마련해야 한다.

청년기는 대학 등록금, 유학자금, 취업 소요 자금, 결혼 마련 자금 등 각종 학자금과 결혼에 대한 자금 소요가 많아지는 시기이다. 따라서 저렴한 금리의 학자금 대출, 유학 자금 대출, 결혼자금마련 저축 등의 상품이 필요하다.

무엇보다 가족이 소유하고 있는 경제적 자원을 보다 효율적으로 사용할 수 있도록 사전에 준비 또는 계획하여 실행하기 위해서는 경제적으로 여유가 있는 시기에는 지출이 많을 시기를 대비하여 적절한 목표를 세우는 지혜가 필요할 것이다.

# 농협 논술 기출문제

1 2020년도 하반기 논술 기출문제

〈농협 계열사 공통 논제〉

1. 6차 산업에 대비하여 농협이 나아갈 방향에 대해 논하시오.

〈농협 계열사 택1〉

1. 블록체인에 대한 향후 전망에 대해 논하시오.
2. 로컬푸드 직매장 활성화 방안에 대해 논하시오.

〈농협은행〉

1. 농가소득 증진 외에 농업의 공익적 가치도 대두되고 있다. 농협이 현재 시행하고 있는 방안들을 발전시켜 공익적 가치를 실현시킬 수 있는 방안을 제시해 보시오.
2. R의 공포 및 그로 인해 파생되는 경제상황 변동과 실물경제의 흐름을 논술하시오.
3. 블록체인에 대해 설명하고, 블록체인이 가지고 있는 문제점을 보완하여 활용할 수 있는 방안을 제시하시오.

〈농협중앙회 논술 택1〉

1. 농협이 빅데이터를 활용해야 하는 이유를 밝히고, 어떻게 수집하고 활용할 것이며 궁극적으로 농가소득 5천만 원 달성에 어떻게 도움을 줄 수 있을지 서술하시오.

2. 양적완화와 같은 통화정책의 예를 들고 어떤 파급효과를 불러오는지에 대해 서술하시오.

〈농협경제지주 공통 논술〉

하나로유통은 1인 가구의 증가로 인해 편의점사업을 직영점 형식으로 추진 중이다. 또한 국산농산물을 재료로 하는 가정 간편식도 선보일 예정이다. 농협경제지주는 편의점사업을 하지 않고 기존의 편의점과 협업하여 농산물유통사업, 농산물 배송사업 등을 추진 중이다. 이들 각각의 계열사가 하고 있는 사업의 장단점과 발전방향에 대해 서술하시오.

〈농협중앙회 논술 택1〉

1. 농가소득과 농민의 소득보전에 대해 서술하시오.

2. 금융지주로서 농협의 역할에 대해 서술하시오.

3. Digital twin에 대해 설명하고 농협의 활용방향에 대해 서술하시오.

〈농협하나로유통 논술 택1〉

1. 반농반X라고 하는 본업을 가지고 귀농하는 새로운 풍토에 대해 설명하고 이와 관련된 문제점에 대해 서술하시오.
2. 농협 하나로미니(편의점형 매장)의 발전방향에 대해 서술하시오.

1. 「금융지주회사법」 도입에 따른 장점과 한계에 대해 서술하시오.

2. 디지털 금융화에 따른 농협의 대응방안에 대해 서술하시오.

〈농협은행 공통 논술〉

공유경제의 의미와 이것이 기존 산업에 미치는 영향 및 농협의 활용방안에 대해 서술하시오.

〈농협은행 논술 택1〉

1. 고령화 시대 은행이 나아갈 방향에 대해 서술하시오.
2. 미국금리인상이 우리나라에 미칠 영향과 농협의 대처방안에 대해 서술하시오.

1. 김영란법에 대해 설명하고 농축산물에 미치는 영향, 법 개정에 대한 의견을 서술하시오.

2. 소, 돼지, 닭을 포함한 5개의 품목에 대한 생산액 변화를 논하시오.

〈농협은행 공통 논술〉

> 농촌 및 농업인이 처한 위기와 현실에 대해 설명하고, '국민의 농협'이 되기 위한 행동방안에 대해 서술하시오.

〈농협은행 논술 택1 일반〉

1. 1인 가구가 증가하고 있는 현실에서 1인 가구 고객을 유치하기 위한 농협은행의 대처 방안에 대해 서술하시오.

2. 인터넷 전문은행의 의의와 이에 대응하는 농협은행의 행동방안에 대해 서술하시오.

〈농협은행 논술 택1 IT〉

1. 블록체인의 개념과 보안적·경제적 측면에 대해 서술하시오.
2. 핀테크의 개념과 기존 전자금융과의 차이를 설명하고, 농협은행의 핀테크에 대해 서술하시오.
3. 지능형 지속공격과 디도스에 대해 서술하시오.
4. 빅데이터와 클라우드에 서술하시오.

〈농협경제지주 공통 논술〉

창립 55주년을 맞아 농협의 새로운 비전으로 '농업인이 행복한 국민의 농협'을 선포했다.
'국민의 농협'이 되기 위해 농협이 나아가야 할 방향에 대해 서술하시오.

〈농협경제지주 논술 택1〉

1. 소셜커머스에 대해 서술하시오.

2. 농협의 유통분야에서의 Push factor와 Pull factor에 대해 서술하시오.

〈NH농협은행 / NH농협생명 / NH농협손해보험 공통 논술〉

아담스미스의 「국부론」에 따르면 개인은 이기적이며 사리를 추구하는데 이것이 사회 전체에 이익을 가져온다. 하지만 현실에서는 개인의 합리성과 사회적 합리성이 불일치하는 현상이 발생하고 있다. 농업과 농협에서 이러한 사례를 제시하고 정부와 은행의 역할에 대해서 서술하시오.

〈NH농협은행 논술 택1〉

1. 기술금융의 의의와 특징, 문제점을 논하고 이에 대한 은행의 해결방안을 서술하시오.

2. 중소기업 금융의 의의와 문제점, 이에 대한 은행의 역할을 서술하시오.

〈NH농협은행〉

랜섬웨어, 트로이목마, 스파이웨어에 대한 정의를 서술하고 앞으로 이러한 악성코드를 방지하기 위한 방안을 작성하시오.

〈NH농협은행 / NH농협생명 / NH농협손해보험 공통 논술〉

생산자, 소비자, 농협의 상생 마케팅 전략에 대해 설명하고, 상생 마케팅이 발전해 나가기 위해서 필요한 것이 무엇인지에 대하여 서술하시오.

〈NH농협은행 일반분야 경제논술 택1〉

1. 은행의 부외거래 강화를 위한 비이자수익활동에 대하여 서술하시오.

2. 슈퍼달러 – 엔저현상의 의미와 원인에 대하여 설명하고 이 현상이 우리나라에 미치는 영향에 대하여 서술하시오.

〈NH농협은행 IT분야 경제논술 택1〉

1. 데이터 보안 기술과 개인 정보 보호 정책에 대하여 설명하고 개인 정보 보호 방안에 대하여 서술하시오.

2. 최근 시중 은행에서 스마트폰을 이용한 모바일통장이 출시되었다. 이 모바일통장을 농협에 도입하였을 경우 나타날 수 있는 영향 및 장점에 대하여 서술하시오.

〈NH농협생명 경제논술 택1〉

1. 슈퍼달러 – 엔저현상의 의미와 원인에 대하여 설명하고 이 현상이 우리나라에 미치는 영향에 대하여 서술하시오.

2. 보험사기에 대하여 설명하고, 보험사기 피해방지를 위한 방안에 대하여 본인의 의견을 서술하시오.

〈NH농협손해보험 경제논술 택1〉

1. 데이터 보안 기술과 개인 정보 보호 정책에 대하여 설명하고 개인 정보 보호 방안에 대하여 서술하시오.

2. 보험의 본질에 대하여 설명하고 NH농협손해보험이 나아가야 할 방향에 대해서 본인의 의견을 서술하시오.

# PART

# VI

# 면접

CHAPTER

# 01 면접의 기본

## 1 면접의 기본

### (1) 면접의 기본 원칙

① **면접의 의미** … 면접이란 다양한 면접기법을 활용하여 지원한 직무에 필요한 능력을 지원자가 보유하고 있는지를 확인하는 절차라고 할 수 있다. 즉, 지원자의 입장에서는 채용 직무수행에 필요한 요건들과 관련하여 자신의 환경, 경험, 관심사, 성취 등에 대해 기업에 직접 어필할 수 있는 기회를 제공받는 것이며, 기업의 입장에서는 서류전형만으로 알수 없는 지원자에 대한 정보를 직접적으로 수집하고 평가하는 것이다.

② **면접의 특징** … 면접은 기업의 입장에서 서류전형이나 필기전형에서 드러나지 않는 지원자의 능력이나 성향을 볼 수 있는 기회로, 면대면으로 이루어지며 즉흥적인 질문들이 포함될 수 있기 때문에 지원자가 완벽하게 준비하기 어려운 부분이 있다. 하지만 지원자 입장에서도 서류전형이나 필기전형에서 모두 보여주지 못한 자신의 능력 등을 기업의 인사담당자에게 어필할 수 있는 추가적인 기회가 될 수도 있다.

[서류 · 필기전형과 차별화되는 면접의 특징]

- 직무수행과 관련된 다양한 지원자 행동에 대한 관찰이 가능하다.
- 면접관이 알고자 하는 정보를 심층적으로 파악할 수 있다.
- 서류상의 미비한 사항과 의심스러운 부분을 확인할 수 있다.
- 커뮤니케이션 능력, 대인관계 능력 등 행동 · 언어적 정보도 얻을 수 있다.

③ **면접의 유형**

㉠ **구조화 면접**: 구조화 면접은 사전에 계획을 세워 질문의 내용과 방법, 지원자의 답변 유형에 따른 추가 질문과 그에 대한 평가 역량이 정해져 있는 면접 방식으로 표준화 면접이라고도 한다.
- 표준화된 질문이나 평가요소가 면접 전 확정되며, 지원자는 편성된 조나 면접관에 영향을 받지 않고 동일한 질문과 시간을 부여받을 수 있다.
- 조직 또는 직무별로 주요하게 도출된 역량을 기반으로 평가요소가 구성되어, 조직 또는 직무에서 필요한 역량을 가진 지원자를 선발할 수 있다.
- 표준화된 형식을 사용하는 특성 때문에 비구조화 면접에 비해 신뢰성과 타당성, 객관성이 높다.

ⓛ 비구조화 면접 : 비구조화 면접은 면접 계획을 세울 때 면접 목적만을 명시하고 내용이나 방법은 면접관에게 전적으로 일임하는 방식으로 비표준화 면접이라고도 한다.

- 표준화된 질문이나 평가요소 없이 면접이 진행되며, 편성된 조나 면접관에 따라 지원자에게 주어지는 질문이나 시간이 다르다.
- 면접관의 주관적인 판단에 따라 평가가 이루어져 평가 오류가 빈번히 일어난다.
- 상황 대처나 언변이 뛰어난 지원자에게 유리한 면접이 될 수 있다.

④ 경쟁력 있는 면접 요령

ㄱ 면접 전에 준비하고 유념할 사항

- 예상 질문과 답변을 미리 작성한다.
- 작성한 내용을 문장으로 외우지 않고 키워드로 기억한다.
- 지원한 회사의 최근 기사를 검색하여 기억한다.
- 지원한 회사가 속한 산업군의 최근 기사를 검색하여 기억한다.
- 면접 전 1주일간 이슈가 되는 뉴스를 기억하고 자신의 생각을 반영하여 정리한다.
- 찬반토론에 대비한 주제를 목록으로 정리하여 자신의 논리를 내세운 예상답변을 작성한다.

ㄴ 면접장에서 유념할 사항

- 질문의 의도 파악 : 답변을 할 때에는 질문 의도를 파악하고 그에 충실한 답변이 될 수 있도록 질문사항을 유념해야 한다. 많은 지원자가 하는 실수 중 하나로 답변을 하는 도중 자기 말에 심취되어 질문의 의도와 다른 답변을 하거나 자신이 알고 있는 지식만을 나열하는 경우가 있는데, 이럴 경우 의사소통능력이 부족한 사람으로 인식될 수 있으므로 주의하도록 한다.
- 답변은 두괄식 : 답변을 할 때에는 두괄식으로 결론을 먼저 말하고 그 이유를 설명하는 것이 좋다. 미괄식으로 답변을 할 경우 용두사미의 답변이 될 가능성이 높으며, 결론을 이끌어 내는 과정에서 논리성이 결여될 우려가 있다. 또한 면접관이 결론을 듣기 전에 말을 끊고 다른 질문을 추가하는 예상치 못한 상황이 발생될 수 있으므로 답변은 자신이 전달하고자 하는 바를 먼저 밝히고 그에 대한 설명을 하는 것이 좋다.
- 지원한 회사의 기업정신과 인재상을 기억 : 답변을 할 때에는 회사가 원하는 인재라는 인상을 심어주기 위해 지원한 회사의 기업정신과 인재상 등을 염두에 두고 답변을 하는 것이 좋다. 모든 회사에 해당되는 두루뭉술한 답변보다는 지원한 회사에 맞는 맞춤형 답변을 하는 것이 좋다.
- 나보다는 회사와 사회적 관점에서 답변 : 답변을 할 때에는 자기중심적인 관점을 피하고 좀 더 넓은 시각으로 회사와 국가, 사회적 입장까지 고려하는 인재임을 어필하는 것이 좋다. 자기중심적 시각을 바탕으로 자신의 출세만을 위해 회사에 입사하려는 인상을 심어줄 경우 면접에서 불이익을 받을 가능성이 높다.
- 난처한 질문은 정직한 답변 : 난처한 질문에 답변을 해야 할 때에는 피하기보다는 정면 돌파로 정직하고 솔직하게 답변하는 것이 좋다. 난처한 부분을 감추고 드러내지 않으려 회피하려는 지원자의 모습은 인사담당자에게 입사 후에도 비슷한 상황에 처했을 때 회피할 수도 있다는 우려를 심어줄 수 있다. 따라서 직장생활에 있어 중요한 덕목 중 하나인 정직을 바탕으로 솔직하게 답변을 하도록 한다.

## (2) 면접의 종류 및 준비 전략

① 인성면접

  ⊙ 면접 방식 및 판단기준

- 면접 방식 : 인성면접은 면접관이 가지고 있는 개인적 면접 노하우나 관심사에 의해 질문을 실시한다. 주로 입사지원서나 자기소개서의 내용을 토대로 지원동기, 과거의 경험, 미래 포부 등을 이야기하도록 하는 방식이다.
- 판단기준 : 면접관의 개인적 가치관과 경험, 해당 역량의 수준, 경험의 구체성 · 진실성 등

  ⓒ 특징 : 인성면접은 그 방식으로 인해 역량과 무관한 질문들이 많고 지원자에게 주어지는 면접질문, 시간 등이 다를 수 있다. 또한 입사지원서나 자기소개서의 내용을 토대로 하기 때문에 지원자별 질문이 달라질 수 있다.

  ⓒ 예시 문항 및 준비전략

- 예시 문항

> - 3분 동안 자기소개를 해 보십시오.
> - 자신의 장점과 단점을 말해 보십시오.
> - 학점이 좋지 않은데 그 이유가 무엇입니까?
> - 최근에 인상 깊게 읽은 책은 무엇입니까?
> - 회사를 선택할 때 중요시하는 것은 무엇입니까?
> - 일과 개인생활 중 어느 쪽을 중시합니까?
> - 10년 후 자신은 어떤 모습일 것이라고 생각합니까?
> - 휴학 기간 동안에는 무엇을 했습니까?

- 준비전략 : 인성면접은 입사지원서나 자기소개서의 내용을 바탕으로 하는 경우가 많으므로 자신이 작성한 입사지원서와 자기소개서의 내용을 충분히 숙지하도록 한다. 또한 최근 사회적으로 이슈가 되고 있는 뉴스에 대한 견해를 묻거나 시사상식 등에 대한 질문을 받을 수 있으므로 이에 대한 대비도 필요하다. 자칫 부담스러워 보이지 않는 질문으로 가볍게 대답하지 않도록 주의하고 모든 질문에 입사 의지를 담아 성실하게 답변하는 것이 중요하다.

② 발표면접

  ⊙ 면접 방식 및 판단기준

- 면접 방식 : 지원자가 특정 주제와 관련된 자료를 검토하고 그에 대한 자신의 생각을 면접관 앞에서 주어진 시간 동안 발표하고 추가 질의를 받는 방식으로 진행된다.
- 판단기준 : 지원자의 사고력, 논리력, 문제해결력 등

  ⓒ 특징 : 발표면접은 지원자에게 과제를 부여한 후, 과제를 수행하는 과정과 결과를 관찰 · 평가한다. 따라서 과제수행 결과뿐 아니라 수행과정에서의 행동을 모두 평가할 수 있다.

ⓒ 예시 문항 및 준비전략

• 예시 문항

---

**[신입사원 조기 이직 문제]**

※ 지원자는 아래에 제시된 자료를 검토한 뒤, 신입사원 조기 이직의 원인을 크게 3가지로 정리하고 이에 대한 구체적인 개선안을 도출하여 발표해 주시기 바랍니다.

※ 본 과제에 정해진 정답은 없으나 논리적 근거를 들어 개선안을 작성해 주십시오.

- A기업은 동종업계 유사기업들과 비교해 볼 때, 비교적 높은 재무안정성을 유지하고 있으며 업무강도가 그리 높지 않은 것으로 외부에 알려져 있음.
- 최근 조사결과, 동종업계 유사기업들과 연봉을 비교해 보았을 때 연봉 수준도 그리 나쁘지 않은 편이라는 것이 확인되었음.
- 그러나 지난 3년간 1~2년차 직원들의 이직률이 계속해서 증가하고 있는 추세이며, 경영진 회의에서 최우선 해결과제 중 하나로 거론되었음.
- 이에 따라 인사팀에서 현재 1~2년차 사원들을 대상으로 개선되어야 하는 A기업의 조직문화에 대한 설문조사를 실시한 결과, '상명하복식의 의사소통'이 36.7%로 1위를 차지했음.
- 이러한 설문조사와 함께, 신입사원 조기 이직에 대한 원인을 분석한 결과 파랑새 증후군, 셀프홀릭 증후군, 피터팬 증후군 등 3가지로 분류할 수 있었음.

〈동종업계 유사기업들과의 연봉 비교〉 　　　〈우리 회사 조직문화 중 개선되었으면 하는 것〉

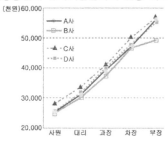 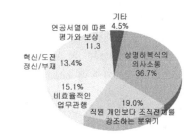

〈신입사원 조기 이직의 원인〉

• 파랑새 증후군
- 현재의 직장보다 더 좋은 직장이 있을 것이라는 막연한 기대감으로 끊임없이 새로운 직장을 탐색함.
- 학력 수준과 맞지 않는 '하향지원', 전공과 적성을 고려하지 않고 일단 취업하고 보자는 '묻지마 지원'이 파랑새 증후군을 초래함.

• 셀프홀릭 증후군
- 본인의 역량에 비해 가치가 낮은 일을 주로 하면서 갈등을 느낌.

• 피터팬 증후군
- 기성세대의 문화를 무조건 수용하기보다는 자유로움과 변화를 추구함.
- 상명하복, 엄격한 규율 등 기성세대가 당연시하는 관행에 거부감을 가지며 직장에 답답함을 느낌.

- 준비전략 : 발표면접의 시작은 과제 안내문과 과제 상황, 과제 자료 등을 정확하게 이해하는 것에서 출발한다. 과제 안내문을 침착하게 읽고 제시된 주제 및 문제와 관련된 상황의 맥락을 파악한 후 과제를 검토한다. 제시된 기사나 그래프 등을 충분히 활용하여 주어진 문제를 해결할 수 있는 해결책이나 대안을 제시하며, 발표를 할 때에는 명확하고 자신 있는 태도로 전달할 수 있도록 한다.

③ 토론면접
  ㉠ 면접 방식 및 판단기준
    - 면접 방식 : 상호갈등적 요소를 가진 과제 또는 공통의 과제를 해결하는 내용의 토론 과제를 제시하고, 그 과정에서 개인 간의 상호작용 행동을 관찰하는 방식으로 면접이 진행된다.
    - 판단기준 : 팀워크, 적극성, 갈등 조정, 의사소통능력, 문제해결능력 등
  ㉡ 특징 : 토론을 통해 도출해 낸 최종안의 타당성도 중요하지만, 결론을 도출해 내는 과정에서의 의사소통능력이나 갈등상황에서 의견을 조정하는 능력 등이 중요하게 평가되는 특징이 있다.
  ㉢ 예시 문항 및 준비전략
    - 예시 문항

      - 군 가산점제 부활에 대한 찬반토론
      - 담뱃값 인상에 대한 찬반토론
      - 비정규직 철폐에 대한 찬반토론
      - 대학의 영어 강의 확대 찬반토론
      - 워크숍 장소 선정을 위한 토론

    - 준비전략 : 토론면접은 무엇보다 팀워크와 적극성이 강조된다. 따라서 토론과정에 적극적으로 참여하며 자신의 의사를 분명하게 전달하며, 갈등상황에서 자신의 의견만 내세울 것이 아니라 다른 지원자의 의견을 경청하고 배려하는 모습도 중요하다. 갈등상황을 일목요연하게 정리하여 조정하는 등의 의사소통능력을 발휘하는 것도 좋은 전략이 될 수 있다.

④ 상황면접
  ㉠ 면접 방식 및 판단기준
    - 면접 방식 : 상황면접은 직무 수행 시 접할 수 있는 상황들을 제시하고, 그러한 상황에서 어떻게 행동할 것인지를 이야기하는 방식으로 진행된다.
    - 판단기준 : 해당 상황에 적절한 역량의 구현과 구체적 행동지표
  ㉡ 특징 : 실제 직무 수행 시 접할 수 있는 상황들을 제시하므로 입사 이후 지원자의 업무 수행능력을 평가하는 데 적절한 면접 방식이다. 또한 지원자의 가치관, 태도, 사고방식 등의 요소를 통합적으로 평가하는 데 용이하다.

ⓒ 예시 문항 및 준비전략

• 예시 문항

> 당신은 생산관리팀의 팀원으로, 생산팀이 기한에 맞춰 효율적으로 제품을 생산할 수 있도록 관리하는 역할을 맡고 있습니다. 3개월 뒤에 제품A를 정상적으로 출시하기 위해 생산팀의 생산 계획을 수립한 상황입니다. 그러나 원가가 곧 실적으로 이어지는 구매팀에서는 최대한 원가를 줄여 전반적 단가를 낮추려고 원가절감을 위한 제안을 하였으나, 연구개발팀에서는 구매팀이 제안한 방식으로 제품을 생산할 경우 대부분이 구매팀의 실적으로 산정될 것이므로 제대로 확인도 해보지 않은 채 적합하지 않은 방식이라고 판단하고 있습니다. 당신은 어떻게 하겠습니까?

• 준비전략 : 상황면접은 먼저 주어진 상황에서 핵심이 되는 문제가 무엇인지를 파악하는 것에서 시작한다. 주질문과 세부질문을 통하여 질문의 의도를 파악하였다면, 그에 대한 구체적인 행동 이나 생각 등에 대해 응답할수록 높은 점수를 얻을 수 있다.

⑤ **역할면접**

㉠ **면접 방식 및 판단기준**

• 면접 방식 : 역할면접 또는 역할연기 면접은 기업 내 발생 가능한 상황에서 부딪히게 되는 문제 와 역할을 가상적으로 설정하여 특정 역할을 맡은 사람과 상호작용하고 문제를 해결해 나가도록 하는 방식으로 진행된다. 역할연기 면접에서는 면접관이 직접 역할연기를 하면서 지원자를 관찰 하기도 하지만, 역할연기 수행만 전문적으로 하는 사람을 투입할 수도 있다.

• 판단기준 : 대처능력, 대인관계능력, 의사소통능력 등

㉡ 특징 : 역할면접은 실제 상황과 유사한 가상 상황에서의 행동을 관찰함으로서 지원자의 성격이나 대처 행동 등을 관찰할 수 있다.

㉢ 예시 문항 및 준비전략

• 예시 문항

> **[금융권 역할면접의 예]**
> 당신은 ○○은행의 신입 텔러이다. 사람이 많은 월말 오전 한 할아버지(면접관 또는 역할담당 자)께서 ○○은행을 사칭한 보이스피싱으로 500만 원을 피해 보았다며 소란을 일으키고 있다. 실제 업무상황이라고 생각하고 상황에 대처해 보시오.

• 준비전략 : 역할연기 면접에서 측정하는 역량은 주로 갈등의 원인이 되는 문제를 해결 하고 제시 된 해결방안을 상대방에게 설득하는 것이다. 따라서 갈등해결, 문제해결, 조정·통합, 설득력과 같은 역량이 중요시된다. 또한 갈등을 해결하기 위해서 상대방에 대한 이해도 필수적인 요소이 므로 고객 지향을 염두에 두고 상황에 맞게 대처해야 한다.

역할면접에서는 변별력을 높이기 위해 면접관이 압박적인 분위기를 조성하는 경우가 많기 때문 에 스트레스 상황에서 불안해하지 않고 유연하게 대처할 수 있도록 시간과 노력을 들여 충분히 연습하는 것이 좋다.

## (1) 성공적인 이미지 메이킹 포인트

① 복장 및 스타일

㉠ 남성

- 양복 : 양복은 단색으로 하며 넥타이나 셔츠로 포인트를 주는 것이 효과적이다. 짙은 회색이나 감청색이 가장 단정하고 품위 있는 인상을 준다.
- 셔츠 : 흰색이 가장 선호되나 자신의 피부색에 맞추는 것이 좋다. 푸른색이나 베이지색은 산뜻한 느낌을 줄 수 있다. 양복과의 배색도 고려하도록 한다.
- 넥타이 : 의상에 포인트를 줄 수 있는 아이템이지만 너무 화려한 것은 피한다. 지원자의 피부색은 물론, 정장과 셔츠의 색을 고려하며, 체격에 따라 넥타이 폭을 조절하는 것이 좋다.
- 구두 & 양말 : 구두는 검정색이나 짙은 갈색이 어느 양복에나 무난하게 어울리며 깔끔하게 닦아 준비한다. 양말은 정장과 동일한 색상이나 검정색을 착용한다.
- 헤어스타일 : 머리스타일은 단정한 느낌을 주는 짧은 헤어스타일이 좋으며 앞머리가 있다면 이마나 눈썹을 가리지 않는 선에서 정리하는 것이 좋다.

㉡ 여성

- 의상 : 단정한 스커트 투피스 정장이나 슬랙스 슈트가 무난하다. 블랙이나 그레이, 네이비, 브라운 등 차분해 보이는 색상을 선택하는 것이 좋다.
- 소품 : 구두, 핸드백 등은 같은 계열로 코디하는 것이 좋으며 구두는 너무 화려한 디자인이나 굽이 높은 것을 피한다. 스타킹은 의상과 구두에 맞춰 단정한 것으로 선택한다.
- 액세서리 : 액세서리는 너무 크거나 화려한 것은 좋지 않으며 과하게 많이 하는 것도 좋은 인상을 주지 못한다. 착용하지 않거나 작고 깔끔한 디자인으로 포인트를 주는 정도가 적당하다.
- 메이크업 : 화장은 자연스럽고 밝은 이미지를 표현하는 것이 좋으며 진한 색조는 인상이 강해 보일 수 있으므로 피한다.
- 헤어스타일 : 커트나 단발처럼 짧은 머리는 활동적이면서도 단정한 이미지를 줄 수 있도록 정리한다. 긴 머리의 경우 하나로 묶거나 단정한 머리망으로 정리하는 것이 좋으며, 짙은 염색이나 화려한 웨이브는 피한다.

② 인사
　㉠ 인사의 의미 : 인사는 예의범절의 기본이며 상대방의 마음을 여는 기본적인 행동이라고 할 수 있다. 인사는 처음 만나는 면접관에게 호감을 살 수 있는 가장 쉬운 방법이 될 수 있기도 하지만 제대로 예의를 지키지 않으면 지원자의 인성 전반에 대한 평가로 이어질 수 있으므로 각별히 주의해야 한다.
　㉡ 인사의 핵심 포인트
　　• 인사말 : 인사말을 할 때에는 밝고 친근감 있는 목소리로 하며, 자신의 이름과 수험번호 등을 간략하게 소개한다.
　　• 시선 : 인사는 상대방의 눈을 보며 하는 것이 중요하며 너무 빤히 쳐다본다는 느낌이 들지 않도록 주의한다.
　　• 표정 : 인사는 마음에서 우러나오는 존경이나 반가움을 표현하고 예의를 차리는 것이므로 살짝 미소를 지으며 하는 것이 좋다.
　　• 자세 : 인사를 할 때에는 가볍게 목만 숙인다거나 흐트러진 상태에서 인사를 하지 않도록 주의하며 절도 있고 확실하게 하는 것이 좋다.
③ 시선처리와 표정, 목소리
　㉠ 시선처리와 표정 : 표정은 면접에서 지원자의 첫인상을 결정하는 중요한 요소이다. 얼굴 표정은 사람의 감정을 가장 잘 표현할 수 있는 의사소통 도구로 표정 하나로 상대방에게 호감을 주거나, 비호감을 사기도 한다. 호감이 가는 인상의 특징은 부드러운 눈썹, 자연스러운 미간, 적당히 볼록한 광대, 올라간 입 꼬리 등으로 가볍게 미소를 지을 때의 표정과 일치한다. 따라서 면접 중에는 밝은 표정으로 미소를 지어 호감을 형성할 수 있도록 한다. 시선은 면접관과 고르게 맞추되 생기 있는 눈빛을 띄도록 하며, 너무 빤히 쳐다본다는 인상을 주지 않도록 한다.
　㉡ 목소리 : 면접은 주로 면접관과 지원자의 대화로 이루어지므로 목소리가 미치는 영향이 상당하다. 답변을 할 때에는 부드러우면서도 활기차고 생동감 있는 목소리로 하는 것이 면접관에게 호감을 줄 수 있으며 적당한 제스처가 더해진다면 상승효과를 얻을 수 있다. 그러나 적절한 답변을 하였음에도 불구하고 콧소리나 날카로운 목소리, 자신감 없는 작은 목소리는 답변의 신뢰성을 떨어뜨릴 수 있으므로 주의하도록 한다.
④ 자세
　㉠ 걷는 자세
　　• 면접장에 입실할 때에는 상체를 곧게 유지하고 발끝은 평행이 되게 하며 무릎을 스치듯 11자로 걷는다.
　　• 시선은 정면을 향하고 턱은 가볍게 당기며 어깨나 엉덩이가 흔들리지 않도록 주의한다.
　　• 발바닥 전체가 닿는 느낌으로 안정감 있게 걸으며 발소리가 나지 않도록 주의한다.
　　• 보폭은 어깨넓이만큼이 적당하지만, 스커트를 착용했을 경우 보폭을 줄인다.
　　• 걸을 때도 미소를 유지한다.

ⓛ 서있는 자세

- 몸 전체를 곧게 펴고 가슴을 자연스럽게 내민 후 등과 어깨에 힘을 주지 않는다.
- 정면을 바라본 상태에서 턱을 약간 당기고 아랫배에 힘을 주어 당기며 바르게 선다.
- 양 무릎과 발뒤꿈치는 붙이고 발끝은 11자 또는 V형을 취한다.
- 남성의 경우 팔을 자연스럽게 내리고 양손을 가볍게 쥐어 바지 옆선에 붙이고, 여성의 경우 공수자세를 유지한다.

ⓒ 앉은 자세

- 남성

  - 의자 깊숙이 앉고 등받이와 등 사이에 주먹 1개 정도의 간격을 두며 기대듯 앉지 않도록 주의한다. (남녀 공통 사항)
  - 무릎 사이에 주먹 2개 정도의 간격을 유지하고 발끝은 11자를 취한다.
  - 시선은 정면을 바라보며 턱은 가볍게 당기고 미소를 짓는다. (남녀 공통 사항)
  - 양손은 가볍게 주먹을 쥐고 무릎 위에 올려놓는다.
  - 앉고 일어날 때에는 자세가 흐트러지지 않도록 주의한다. (남녀 공통 사항)

- 여성

  - 스커트를 입었을 경우 왼손으로 뒤쪽 스커트 자락을 누르고 오른손으로 앞쪽 자락을 누르며 의자에 앉는다.
  - 무릎은 붙이고 발끝을 가지런히 하며, 다리를 왼쪽으로 비스듬히 기울이면 단정해 보이는 효과가 있다.
  - 양손을 모아 무릎 위에 모아 놓으며 스커트를 입었을 경우 스커트 위를 가볍게 누르듯이 올려놓는다.

### (2) 면접 예절

① 행동 관련 예절

ⓒ 지각은 절대금물 : 시간을 지키는 것은 예절의 기본이다. 지각을 할 경우 면접에 응시할 수 없거나, 면접 기회가 주어지더라도 불이익을 받을 가능성이 높아진다. 따라서 면접장소가 결정되면 교통편과 소요시간을 확인하고 가능하다면 사전에 미리 방문해 보는 것도 좋다. 면접 당일에는 서둘러 출발하여 면접 시간 20~30분 전에 도착하여 회사를 둘러보고 환경에 익숙해지는 것도 성공적인 면접을 위한 요령이 될 수 있다.

ⓒ 면접 대기 시간 : 지원자들은 대부분 면접장에서의 행동과 답변 등으로만 평가를 받는다고 생각하지만 그렇지 않다. 면접관이 아닌 면접진행자 역시 대부분 인사실무자이며 면접관이 면접 후 지원자에 대한 평가에 있어 확신을 위해 면접진행자의 의견을 구한다면 면접진행자의 의견이 당락에 영향을 줄 수 있다. 따라서 면접 대기 시간에도 행동과 말을 조심해야 하며, 면접을 마치고 돌아가는 순간까지도 긴장을 늦춰서는

안 된다. 면접 중 압박적인 질문에 답변을 잘 했지만, 면접장을 나와 흐트러진 모습을 보이거나 욕설을 한다면 면접 탈락의 요인이 될 수 있으므로 주의해야 한다.

ⓒ **입실 후 태도** : 본인의 차례가 되어 호명되면 또렷하게 대답하고 들어간다. 만약 면접장 문이 닫혀 있다면 상대에게 소리가 들릴 수 있을 정도로 노크를 두세 번 한 후 대답을 듣고 나서 들어가야 한다. 문을 여닫을 때에는 소리가 나지 않게 조용히 하며 공손한 자세로 인사한 후 성명과 수험번호를 말하고 면접관의 지시에 따라 자리에 앉는다. 이 경우 착석하라는 말이 없는데 먼저 의자에 앉으면 무례한 사람으로 보일 수 있으므로 주의한다. 의자에 앉을 때에는 끝에 앉지 말고 무릎 위에 양손을 가지런히 얹는 것이 예절이라고 할 수 있다.

ⓔ **옷매무새를 자주 고치지 마라.** : 일부 지원자의 경우 옷매무새 또는 헤어스타일을 자주 고치거나 확인하기도 하는데 이러한 모습은 과도하게 긴장한 것 같아 보이거나 면접에 집중하지 못하는 것으로 보일 수 있다. 남성 지원자의 경우 넥타이를 자꾸 고쳐 맨다거나 정장 상의 끝을 너무 자주 만지작거리지 않는다. 여성 지원자는 머리를 계속 쓸어 올리지 않고, 특히 짧은 치마를 입고서 신경이 쓰여 치마를 끌어 내리는 행동은 좋지 않다.

ⓜ **다리를 떨거나 산만한 시선은 면접 탈락의 지름길** : 자신도 모르게 다리를 떨거나 손가락을 만지는 등의 행동을 하는 지원자가 있는데, 이는 면접관의 주의를 끌 뿐만 아니라 불안하고 산만한 사람이라는 느낌을 주게 된다. 따라서 가능한 한 바른 자세로 앉아 있는 것이 좋다. 또한 면접관과 시선을 맞추지 못하고 여기저기 둘러보는 듯한 산만한 시선은 지원자가 거짓말을 하고 있다고 여겨지거나 신뢰할 수 없는 사람이라고 생각될 수 있다.

② 답변 관련 예절

ⓐ **면접관이나 다른 지원자와 가치 논쟁을 하지 않는다.** : 질문을 받고 답변하는 과정에서 면접관 또는 다른 지원자의 의견과 다른 의견이 있을 수 있다. 특히 평소 지원자가 관심이 많은 문제이거나 잘 알고 있는 문제인 경우 자신과 다른 의견에 대해 이의가 있을 수 있다. 하지만 주의할 것은 면접에서 면접관이나 다른 지원자와 가치 논쟁을 할 필요는 없다는 것이며 오히려 불이익을 당할 수도 있다. 정답이 정해져 있지 않은 경우에는 가치관이나 성장배경에 따라 문제를 받아들이는 태도에서 답변까지 충분히 차이가 있을 수 있으므로 굳이 면접관이나 다른 지원자의 가치관을 지적하고 고치려 드는 것은 좋지 않다.

ⓑ **답변은 항상 정직해야 한다.** : 면접이라는 것이 아무리 지원자의 장점을 부각시키고 단점을 축소시키는 것이라고 해도 절대로 거짓말을 해서는 안 된다. 거짓말을 하게 되면 지원자는 불안하거나 꺼림칙한 마음이 들게 되어 면접에 집중을 하지 못하게 되고 수많은 지원자를 상대하는 면접관은 그것을 놓치지 않는다. 거짓말은 그 지원자에 대한 신뢰성을 떨어뜨리며 이로 인해 다른 스펙이 아무리 훌륭하다고 해도 채용에서 탈락하게 될 수 있음을 명심하도록 한다.

ⓒ 경력직을 경우 전 직장에 대해 험담하지 않는다. : 지원자가 전 직장에서 무슨 업무를 담당했고 어떤 성과를 올렸는지는 면접관이 관심을 둘 사항일 수 있지만, 이전 직장의 기업문화나 상사들이 어땠는지는 그다지 궁금해 하는 사항이 아니다. 전 직장에 대해 험담을 늘어놓는다든가, 동료와 상사에 대한 악담을 하게 된다면 오히려 지원자에 대한 부정적인 이미지만 심어줄 수 있다. 만약 전 직장에 대한 말을 해야 할 경우가 생긴다면 가능한 한 객관적으로 이야기하는 것이 좋다.

ⓓ 자기 자신이나 배경에 대해 자랑하지 않는다. : 자신의 성취나 부모 형제 등 집안사람들이 사회 · 경제적으로 어떠한 위치에 있는지에 대한 자랑은 면접관으로 하여금 지원자에 대해 오만한 사람이거나 배경에 의존하려는 나약한 사람이라는 이미지를 갖게 할 수 있다. 따라서 자기 자신이나 배경에 대해 자랑하지 않도록 하고, 자신이 한 일에 대해서 너무 자세하게 얘기하지 않도록 주의해야 한다.

## 3  면접 질문 및 답변 포인트

### (1) 가족 및 대인관계에 관한 질문

① 당신의 가정은 어떤 가정입니까?

면접관들은 지원자의 가정환경과 성장과정을 통해 지원자의 성향을 알고 싶어 이와 같은 질문을 한다. 비록 가정 일과 사회의 일이 완전히 일치하는 것은 아니지만 '가화만사성'이라는 말이 있듯이 가정이 화목해야 사회에서도 화목하게 지낼 수 있기 때문이다. 그러므로 답변 시에는 가족사항을 정확하게 설명하고 집안의 분위기와 특징에 대해 이야기하는 것이 좋다.

② 친구 관계에 대해 말해 보십시오.

지원자의 인간성을 판단하는 질문으로 교우관계를 통해 답변자의 성격과 대인관계능력을 파악할 수 있다. 새로운 환경에 적응을 잘하여 새로운 친구들이 많은 것도 좋지만, 깊고 오래 지속되어온 인간관계를 말하는 것이 더욱 바람직하다.

### (2) 성격 및 가치관에 관한 질문

① 당신의 PR포인트를 말해 주십시오.

PR포인트를 말할 때에는 지나치게 겸손한 태도는 좋지 않으며 적극적으로 자기를 주장하는 것이 좋다. 앞으로 입사 후 하게 될 업무와 관련된 자기의 특성을 구체적인 일화를 더하여 이야기하도록 한다.

② 당신의 장·단점을 말해 보십시오.

지원자의 구체적인 장·단점을 알고자 하기 보다는 지원자가 자기 자신에 대해 얼마나 알고 있으며 어느 정도의 객관적인 분석을 하고 있나, 그리고 개선의 노력 등을 시도하는지를 파악하고자 하는 것이다. 따라서 장점을 말할 때는 업무와 관련된 장점을 뒷받침할 수 있는 근거와 함께 제시하며, 단점을 이야기할 때에는 극복을 위한 노력을 반드시 포함해야 한다.

③ 가장 존경하는 사람은 누구입니까?

존경하는 사람을 말하기 위해서는 우선 그 인물에 대해 알아야 한다. 잘 모르는 인물에 대해 존경한다고 말하는 것은 면접관에게 바로 지적당할 수 있으므로, 추상적이라도 좋으니 평소에 존경스럽다고 생각했던 사람에 대해 그 사람의 어떤 점이 좋고 존경스러운지 대답하도록 한다. 또한 자신에게 어떤 영향을 미쳤는지도 언급하면 좋다.

### (3) 학교생활에 관한 질문

① 지금까지의 학교생활 중 가장 기억에 남는 일은 무엇입니까?

가급적 직장생활에 도움이 되는 경험을 이야기하는 것이 좋다. 또한 경험만을 간단하게 말하지 말고 그 경험을 통해서 얻을 수 있었던 교훈 등을 예시와 함께 이야기하는 것이 좋으나 너무 상투적인 답변이 되지 않도록 주의해야 한다.

② 성적은 좋은 편이었습니까?

면접관은 이미 서류심사를 통해 지원자의 성적을 알고 있다. 그럼에도 불구하고 이 질문을 하는 것은 지원자가 성적에 대해서 어떻게 인식하느냐를 알고자 하는 것이다. 성적이 나빴던 이유에 대해서 변명하려 하지 말고 담백하게 받아드리고 그것에 대한 개선노력을 했음을 밝히는 것이 적절하다.

③ 학창시절에 시위나 집회 등에 참여한 경험이 있습니까?

기업에서는 노사분규를 기업의 사활이 걸린 중대한 문제로 인식하고 거시적인 차원에서 접근한다. 이러한 기업문화를 제대로 인식하지 못하여 학창시절의 시위나 집회 참여 경험을 자랑스럽게 답변할 경우 감점요인이 되거나 심지어는 탈락할 수 있다는 사실에 주의한다. 시위나 집회에 참가한 경험을 말할 때에는 타당성과 정도에 유의하여 답변해야 한다.

⑷ 지원동기 및 직업의식에 관한 질문

① 왜 우리 회사를 지원했습니까?

　　이 질문은 어느 회사나 가장 먼저 물어보고 싶은 것으로 지원자들은 기업의 이념, 대표의 경영능력, 재무구조, 복리후생 등 외적인 부분을 설명하는 경우가 많다. 이러한 답변도 적절하지만 지원 회사의 주력 상품에 관한 소비자의 인지도, 경쟁사 제품과의 시장점유율을 비교하면서 입사동기를 설명한다면 상당히 주목 받을 수 있을 것이다.

② 만약 이번 채용에 불합격하면 어떻게 하겠습니까?

　　불합격할 것을 가정하고 회사에 응시하는 지원자는 거의 없을 것이다. 이는 지원자를 궁지로 몰아넣고 어떻게 대응하는지를 살펴보며 입사 의지를 알아보려고 하는 것이다. 이 질문은 너무 깊이 들어가지 말고 침착하게 답변하는 것이 좋다.

③ 당신이 생각하는 바람직한 사원상은 무엇입니까?

　　직장인으로서 또는 조직의 일원으로서의 자세를 묻는 질문으로 지원하는 회사에서 어떤 인재상을 요구하는 가를 알아두는 것이 좋으며, 평소에 자신의 생각을 미리 정리해 두어 당황하지 않도록 한다.

④ 직무상의 적성과 보수의 많음 중 어느 것을 택하겠습니까?

　　이런 질문에서 회사 측에서 원하는 답변은 당연히 직무상의 적성에 비중을 둔다는 것이다. 그러나 적성만을 너무 강조하다 보면 오히려 솔직하지 못하다는 인상을 줄 수 있으므로 어느 한 쪽을 너무 강조하거나 경시하는 태도는 바람직하지 못하다.

⑤ 상사와 의견이 다를 때 어떻게 하겠습니까?

　　과거와 다르게 최근에는 상사의 명령에 무조건 따르겠다는 수동적인 자세는 바람직하지 않다. 회사에서는 때에 따라 자신이 판단하고 행동할 수 있는 직원을 원하기 때문이다. 그러나 지나치게 자신의 의견만을 고집한다면 이는 팀원 간의 불화를 야기할 수 있으며 팀 체제에 악영향을 미칠 수 있으므로 선호하지 않는다는 것에 유념하여 답해야 한다.

⑥ 근무지가 지방인데 근무가 가능합니까?

　　근무지가 지방 중에서도 특정 지역은 되고 다른 지역은 안 된다는 답변은 바람직하지 않다. 직장에서는 순환 근무라는 것이 있으므로 처음에 지방에서 근무를 시작했다고 해서 계속 지방에만 있는 것은 아님을 유의하고 답변하도록 한다.

### (5) 여가 활용에 관한 질문

① 취미가 무엇입니까?

기초적인 질문이지만 특별한 취미가 없는 지원자의 경우 대답이 애매할 수밖에 없다. 그래서 가장 많이 대답하게 되는 것이 독서, 영화감상, 혹은 음악감상 등과 같은 흔한 취미를 말하게 되는데 이런 취미는 면접관의 주의를 끌기 어려우며 설사 정말 위와 같은 취미를 가지고 있다하더라도 제대로 답변하기는 힘든 것이 사실이다. 가능하면 독특한 취미를 말하는 것이 좋으며 이제 막 시작한 것이라도 열의를 가지고 있음을 설명할 수 있으면 그것을 취미로 답변하는 것도 좋다.

### (6) 지원자를 당황하게 하는 질문

① 성적이 좋지 않은데 이 정도의 성적으로 우리 회사에 입사할 수 있다고 생각합니까?

비록 자신의 성적이 좋지 않더라도 이미 서류심사에 통과하여 면접에 참여하였다면 기업에서는 지원자의 성적보다 성적 이외의 요소, 즉 성격·열정 등을 높이 평가했다는 것이라고 할 수 있다. 그러나 이런 질문을 받게 되면 지원자는 당황할 수 있으나 주눅 들지 말고 침착하게 대처하는 면모를 보인다면 더 좋은 인상을 남길 수 있다.

② 우리 회사 회장님 함자를 알고 있습니까?

회장이나 사장의 이름을 조사하는 것은 면접일을 통고받았을 때 이미 사전 조사되었어야 하는 사항이다. 단답형으로 이름만 말하기보다는 그 기업에 입사를 희망하는 지원자의 입장에서 답변하는 것이 좋다.

③ 당신은 이 회사에 적합하지 않은 것 같군요.

이 질문은 지원자의 입장에서 상당히 곤혹스러울 수밖에 없다. 질문을 듣는 순간 그렇다면 면접은 왜 참가시킨 것인가 하는 생각이 들 수도 있다. 하지만 당황하거나 흥분하지 말고 침착하게 자신의 어떤 면이 회사에 적당하지 않은지 겸손하게 물어보고 지적당한 부분에 대해서 고치겠다는 의지를 보인다면 오히려 자신의 능력을 어필할 수 있는 기회로 사용할 수도 있다.

④ 다시 공부할 계획이 있습니까?

이 질문은 지원자가 합격하여 직장을 다니다가 공부를 더 하기 위해 회사를 그만 두거나 학습에 더 관심을 두어 일에 대한 능률이 저하될 것을 우려하여 묻는 것이다. 이때에는 당연히 학습보다는 일을 강조해야 하며, 업무 수행에 필요한 학습이라면 업무에 지장이 없는 범위에서 야간학교를 다니거나 회사에서 제공하는 연수 프로그램 등을 활용하겠다고 답변하는 것이 적당하다.

⑤ 지원한 분야가 전공한 분야와 다른데 여기 일을 할 수 있겠습니까?

수험생의 입장에서 본다면 지원한 분야와 전공이 다르지만 서류전형과 필기전형에 합격하여 면접을 보게 된 경우라고 할 수 있다. 이는 결국 해당 회사의 채용 방침상 전공에 크게 영향을 받지 않는다는 것이므로 무엇보다 자신이 전공하지는 않았지만 어떤 업무도 적극적으로 임할 수 있다는 자신감과 능동적인 자세를 보여주도록 노력하는 것이 좋다.

## CHAPTER

# 02 면접기출

### 1  2020년 농협중앙회 및 농협은행

1. 금융 관련 경험이나 자격증이 없는데 은행에 지원한 이유가 무엇인지 말해 보시오.
2. 최근 관심을 가지고 보았던 농업·농촌 관련 이슈가 있다면 무엇인지 말해 보시오.
3. 자신의 아이디어로 성과를 낸 경험이 있다면 말해 보시오.
4. 최근 자신이 읽은 책은 무엇이고, 그 책을 추천하고 싶은 사람과 이유에 대해 말해 보시오.
5. 6차 산업이 무엇인지 설명하고, 농협의 역할에 대해 말해 보시오.
6. 리더십을 발휘했던 경험이 있다면 말해 보시오.
7. 가장 자랑스러웠던 일과 가장 부끄러웠던 일에 대해 말해 보시오.
8. 남에게 배신당했던 경험이 있다면 말해 보시오.
9. 농협은행의 유스마케팅 전략에 대한 자신의 견해를 말해 보시오.
10. 농협에서 니치마케팅으로 할 수 있는 사업이나 상품을 제안해 보시오.
11. 자신의 직업관은 무엇인지 말해 보시오.
12. 은행에서 오늘까지 판매하라는 상품이 있는데 고객은 필요로 하지 않을 때, 어떻게 할 것인지 말해 보시오.
13. 코로나로 은행 수익 감소가 예상되는 가운데, 어떻게 대처해야 할지 말해 보시오.
14. 갈등 상황에서 적극적으로 나서 다른 사람을 설득했던 경험이 있다면 말해 보시오.
15. 편견을 가지고 타인을 대했던 경험에 대해 말해 보시오.
16. 현재 부동산 정책에 대한 자신의 견해를 말해 보시오.
17. 농협은행 상품 중 알고 있는 것은 무엇인지 말해 보시오.
18. 미국 금리가 농협은행에 어떤 영향을 미치는지 설명해 보시오.
19. 농촌의 고령화 또는 저출산 해결을 위해 농협이 할 수 있는 일이 있다면 무엇이라고 생각하는지 말해 보시오.
20. 은행이 사회적 약자를 배려해야 한다면, 그 이유는 무엇인지 말해 보시오.
21. 행원으로서 가장 중요한 역량에 대해 3가지만 말해 보시오.
22. 실적에 대한 압박을 느낄 때 어떻게 해소할 것인지 말해 보시오.
23. 원칙과 융통성 중에 무엇이 더 중요하다고 생각하는지 말해 보시오.
24. 기준금리와 가계부채의 상관관계에 대해 설명해 보시오.
25. 비과세연금에 대해 설명해 보시오.
26. 환인플레이션에 대해 설명해 보시오.

27. 생산자물가지수에 대해 설명해 보시오.

28. 낙수효과에 대해 설명해 보시오.

29. BSI 지수에 대해 설명해 보시오.

30. 리퍼비시 제품이 무엇인지 설명해 보시오.


## 2 2019년 농협은행 하반기 5급

1. [디지털 분야] 진행했던 프로젝트가 있는지, 프로젝트를 하면서 어떤 점이 힘들었고 어떻게 극복했는지 말해 보시오.

2. [디지털 분야] 디지털 분야의 시각으로 농협은행의 발전 방법에 대해서 말해 보시오.

3. 같이 일하기 힘든 유형은 어떤 사람인지, 그리고 그 사람이 사수라면 어떠할 것인지 말해 보시오.

4. 농협은행이 발전하기 위한 방안을 구체적인 예시를 들어 말해 보시오.


## 3 2019년 지역농협 상반기 6급

1. 저출산 문제로 인해 은행도 수익성 감소가 예상되는데 농협은행은 어떻게 대응할 수 있을지 말해 보시오.

2. 농협은행이 젊은 고객층을 유치할 수 있는 방안에 대해 말해 보시오.

3. 복합점포를 운영하는 은행이 늘고 있는 만큼 농협은행이 운영할 수 있는 복합점포에 대한 아이디어를 제시 해보시오.

4. 빅데이터란 무엇이며, 농협은행에 빅데이터를 활용할 수 있는 방안에 대해 말해 보시오.

5. 블랙컨슈머는 어떻게 대응할 것인지 말해 보시오.

6. 농협은행이 카카오뱅크나 케이뱅크의 요소 중 벤치마킹 할 수 있는 것은 무엇이라고 생각하는지 말해 보시오.

7. 농협인으로서 가장 중요하다고 생각되는 것은 무엇인지 말해 보시오.

8. 자신의 장점과 단점에 대해 말해 보시오.

9. 가장 최근에 있었던 갈등과 갈등을 해결하기 위해 어떠한 노력을 했는지 말해 보시오.


## 4 2019년 지역농협 상반기 6급

1. 농협 근무자로서 가장 중요한 점은 무엇이라고 생각하는가?

2. 의견이 달라 타인과 갈등을 빚은 경험이 있다면 말해 보시오.

3. 인생에서 저지른 가장 큰 실수가 있다면 무엇인가?

4. 자신의 인생에 가장 큰 영향을 미친 사람은 누구인가?

5. 인생의 페이스메이커가 있다면 누구인가?

6. 가장 열정적으로 일한 경험을 말해 보시오.

7. 워라벨에 대해 설명해 보시오.

8. 카르텔이 무엇인지 설명해 보시오.

9. 공유경제에 대해 설명해 보시오.

10. 스타트업과 농업인이 함께 성장할 수 있는 방법에 대해 말해 보시오. (주장면접)


### 5  2018년 농협경제지주 하반기

1. 자기소개를 30초 동안 해 보시오.

2. 농가소득 증대방안에 대해 말해보시오.

3. 농협에 입사하여 바로 적용 가능한 본인의 역량에 대해 말해보시오.

4. 상사와의 갈등상황 발생 시 해결할 수 있는 본인만의 노하우가 있다면 말해보시오.

5. 지원동기와 본인의 가치관에 대해 말해보시오.

6. 농협경제지주에 기여할 수 있는 역량에는 어떠한 것들이 필요한지 말해보시오.

7. 금융공기업과 농협경제지주에 대해 설명해 보시오.

8. 마지막으로 하고 싶은 말이 있다면 해 보시오.


### 6  2018년 농협중앙회 상반기 6급

1. 본인의 생애에서 가장 기억에 남는 추억이 있다면 말해보시오.

2. 하루 12시간을 서 있을 수 있습니까?

3. 본인의 스펙이 좋다고 생각합니까? 안 좋다고 생각합니까? 그렇다면 그렇게 대답한 이유를 말해보시오.

4. 입사 후 포부에 대해 말해보시오.

5. 최근의 금리동향에 대해 말해보시오.

6. 본인이 지금까지 살면서 정말 어려웠던 일과 그 일을 극복한 경험에 대해 말해보시오.

7. 본인의 봉사활동 경험에 대해 말해보시오.

8. 2 : 8법칙에 대해 설명해 보시오.

9. 자신의 단점 중심으로 자기소개를 1분 동안 해 보시오.

10. 최근 감명 깊게 본 책이나 영화가 있다면 말해보시오.

11. 본인이 좋아하는 TV 프로그램은 무엇이며, 그 프로그램에 대해 말해보시오.

12. 야근을 해야 할 지도 모르는데 야근에 대해서 어떻게 생각하는지 말해보시오.

13. 본인에게 많은 일이 밀려있는 상황인데 옆의 동료가 정말 급하다고 도와달라고 한다면 어떻게 대처할 것인지 말해보시오.

14. 재무제표의 종류에 대해 설명해 보시오.

15. 본인이 생각하는 농협이 개선해야 할 서비스에 대해서 말해보시오.

16. 본인이 생각하는 농협의 이미지에 대해 말해보시오.
17. 지원한 동기와 본인의 자랑거리를 영어로 말해보시오.
18. 농협직원으로 근무하다가 우연히 로또 1등에 당첨된다면 그 돈을 어떻게 사용할 것인지 말해보시오.

## 7 2017년 농협은행 하반기 5급

1. 자기소개를 1분 동안 해 보시오.
2. 본인이 근무하고 있는 팀의 성과가 우수하여 사측에서 성과급을 지급한다면 받을 것인가? 받지 않을 것인가? 단, 본인의 팀이 성과급을 받으면 다른 팀의 사기는 저하된다. 대답해 보시오.
3. 본인이 인턴 또는 은행 관련 업무를 했던 경험에 대해 말해보시오.
4. 본인은 타인에게 관심이 많은 편인가 아니면 관심이 없는 편인가?
5. 금융소외계층에 대해 설명해 보시오.
6. 왜 많은 은행들이 금융소외계층에 대해 관심을 집중하고 있는 이유에 대해 설명해 보시오.
7. 은행의 수익성 악화를 초래하는 금융소외계층에 대한 지원에 대해 어떻게 생각하는 지 말해보시오.
8. 농협은행을 이용해 본 적이 있는가? 그렇다면 농협은행의 장·단점에 대해 말해보시오.
9. 인터넷전문은행과 농협은행의 차이점에 대해 말해보시오.
10. 입행 후 맡고 싶은 업무는 무엇인가?
11. 농협은행에 입사하기 위해 본인이 준비한 것들에는 무엇이 있었는지 말해보시오.
12. 금융 분야에서 본인이 가장 관심 있는 것이 무엇인지 말해보시오.

## 8 2017년 농협은행

1. 자신의 장점은 무엇이라고 생각하는가?
2. 5~10년 뒤에 자신의 모습을 그려 보시오.
3. 회사에서 자신의 실력을 알아주지 않는다면 어떻게 할 것인가?
4. 농협 본사의 지리적 이점에 대해 설명해 보시오.
5. 핀테크 용어 중 알고 있는 것을 말해 보시오.
6. 농가 소득 5,000만원을 달성하기 위해서 농협이 취해야 할 행동방안에 대해 말해 보시오.
7. 농업 가치의 헌법 반영에 대한 서명에 대해 알고 있는지, 어떻게 생각하는가?
8. 거리에서 나눠주는 전단지를 그냥 버리는 행동이 잘못되었다고 생각하는가?

### 9  2017년 축산농협

1. 아르바이트 등 직무 경험을 통해 깨달은 자신의 강점이 있다면 말해 보시오.
2. 입사 후 동료와 문제 상황이 발생했을 때 현명하게 대처하는 방안이 있다면?
3. 클라우드 펀딩에 대해 설명해 보시오.
4. 소고기이력추적제에 대해 설명해 보시오.
5. 코리아 패싱에 대해 설명해 보시오.
6. 절대농지가 무엇인지 말해 보시오.
7. 블록체인과 비트코인에 대해 설명해 보시오.
8. 농협과 주식회사의 차이점에 대해 말해 보시오.

### 10  2017년 지역농협

1. 다른 의견을 가진 사람을 설득하는 자신만의 방법이 있다면 말해 보시오.
2. 맡은 일을 책임지고 마무리하기 위해 했던 노력에 대해 말해 보시오.
3. 다른 사람을 위해 희생한 경험에 대해 말해 보시오.
4. 학창시절 경험한 대외활동이 실무에 어떤 영향을 미칠 수 있을지 말해 보시오.
5. 자신이 생각하는 농협의 정의를 설명해 보시오.
6. 당좌계좌에 대해 설명해 보시오.
7. 공공비축제에 대해 설명해 보시오.
8. 인터넷은행 출범에 따라 농협이 나아가야 할 방향에 대해 말해 보시오.
9. 농촌의 국제결혼이민자에 대해 농협이 지원할 수 있는 방법을 말해 보시오.
10. 농업의 공익적 가치를 헌법에 반영하고자 1천 만 명 국민 서명 운동에 대해 말해 보시오.
11. 살충제 달걀 파동으로 피해를 입은 양계장을 지원할 수 있는 방안에 대해 말해 보시오.
12. 농협을 5글자로 표현해 보시오.

### 11  2016년 농협경제지주

1. 6차 산업과 농협에 대해 이야기해 보시오. (PT)
2. ODA와 농협의 역할에 대해 이야기해 보시오. (PT)
3. 농협의 옴니채널 구축사례 및 구축방안에 대해 이야기해 보시오. (토론)
4. 1분 동안 자기소개를 해 보시오.
5. 1인당 쌀 소비량에 대해 말해 보시오.
6. 스타벅스를 하나로마트에 샵인샵 형태로 도입하는 것에 대한 자신의 생각을 말해 보시오.

## 12 　2016년 지역농협 하반기 6급

1. 조직 내에서 첨예한 갈등이 생겼던 경험과 그 상황에서 어떻게 해결했는지 말해 보시오.
2. 업무 중 술 취한 고객이 난동을 부린다면 어떻게 할 것인가?
3. 핀테크로 인해 변화된 환경과 그에 대한 농협의 대응에 대해 말해 보시오.
4. 6차 산업에 대해 아는 대로 말해 보시오.
5. 평창올림픽이 열리는 기간을 알고 있는지 말해 보시오.


## 13 　2015년 농협은행 6급

1. 농협은행에 지원한 이유에 대해 이야기해보시오.
2. 자신의 장단점에 대해 이야기해보시오.
3. 자신을 하나의 단어로 나타낸다면 무엇이라고 생각하는지 말해보시오.
4. 자신의 10년 후 모습에 대해 이야기해보시오.
5. 최근에 접한 가장 인상 깊은 뉴스 기사에 대해 이야기해보시오.
6. 자신이 권유한 투자 상품에 가입하여 손실을 보고 은행에 찾아와 항의하는 고객에게 어떻게 대응할 것인지 이야기해보시오.
7. 미취학 아동에게 펀드에 대해 알려주려고 한다. 어떻게 설명할 것인지 이야기해보시오.
8. 20대 후반 기혼인 직장인 여성에게 적합한 금융상품을 제안하고 그 이유를 설명해보시오.
9. 자신이 살아오면서 가장 힘들었던 경험에 대해 이야기해보시오.
10. 은행에 입사하여 평일 근무 외에 주말에 봉사활동을 하는 경우 참여 여부에 대해 이야기해보시오.


## 14 　2014년 농협유통 하반기 6급

1. 쌀 시장 개방에 대해 어떻게 생각하는가?
2. 우리쌀의 소비량을 늘리기 위해 어떻게 해야 되는가?


## 15 　2014년 농협은행 하반기 5급

① 인성면접
1. 자신이 농협에서 무엇을 잘 할 수 있는지 말해보시오.
2. 동아리 경험이 있다고 하였는데 무슨 동아리 활동을 하였는가?
3. 자신의 단점을 직접적 사례를 들어 말해보시오.
4. 기억나는 전공과목은 무엇인가? 또 이유는 무엇인가?

5. 후강퉁제도에 대해 설명해보시오.

6. 자기주장이 강한 성격인가?

7. 일을 혼자 하는게 편한가?

8. FTA개방으로 인한 농업 타격을 어떻게 극복할 것인가?

② 토론면접

대리모 제도에 관련해 찬반토론을 하시오(자율형식).

## 16  2014년 농협은행 하반기 6급

① 인성면접

1. 향후 기준금리 전망을 말해보시오.

2. 농협의 금융상품에 대해 설명해보시오.

3. 자신의 장·단점은 무엇인가?

4. 왜 학교 다니면서 교내활동을 한번도 하지 않았는가?

5. 영어로 자기소개를 해보시오.

② 토론면접

정부의 온정적 간섭주의에 대한 찬반토론을 하시오(자율형식).

## 17  2014년 농협중앙회 상반기 5급

1. 본인의 장점과 단점에 대하여 이야기해 보시오.

2. 친구가 많은 편인가, 아니면 한 친구를 깊게 사귀는 편인가? 본인의 친구에 대하여 이야기해 보시오.

3. 최근 감명 깊게 읽은 책에 대해 소개해보시오.

4. 최근 감명 깊게 본 영화에 대해 이야기해 보시오.

5. 존경하는 인물이 있다면 누구이고 이유는 무엇인가?

6. 농업은 어떤 산업이라고 생각하는지 본인의 생각을 이야기해 보시오.

7. 농협 직원들의 높은 월급에 대해서 어떻게 생각하는가?

8. 지방으로 발령을 받게 되면 어떻게 할 것인가?

9. 새 농촌 새 농협 운동에 대해서 말해보시오.

10. 본인의 취미활동이 무엇인지 말해보시오.

11. 해외에 나가 본 경험이 있는가? 한국과 비교했을 때 안 좋은 점을 말해보시오.

12. 농협이 나아가야 할 방향에 대해서 이야기해 보시오.

**18** **2014년 농협은행 상반기 5급**

1. 대기업과 중소기업의 상생방법을 이야기해 보시오.
2. 한국경제의 세계적 위치에 대하여 이야기해 보시오.
3. 재산세에 대해 아는 대로 이야기해 보시오.
4. 변액보험이란 무엇인가?
5. 임대형 주택가격에 대해 아는 대로 말해보시오.
6. 현 정부의 경제 정책에 대한 본인의 의견을 솔직하게 말해보시오.
7. 농협은행의 발전방향에 대해서 이야기해 보시오.
8. 단체생활을 한 경험이 있는지 거기서 본인은 리더였는가?


**19** **2014년 농협은행 상반기 6급**

① 토론면접

공소시효 폐지에 대한 찬반토론을 하시오.

② 개인면접

1. 농협의 구조에 대한 개인의 의견을 말해보시오.
2. 까다로운 클라이언트를 만났을 때 어떻게 계약을 성사시킬 것인지 말해보시오.
3. 적립식 펀드에 대하여 아는 대로 말해보시오.


**20** **2013년 시행**

1. '나는 ○○ 이다.' 라는 주제로 40초간 자기소개 하기
2. 입사 후 일하기를 원하는 부서와 왜 그 부서에서 일하고 싶은지 말해보시오.
3. 경제신문에 나오는 '금리, 환율, 종합주가지수'의 용어에 대한 설명을 해보시오.
4. 학력과 학벌주의에 대해서 어떻게 생각하는가?
5. 은행의 주 수입원은 무엇인가?
6. 레버리지 효과란 무엇인가?
7. 타 은행 인턴경험이 있는지 말해보고 있다면 왜 농협을 지원했는지 이유를 말해보시오.
8. 직장생활 중 적성에 맞지 않는다고 느끼면 다른 일을 찾을 것인가?
9. 농협과 다른 은행의 차이점에 대해서 말해보시오.
10. 최근 저신용자에 대해 은행들이 대출을 늘리고 있는 상황인데 늘리는 것이 좋은가 줄이는 것이 좋은가?
11. 종교가 있는가? 종교는 사람에게 어떤 의미가 있다고 생각 하는지 말해보시오.

12. 주량이 어느 정도 되고, 술자리에서 제일 꼴불견인 사람의 유형에 대해 말해보시오.
13. 상사가 집에 안가고 게임과 개인적인 용무를 보고 있다. 어떻게 할 것인가?
14. 상사가 부정한 일로 자신의 이득을 취하고 있다. 이 사실을 알게 되면 어떻게 할 것인가?
15. 자신만의 특별한 취미가 무엇인가? 그걸 농협중앙회에서 어떻게 발휘할 수 있는가?


## 21 2012년 시행

1. 지원동기와 자기자랑을 영어로 해보시오.
2. 농협 직원으로서 로또 1등에 당첨된다면 어떤 곳에 사용할 것입니까?
3. 스펙이 안 좋은 이유에 대해 말해보시오.
4. 전환사채가 무슨 뜻인지 말해보시오.
5. 지원자가 가진 역량으로 이룬 지원자의 생애에서 가장 기억에 남는 추억이 있다면 말해보시오.
6. 금리동향에 대해 말해보시오.
7. 어려운 일을 극복한 경험에 대해 말해보시오.
8. 자신의 단점으로 자기소개를 1분 동안 해보시오.
9. DTI란 무엇인지 설명해보시오.
10. 우리나라 주택의 미분양 상태가 심각한데 해결책을 말해보시오.
11. 농협이 하는 일과 시중은행이 하는 일의 차이점에 대해 말해보시오.


## 22 2011년 시행

1. 1분 동안 자기소개를 해보시오.
2. 농협에 지원한 이유를 이야기해 보시오.
3. 최근 화제가 되고 있는 김훈의 소설 「남한산성」을 읽어보았습니까? 읽었다면 소설에 등장하는 김상헌, 최명길의 주장에 대해 어떻게 생각합니까?
4. 펀드란 무엇입니까? 펀드를 한 번 판매해보겠습니까?
5. 농협에 입사하여 10년 후 나의 모습에 대해 말해보시오.
6. 농협에 입사하기 위해 본인이 한 노력은 어떠한 것이 있습니까?
7. 역모기지론에 대해 이야기해 보시오.
8. 사업 분리 후 농협의 발전방향에 대해 말해보시오.
9. 한국 경제가 세계에서 어떤 위치에 있다고 생각합니까?
10. 농협에서 어떠한 업무를 맡고 싶습니까?
11. 재산세, 변액보험, 임대형 주택가격 등에 대해 말해보시오.

**23** **2010년 시행**

1. 수입농산물 증가에 대한 당신의 생각은 어떻습니까?
2. 노동조합과 협동조합의 차이점은 무엇입니까?
3. 이마트와 하나로 마트의 차이점은 무엇입니까?
4. 재무제표를 분석할 때 성장성을 보기 위해서는 어떤 지표를 사용해야 합니까?
5. 기술적 분석과 기본적 분석에 대해 설명하시오
6. 예대율과 예대마진에 대해 설명하시오.
7. 농협 CI의 의미는 무엇입니까?
8. Have you been a leader? (리더를 맡아 본 적이 있나요?)
9. 공제를 어떻게 소비자들에게 팔 것입니까?
10. 쿠퍼현상이 무엇입니까?
11. 농협이 농민을 상대로 장사를 한다는 말에 대해 어떻게 생각합니까?
12. FTA가 농업에 미치는 영향을 말해보세요.
13. 면접을 보러 가는데 신호등이 빨간불입니다. 시간이 매우 촉박한 상황인데, 무단횡단을 할 것 입니까?
14. 농협에 근무하기 위해 어떤 마음가짐이 필요하다고 생각합니까?
15. 농협의 신용 업무에 대한 이미지는 어떻습니까?
16. 농협과 다른 은행의 차이점은 무엇이라고 생각합니까?
17. What kind of personality do you have? (당신의 성격은 어떠합니까?)

서원각 용어사전 시리즈

# 상식은 "용어사전"

## 용어사전으로 중요한 용어만 한눈에 보자

✪ **시사용어사전 1200**

매일 접하는 각종 기사와 정보 속에서 현대인이 놓치기 쉬운, 그러나 꼭 알아야 할 최신 시사상식을 쏙쏙 뽑아 이해하기 쉽도록 정리했다!

✪ **경제용어사전 1030**

주요 경제용어는 거의 다 실었다! 경제가 쉬워지는 책, 경제용어사전!

✪ **부동산용어사전 1300**

부동산에 대한 이해를 높이고 부동산의 개발과 활용, 투자 및 부동산 용어 학습에도 적극적으로 이용할 수 있는 부동산용어사전!

### 중요한 용어만 공부하자 !

- 최신 관련 기사 수록
- 다양한 용어를 수록하여 1000개 이상의 용어 한눈에 파악
- 용어별 중요도 표시 및 꼼꼼한 용어 설명
- 파트별 TEST를 통해 실력점검